GRAVITARE

关 怀 现 实 ， 沟 通 学 术 与 大 众

NAZI BILLIONAIRES

The Dark History of
Germany's Wealthiest
Dynasties

纳粹
亿万富翁

德国财富家族的
黑暗历史

DAVID DE JONG

[荷] 大卫·德容 ———— 著

闻佳 ———— 译

广东人民出版社
·广州·

图书在版编目（CIP）数据

纳粹亿万富翁：德国财富家族的黑暗历史 /（荷）大卫·德容著；闫佳译. —广州：广东人民出版社，2024.8
（万有引力书系）
书名原文：NAZI BILLIONAIRES：The Dark History of Germany's Wealthiest Dynasties
ISBN 978-7-218-15167-0

Ⅰ.①纳… Ⅱ.①大… ②闫… Ⅲ.①商业史—德国 Ⅳ.①F735.169

中国国家版本馆CIP数据核字（2024）第082426号

著作权合同登记号：图字19-2024-105号

NAZI BILLIONAIRES, Copyright © 2022 by David de Jong.
Published by arrangement with Mariner Books, an imprint of HarperCollins Publishers.

NACUI YIWAN FUWENG: DEGUO CAIFU JIAZU DE HEI'AN LISHI

纳粹亿万富翁：德国财富家族的黑暗历史

[荷]大卫·德容 著　闫佳 译　　　　版权所有　翻印必究

出 版 人：肖风华

丛书主编：施 勇 钱 丰
责任编辑：陈 晔
特约编辑：柳承旭
营销编辑：赵 飞
责任技编：吴彦斌

出版发行：广东人民出版社
地　　址：广州市越秀区大沙头四马路10号（邮政编码：510199）
电　　话：（020）85716809（总编室）
传　　真：（020）83289585
网　　址：http://www.gdpph.com
印　　刷：广州市岭美文化科技有限公司
开　　本：889毫米×1194毫米　1/32
印　　张：14.75　字　数：300千
版　　次：2024年8月第1版
印　　次：2024年8月第1次印刷
定　　价：98.00元

如发现印装质量问题，影响阅读，请与出版社（020-85716849）联系调换。
售书热线：（020）87716172

·出场人物·

匡特家族

君特·匡特（Günther Quandt）：家族元老，工业家。

霍斯特·帕维尔（Horst Pavel）：君特的左右手。

托妮·匡特（Toni Quandt）：君特的第一任妻子，赫伯特之母。

玛格达·戈培尔（Magda Goebbels）：君特的第二任妻子，哈拉尔德之母。

埃洛·匡特（Ello Quandt）：君特的弟媳，玛格达的闺蜜，哈拉尔德的教母。

哈拉尔德·匡特（Harald Quandt）：玛格达与君特婚姻中的独子。

加布里埃莱·匡特（Gabriele Quandt）：哈拉尔德之女。

赫伯特·匡特（Herbert Quandt）：君特的长子，宝马的救星。

苏珊·克拉腾（Susanne Klatten）：赫伯特的幼女，宝马的女继承人。

斯特凡·匡特（Stefan Quandt）：赫伯特的幼子，宝马的继承人。

弗利克家族

弗里德里希·弗利克（Friedrich Flick）：家族元老，工业家。

奥托·施泰因布林克（Otto Steinbrinck）：弗里德里希的左右手。

奥托-恩斯特·弗利克（Otto-Ernst Flick）：弗里德里希的长子。

穆克·弗利克、米克·弗利克和达格玛·弗利克（Muck, Mick, and Dagmar Flick）：奥托-恩斯特的孩子们。

弗里德里希·卡尔·弗利克（Friedrich Karl Flick）：老弗里德里希的幼子。

埃伯哈德·冯·布劳希奇（Eberhard von Brauchitsch）：弗里德里希·卡尔的密友。

英格丽·弗利克（Ingrid Flick）：弗里德里希·卡尔的遗孀。

冯·芬克家族

奥古斯特·冯·芬克男爵（August von Finck Sr.）：家族元老，私人银行家。

库尔特·施密特（Kurt Schmitt）：保险巨头安联的负责人，纳粹德国经济部部长。

小奥古斯特·"古斯特尔"·冯·芬克（August "Gustl" von Finck Jr.）：投资家。

恩斯特·克努特·施塔尔（Ernst Knut Stahl）："古斯特尔"的左右手。

保时捷–皮耶希家族

费迪南德·保时捷（Ferdinand Porsche）：家族元老，大众和保时捷的创始人。

安东·皮耶希（Anton Piëch）：费迪南德的女婿，路易丝之夫。

费利·保时捷（Ferry Porsche）：费迪南德之子，党卫队军官。

路易丝·皮耶希（Louise Piëch）：费迪南德的女儿，安东之妻。

厄特克尔家族

里夏德·卡塞洛斯基（Richard Kaselowsky）：家族元老，欧特家博士食品公司负责人。

鲁道夫–奥古斯特·厄特克尔（Rudolf-August Oetker）：卡塞洛斯基的继子，党卫军军官。

鲁道夫·冯·里宾特洛甫（Rudolf von Ribbentrop）：鲁道夫–奥古斯特的密友，党卫军军官。

纳粹高层

阿道夫·希特勒：元首。

约瑟夫·戈培尔（Joseph Goebbels）：纳粹德国宣传部部长，玛格达之夫，哈拉尔德的继父。

赫尔曼·戈林（Hermann Göring）：帝国元帅，纳粹经济政策的主要决策者。

海因里希·希姆莱（Heinrich Himmler）：党卫队首领，大屠杀的主要组织设计者。

亚尔马·沙赫特（Hjalmar Schacht）：纳粹德国央行行长、经济部部长。

瓦尔特·冯克（Walther Funk）：纳粹德国经济部部长、央行总裁。

奥托·瓦格纳（Otto Wagener）：希特勒的经济顾问。

威廉·开普勒（Wilhelm Keppler）：希特勒的经济顾问，克雷纳弗斯的叔叔。

弗里茨·克雷纳弗斯（Fritz Kranefuss）：希姆莱"经济友人圈"的组织者，开普勒的侄子。

受迫害者

阿道夫·罗森伯格（Adolf Rosenberger）：保时捷公司的共同创始人。

乔安娜及弗里茨·海涅（Johanna and Fritz Heine）：企业主。

哈恩家族（Hahn family）：企业主。

朱利叶斯及伊格纳兹·佩特切克（Julius and Ignaz Petschek）的继承人：企业主。

威利·德雷福斯（Willy Dreyfus）：私人银行家。

路易斯·冯·罗斯柴尔德（Louis von Rothschild）：私人银行家。

美国人

特尔福德·泰勒（Telford Taylor）：纽伦堡军事法庭的首席检察官。

约翰·麦克洛伊（John J. McCloy）：美国驻德国占领区高级专员。

莱曼家族

阿尔伯塔·莱曼（Albert Reimann）：家族元老，JAB负责人。

彼得·哈夫（Peter Harf）：JAB的董事长，家族密友。

沃尔夫冈·莱曼（Wolfgang Reimann）：阿尔伯塔的长子。

开场：会晤

他们在那儿站着，面无表情，就像地狱门口的24台计算器。

——埃里克·维亚尔（Éric Vuillard），《议程》

邀请函四天前就用电报发了过来，毫无置喙的余地。首都在召唤。1933年2月20日星期一，下午6点，20多名纳粹德国最富有、最有影响力的商人，或步行或搭乘专车，来到柏林的政府机构和商业区中心，走进国会议长赫尔曼·戈林的官邸，参加一场会晤。与会者包括纺织品生产商出身的武器和电池大亨君特·匡特、钢铁巨头弗里德里希·弗利克、巴伐利亚金融大亨奥古斯特·冯·芬克男爵、保险巨头安联（Allianz）的负责人库尔特·施密特、化工集团法本公司（IG Farben）和钾肥巨头温特沙尔（Wintershall）的高管，以及克虏伯钢铁帝国靠婚姻关系上位的董事长古斯塔夫·克虏伯·冯·波伦·哈尔巴赫（Gustav von Bohlen und Halbach）。

三个星期前，阿道夫·希特勒与德意志共和国总统保罗·冯·兴登堡（Paul von Hindenburg）达成了一项秘密交易，兴登堡任命希

1

特勒为总理，后者就此攫取了德国的政权。现在，这位纳粹党领袖想要向这群实业家、金融家、高管和继承人"解释他的政策"，至少，他希望他们相信是这样。商人们希望，在新政府的领导下，德国的经济方向能得到保证。但他们不会如愿的，希特勒对这次会晤和整个国家都已打好自己的算盘。

商人们准时到达了戈林位于柏林施普雷河南岸富丽堂皇的红沙宅邸，就在国会大厦的隔壁。但他们一直在等——这些大亨向来没什么耐心，显然不太喜欢这样的情形。会议的主人戈林在预定开始时间的15分钟之后，才出来跟他们打招呼。陪同他现身的还有瓦尔特·冯克，这个矮胖秃顶的男子是希特勒政府的新闻总长。新总理来得更晚，随行的是他的主要经济顾问奥托·瓦格纳。会议的主持人是前德国央行行长亚尔马·沙赫特。（事后看来，这次会议竟然集结了希特勒未来的四位经济部部长：冯克、沙赫特、戈林，以及安联的负责人施密特。）希特勒手下的官员多年来与大亨们培养关系，以增强他们对纳粹事业的热情，这番处心积虑的铺垫在这场会议上达到了高潮。

与商人们握手之后，希特勒开始了长达90分钟滔滔不绝的漫谈，不靠笔记，也没有停顿。但他并没有按照会前的承诺发表政策性讲话，而是对当前的政治形势做了一番全面的分析。1918年是德国历史上一个灾难性的转折点，德意志第二帝国在第一次世界大战中战败，俄国爆发革命，俄国共产党（布尔什维克）上台执政。在希特勒眼里，是时候一劳永逸地解决左右两派之间的斗争了。

希特勒认为，大亨们支持他成为元首，实际上也是在支持他们自己、他们的公司和他们的财富。"在民主时代，私营企业是无法维持的，"这位43岁的总理表示，"只有当人民对权威和人格有健全的认识时，这才可以想象。世界经济和文化领域所取得的一切积极的、优秀的和有价值的成就，都完全归功于人格的重要性。"希特勒没有说要废除工会、重整军备、发动战争，或是把犹太人从德国人的生活中清除掉。但他确实让我们窥见了即将发生的事情："如果想彻底粉碎对方，我们就必须首先获得完全的权力。"

演讲快结束时，希特勒阐述了这一幕将会怎样出现。再过两周，即1933年3月5日，德国人民将在全国选举中投票，决定德国的未来——这是"最后一次选举"，希特勒说。民主必定将要消亡，不是这样消亡，就是那样消亡。这位新任德国总理打算彻底终结民主制度，用独裁政权取而代之。"无论结果如何，"他警告说，"绝不会有任何退路……只有两种可能性，要么以宪法为由排挤对手……要么用其他武器进行斗争，这可能需要更大的牺牲。"他暗示，如果希特勒的政党没能在选举中获得控制权，左右两派之间的内战就在所难免。希特勒充满诗意地说："我希望德国人民意识到这一时刻的伟大。它将决定未来十年甚至一百年的命运。"

武器和钢铁大亨、德国工业联合会的主席古斯塔夫·克虏伯是这群商人之首，也是众人公推的发言人。这位62岁的企业家原本为

3

这次会议准备了一份关于经济政策的详尽备忘录，这也是他与希特勒的首次会面。但鉴于这位新总理方才号召终结德国的民主制度，克虏伯认为最好不要就无聊的政策细节展开对话。相反，他温顺地代表出席会议的所有人向总理表示感谢，感谢他"为我们提供了如此清晰的构想"。克虏伯最后发表了一段不痛不痒的一般性评论，声称需要迅速解决德国的政治问题，建立一个强大的国家，这将有助于"经济和商业的繁荣发展"。

听完克虏伯的讲话，奥地利出生的总理没有回答听众的任何问题，也没有透露此次会晤的真正目的。他把这一切交给这里的主人戈林，然后便离开了。

戈林以"保持稳定"这一深受欢迎的承诺开启了话题。他向工业和金融巨头保证："伴随着政治上的平定，［国内］经济也将平稳下来。"他表示，不会进行任何经济"实验"。但为了保证有利的商业环境，希特勒的新联盟必须在即将到来的选举中取得胜利。这位国会议长言归正传：纳粹党需要资金进行竞选活动。由于纳税人的钱和国家资金不能用于政治目的，"其他没有参与这场政治斗争的圈子，至少应该在这个时候做出必要的经济牺牲"。

戈林的结论呼应了希特勒的看法，考虑到"3月5日的选举肯定是未来十年，甚至是未来一百年的最后一次选举"，要求这些商业巨头做出"经济牺牲"是非常合理的。说完这些话，戈林离开了房间，留下了一群目瞪口呆、心乱如麻的客人。

接下来，轮到留着大胡子的经济学家亚尔马·沙赫特发言。与前两位发言者不同，沙赫特直奔主题，建议为纳粹党及其民族主义盟友德国国家人民党（DNVP）筹集300万帝国马克（约合今天的2000万美元）的竞选资金，以便统治整个国家。在这个时间点上，纳粹党还需要国家人民党的帮助，但很快就不需要了。

商人们当场各自认领了款项。鲁尔地区的黑煤和制铁企业支付100万马克，钾矿开采和化学企业各支付50万马克，剩下的100万马克由褐煤企业、汽车制造商以及机械和电气工程公司承担。众人同意将这笔钱的75%交给纳粹党支配，剩下的1/4留给其盟友。最后，沙赫特说出了当晚最简短也最昂贵的一句话："好了，先生们，去结账吧！"

邀请商人们讨论经济政策，实际上不过是希特勒索取数百万贿赂以补充竞选资金的借口。他和戈林故意省略了重要的细节：纳粹党的财务状况一塌糊涂。它的负债超过了1200万帝国马克，而手头仅有的一点现金远远不足以开展全国性的竞选。但这个问题很快就会得到解决。这次会议之后没隔几天（最多不超过几个星期），众多与会者便通过他们的公司和行业协会，向沙赫特在柏林的一家私人银行德尔布吕克·席克勒尔（Delbruck Schickler）开设的信托账户汇入了巨额资金。在为灭亡民主出资助力方面，这些大亨显然毫无顾忌。给纳粹最大的两笔捐款，来自矿业协会（60万帝国马克）和法本公司（40万帝国马克）。

会晤结束后第二天，1933年2月21日，35岁的约瑟夫·戈培尔（此时他正在柏林，以大区领袖的身份领导纳粹宣传机器）在日记中写道："戈林带来了一个令人高兴的消息，即将有300万帝国马克可用于竞选。太好了！我立刻通知了宣传部。一小时后，机器就嘎嘎响动了起来。现在，我们准备开展竞选活动……今天，工作变得有趣了。钱来了。"戈培尔前一天还在日记里描述了他在柏林由于缺乏资金而产生的沮丧之情。短短24小时，就能有这么大的变化。

目 录

前言

2019年5月8日，德国著名饼干制造商百乐顺公司（Bahlsen）的26岁女继承人维蕾娜·巴尔森（Verena Bahlsen）在汉堡举行的一场数字营销大会上登上演讲台，就可持续食品生产发表了直播主题演讲。她穿着蓝色牛仔裤和黑色高领毛衣，套着一件黑色西装外套，衣物静穆的颜色与她红色的大卷发和脸上明晃晃的雀斑形成了鲜明的对比。她信心满满地接过麦克风，可没讲几分钟，她就偏离了主题，回应起一位政客早些时候论及德国最大的那些企业（如宝马等）应采用共同所有制的设想。"我是个资本家，"维蕾娜说，"我拥有百乐顺1/4的股份，我对此也很高兴。它应该继续属于我。我想赚钱，用股息和其他收益买游艇。"

　　她的即兴言论立刻在社交媒体上引发了愤怒的回应。她的家族企业在第二次世界大战期间使用强迫劳工，她还胆敢吹嘘自己的财富？几天后，维蕾娜在德国最大的小报*《图片报》（*Bild*）上发表

　　＊ 小报（tabloid），也称通俗小报，上面一般刊登八卦、运动、色情新闻等，与刊登严肃新闻报道的大报（broadsheet）相对。（本书页下注皆为译者注和编者注。）

评论，对这些批评嗤之以鼻："那都是我这一代人之前的事情了，而且我们付给那些强迫劳工的工资跟付给德国人的完全一样，对他们也很好。"她还说："百乐顺没什么可感到愧疚的。"

一桩丑闻爆发了。维蕾娜对纳粹时代表现出来的无知，在当今德国或许是最大的道德过错。她的家族企业和很多德国企业一样，在二战期间受益于纳粹德国的强迫劳工制度，这早就不是什么秘密。在这一制度下，数以百万计的外国人被从家乡掠走，被迫在德国的工厂工作，薪水微薄，往往还要忍受恶劣的劳动条件。以百乐顺为例，该公司使用了大约700名强迫劳工，其中大多数为波兰妇女和乌克兰妇女，她们被赶到汉诺威的饼干工厂，忍受着低薪和虐待。维蕾娜的言论迅速登上了世界各地的新闻头条，引起了强烈的反响。历史学家和政治家谴责她的言论。随后，有人呼吁抵制百乐顺饼干。

几天后，一辆黑色奔驰豪华轿车停在了维蕾娜位于柏林普伦茨劳贝格区（Prenzlauer Berg）的公寓楼前，护送着她带着大包小包回到汉诺威。又过了几天，维蕾娜通过她的家族公司公开道歉。但《明镜周刊》（*Der Spiegel*）的记者们仍坚持不懈地深挖真相。他们发现，维蕾娜的祖父和叔祖父，即第三帝国时期百乐顺公司的经营者，曾是纳粹党员，还曾向纳粹德国职权极大的准军事组织党卫队捐过款。记者们发现，百乐顺接管了乌克兰基辅的一家饼干工厂，许多乌克兰妇女就是从那里被赶到汉诺威的饼干工厂的。二战后，像数百万德国人一样，巴尔森家族否认了所有与纳粹共谋的指控，并逃脱了惩罚。

随着谴责日益强烈，巴尔森家族使用了一种屡试不爽的方法来应对这种愤怒，该家族通过百乐顺公司宣布，他们聘请了一位著名的德国历史学家对整个公司和家族的历史进行独立调查，包括他们在纳粹时代的行为。一待研究结束，就将公布结果，任何人均可查阅。这一声明果然奏效，争议声逐渐消失。但我知道这个故事的后续走向。

十几年前，也就是2011年11月底，我加入了彭博新闻社（Bloomberg News），在一支新团队里担任记者，负责调查隐秘的财富、亿万富翁，以及比百乐顺大很多倍的家族企业。我在纽约办事处开始工作的一个星期前，纽约市警察局刚在位于曼哈顿金融区中心的祖科蒂公园暴力驱逐了"占领华尔街"运动的抗议者。几年前金融危机爆发之后，在全球范围内，1%的富人和99%的穷人之间的紧张关系愈发明显。虽然我在彭博社主要报道美国的商业王朝，如科赫家族、沃尔顿家族（沃尔玛的控股人），但因为我是荷兰人，管理层很快就要求我在报道中加入德语国家。

我不太情愿地接受了这额外的委派。1940年5月到1945年5月，德国野蛮地占领了我的祖国荷兰，在我的祖辈身上、在我们的民族意识中留下了深深的伤痕。那时候，"他们"占领并掠夺了我们的国家。作为一个20世纪90年代在阿姆斯特丹长大的孩子，我看到德国人每逢春夏假期就"入侵"家附近的海滩，更糟糕的是，他们还经常在足球比赛中击败我们（现在仍然如此）。

我家人在二战中的经历加剧了我对德国人的敌意。1941年，我的外祖父（他是一名新教徒，当时还没有结婚）试图和他最好的朋友乘船从荷兰逃往英国。他们打算加入英国皇家空军，但海风把他们的船吹回了岸边。德国士兵逮捕了他们，给他们安上政治犯的罪名并判了刑。外祖父被关了近两年，在波鸿（Bochum）的一家钢铁厂从事强制性劳动。他在那里感染了肺结核，获释时已憔悴不堪，几近死亡。

我的祖父母是犹太人，在二战中天各一方。我的祖父原本在荷德边境附近拥有并经营着蕾丝厂和袜子厂。公司被德国人征用后，他跑到阿姆斯特丹市中心躲了起来。我的祖母在瑞士出生。1942年，她试图带着当时年仅三岁的姑姑跟一名同伴一起从荷兰逃回她的出生国。在法瑞边境，他们被盖世太保（纳粹德国的秘密警察组织）逮捕。一个盖世太保军官同情我祖母和她年幼的孩子，放她们走了。她们成功越过边境，到了瑞士。和她们一起逃跑的同伴，一位著名画家，就没这么走运了。他被送上了开往索比堡（纳粹占领波兰后在那里建立的一个灭绝营）的火车，并在那里遇难。

尽管在战争中饱受苦难，我的祖父母仍可算异常幸运。二战胜利后，我的祖父与妻女团聚，夺回了他的袜子厂。不幸的是，他的父亲死在了贝尔根-贝尔森集中营。挚爱的亲人被纳粹杀害并未让我的祖父母痛苦太久，我的外祖父也并没有为自己被囚禁在德国的那段时光而痛苦。在失去自由之前，他已经和邻家的女孩"坠入爱河"。外祖母一直守在他的床边，他在瑞士的一家疗养院治好了肺结核。他康复后不久，两人就结婚了。

我的父母是在战争结束后几年出生的。总而言之，祖父母那一辈人为他们自己、他们的孩子，也为我创造了优渥的生活条件。

不过，我的外祖父有办法给德国人一些温和的"报复"：他经常拿他们开玩笑。他是我幼年时期的英雄，一个自豪的荷兰爱国者。他和外祖母住在一座300人的荷兰小村庄里，家里的农场靠近德国人心爱的海滩。"德国佬又要入侵了。"他每年春天都调侃着说。他要我保证永远别把德国人当回事，因为他们太拿自己当回事了。我诚心诚意地向他发誓说，我不会。"幽默是最好的报复。"他说。

说回我的新委派，我开始非常认真地对待德国人——尤其是那些来自大企业和金融行业的人。2012年夏天，在一次报道任务中，我偶然发现了一个不起眼的网站。该公司的主页上写着"哈拉尔德·匡特控股"，其中列出的总投资规模达到了180亿美元。一个不起眼的德国家族理财办公室，只有一个简陋的单页网站，如何能管理规模如此庞大的投资资金？这个问题成为引导我发掘这段历史的线索。

原来，匡特商业王朝这一支系是玛格达·戈培尔的后裔，她是第三帝国非正式的第一夫人、纳粹宣传部部长约瑟夫·戈培尔的妻子。玛格达的儿子哈拉尔德是她七个孩子里唯一一个在战争中幸存下来的人，他是玛格达在第一段婚姻中与实业家君特·匡特生下的独子，在戈培尔家里长大，但从未加入纳粹党。哈拉尔德还有一个同父异母的哥哥赫伯特·匡特，也就是在二战后将宝马公司从破产边缘拯救出来的人。到2012年，赫伯特最年幼的继承人仍然身在德国最富有的家族，控制了宝马接近多数的股权，而哈拉尔德的继承人则在法兰克福郊外一座绿树成荫的温泉小镇管理着一家"较小"的控股公司。

2007年，匡特家族采取了与巴尔森家族类似的举动，委托一位德国历史学家调查该家族在纳粹时期的历史。此前，一部批评性的电视纪录片揭露了匡特商业王朝与第三帝国的一些关联，重点关注了大规模武器生产，使用强迫劳工和奴隶劳工，以及吞占犹太人的公司等问题。君特和赫伯特领导的家族企业参与了这些活动。

报道中，让我感到吃惊的是，匡特家族更富甲一方的支系，也就是拥有宝马公司的那一支，哪怕在2011年该家族委托进行的、号称以"公开"为目标的研究公布之后，其成员对过去的历史仍然遮遮掩掩。研究显示，匡特家族的元老们在纳粹时期犯下了许多更为残酷的罪行。我很快就发现，匡特家族并非特例。德国的其他商业家族也在第三帝国时期蓬勃发展，并控制着庞大的全球财富，这些家族对自身的黑暗血统讳莫如深，甚至彻底放弃反思。

这些历史从未向德国以外的听众讲述过。与此同时，这些家族仍然控制着数十亿欧元或美元的财富。一些继承人不再拥有企业的所有权，仅仅管理继承来的财富。但还有许多继承人拥有知名的品牌，其产品遍布全球——从我们驾驶的汽车，到我们喝的咖啡和啤酒，到我们租借的房子、居住的土地，以及我们在度假和商务旅行时预订的酒店。我发表的报道主要关注这些家族的财务状况，毕竟，我是为彭博新闻社效力的呀。但这个报道角度并没有回答最值得人们关心的问题：这些家族的元老是怎样在希特勒的统治下崛起，达到权力的顶峰的？为什么纳粹德国倒台后，他们几乎全都能无罪脱身？为什么几十年过去了，许多继承人仍然很少承认祖辈的罪行，投射出一种遮遮掩掩的历史观？为什么他们的慈善基金会、新闻奖项和公司总部仍然沿用当年与纳粹合作的家族元老的名字？

　　这些问题的答案，至少部分答案，就在这本书里。本书讲述了德国几个最富有的商业家族的起源故事，这些商业家族至今仍控制着全球经济的很大一部分。更具体地说，上述问题的答案藏在这些家族元老的故事里，他们在幕后煽动了第三帝国的暴行，积累了数不清的金钱，并拥有极大的权力。这些人出生在德国或邻近地区，在第一次世界大战结束后的动荡时期跻身商业精英的行列。到1933年纳粹时代开始时，他们已经是知名的实业家、金融家、食品生产商或汽车设计师，当然，其中也有几个人才刚刚成为指定继承人，准备从专横的父亲手中接班。这些人在第二次世界大战之前和其间

8

的数年里与希特勒政权合作，通过武器生产、使用强迫劳工和奴隶劳工，以及在纳粹德国占领区侵占犹太人和非犹太人拥有的公司，积累了自己的财富，做大了自己的企业。

这些大亨中，有些人是狂热的纳粹分子，毫不犹豫地接受了希特勒的意识形态，但其中大多数人只是不择手段的精明投机分子，不惜一切代价伺机扩张自己的商业帝国。他们都在第三帝国时期加入了纳粹党或党卫队，或者同时加入了这两个组织。这就是拥有宝马的匡特家族，戴姆勒-奔驰的前所有者弗利克家族，安联保险和慕尼黑再保险集团的联合创始人冯·芬克家族，控制大众和保时捷汽车公司的保时捷-皮耶希家族，以及在全球范围内拥有大量烘焙原料、预制食品、啤酒和豪华酒店等产业的厄特克尔家族的黑暗史。他们的祖辈是纳粹亿万富翁。这本书从第三帝国的历史中细细搜寻，为上述至今仍在世界范围内具有影响力的德国商业王朝清算它们的罪行。

但本书不仅仅是要控诉德国工业和金融巨头的罪恶，它还讲述了二战后这些纳粹奸商落在获胜方同盟国手中后的命运。出于政治上的利益考虑，以及对日益迫近的"共产主义威胁"的担忧，美国和英国悄悄地将大多数纳粹大亨交还给了德国，而德国则高举轻放地打了大多数有罪的大亨一巴掌，就放他们逍遥法外了。随后的几十年，西德地区发展成为世界上最繁荣的经济体之一，这些纳粹商人也积累了数十亿美元，跻身世界上最富有的大亨之列。在此期间，他们一直对自己与纳粹种族大屠杀的关系缄口不言，甚至直接撒谎。

时至今日，这些商业帝国的继承人中，只有一小部分真正对家族的过去进行了反思。其他人仍然拒绝反思，而且几乎没有引来什么负面影响。维蕾娜·巴尔森的发言并未给她带来任何事业上的后果。实际上，她的父亲还很快提拔了她。2020年3月中旬，百乐顺宣布，维蕾娜（而非她的三个兄弟姐妹）将成为公司的主要积极股东，代表家族企业中的下一代成员。

从第二次世界大战战败中崛起的德国，发展成为一个包容的社会，它以追忆和反省的方式，教育国民正确认识过去的错误。放眼全球，在许多大国落入独裁者、极右翼民粹主义者和煽动家之手的今天，德国仍然是西方的道德支柱。这种微妙的平衡，在很大程度上源于德国对纳粹历史和希特勒政权下发生的大规模暴行进行了持续而公开的清算。过去的50年，德国的政治领导人没有回避承担道德责任，承认了昔日的罪行。但最近，德国开始朝另一个方向转变。随着最后一批纳粹时代亲历者的离世，第三帝国的记忆逐渐淡漠，越来越多无耻的反动右翼逐渐成为主流，开始动手戕害战后德国的进步理想。

在这个虚假信息无处不在、极右势力在全球范围内崛起的时代，历史透明度和随后的反思、清算变得愈发重要。我们在美国和英国看到，美国内战中的南方将领、奴隶贩子和克里斯托弗·哥伦布的雕像已被拆除，以持种族主义观点的总统来命名的大学学院改用新名。然而，这一波直面过去的运动却不知不觉地绕过了德国的许多传奇商人。他们的黑暗遗产仍然隐藏在众目睽睽之下。这本书希望为纠正这个错误略尽微薄之力。

第一部分　『完完全全的普通人』

一

　　几十年来，匡特家族靠着战争和动荡赚得盆满钵满。但当君特·匡特在1918年10月流感大流行期间永久移居柏林时，这位37岁的纺织大亨的祖国即将被战争和动荡击垮。君特亲眼见证了他挚爱的德意志帝国在第一次世界大战中的失败和灭亡，以及战壕中数百万士兵的丧生。尽管帝国遭遇惨败，匡特家族仍从战争中获利数百万帝国马克。君特在首都以北几小时车程的勃兰登堡（Brandenburg）乡村经营着家族的纺织厂，每星期为他们长期的帝国军方客户生产数千套制服。一批批年轻的德国士兵被运往战壕和前线，每个人都需要一套新制服来替换倒下战友的破旧军服。就这样，四年里，一周又一周，似乎没有尽头。

　　然而，德国的损失，正是君特的收获。到战争结束时，君特赚到的钱已足够他永久移居柏林了。战争期间，君特设法免服了兵役，起初是因为身体不适合，但后来则是因为他变成了帝国战时经济的主要人物。在柏林，他负责监督为陆军和海军提供羊毛的政府部门。与此同时，君特还管理着家族工厂，每天通过信件下达指示，而他的弟弟和妹夫则在前线作战。等到他们从战场上活着回来的时候，君特告诉他们，他要搬到柏林去。他将继续在喧闹的德国首都远程管理纺织厂。但他还渴望在更大的舞台上施展拳脚，探索新的商业冒险，将业务扩展到其他行业。

君特热爱柏林。1881年7月28日，他出生在首都西北约128公里处的乡村普里茨沃克（Pritzwalk），一个显赫的纺织世家。身为长子，他自然是父亲的继承人，15岁时便被送到柏林接受正规教育，和英语老师同住。在19世纪末和20世纪初，德意志帝国已经成为一个领先的工业化国家，柏林便是它跳动的心脏。君特利用空闲时间探索这座庞大的繁华都市，见证了高架铁路和地铁的建设。回忆起在柏林上学的日子，君特总说那是"快乐的岁月"。他本想继续学习建筑，但那是不可能的。久病缠身的父亲埃米尔（Emil）把君特叫回家，让他学习纺织品贸易。埃米尔是个高大魁梧的男人，留着浓密的胡子。这个骄傲的普鲁士新教徒严格恪守节俭、虔诚和勤劳的信条。

但这一次，君特并不是一个人搬到柏林，他的妻子托妮，还有两个年幼的儿子赫尔穆特（Hellmut）和赫伯特都一起来了。君特和托妮已结婚12年，赫尔穆特10岁，赫伯特仅有8岁。托妮是个漂亮的黑发女郎，是君特一生的挚爱。最开始君特父母认为她家是暴发户，一直不肯应允这门婚事，还试图结束两人的关系，君特为此曾认真考虑要移民美国。他想得很远，为了到芝加哥找工作，甚至还找了赴美最便宜的路线——乘船去巴尔的摩。但最终君特留了下来。爱情和坚持最终占了上风，他的父母也送出了祝福。

1918年10月15日，秋假期间，托妮带着两个男孩前往柏林探望君特，参观他们的新家。全家四口人住在波茨坦广场豪华的菲尔斯滕霍夫酒店。君特迫不及待地想向他们展示自己在距市中心西南约24公里的纽巴贝尔斯堡（Neubabelsberg）郊区买下的豪宅。纽巴贝尔斯堡是一片别墅区，柏林的许多银行家、实业家和富裕知识分子都在此地置业安家。这所房子正对着格里布尼茨湖，坐落在巴伯斯贝格堡公园边上，那里是德皇的避暑地，到处都是古树。因为生赫伯特时遭遇难产，托妮还没有完全从手术中恢复过来，她希望在这座房子里恢复健康。此地环境宜人：有湖，有公园，街道两旁长着郁郁葱葱的梧桐树、酸橙树和枫树。君特带着托妮和两个男孩参观了一番之后，托妮对他说："我在这里一定会完全康复的。"

事与愿违。参观后的第二天，托妮带着儿子们回到了普里茨沃克。当晚，君特接到员工的电话：托妮回到柏林后，出现了轻微的流感症状。为避免传染，家人带走了两个男孩。因为西班牙流感太容易传播了，在流感大流行时，必须采取一切预防措施。不到两天，托妮的流感发展成了双叶肺炎。绝望的君特开车去找一个他认识的医生，但这位医生一时间还抽不出手来：他有十几个患上了相同疾病的病人。在那个寒冷的10月之夜，托妮去世了，年仅34岁。

这位身体虚弱的女性渴望全新的开始，却没能抵挡第二波席卷全球、导致数百万人丧生的西班牙大流感。

转眼之间，君特就成了鳏夫，在濒临灭亡的战败帝国里孤孤单单地住在疯狂的首都。更要命的是，两个刚失去母亲的幼子很快会搬来和他同住；他们需要的照顾，他提供不了。君特几乎没时间照顾他们。他还有一个商业帝国需要建设。一个阳光明媚的秋日，在普里茨沃克安葬了托妮之后，君特站在她的墓前，感觉自己失去了"一些无法挽回的东西"。他后来写道："我相信，人一生中只能给予和接受一次真爱。"

但六个月后，君特便再次坠入爱河。这是一段至今都困扰着匡特家族的感情。他迷上了玛格达·弗里德伦德尔（Magda Friedländer），她后来被称为玛格达·戈培尔，"第三帝国第一夫人"。

二

1919年4月21日，一个温暖的春夜，君特·匡特在柏林登上了一列拥挤的夜班火车。那天是复活节后的第一个星期一，他和两名同事准备坐头等舱去德国中部的卡塞尔（Kassel）参加一个商务会议。发车前不久，一位母亲带着十几岁的女儿来到君特的私人包间外；行李和箱子沉沉地压在小姑娘身上。当时，为了找个空座，她的母亲找遍了整列火车。她临别时吩咐说："玛格达，你就待在这里

17

吧。"君特等了两三分钟，站起身来，漫不经心地邀请那个小女孩和他们坐在一起。之后的几分钟里，君特又邀请了几次，胆小的玛格达才推开包厢门，加入了这三个年长男子的行列。

君特帮她放好行李后，玛格达坐进了衬着软垫的座椅里。两人开始交谈，君特发现了这个女孩有多么迷人。"我邀请了一个美极了的幻影：浅蓝色的眼睛，绝美的金发，一张整齐端正的脸，苗条的身材。"他后来写道。当时玛格达只有17岁，比君特小20岁，只比他的大儿子赫尔穆特大6岁。玛格达刚刚跟母亲和继父一起在柏林度过了复活节假期，准备返回位于德国中部山区戈斯拉尔（Goslar）的寄宿学校。整趟行程里，君特和玛格达都在聊天，讨论旅行和柏林的剧院。他被她迷住了。凌晨1点左右，火车停在了戈斯拉尔站。君特帮玛格达把行李从火车上拿了下来；他尽量不引起注意地偷瞄了一眼行李标签，记下了她寄宿学校的地址。

一到卡塞尔，君特就给玛格达写了一封信，询问自己能否于次日下午去寄宿学校看她。他会假装成她父亲的朋友，以便得到女校长的允许，带她出校。玛格达回了信，同意了他的提议。第二天，君特带着一束玫瑰出现在学校——不是给玛格达的，而是为了博取校长的好感，让校长允许玛格达和他一起散步。一段求爱之旅就此展开。两人第三次约会的时候，司机载着他们穿过风光优美的哈茨山脉，君特在汽车后座上向玛格达求了婚。她惊呆了，请求君特给她三天时间考虑。过去的17年，她所目睹的婚姻都不尽如人意。

1901年11月11日，玛格达出生于柏林，是个非婚生的女儿。她的父母，工程师奥斯卡·里切尔（Oscar Ritschel）和女佣奥古斯特·贝伦德（Auguste Behrend）最终结了婚。但奥古斯特发现里切尔有外遇之后，就和他离婚了，她再婚的第二任丈夫里夏德·弗里德伦德尔（Richard Friedländer）是一名德国的犹太商人。现在他们又要离婚了。玛格达成长在一个国际化气息浓郁的中上层阶级家庭，是家中的独女，她随母亲和继父辗转于柏林和布鲁塞尔之间，在布鲁塞尔一所由修女开办的严格的天主教寄宿学校读书。她认识的犹太人比她继父认识的还要多。玛格达遇到君特时，才刚刚和男朋友维克托·哈伊姆·阿洛索洛夫（Victor Chaim Arlosoroff）分手，维克托是一个雄心勃勃的俄裔犹太移民，在柏林著名的洪堡大学修读经济学。但在犹太社群，玛格达是所谓的"色萨"（Shiksa），也就是非犹太女性，她觉得自己永远不会真正属于这里。

经过三天的考虑，玛格达接受了君特的求婚。这个穿着双排扣西装，衣领笔挺，镶着金袖扣，身材魁梧，浑身散发着金钱和权力气息的年长男人，居然对她这么感兴趣，这颇让玛格达感到不解。君特身材高大，一双蓝眼睛炯炯有神，圆圆的秃头只剩一撮头发，被蹩脚地倒梳至头顶。他很有气势，但未必迷人。然而，玛格达选择嫁给一个比自己大20岁的人，也不全是受浪漫爱情驱使；好奇与野心各有作用。她自己也渴望离开寄宿学校，嫁给一个财力雄厚、在商界颇有声名的人。她幻想着操持一个大家庭，为他的朋友和商业伙伴组织社交活动。玛格达对君特印象深刻，他总是带着顽皮的笑容，好像知道一些别人不知道的事情。不过，君特坚持要求玛格达在他们结婚前满足两个条件：她必须放弃天主教，重新皈依新教；恢复原来的姓氏——里切尔。君特一家是保守的路德教派，玛格达继父的犹太姓氏弗里德伦德尔自然很犯忌。玛格达顺从地答应了。她对母亲说："宗教对我不重要，我心中自有我的主。"

1921年1月初，君特和玛格达在波恩（Bonn）郊外莱茵河西岸的一家温泉酒店举行婚礼。新娘穿了一件缀着布鲁塞尔蕾丝的礼服。但两人之间的和谐局面并没有持续多久。这对新婚夫妇在年龄和性格上的差异很快就显现出来——工作狂君特突然结束了他们在意大利为期十天的蜜月，去参加一场"不可错过的会议"。即使在他突然离开之前，蜜月也算不上成功。这对夫妇乘坐一辆由司机驾驶的奔驰豪华轿车在意大利乡间穿行时，玛格达发现丈夫并不太喜欢"真正的"意大利。她母亲奥古斯特后来曾回忆，玛格达意识到，"从根本上说，他是一个完全缺乏审美感知力的人，一个彻头彻尾的实用主义者，对他来说，艺术和美毫无意义。他对大自然也无动于衷。他们穿越翁布里亚（Umbria），穿过具有古典美和历史意义的风光……匡特却向妻子解释起土壤的地质结构来，盘算它用于工业开发的潜力"。不过，这趟蜜月旅行也不算完全失败。1921年11月1日，在他们度完蜜月的九个多月后，玛格达生下了两人共同拥有的唯一一个孩子，起名为哈拉尔德。

　　她独自在医院生下了孩子——君特自然是在工作。他们回到了柏林的家，对君特来说，只有生意最重要，没时间顾及个人生活。他跟妻儿一同旅行，主要内容是拜访公司、参观工厂。他每天工作12小时，早上7点半到办公室，晚上7点半回家，"疲惫不堪"。玛格达的母亲后来回忆说："晚饭后，他会坐在椅子上，打开柏林的财经报纸，三分钟后就睡着了。"君特长期处于疲惫状态。他抱怨自己没有时间读书，琢磨新的想法。他对社交基本不感兴趣——如果是和生意有关的事情，他可能会参加，但"只有在不可避免的情况下才会安排"，这让玛格达感到痛苦。在家里举办聚会，是她身为家庭主妇和女主人唯一成为众人关注焦点的时机。但在君特的世界里，几乎没有婚姻生活的空间。玛格达别无选择，只能适应。

　　三

　　20世纪20年代初，君特和玛格达·匡特已是貌合神离，一战后新成立的魏玛共和国也正陷入混乱。宪法危机轮番上演，许多商人都与动荡的议会政治保持距离，转向了另一个追逐杠杆和利润的领域：股市。

　　1922年夏天，德国外交部部长、犹太实业家瓦尔特·拉特瑙（Walter Rathenau）遭到暗杀，德国面临无法履行《凡尔赛和约》规定的巨额赔款的可能，恶性通货膨胀骤然加剧，资本加速外流。拉特瑙在柏林遇刺后，人们对德国货币的最后一丝信心化为乌有。国家的通货膨胀率上升了1300%，中央银行开始印刷数万亿帝国马克的钞票。只有少数投资了房地产和工厂等实体资产的德国富人在这种情形下获取了利润——他们持有的全部债务都迅速蒸发了。但大多数德国中产阶级都把钱存进了储蓄账户，或是投进了用来资助第一次世界大战，如今已经毫无价值的债券上。数百万德国人因此破产。

然而，股票介乎实体资产和流动资产之间，这是个只有最大胆的投机者才敢涉足的金融"无人区"。君特·匡特就是投机者之一。为了寻找机会让自己在战争期间广开商路，君特转向了外汇交易和股市投机。随着股价下跌，小投资者开始抛售股票，为数不多有实体资产支撑的公司也只能以低价交易股份。这是投机者的梦想，但也很危险。德国货币并不稳定，这使得股价剧烈波动，新手交易员很容易被套牢，因为他们在跟那些试图抢购大量股票并利用廉价债务进行投机的大投资者们对赌。

1921年秋，君特围绕一家羊毛公司做了一笔风险极高的交易，净赚4500万帝国马克。之后，他委托十几家银行，购买了十几家工业公司的股票。他投资的公司之一是德国大型钾肥生产商温特沙尔。虽说君特已经加入该公司的矿业董事会，但还是缺乏整体控制权，这让他深感不安。"我在任何地方都说不上话。"他后来回忆说。对这位纺织业大亨来说，这是个令人不快的陌生角色，他远程运营着自己的家族工厂，并决心成为另一个行业的主要参与者。

他刚满40岁，时间在飞快流逝。君特写道，在"邪恶的通货膨胀时期"，只用自己的财富来投机购买股票，这样的前景让他感到厌恶。然而，虽然他宣称对投机深感厌恶，却还是成功地克服了自己所谓的反感。即使在疯狂购买股票之后，他的手里仍剩下3500万帝国马克。他准备给自己买下一整家公司。

1922年春，君特锁定了自己的猎物：总部位于柏林的电池制造商AFA股份公司（Accumulatoren-Fabrik AG）。这家公司当时已成为世界上最大的电池生产商之一。君特将目光投向AFA时，电气化正在全球各地进行得如火如荼。这家公司在军工业方面也有深厚的背景，曾在第一次世界大战期间为德国潜艇提供电池。不过，AFA的内在价值并未反映在其股价中。它的所有权过于分散，也没有合适的机制（如优先股等）来保护自己免遭收购。

君特开始每天购买AFA的股票，并利用一连串的空壳公司、银行和包括家人在内的"白手套"来躲避关注，保持匿名，筹集更多资金。但1922年9月，AFA董事会宣布增加资本，同时发行优先股，他被迫走到幕前。此时，君特只持有AFA约25%的股份。如果增资计划成功，他收购多数股权就基本不可能了。

消息公布的第二天，君特在办公桌前阅读柏林的财经报纸，偶然看到一则匿名公告，这则公告呼吁AFA的其他股东投票反对董事会的提议。君特打电话给报纸的主编瓦尔特·冯克，冯克认识德国商界的所有名人，他透露说这则广告是一个名叫保罗·哈梅尔（Paul

Hamel）的人登的；君特当晚便安排了与哈梅尔的会面。哈梅尔是私人银行施蓬霍尔茨（Sponholz）的合伙人，专门从事企业收购。他和君特决定联手。

跟AFA董事会进行了一个月的艰苦谈判后，收购者取得了胜利。AFA没有发行优先股，君特在董事会获得了四个监事席位。与此同时，他继续用自家纺织厂的资金秘密购买AFA的股票。1923年6月，君特成为监事会主席，他的集团控制了AFA大约75%的股份。

针对AFA的恶意收购完成了。君特在一个新兴行业中控制了一家世界知名企业，迅速实现了从纺织商人到精明的投机商，再到成熟实业家的转型。此外，在冯克的帮助下，他拉拢了保罗·哈梅尔作为商业伙伴。1925年1月，AFA的一名高管去世后，君特接手了这名已故商人位于阿斯堪尼舍尔广场3号的公司总部办公室。办公室坐落在柏林的主要火车站旁边，位于政府机构和商业区中心，靠近金钱和权力。在一间有着高高的木质镶板墙壁的大型办公套间里，君特坐在一张深黑色双人办公桌后面，统治着新生的匡特帝国。

三年后，君特再下一城，征服了第二家公司：德国武器弹药制造厂（Deutsche Waffenund Munitionsfabriken，DWM）。该公司在第一次世界大战期间是德意志帝国军队最重要的武器和弹药制造商之一。它的子公司生产著名的毛瑟步枪和鲁格手枪，外加数以百万计的子弹，以及战斗机的零部件。君特满怀激情地把DWM视为"小克虏伯"，将它与德国最大的军火生产商——臭名昭著的克虏伯钢铁公司相提并论。

但在1928年夏天，君特及其商业伙伴准备针对它采取收购行动的时候，一度强大的DWM已经身处困境。作为德国战败后解除武装协议的一部分，这家总部位于柏林的公司被迫重组，现在它只能生产厨房电器和缝纫机，以及其他无害的产品。DWM仅存的有制造许可的武器是运动步枪和猎枪。受困于资不抵债的传言和管理团队的陈腐，公司的股价暴跌。

DWM的糟糕处境让它成为比AFA更容易得手、更便宜的收购目标。君特在1946年出版的回忆录中，竭力营造一种他从未深入参与军火行业的印象。他声称是保罗·哈梅尔为他带来了进入武器行业的机会〔二人还拉拢了钢铁大亨保罗·罗德（Paul Rohde），组成了DWM收购三人组〕。根据君特的说法，哈梅尔在下一轮DWM股东大会上成功地动员了投资者，逼迫整个执行董事会在1928年7月辞职。抛开这段矫饰的历史不提，最终，君特凭借自己在重组公司（无论哪个行业）方面的名声，又一次被任命为监事会主席。

四

1923年底，德国恶性通货膨胀的时代在到达顶峰后结束了，40岁的钢铁大亨弗里德里希·弗利克带着妻子玛丽与两个儿子搬到了柏林，在首都西部森林茂密的高端社区格鲁内瓦尔德（Grunewald）的一栋别墅里定居。弗利克也在投机和通货膨胀的动荡岁月里大赚了一笔，这使他得以离开家乡——鲁尔区东南部的农业地区锡根兰（Siegerland），在首都定居。此刻，弗利克在他的新别墅周围整洁的碎石小路上来回踱步，叼着廉价雪茄，谋划着下一步的大胆行动。

为了纪念自己的到来，弗利克买下了位于贝尔维尤大街12号的一座富丽堂皇的办公楼，在这里开始统治他不断壮大的工业帝国。这座办公楼坐落在一条安静的街道上，位于蒂尔加滕公园和波茨坦广场之间。柏林繁华的市中心就在这条路上，而君特·匡特位于阿斯堪尼舍尔广场的总部在它南边仅三分钟车程的地方。凭借坚定果敢、冷酷无情、精通数字而且长于诡计的特性，弗利克迅速成为德国最成功、最有影响力的钢铁大亨之一，但他似乎并不享受这一切。弗利克的蓝眼睛里没有一丝喜悦，脸上从不挂半点笑容。他身材健硕，面庞瘦削，目光凌厉，头发一天白过一天，这让他的样子看上去严厉且有威慑力，跟日后纳粹德国最臭名昭著的实业家这一身份很是相称。

弗利克比君特·匡特小两岁，1883年7月10日出生在恩斯多夫（Ernsdorf），这是一个寂静的村庄，位于德意志帝国蓬勃发展的工业中心地带。他的父亲是一位木材商人，拥有几座矿山的所有权。弗利克在科隆学习了商业和经济学，之后在锡根兰一家陷入困境的钢铁公司里当学徒，24岁时担任该公司的董事。随后，他加入了当地另一家同样处于财务困境的钢铁公司的董事会。进入董事会后，弗利克在1913年与玛丽·舒斯（Marie Schuss）结婚。玛丽出生于锡根市（Siegen），她的父亲是一位受人尊敬的市议员兼纺织品生产商。没过多久，这对夫妇就有了三个儿子，分别是奥托－恩斯特、鲁道夫和更晚些出生的弗里德里希·卡尔。弗利克王朝已经初具雏形。

弗利克在记忆数字和分析资产负债表方面有着不可思议的天赋。他接连重组了前面说过的那两家苦苦挣扎的钢铁公司，正好抓住了第一次世界大战爆发带来的机会。1915年，弗利克被任命为夏洛腾休特（Charlottenhutte）公司董事会的商务理事。这家财务状况稳定的公司是锡根兰最大的钢铁生产商，但相较于德意志帝国的一众竞争对手，它的规模仍然很小。在董事会的许可下，弗利克掀起了雄心勃勃的收购狂潮，在一战期间将公司的资产负债表总额翻了两番。军队对武器级钢材的需求增加让这家公司获利颇丰。

第一次世界大战的最后两年，随着武器需求的增加，钢铁、矿石和废旧金属的价格也随之暴涨。弗利克利用夏洛腾休特在战时获得的高额利润，为公司的收购行动提供资金。与此同时，他也在暗中执行自己的计划：秘密购买夏洛腾休特的股票，因为这家公司没有占主导地位的股东。他利用自己父亲的钱和妻子的嫁妆，借助一桩有利可图的废旧金属副业，为这次秘密收购提供资金。更重要的是，他两次说服董事会和政府发行优先股，以抵御收购的威胁（包括现实存在的威胁，也有他夸大其词的威胁），这样就不会有其他人最终获得夏洛腾休特的控制权。

弗利克击退了鲁尔区的传奇钢铁大亨奥古斯特·蒂森（August Thyssen），挫败了蒂森真实的收购威胁，并于1920年初与其达成协议，从此弗利克成为夏洛腾休特的控股股东。他通过"白手套"和空壳公司购买股票，隐藏自己的身份和意图（跟君特·匡特同一时期所做的一样）。通过一连串针对钢铁、矿业和其他重工业公司的高频换股操作，他将夏洛腾休特变成了自己的个人控股公司。弗利克咄咄逼人的股票收购、卖出和互换，引来了蒂森、克虏伯等老牌实业家的激烈竞争。当然，他们之间偶尔也会有合作。

与蒂森达成协议后，弗利克同意远离鲁尔地区，暂时放弃了他的最终目标。他转而开始在上西里西亚（Upper Silesia）做钢铁交易，这个地区的归属争议极大，由德国和波兰交替控制。这种不稳定性为廉价收购提供了大把机会。弗利克在上西里西亚的钢铁交易，让他第一次引起了全国性的关注。首都最大的报纸《柏林日报》（*Berliner Tageblatt*）派出一名商业记者，率先对弗利克进行了报道。1924年，这位记者写道，弗利克"受时代精神的感染，认为自己同样受到召唤。他全身心地投入重组过程的洪流之中，有几次沉入了水底，又以新的重工业集团之王的身份重回水面……弗里德里希·弗利克——公众不知道他的名字，但他的矿业同行和大银行董事（他们无法忍受他，因为他将他们拒之门外）承认他是最强大、最成功、最有技巧的一位奇才"。弗利克痛恨任何形式的媒体关注，他开始贿赂记者，让他们拿掉有关他的文章。

进军上西里西亚之后，弗利克终于在他最觊觎的鲁尔工业区站稳了脚跟。1923—1924年，他将自己在上西里西亚地区的大部分公司股份换成了由一位竞争对手控制的鲁尔钢铁公司的股份，所换得的股票中包括格森堡（Gelsenberg）矿业公司。弗利克下一步的行动最为大胆。1926年，鲁尔区的一群实业家在杜塞尔多夫（Düsseldorf）成立了调控钢铁生产和定价的联合钢铁集团（Vereinigte Stahlwerke，VSt）。它主要靠美国债券提供资金，成为世界第二大钢铁公司，规模仅次于美国钢铁（US Steel）。弗利克通过上西里西亚的股权交换获得了大量联合钢铁集团的股份，并将他的许多公司股权转移到新的鲁尔区企业集团。但这还不够，他想控制整个联合钢铁集团。几家控股公司合并后，格森堡矿业公司成为联合钢铁集团最大的股东，弗利克抓住了这个机会，开始购买格森堡矿业公司的股票，希望获得多数股权。经过一系列的股票互换和交易（主要是与一位前竞争对手）之后，弗利克成为联合钢铁集团的大股东，获得了对全球最大的工业集团之一的控制权。1929年，年仅45岁的他顺利跻身德国最有权势的实业家之列。

五

20世纪20年代末对君特·匡特来说也是一样的辉煌岁月，只有天空才是他的极限。虽然君特位于勃兰登堡的纺织厂越来越多地由他的兄弟们接手经营，但他仍继续为家族企业制定战略。他已是德国最大的钾肥公司温特沙尔的大股东，最重要的是，他还征服了两家大型工业企业，将产品销往世界各地。DWM的一位高管写道，君特已经皈依了一种新的信仰，"有些人的实力，只来自这样一种信念——金钱的力量不可战胜。他就属于那样的人。他的成功只会一次又一次地强化这一信念。对他来说，这种信念已经变成了一种宗教，尽管它不见得包含对上帝的信仰"。

与新的财富一同到来的，还有暴发户的典型做派。多年来，君特一直想在柏林市中心寻找一处合适的临时住所，这样他就不必在下班很晚时赶回家中，也不必跟玛格达一起去看戏了。1926年的一天，他的房地产经纪人联系了他，说有个商人需要马上卖掉他的联排别墅，以避免破产。君特跟绝望的业主讨价还价，压低了价格，买下了这栋别墅和里面所有的东西。这栋联排别墅坐落在柏林成熟的西区，家具和摆设都很昂贵，所有的物品都完好无损，就连葡萄酒、餐具和艺术品的位置都没变。这栋别墅的装饰比他自己的大宅子还要时髦，客厅中央甚至摆着一架大型风琴。买下这栋联排别墅后，君特对玛格达打趣说："看，亲爱的，你说文化是买不到的，错得多厉害。我这不就买来了吗？"

但是，随着财富的与日俱增，君特的家庭生活再次分崩离析。灾难在1927年7月初降临。他的长子兼继承人赫尔穆特刚到巴黎开始为期一年的海外勤工助学计划，便因阑尾炎手术失败去世，年仅19岁。赫尔穆特的临终遗言是对君特说的："我要是能帮你完成伟大的工作该有多好，我亲爱的父亲。"

君特大受打击。他写道："我失去了我最亲爱的孩子，我一直为他感到骄傲，我的一切都是为他建立的。"玛格达在赫尔穆特的病床旁守了几天，继子的死让她深为震动。赫尔穆特只比她小六岁，两人一直很亲密，甚至有人怀疑他们互有好感。赫尔穆特被安葬于君特在普里茨沃克墓园内修建的家族墓地中，挨着他的母亲托妮。"他生命中原本要承担的一切，现在要由17岁的弟弟赫伯特接管了。"君特写道。

君特的次子赫伯特似乎完全不具备接替哥哥的条件。他性格内向，喜怒无常，身材瘦弱，羞涩胆怯，跟他那天分过人、长相英俊、有同情心的哥哥截然相反。更难办的是，赫伯特天生就患有严重的视力障碍，从十岁开始就不得不在家接受教育。由于他几乎看不见字，赫伯特只能背下所有的课程，通过私人教师的口头解释来学习知识。

赫伯特的医生预言，他只能在农业领域找到职业前途，靠双手劳作。为此，君特为赫伯特买下了梅克伦堡（Mecklenburg）北部富丽堂皇的塞弗林庄园。庄园中央有一座新文艺复兴风格的砖砌宅邸，建于19世纪80年代，周围有大约10.1平方公里的土地，农田、田野、草地和林地应有尽有，分布在一道平缓的山脊上。君特让他的前姐夫沃尔特·格兰佐（Walter Granzow）照管塞弗林庄园，一桩有利可图的农林生意很快发展起来。不久之后，这座庄园还会有更黑暗的用途。

赫尔穆特的死加速了君特夫妇婚姻的破裂。他们从一开始就不相配，继子死后，玛格达对君特没了任何浪漫情愫。在巴黎克利希街医院的病床上，赫尔穆特临终前恳求争吵不休的父亲和继母"永远善待彼此"，这话戳痛了君特的心。"像一把刀，"他写道，"我觉得，要是赫尔穆特死了，我们的婚姻就会破裂。也许，不知不觉中，他是一直引领我们走向彼此的有力后盾。"

君特的想法没错，而且问题是他自己造成的。六年来，君特在情感、社交和经济上都忽视了玛格达。他对她极为吝啬，起初给她的零用钱仅有女佣工资的1/3。她必须记录所有的家庭开支，每当玛格达把账目本拿给丈夫看时，君特会一言不发地逐页翻看，最后用红墨水写道："已阅，核准，君特·匡特。"她的全部生活就是在柏林郊区照顾孩子，管理五人之家。但玛格达是为冒险而生的，不是为了家庭。她受过良好的教育，会说多国语言，热爱艺术。她想从生活中得到更多，希望引人注目，她曾期望嫁给一个富有的实业家并能在20世纪20年代喧嚣的柏林获得显赫的社会地位。只可惜，这个愿望落空了。

1927年秋，赫尔穆特死后几个月，这对夫妇去美国旅行。君特希望通过这次旅行修复两人的关系，他甚至把自己的红色迈巴赫敞篷车运到了美国。尽管他非常努力，但这次旅行并没有让他们的爱火重燃，而是点燃了另一种不同的火花。在曼哈顿中城，君特和玛格达第一次收到了来自纳粹党的示好。库尔特·吕德克（Kurt Lüdecke），一个纨绔子弟，纳粹党的早期成员，当时住在纽约，希望向富有的美国人宣传纳粹事业。吕德克刚从底特律的反犹太汽车大亨亨利·福特（Henry Ford）那里遭遇了一次失败的筹款，他想，或许找君特这样富有的德国人会带来更多好运，而君特恰好又是他一个朋友的哥哥。

君特夫妇在他们访问纽约时下榻的广场酒店遇见了吕德克。"我与他和他年轻迷人的妻子共进午餐，"吕德克在他的回忆录《我认识希特勒》（*I Knew Hitler*）中写道，"他现在是德国最富有的人之一，是个兼具国际和经济头脑的商业机器，也具备这类人所共有的典型心态——对其他事情几乎或是根本没有想象力。当然，他立刻成了我的另一个招揽对象——我想让他和他的钱对我们的事业感兴趣，但他满腹怀疑。"

君特没有上钩，于是吕德克改变了目标。玛格达似乎"更乐于接受建议"，他写道，"当我告诉她希特勒和纳粹党的英雄事迹之时，她的眼睛闪闪发光。等他俩登上回德国的船，我向他们道别时，君特夫人已经成了我的盟友。她答应读一读我送给她的纳粹书籍，做一做她丈夫的工作，还热情地邀请我去柏林看望他们。1930年夏天我拜访德国时，我们成了亲密的朋友，我让她成了一个狂热

33

的纳粹分子"。

他们的亲密程度远不止于此。这不是玛格达第一次出轨,也不会是最后一次。1928年初,君特结束那次美国之旅回到柏林后,给了玛格达更多的自由和金钱。这位大亨全身心地投入DWM的收购战,增加了她的零用钱,不再批评她的服装、日常计划和开支用度。玛格达终于能够聘请知名的时装设计师来升级她的衣饰,参加在豪宅里举行的社交舞会了。不过,她还是不快乐。她对君特的感情已经消失了。她多次要求离婚,但君特不同意。

在一次舞会上,玛格达遇到了一个富家出身的年轻学生,两人开始了一段恋情。她毫无顾忌地和新情人去旅行。君特开始起疑,倒并不是因为玛格达经常不在家,而是因为她从闷闷不乐变得容光焕发。他派了私家侦探跟踪她,很快就有证据表明,玛格达和她的情人去过多年前她跟君特结婚的那座莱茵河小镇,住在那里的一家酒店里。君特质问她的时候,玛格达承认了一切。

后果十分严重,玛格达要立即离开这个家。君特提起了离婚诉讼。突然间,年轻的玛格达发现自己处境堪忧——这位实业家的妻子将在一夜之间一贫如洗。由于承认自己有婚外情,玛格达在法庭上将失去一切:她的婚姻、她的儿子哈拉尔德,以及获得赡养费的希望。但她也不是完全没了指望:她手里也有君特的把柄。多年前,她在君特的写字桌里发现了一叠其他女人写给他的情书。现在,她准备利用它们把君特拉回谈判桌。

她的计划奏效了。1929年7月6日，君特和玛格达在柏林地方法院解除了婚约。她的律师卡茨（Katz）、戈德堡（Goldberg）等人为她争取到了不少利益。玛格达必须承担离婚的责任和诉讼费用，因为她"背弃了婚姻义务"，在一年多的时间里拒绝和她的丈夫同睡。一度节俭的君特不得不为供养前妻慷慨解囊，她每月将得到将近4000帝国马克的赡养费，如果患病，将得到20 000帝国马克，此外还有用于购置新住所的50 000帝国马克。玛格达还得到了哈拉尔德在14岁前的监护权，14岁后他将回到君特身边，接受君特的培养，以便日后有一天他能够接管匡特的半个商业帝国。这种监护安排有一个条件：如果玛格达再婚，哈拉尔德将立即回到他生父身边。君特不想让儿子受到另一个父亲的影响。除去这个监护权条款，君特还授予玛格达不受任何限制地使用塞弗林庄园的权利。这些条款对他的前妻和儿子都有很深远的影响。

君特在回忆录中花了几十页的篇幅来描述他和玛格达的生活，但只用了一段简短的文字记录两人的离婚，他称之为友好解决："1929年夏天，我和玛格达分开了……自此以后，我们友好相处。"一开始，君特把婚姻失败的责任归咎于自己，认为自己忙于工作，但之后又为自己开脱："压力太大了，我没有给予玛格达需要也应得的照顾。为此，我经常痛苦地责怪自己。但我们人类有多少时候自责却又不真正感到愧疚呢？"尽管如此，君特对前妻依然心存好感："哪怕我们分道扬镳，我想起她时也总是抱着倾慕之情。"

签好离婚协议书后，君特送了玛格达一束花，并带她去霍彻餐厅吃饭，这是柏林最高档的一家餐厅，也是赫尔曼·戈林最喜欢的餐厅。君特的次子赫伯特后来说，刚离婚的时候，二人偶尔会有的家庭聚会"非常和谐"。玛格达成了一个自由的女人，生活宽裕。她在柏林西区的总理广场2号租了一套七室公寓，离君特的联排别墅很近。她终于成了君特一直不允许她做的一家之主了。她得照顾年幼的儿子，但因为雇得起女佣和厨师，玛格达有了更多的空闲时间却不知道怎么打发。她虽然仍在跟那个年轻的学生交往，但同时也在寻找一个更成熟的男人。玛格达还有其他的追求者，包括美国总统赫伯特·胡佛（Herbert Hoover）的一个富有的侄子，但在他提出结婚时，她却拒绝了。玛格达不满足于现状，想要寻找新的生活意义。她很快就在迅速发展的纳粹党，以及除希特勒外最放肆敢言的宣传家——保罗·约瑟夫·戈培尔博士身上找到了答案。

六

1930年夏天，纨绔子弟库尔特·吕德克首次将28岁的玛格达·匡特介绍给了纳粹更高层的圈子。恰如吕德克所言："她无事可做，又有不错的收入，成了纳粹的积极支持者。"这位富有的离异女士通过柏林的精英种族辩论俱乐部"北欧之戒"（Nordic Ring）进入了这个圈子。这个圈子中有许多德国贵族，他们同样有钱而百无聊赖。这群人主张德国人民"北方化"，因为他们认为"北欧人种"优于所有其他种族。一天晚上，"在喝了相当多的酒"之后，玛格达对这个酩酊烂醉的小团体抱怨，"她的生活让她感到厌恶，觉得自己无聊至极"。德皇威廉二世（此时已退位）之子奥维亲王（Prince Auwi）正坐在她桌旁，带着诡异的微笑朝玛格达靠过来："无聊，亲爱的？我来提个建议：加入我们吧！来为党工作。"

玛格达立即接受了奥维亲王的建议。1930年8月下旬，一个闷热的夏夜，玛格达在柏林最大的会议大厅施德内堡体育宫参加了一场纳粹党的选举集会。这是她第一次与当晚的主要发言人约瑟夫·戈培尔见面，戈培尔是海德堡大学的哲学博士。在1924年加入新生的纳粹党之前，他曾尝试做过小说家、剧作家和记者，但均以失败告终。凭借他夸夸其谈的雄辩天赋，以及对希特勒的俯首帖耳，他在党内的地位迅速上升。1926年，希特勒将自己信赖的这位朋友提拔为柏林大区长官。四年后，32岁的戈培尔爬得更高，已是德国国会议员、纳粹党宣传部部长，以及该党全国竞选活动的总设计师。投票还有两个星期就要开始了，戈培尔这才刚刚开始热身。

戈培尔鼻子长，额头高，脸色苍白，一头深棕色头发向后梳着。他很少笑。大大的脑袋与他矮小的个头（仅1.65米左右）、瘦弱的身材形成了尴尬的对比。因为患有畸形足，他走路一瘸一拐，还穿着不合身的衬衫和西装。一个有魅力的、参加过鼓吹北欧种族优越性辩论俱乐部的富有的离婚女人，怎么会注意到他呢？可那天晚上，当戈培尔开始向成千上万的观众讲话时，玛格达就被吸引住了。他的声音低沉而洪亮；他会冷笑，发出尖刻的叫声；他的语气时而悲伤，时而讽刺。他连番辱骂：犹太人、共产主义者，甚至资本家。玛格达的母亲后来把女儿第一次听到戈培尔声音的经历描述得近乎色情："玛格达燃起了生命之火。她感到自己被这个男人打动了，不是以'政党'支持者的身份，而是作为一个女人。她必须去认识这个男人，这个人能让你在这一秒沸腾，下一秒冰冷。"

几天后，1930年9月1日，玛格达加入了纳粹党。她买了希特勒的自传式宣言《我的奋斗》，从头到尾读了一遍，还研究了纳粹理论家、戈培尔的党内对手阿尔弗雷德·罗森堡（Alfred Rosenberg）的作品。玛格达试着在自己居住的高档住宅区领导工人阶级妇女委员会，但以失败告终。她开始寻找另一份差事。她必须接近戈培尔。10月下旬的一个阴天，玛格达赌了一把运气。她来到柏林市中心，不请自来地出现在像堡垒一样的纳粹党地区总部，主动请缨要为党效劳。她强调自己的外语知识，受到了热烈欢迎。三天后，她当上了戈培尔副手的秘书。

某天，玛格达正下楼时，一个穿着风衣的矮个男子急匆匆地走了上来，此人正是戈培尔。两人在楼梯间经过时短暂地交换了一下眼神。玛格达一如既往地冷静，继续往前走，头也不回。戈培尔则立刻转向副手问道："那个不同寻常的女人是谁？"第二天，玛格达被叫到戈培尔的办公室。戈培尔告诉她,他正在寻找一个可靠的人,为他建立私人档案,并问她能否做到。这份档案将收集关于纳粹党、希特勒,尤其是戈培尔本人的国内外新闻剪报。戈培尔深知信息的力量,他精心挑选新闻,为欺骗性的宣传活动做准备。新闻收集还让他在应对血腥的党争阴谋时抢得先机。戈培尔一直在寻找竞争优势,他不是赫尔曼·戈林那样的著名空战英雄,也不是海因里希·希姆莱那样的党卫队头领,只凭借他的智慧和对希特勒的忠诚。

玛格达接受了这份工作。1930年11月7日,她第一次出现在戈培尔的日记中:"一个姓匡特的美丽女人正在为我制作一份新的私人档案。"随着玛格达不断受纳粹主义和戈培尔的影响,她和君特的关系发生了变化。这对曾经的夫妻仍然保持着频繁的联系。哈拉尔德和她住在一起,所以君特和赫伯特经常去母子二人位于总理广场的公寓看望他们。她甚至还和君特全家人一起度假。1930年圣诞节,君特臀部受伤,玛格达在佛罗伦萨陪着他。他们一起去了圣莫里茨(St. Moritz),君特在那里休养,呼吸山上清新的空气。

但是玛格达有了一些想法。他们此时的谈话完全集中到了政治上。玛格达第一次参加集会之后就曾试图说服君特支持纳粹,君特后来回忆她的话:"据说参加这场运动是绝对必要的,这将是摆脱共产主义的唯一出路,否则,德国有可能面临更加困难的经济形势。"后来的几次拜访中,他注意到"玛格达更加热心地宣传起了

这项新事业，她全心全意地投入进去"。君特最初以为玛格达只是
"迷恋"戈培尔的演讲天赋，但当她不断重复同样的信息，他便减
少了拜访的次数。

到了1930年圣诞节假期，玛格达走得更远了，她试图说服
父子俩改变信仰，敦促他们加入她的新事业。"她成了纳粹思想
最狂热的倡导者，还打算说服我和儿子加入该党，认为至少我们
应该为这项事业提供资金。这些观点极其不现实，但要反对它们
也不太容易。我们从进一步的谈话中看出，她只谈论党，再无其
余……美好的事情。我和儿子赫伯特决定不再去看她。"君特后
来在法庭上作证说。他表示，在圣莫里茨之行以后，他就再也没
见过她。

赫伯特也宣誓并证实了父亲的回忆。尽管他对前继母怀有"钦
佩和感激之情"，但他对"这种观点及其狂热的发展"大感震惊，
跟玛格达保持联系似乎没有了意义，"因为她变得极其固执，再
也听不进别人的话"。但父子俩撒了谎。他们并没有切断与玛格
达的联系，匡特父子对法西斯思想的兴趣，可远不止他们承认的
程度。

七

虽然君特·匡特在魏玛共和国时期有大把赚钱的机会，但他并
不喜欢这个自由的新德国。政治和经济动荡得太频繁了，他怀念德

40

意志帝国更加严苛的岁月。君特亲眼见证了它的灭亡。1918年10月
5日，也就是托妮去世的十天前，他参加了国会会议。会上，德意
志帝国的最后一任首相默许了美国总统伍德罗·威尔逊（Woodrow
Wilson）提出的立刻停火、结束第一次世界大战的和平要求。那是
君特第一次也是最后一次去国会。"我只记得一幅关于厄运的画
面，"他后来写道，"我们的祖国正面临混乱。"在岁月的流逝
中，君特对专制统治产生了兴趣。玛格达加入了"北欧之戒"，君
特则加入了柏林的法西斯主义研究协会。这个研究和辩论小组采取
邀请制，大约有200名成员，讨论意大利独裁者贝尼托·墨索里尼
推行的法西斯主义。该组织成立于1931年，旨在让德国不同的极右
翼派系统一意识形态，并研究怎样用法西斯制度取代民主的魏玛共
和国。

　　这个组织的领导者和推动者是瓦尔德玛·帕布斯特（Waldemar
Pabst），此人狂热地反对布尔什维克主义，就是他在1919年下令
处决了德国共产党领导人罗莎·卢森堡（Rosa Luxemburg）和卡
尔·李卜克内西（Karl Liebknecht）。这个俱乐部里形形色色的精
英包括：研究意大利法西斯主义的保守学术理论家、贵族地主、
未来的纳粹经济部部长三人组（亚尔马·沙赫特、瓦尔特·冯克
和赫尔曼·戈林），君特的商业伙伴（保罗·哈梅尔和保罗·罗
德），以及纳粹党的早期支持者、钢铁实业家弗里茨·蒂森（Fritz
Thyssen）。

在这个俱乐部，君特领导了一支学习小组，为降低德国失业率起草了指导方针。俱乐部还组织晚间讲座，阅读法西斯主义的小册子，讨论不同的统治方式。从本质上看，这个群体里的富有成员就是法西斯版的"沙龙社会主义者"。不过，事实证明，这群人对法西斯主义的兴趣并没有维持太久。成员们在离家更近的地方实现了意识形态的统一，支持起了本土的法西斯主义：纳粹主义。

最初，大多数商业大亨认为希特勒和他的纳粹党徒是一些身着制服的滑稽人物，来自贫困腹地，没受过教育，吵吵闹闹、野蛮暴力又粗鲁。但是，全球股市出现了最严重的暴跌，到1929年10月29日，纽约证券交易所的股价崩溃时，情况发生了变化。股价暴跌让大多数投资者和公司（很多还上了信贷杠杆）的财富化为乌有。商品和服务需求一扫而空。大萧条给德国带来了毁灭性的打击。到1930年底，股市市值已缩水2/3，工业产值减半，数百万德国人失业。

1930年9月中旬，希特勒的纳粹党利用经济和政治上的不满浪潮获得640万张选票，成为国会的第二大党。戈培尔领导的选举运动将金融危机归咎于犹太人和共产党，选举取得了巨大的成功。当年冬天，希特勒开始尝试拉拢德国最富有的商人，经济的萎靡不振为他打开了大门——金融体系摇摇欲坠，许多大亨担心来自左翼的政治动荡。君特和其他大亨很快接到电话，邀请他们前去希特勒位于柏林凯瑟霍夫酒店的观景套房。

八

1931年2月1日星期日上午，希特勒在他的大本营慕尼黑，去见他的首席经济顾问奥托·瓦格纳。这位纳粹党党魁满心想着钱。希特勒和瓦格纳开始考虑如何筹集数百万帝国马克，用以武装纳粹党的准军事组织"冲锋队"，以防左翼政变演变为内战。他们最终选择了商界，但有一个问题：他们在商界并无良好的人脉。这种局面需要改变，而且要尽快。瓦格纳立即打电话给柏林的瓦尔特·冯克。这位报社编辑很热心地为纳粹领导人安排与实业家和金融家的会面，还建议希特勒和他的随行人员落脚在首都豪华的凯瑟霍夫酒店。冯克告诉瓦格纳，如果希特勒想给大亨们留下良好的第一印象，如果他真的想从他们那里筹到一些钱，这个地方，也就是柏林首屈一指的大饭店，是唯一合适的地点。酒店位于帝国总理府对面，距离君特·匡特和弗里德里希·弗利克的办公室都不远。冯克将预订合适的房间。

次日一早，希特勒、瓦格纳和随行人员乘车离开了慕尼黑，用了一天多的时间抵达柏林。瓦格纳为希特勒做好了准备，劝他先和这些人讨论经济问题，让他们放松交谈，再向他们要钱为冲锋队购置武器。一行人最终于2月3日星期二下午2点到达酒店。冯克在大厅等着他们，并带他们去看了为他们预订的房间：三楼的一间观景套房。希特勒有单独的卧室和私人浴室，其余的人则被安排住在一起。这位纳粹领导人将在装饰华丽的客厅里接待客人，俯瞰帝国总理府公园。冯克的行动很快，两小时后，也就是下午4点，本周第一位引见给希特勒的商人就要到了：奥古斯特·冯·芬克男爵。

这位32岁的慕尼黑贵族金融家是巴伐利亚最富有的人。他的父亲给他留下了一个商业帝国，包括对德国主要私人银行之一的默克·芬克（Merck Finck）的控制权，以及安联和慕尼黑再保险两家全球保险巨头份额最大的股份。

奥古斯特·冯·芬克身材高大，气质高贵，表情冷峻，一头整洁的棕色头发梳到脑后。他就是为这个家族而生的。冯·芬克的父亲威廉·芬克是安联和慕尼黑再保险两家公司的共同创始人，而保险甚至并非他的主业。威廉是一名金融家，建立了自己的私人银行默克·芬克，他有着无止境的企业家精神，创办了啤酒厂，帮助扩大了铁路网，与柴油的发明者共同创办了一家企业，还出力兴建了德意志帝国的第一座水电站。为了表彰他的诸多努力，帝国授予他爵位：1911年，威廉·芬克成为威廉·冯·芬克男爵。他买下了数千英亩的土地，成为巴伐利亚最大的地主之一。总而言之，他是个极为成功的人，更何况，他还是一个生活在巴伐利亚天主教地区的虔诚新教徒。

但第一次世界大战期间，灾难降临到这个家庭：1916年，奥古斯特的哥哥在前线阵亡。威廉本打算把银行、商业股份和董事会职位留给长子，把土地和农业企业留给奥古斯特。奥古斯特18岁那年，在哥哥牺牲的忌日参了军。他在巴尔干半岛的一个后勤单位服役了两年，负责寻找食物和其他物资。他也受过伤，但并不严重——他伤的是右膝。

长子去世后，悲痛欲绝的威廉决定在死后清算自己的私人银行。但到了1924年，他在弥留之际重新考虑了这件事。威廉修改了他的遗嘱，指定奥古斯特接替自己成为默克·芬克银行的主要合伙人，成为家族所有商业股份（从保险公司到啤酒厂）的所有者。奥古斯特还继承了大量土地。

就这样，在25岁的时候，奥古斯特担任了大约24个公司董事会职位，包括全球金融领域最重要的两个职位：安联和慕尼黑再保险两家公司的监事会主席。说到底，这仍是家族生意，并非任人唯贤的精英治理。奥古斯特还从父亲身上继承了虔诚的新教信仰和出了名的节俭作风。这位年轻的继承人在他的圈子里成了巴伐利亚最富有也最吝啬的人，节俭让他显得严厉且冷漠。他是个顽固的保守主义者，在魏玛共和国垂死挣扎的时期躲进了慕尼黑的反动贵族沙龙，情绪低落、备感无聊的玛格达也在柏林做着同样的事情。但现在，是时候让他摆脱那个孤立的极右翼小集团了。奥古斯特也感到他比以往任何时候都更有野心，并准备着手做一些激进的事情。

1931年2月初那个寒冷多云的星期二下午，奥古斯特·冯·芬克在安联负责人库尔特·施密特的陪同下，第一次与希特勒见面。施密特是个投机者，人脉很广，而且安联的总部就在凯瑟霍夫酒店对面。下午4点，二人来到套房。瓦尔特·冯克把他们带到客厅，希特勒正在那儿等着。接下来的半小时里，希特勒向这两位金融家描绘了一场资本家的噩梦；他"召唤出了失业民众在左翼叛乱中崛起的幽灵"，冯·芬克和施密特同意希特勒的观点。对于政治局势，对于向数百万人提供就业机会的无望，二人都感到不满。他们告诉希特勒，他们"完全相信……骚乱终将爆发，会出现转向左翼的重大转变"。会面结束后，冯克带着两人离开，然后很快就带着重要的消息回来：冯·芬克和施密特承诺通过安联提供500万帝国马克，用以武装冲锋队，以防止可能演变成内战的政变发生。

希特勒一时间说不出话来。冯克离开后，希特勒向奥托·瓦格纳表示，他对"大企业所拥有的那种力量"感到惊讶，仿佛资本主义的货币力量第一次向纳粹首领做了自我展示。但他的经济顾问警告他要提防这些商人："他们只想着赚钱，除了钱，什么都不想，那肮脏的钱——他们甚至意识不到自己在追逐撒旦的幻影。"

希特勒不在乎这些，即将有人捐给他更多的钱。冯克邀请君特·匡特次日上午拜访凯瑟霍夫酒店。

九

第二天，1931年2月4日星期三，君特和玛格达这对曾经的夫妻在同一个地方第一次见到了希特勒，但他们彼此并不知情。那天早上，君特和温特沙尔的两名高管在希特勒的酒店套房里与他进行了交谈。他们离开时，承诺为冲锋队提供武装的资金金额已达到1300

万帝国马克。（冯克随后又找了四名商人来到套房，筹款活动在次日下午以2500万帝国马克的成果结束。但最终，没有一位大亨需要付足全额，因为所谓的左翼政变从未发生。）对于比自己小八岁的希特勒，君特没有太多的感觉。"我说不清希特勒给我留下的印象是重要还是没什么意义，是令人同情还是惹人厌恶。我觉得他就是个完完全全的普通人。"这位大亨后来写道。

君特中午离开了凯瑟霍夫酒店。下午4点，希特勒的一名保镖走进套房，说有个男孩正等在门外，想和这位纳粹领导人谈一谈。希特勒让保镖把他带来。一个苗条、英俊、自信的九岁男孩大步走进了套房。他身穿蓝色制服，侧边插着一把匕首，金发上戴着一顶军便帽。他就是哈拉尔德·匡特，君特的小儿子。没有事先告知，玛格达就把哈拉尔德从大厅叫了上来。哈拉尔德向他们行了纳粹军礼，并自我介绍说："德国希特勒青年团最年轻的队员向他的元首报到！"

希特勒来了兴致，询问哈拉尔德的名字和年龄，并提出另一个问题："谁给你做了这身漂亮的制服？"

"我的母亲。"哈拉尔德回答。

"你觉得这身制服怎么样？"

"力量翻倍了！"

希特勒让哈拉尔德不久后再来拜访，并向他的母亲问好，而这位神秘的女子正在大厅里喝茶。哈拉尔德离开几分钟后，戈培尔来了。他和玛格达之间的恋情正在逐步升温，但进展缓慢——他得先结束另一段艳遇。但他即将迎来一场爱情竞争，竞争对手不是别人，正是他最崇敬的希特勒。

戈培尔在酒店大堂的角落里为希特勒一行人保留了一张桌子，方便他们享用下午茶。希特勒不知道玛格达和戈培尔之间正在萌芽的恋情，他询问是否可以邀请这对母子一起用餐，戈培尔应声离开了套房。过了一会儿，赫尔曼·戈林来了。希特勒告诉他，不久会来"一位君特夫人"跟他们一起喝茶，戈林惊呼道："哦，戈培尔的'蓬帕杜夫人'！"他把玛格达比作法国国王路易十五的首席情妇。

奥托·瓦格纳对"五点下午茶"的目击者报告简直像是直接从一本低俗爱情小说里摘抄出来的："哪怕只看了第一眼，匡特夫人给人留下的印象也非常好，随着我们的谈话逐步推进，这种印象不断加深。她穿着得体，但并不过分，动作从容，自信，带着迷人的微笑——我不禁想说真迷人。我注意到希特勒为她天真的高昂精神感到愉快。我还注意到她的大眼睛一直盯着希特勒。每当谈话陷入尴尬的停顿时，年少的哈拉尔德总会成为重启话题的催化剂。"瓦格纳不得不把他的老板从玛格达身边扯开，让他去为看歌剧做准备。尽管如此，这位经济顾问"毫不怀疑，希特勒和匡特夫人之间更亲密的友谊和崇敬情谊已渐渐形成"。当天晚些时候，希特勒听说戈培尔已经拿到了玛格达公寓的钥匙，大受打击。但实际上这对新恋人的关系还没有进入那一步。

那一步发生在十天后，1931年的情人节。"玛格达·匡特晚上来了。待了很长时间。绽放出迷人的甜蜜。你是我的女王！（1）……今天我走路就像在梦中。"戈培尔在日记中写道。整个3月，每当两人发生性关系，他都会在括号里标注："玛格达……回家晚了。（2，3）"五天后："玛格达，可爱的……更深入了解我和她，我们会是绝配。（4，5）"一个星期后，3月22日："玛格达……赶走我所有烦恼。我非常爱她。（6，7）"最后的（性）日记括号正好是他们第一次床头吵架床尾和的那天晚上。两人在3月26日正式成为情侣："工作很多，一直做到了晚上。然后玛格达来了，有爱，有争执，又有了爱。（8，9）她是个了不起的孩子。但我不能在她身上迷失自我。我的工作太大，太重要了。"

哈拉尔德也开始出现在戈培尔的日记中。"下午，玛格达带着她的儿子哈拉尔德来了。他今年九岁，是个可爱的小伙子，金发碧眼，有点厚脸皮。但我喜欢这样。"这位纳粹高官在1931年3月12日的日记中写道。戈培尔立刻对哈拉尔德产生了好感：他确实是雅利安人的典型代表，比他的同龄人要高，有一双蓝色的大眼睛，长长的淡金色头发；他很英俊，有着近乎少女般精致的五官。戈培尔在无数篇日记中滔滔不绝地描述哈拉尔德有多么"可爱"。不久，他开始送哈拉尔德上学，并写道，他要把哈拉尔德培养成"一个有用的孩子"。

戈培尔并不是哈拉尔德唯一的粉丝，希特勒也"盲目地"喜欢哈拉尔德。那年秋天，哈拉尔德十岁生日前不久，这两位纳粹头目开始把这个男孩作为宣传活动的工具。1931年10月中旬，希特勒和戈培尔带着哈拉尔德在德国中部的不伦瑞克（Braunschweig）参加为期两天的冲锋队游行。希特勒对哈拉尔德在凯瑟霍夫酒店的着装表现印象深刻，他下令整个纳粹组织的成员在公共场合都要随时穿制服。超过十万人参加了这次集会，其中包括数万名冲锋队和党卫队成员，这是魏玛共和国有史以来举行的最大规模的准军事游行。戈培尔在日记中描述了哈拉尔德在活动中的表现："哈拉尔德穿着冲锋队的新制服，看起来很可爱。他穿着黄色长靴。他现在是个男子汉了。我们和老板一起离开……火炬手的队伍！哈拉尔德和老板在车里。他完全是个男子汉了。成千上万人热烈欢呼，热情涌动，老板欣喜若狂。他挽起哈拉尔德的胳膊。这个可爱的男孩一整天都勇敢地站在我身边。"

　　与此同时，玛格达就像一个狂热的追随者，尾随戈培尔在德国各地出差。这个富有的离异女性会在戈培尔的酒店房间里等他，在他发表演讲或参加纳粹党活动的任何城市出现，给戈培尔来个意外惊喜。玛格达宠坏了没有多少钱的戈培尔，她给他买很多花，还带他去柏林动物园。与君特不同，这位纳粹头子让玛格达成为他生活的一部分。戈培尔很感激她的支持。1931年4月，他写道："在艰难的日子里，她一直支持着我。我不会忘记这一点。"戈培尔可能也有占有欲和嫉妒心。"和玛格达小吵了一架，她晚上8点在家接待她的前夫。真是太鲁莽了，只会助长流言蜚语。她现在跟那边断绝了一切联系，只属于我了。"

但是，君特对前妻的慷慨才是增进玛格达和戈培尔关系的关键因素。在离婚协议中，君特允许前妻不受限制地使用自己的塞弗林庄园。从一开始，玛格达就毫无顾忌地把新情人带到前夫的乡村庄园。这里成了这对情侣最喜欢的度假地，从柏林往北驱车仅需三小时就能到达；1931年，他们于五旬节*期间在那里待了整整一个星期。希特勒也开始带着随从在君特的庄园里度周末。塞弗林乡村及其周边地区成为纳粹党的一个大本营。庄园管家沃尔特·格兰佐很欢迎他们。作为一个雄心勃勃的纳粹党员，他已经把目光投向了公职。

五旬节期间，这对情侣在塞弗林庄园定下终身。"现在一切都清楚了，"1931年5月31日，戈培尔在日记中写道，"我们庄严承诺，等我们征服了德意志帝国，便结为夫妻。"然而，他们并没有等到那一天，在当年夏天就宣布了订婚的消息。玛格达于同一天把这个消息告诉了君特和希特勒，两人都无法平静地接受。1931年9月14日，戈培尔在日记中写道："玛格达……星期六和G.匡特谈了一下，告诉他我们要结婚了。他大受打击。玛格达为他对自己造成

---

* 即基督教的圣灵降临日。此节日每年落在不同的日子，但通常是在5月底6月初。

的一切伤害给予了报复。接着又告诉了老板，跟他说了同样的话。他也崩溃了。他爱她。但他对我很信任。玛格达也是……希特勒很阴沉，他很孤独。在女人方面没什么好运气，因为他对她们太温柔了。女人不喜欢这样。她们必须感受到控制……可怜的希特勒！我都有点为自己的幸福感到羞愧了，希望这不会影响我们的友谊。"让戈培尔极度不满的是，希特勒和玛格达每次见面都不停调情，而且往往是趁着戈培尔不在的时候。妒火中烧的戈培尔对此无能为力，毕竟那是希特勒呀。

希特勒为玛格达构思了一个重要的角色，他告诉奥托·瓦格纳："她可以代表我专一男性本能的女性对应物。"瓦格纳提出了一个奇特的建议，日后被称为"安排"。希特勒宣布放弃婚姻：他的"新娘"是德国人民。［当时，他刚刚开始接触爱娃·布劳恩（Eva Braun），］因此，瓦格纳提出了一种把希特勒考虑在内的柏拉图式三角关系。玛格达与戈培尔结婚后，将成为第三帝国非正式的第一夫人。希特勒实际上已经成了这个家庭的一员，他和随从在玛格达位于总理广场的公寓里度过了许多个夜晚，吃着玛格达家的厨师为这位素食纳粹领导人准备的特别食物，一直聊到凌晨。玛格达和戈培尔接受了与偶像的这一协议，决定把婚礼提前到12月举行。

纯属巧合的是，在玛格达宣布订婚的两天前，君特和希特勒第二次见面。"恶心：君特·匡特先生去找了老板，"1931年9月12

日，戈培尔在日记中写道，"他当然拿腔作调，试图给老板留下印象。老板上当了，很喜欢他。我告诉玛格达，她又气又怒，脸都白了。我能理解。"其实，这对订了婚的情侣没有理由怀疑君特和希特勒之间发生了什么事情，两人谈的完全是枯燥的经济政策。

根据君特二战后对这次会面的描述，他是接受自己的商业伙伴哈梅尔和罗德的邀请来到凯瑟霍夫酒店，在希特勒的套房内参加第二次会面的。希特勒想听听这三位大亨关于解决德国经济危机的想法。君特建议纳粹党领导人将工作日从8小时减少到6小时，以应对高失业率。他还建议削减25%的工资，禁止消费信贷，取消失业救济。省下的钱可以用于国家基础设施建设，辅以税收减免政策来刺激建筑业。君特向希特勒解释说，按照传统观点，建筑业繁荣时，经济就会好转。

希特勒向这三位商人表示感谢，还告诉他们，他想通过大额的国家合同来解决失业问题。最重要的是，他想要通过重新武装军队来振兴经济。这对三名武器生产商来说是一个非常好的消息。希特勒和三人的谈话时间原定为15分钟，但君特后来自豪地指出，这次谈话花了原定三倍的时间。虽然君特记得，希特勒认为他的提议"令人难忘"，甚至要奥托·瓦格纳记下君特的名字，方便两人再次交谈，但君特再也没有直接听到这位纳粹领导人的消息。多年后，站在法庭的证人席上，他对自己与希特勒会面的回忆有了一些不同，"我们的观点大相径庭，我们甚至无法理解对方。在我和希特勒的两次谈话中，他都不让我说话"。

十

1931年11月11日，在玛格达30岁的生日聚会上，君特·匡特和约瑟夫·戈培尔终于见面了，地点是玛格达离婚后在总理广场租的公寓。戈培尔正打算搬去和她一起住。匡特后来回忆那天晚上的情景时表示"本能地感到我们不搭调"。这种感觉是相互的。几个星期后，这位大亨去自己的庄园看望哈拉尔德，而哈拉尔德正跟着玛格达和戈培尔一起住在这里。纳粹政客戈培尔在日记中对这次侵扰大发牢骚，称这位实业家是"没脑子的笨蛋，典型的资本家，最糟糕的公民"。与此同时，戈培尔正靠着玛格达奢侈的赡养费过活，住在她的大公寓里，享受着庄园的热情款待。而为这一切买单的是君特。

尽管两人刚见面就互相厌恶，但君特仍会时不时地去拜访前妻和她未来的丈夫，听取他们对政治的看法，并给纳粹党捐款——未来，他将在这两件事上说谎。1931年12月11日，戈培尔记录了这样一次拜访："君特·匡特晚上来了。他想给党捐款，是玛格达让他这么做的，她是我们最好的代言人……我谈论政治，他完全接受了。然而，这位聪明、有活力、严酷的资本家已经完全转向了我们。他应该这么做——而且还应该出钱。我拿到了2000马克，那是给囚犯和伤员的。为了我的人民，我接受了，但心情有些沉重。"

不过，戈培尔补充说："谈话并不像我想象的那么冷淡。"由于君特的捐款，以及他对自己正在读（至少，他是这么说的）的戈培尔执笔的新书《为柏林而战》（*Battle for Berlin*）大为赞赏，气氛大有改观。

戈培尔无法拒绝君特的钱。纳粹党经常入不敷出，需要所有能拿到手的资金。戈培尔靠微薄的薪水生活，妻子巨额的赡养费诚然可聊作贴补，但这种支持即将结束。还有八天，玛格达和戈培尔就要举行婚礼，届时，按照离婚协议的规定，玛格达和戈培尔将失去赡养费这笔收入来源。更糟糕的是，他们还将失去哈拉尔德；他必须回到君特身边，这位大亨不希望自己的小儿子由另一个男人抚养并受其影响，更别说那个人还是纳粹党的宣传大师。

1931年，玛格达和约瑟夫·戈培尔挽手步入婚礼，哈拉尔德·匡特在一旁陪同。身后的背景中的人是伴郎希特勒

玛格达和戈培尔的婚礼于1931年12月19日举行。玛格达的传记作者后来称这场婚礼"从头到尾都无比缺乏品位"，在前夫的塞弗林庄园，玛格达·匡特变成了玛格达·戈培尔——而且未经前夫允许。这场婚礼是君特的前姐夫、庄园管家沃尔特·格兰佐策划的，他同意对自己的老板保密。在职业发展上，格兰佐迅速地转向了纳粹党。他把君特的庄园提供给希特勒、戈培尔和其他纳粹领导人，用于召开秘密会议。君特买下这座庄园原本是为了让他那近乎失明的儿子赫伯特有个未来，而现在，塞弗林庄园变成了梅克伦堡事实上的纳粹总部。君特对此有所怀疑，他一再要求玛格达不要把塞弗林庄园变成当地纳粹组织的"神经中枢"，但玛格达充耳不闻。君特对此无能为力，因为他之前允许她不受限制地使用庄园，包括接待客人的权利。于是，婚礼早餐围着君特的餐桌举行，在他的庄园里举行的招待会上，人们举起他的酒杯，为这对新人的健康干杯。

　　这场新教婚礼在塞弗林庄园的小乡村教堂举行，希特勒是戈培尔的第二见证人。教堂圣坛的十字架上悬挂起纳粹党的旗帜作为装饰。婚礼队伍一行18人从君特的庄园走到举行婚礼的教堂，穿过树林，再回来参加招待会。玛格达已珠胎暗结，和戈培尔手挽手穿过白雪覆盖的森林。除了玛格达肩上披着白色布鲁塞尔蕾丝披肩（这披肩取自她跟君特初婚时穿的礼服，是当年那个早熟少女残留至今的最后一抹亮色）之外，他们都穿着黑衣。

　　十岁的哈拉尔德穿着一套仿冲锋队制服的服装，走在继父身边，他上身穿着棕色衬衫，下身穿了马裤，脚蹬长靴，系着带肩带的腰带。玛格达的母亲奥古斯特就在这对夫妇身后，希特勒挽着她的胳膊，大步走在她身旁。宽檐帽几乎遮住了他的脸，一件双排扣大衣裹着他的身体，为他御寒。沿途，身穿白衬衫、系着领带的冲锋队队员笔直地站在树间，向这对新婚夫妇行纳粹礼。

君特后来写道，他本来很可能在12月的那一天去塞弗林庄园拜访，并在无意中闯进他前妻的婚礼。他指责希特勒和格兰佐，前者显然是推动婚礼在一个不起眼的乡村地区举办的主谋，后者则把自己纳粹事业的利益置于雇主的利益之上。君特解雇了格兰佐，但格兰佐的计划得到了回报，他在纳粹党内部迅速升迁。

婚礼之后的几个星期里，君特强制执行了哈拉尔德的法律监护权，与这对新婚夫妇爆发了一场争夺战。三个成年人之间原本缓和的关系变成了全面战争。玛格达告诉戈培尔，君特要把哈拉尔德带回去，戈培尔勃然大怒。玛格达也"如同一只想要保护幼崽的愤怒母狮。我要帮助她，必须把这伪君子的面具撕下来"，1931年12月29日，戈培尔在日记中这样写道。"和玛格达一起盘算到深夜……计划采取报复。可怜的君特·匡特！我不想与玛格达为敌。"这篇日记的日期落在年底并非巧合，三天后，也就是1932年的元旦，哈拉尔德正式搬回了他父亲的联排别墅，尽管君特经常允许他去路口转角的总理广场探望母亲。

尽管在哈拉尔德的问题上存在分歧，君特还是聆听了戈培尔在

1932年2月发表的两小时演讲。据戈培尔说，君特对他的所见所闻感到"欣喜若狂"，但这并没有让两人在抚养权的冲突上有所缓和。君特后来声称，他去柏林参加纳粹集会，只是为了在与希特勒会面后"了解公众演讲和民众情绪"；参加了这次集会后，他"再也不关心这场运动了"。

除了年少的哈拉尔德以外，戈培尔对匡特家族成员的评价都很低。1932年4月，戈培尔第一次见到君特的二儿子赫伯特，认为这位几乎失明的宝马未来救世主"有点智障"。后来，在听说玛格达最好的朋友埃洛离开了丈夫，也就是君特的弟弟瓦尔纳·匡特（Werner Quandt）后，戈培尔称瓦尔纳为"真正的穷人"。玛格达和戈培尔把"资本家"瓦尔纳的事情告诉了希特勒，德国总理勃然大怒，承诺要对他采取行动。尽管受到威胁，君特的弟弟并没有被波及。即便如此，戈培尔显然对匡特家族的大多数人都有很深的成见，而且，他的权势正在增长。

十一

另一位柏林资本家在1932年春天遇到了更大的麻烦。弗里德里希·弗利克完成了对联合钢铁集团的收购，此时正值全球股市暴跌，经济大萧条即将拉开序幕之际。他之所以有足够的资金购买这家欧洲最大的工业集团的多数股权，完全是靠大量的贷款和债券。他通过格森堡矿业公司持有的联合钢铁集团股份为债务担保，并将两家公司都抵押给了银行。然而，由于股市崩盘，股票的价值暴跌，弗利克几乎再无其他有形资产可以作为进一步的抵押品。弗利克的控股公司都处于破产边缘，他即将一败涂地。

1932年初，弗利克需要迅速从格森堡矿业公司抽出资金。与此同时，希特勒也又一次需要钱了。他希望为即将到来的总统选举准备好资金。2月的一个寒冷上午，瓦尔特·冯克在凯瑟霍夫酒店引见了弗利克。一年前，君特·匡特和奥古斯特·冯·芬克也曾应狡猾的新闻编辑之邀，到访过希特勒的套房。第一次会面的一年后，芬克离开了柏林的财经报纸，开始为纳粹党编辑经济通讯。他还结识了弗利克冷酷无情的副手奥托·施泰因布林克。

施泰因布林克是一名功勋卓著的海军老兵。在第一次世界大战期间，他担任潜艇指挥官，极有进取心，击沉了200多艘商船。在施泰因布林克为自己准备一份投资备忘录之时，弗利克发现了他的商业才能。施泰因布林克很快就成了弗利克最信任的知己。弗利克为自己塑造了远离政治的公众形象，等他意识到施泰因布林克极为擅长商业和政治幕后交易之后，便假手施泰因布林克与纳粹保持联络。

冯克通过施泰因布林克向弗利克转达了从凯瑟霍夫酒店发出的邀请。弗利克渴望了解这个在德国政坛变得举足轻重的人物。但两人在1932年2月底进行的一小时会面却是一场灾难。施泰因布林克在套房外等候，希特勒却误把弗利克当成了海军英雄，并喋喋不休地谈论日后与波兰海军对抗的计划。等到两人从酒店走回附近的办公室时，弗利克告诉自己的高级助手，他没能和希特勒说上一句话。纳粹领导人也对谈话的片面性感到失望。弗利克气急败坏，决定用自己的财力支持现任总统、保守建制派候选人保罗·冯·兴登堡；他为兴登堡的连任竞选捐赠了近100万帝国马克。

弗利克迫切需要对政府施加一些影响。这个政府是他所持格森堡矿业公司股票唯一的流动性买家，而且对他糟糕的财务状况一无所知。他第一次见到希特勒时，双方才开始谈判。谈判拖了几个月，但弗利克最终成功了。1932年5月底，他使出了惊人的手腕，以超过9000万帝国马克的价格（约为其市值的三倍），成功地将自己持有的格森堡矿业公司的股份卖给了政府。在谈判桌上，弗利克向政府施压，称联合钢铁集团的股东弗里茨·蒂森愿意在法国借款人的资金支持下，买下他所持的多数股权。用法国资金收购德国最大的企业集团是不可想象的；法国曾因德国未能继续支付一战赔款，而与其他国家共同占领了鲁尔区，此事才过去没几年。德国政府以巨大的溢价救助了弗利克，他得以偿还债务。这桩交易让他大赚一笔。

1932年6月中旬，弗利克与政府进行幕后交易的消息传出，引发了一场全国性丑闻。此时正值经济大萧条最严重的时期，600多万德国人失业，政府却动用纳税人的钱在不经意间救助了一个投机实业家和他的私人控股公司。但没过几个星期，格森堡事件被更大的新闻冲淡了：7月31日的议会选举，纳粹党首次成为德国国会最大的政党。1932年夏末，随着公众和政客们淡忘了金融丑闻，弗利克着手准备迎接纳粹党的统治。

虽然格森堡事件让弗利克变得更加富有，相关的公关灾难却坏了他的名声，弗利克还拒绝了希特勒最初的提议。但此刻，这位巨头确信自己需要政治保护，他很乐意为此慷慨解囊。初秋，瓦尔特·冯克带着纳粹党的一项新请求，来到弗利克位于柏林贝尔维尤大街的总部：新一轮竞选活动需要资金。冯克带着三万帝国马克离开了。很快，纳粹党员们接二连三地拜访弗利克的办公室。冲锋队需要为另一次火炬游行采购新靴子：两三千帝国马克。弗利克的助手们希望媒体正面报道自己的老板：给纳粹报纸和杂志编辑几千帝国马克。弗利克和施泰因布林克发现，"给纳粹捐钱就像在鲨鱼面前游泳时流血一样"。

接着，党卫队来敲门了。1932年深秋的一个阴沉日子，养鸡场场主出身的党卫队首领海因里希·希姆莱拜访了弗利克的总部。他是来做交易的。为了结束纳粹组织各个部门不断向弗利克提出的金钱要求，希姆莱建议这位钢铁大亨将未来的捐款全部交给党卫队，弗利克很快就同意了。这是一纸魔鬼的契约。这个正在崛起的准军事组织为大亨提供了终极政治保护，但代价是什么？弗利克很快就会知道。

施泰因布林克和希姆莱的助手弗里茨·克雷纳弗斯帮忙促成了

他们老板之间的协议。野心勃勃的克雷纳弗斯是破产商人威廉·开普勒的侄子，开普勒很快将成为希特勒最青睐的经济顾问。当年早些时候，希特勒让开普勒建立一个由实业家和金融家组成的委员会，为他在经济政策方面提供建议："等我们掌权时，他们就会听从我们的命令。"开普勒找来自己的侄子帮忙招募会员，组建了"开普勒圈"。过不了多久，它就将为人所知。奥托·施泰因布林克就是他们招募的第一批新人。格森堡丑闻爆发时，他代表弗利克加入了该组织。他的老板正饱受公众的批评，吩咐他找出纳粹精英的"风向"。弗利克急切地需要利用这些信息为自己东山再起做准备。

十二

1932年，柏林的雨季进入尾声，戈培尔和匡特家族之间的紧张关系继续升温。9月下旬，玛格达和戈培尔在电话里和君特大吵了一架，随后，两人把哈拉尔德藏到一个朋友家里。君特威胁要诉诸法律，这才迫使这对夫妇把哈拉尔德送了回来。君特后来说，他为这个男孩所做的顽强斗争，戈培尔永远不会谅解，"戈培尔的脑袋里有一种想法……他带着哈拉尔德参加各种聚会，因此公众自然认为这是他的儿子，他必须留下哈拉尔德。这个男孩很高，金发碧眼，对纳粹领导人来说是个很合适的展示品，而戈培尔本人并不具备纳粹德意志人的理想外貌"。

1932年11月初，哈拉尔德11岁生日前后，双方之间的紧张关系有所缓和。戈培尔在日记中写道，他"与G.匡特谈了谈。他并非完全不讲道理。甚至在社交事务方面也是如此"。君特答应让哈拉尔德和戈培尔夫妇共度圣诞假期。但在平安夜，当哈拉尔德来到他们的公寓之时，母亲却不在，只有戈培尔。他告诉哈拉尔德，玛格达刚刚因为剧烈腹痛进了医院；男孩哭了起来。作为安慰，圣诞节期间，戈培尔带着哈拉尔德看了电影和歌剧。他们去医院看望玛格达，给她带了一棵闪亮的圣诞树，树上挂满了礼物。圣诞节后的第二天，希特勒邀请戈培尔和哈拉尔德到他在巴伐利亚与奥地利边境附近的上萨尔茨堡（Obersalzberg）租下的小木屋里过新年。戈培尔带着哈拉尔德驱车前往。那一年的最后一天，希特勒、戈培尔和哈拉尔德给玛格达写了一封信，祝她身体健康。玛格达仍在医院里，高烧不退，她正因一次流产而在休养。他们当时还不知道，1933年即将改变他们的人生轨迹，改变德国和世界。

1932年12月29日，希特勒在小木屋里收到一条消息：前总理弗朗茨·冯·帕彭（Franz von Papen）想与他见面。一个星期后的某个黄昏，在科隆，众人于反犹太的私人银行家库尔特·冯·施罗德（Kurt von Schröder）男爵的宅邸相聚。当晚，希特勒和冯·帕彭在金融家的宅邸做了一笔幕后交易。冯·帕彭正谋划着重新掌权，他认为自己可以利用更受欢迎的希特勒作为达成这一目的的工具。他相信自己能够控制希特勒，便说服德国总统兴登堡任命希特勒为总理，自己担任副总理。事实将证明，这是人类历史上最具灾难性的误判之一。冯·帕彭非但没能把这位纳粹首领降为傀儡，反而为希特勒夺取政权助了一臂之力。

1933年1月30日晚，冲锋队为庆祝他们的元首登上总理宝座，举行了穿越柏林市中心的火炬游行。游行队伍穿过林登大道，走过勃兰登堡门，经过国会大厦和蒂尔加滕公园，聆听希特勒在他的新居——德国总理府的阳台上发表的讲演。议会选举原定于五星期后的3月5日举行，看起来，民主统治将再次出现在地平线上。几乎没有人意识到，希特勒当晚便已掌权——第三帝国拉开了序幕，纳粹德国取代了魏玛共和国，并在未来漫长、黑暗、血腥的12年里一直存在。

随着希特勒的掌权，君特和戈培尔之间的权力平衡发生了决定性的变化。希特勒掌权的六天后，君特到玛格达的公寓拜访戈培尔，向他表示祝贺。他离开后，戈培尔得意洋洋地写道："匡特先生来访，忠诚之心溢于言表，这就叫胜利。"

十三

就在阿道夫·希特勒就任总理的那一天，另一个完全不同的阿道夫辞去了工作。1933年1月30日，斯图加特（Stuttgart）市中心的克罗南街，32岁的阿道夫·罗森伯格在保时捷汽车设计公司的办公室内召集了19名员工，告诉他们自己即将辞去商务总监一职。两年前，罗森伯格与两名合伙人——活泼善变但才华横溢的汽车设计师费迪南德·保时捷和他的女婿、好斗的维也纳律师安东·皮耶希——共同创办了这家公司。罗森伯格为保时捷公司提供财务支持，为其筹集资金，但他已经厌倦了不仅花自己的钱，还要从家人和朋友那里找钱的状况。这家公司的钱即将烧光，濒临破产。罗森伯格安排好了继任者：汉斯·冯·维德-马尔伯格男爵（Baron Hans von Veyder-Malberg），他是一名退役赛车手，也是罗森伯格和保时捷的熟人。保时捷公司陷入了严重的困境，这位奥地利贵族不得不拿出40 000帝国马克作为过渡性贷款。尽管公司的财务状况不佳，罗森伯格还是愉快地辞去了职务。他将继续担任股东，并以自由职业者的身份专注于向海外市场出售保时捷的专利。

虽说有着相同的名字，但阿道夫·罗森伯格与新上任的总理截然不同。这位英俊、精通技术的德籍犹太人曾是奔驰公司的赛车手。他驾驶的一些赛车是由费迪南德·保时捷设计的。1926年，柏林赛车大奖赛发生严重事故，导致三人死亡，罗森伯格也身受重伤，他的赛车生涯戛然而止。于是，他开始在家乡投资房地产，然后与保时捷公司合作，为他们的赛车设计提供资金，并按这些设计制造便于驾驶的原型车。

在经济大萧条最严重的时期，费迪南德·保时捷在斯图加特创办了自己的同名公司。这是这位55岁、自学成才、留着小胡子的设计大师第一次独立创业。此前，他曾两次被解除首席技术设计师的职务，最近一次是在奥地利的斯泰尔汽车公司（Steyr Automobiles），他工作了几个月后便因为经济危机而遭到解雇。在这之前，因为他设计的产品造价极其昂贵，他在戴姆勒-奔驰公司的执行合同未能续约，且他欠这家汽车制造商的个人债务不断增加：他从戴姆勒-奔驰公司获得贷款，在斯图加特的小山上修建了一栋硕大的家庭别墅。

保时捷公司的犹太联合创始人阿道夫·罗森伯格

1930年，费迪南德·保时捷和家人从奥地利搬回斯图加特。在那个时代最严重的经济危机期间找工作是很困难的，更何况，他已经50多岁了，又在一个小众市场深耕，还希望获得不错的薪水。保时捷以难相处著称，他不遵守财务纪律，脾气反复无常，汽车行业的人认为他是一个"找不到工作的完美主义者"。于是，保时捷开办了自己的公司。他聘请了经验丰富的工程师，还找了能够弥补自己不足的合伙人。他仍然会发脾气，经常抓起头上的宽檐帽就甩在地上，像个任性的孩子一样跺脚。此外，他设计的产品仍然造价高昂。在经济大萧条时期，没人会批准投产这些车型。保时捷发现自己已经濒临破产了。

希特勒夺取政权时，保时捷刚刚拒绝了到莫斯科负责汽车生产的工作。经过慎重考虑，保时捷拒绝了这根救命稻草。他认为自己太老了，又不会说俄语。他不看重政治，只关心汽车设计。而当本国的独裁者扔来一根救生绳时，他立刻用双手紧紧抓住。

1933年2月11日上午10点，阿道夫·罗森伯格辞职的12天后，希特勒在柏林国际汽车展上发表了开幕演讲。在乐观的讲话中，总理宣布了对驾车者的税收减免和一项现代道路建设计划，以重振仍在经济危机中苦苦挣扎的汽车工业。连驾照都没拿到的希特勒是个汽车迷，他称赞德国的汽车设计师和工程师："他们的天赋创造了这些人类智慧的奇迹。可悲的是，我们的人民几乎没有机会了解这些幕后功臣。"然而，元首很快将无比了解一位特别的汽车设计师。

希特勒的讲话在保时捷位于斯图加特的办公室里得到了热烈欢呼，当时整个团队都在听广播。希特勒讲话结束后，费迪南德·保时捷便给总理发去一份电报，附上简短的履历，并表示自己甘愿为他服务："我曾为德国和奥地利的汽车与航空产业开发过许多著名的型号，作为30多年来为今天的成功而共同奋斗的人，我为阁下深刻的开幕演讲表示祝贺。"他在电文中写道,保时捷及其员工准备"将自己的意志和能力奉献给德国人民"。在一份附带的电报中,保时捷写道: "我们希望在努力的过程中,获得阁下的关注与鼓励。"他的电报不仅得到了希特勒国务秘书的认可,还受到了热情的对待,保时捷很快就收到了鼓励的话语。

保时捷与希特勒的第一次接触是一次纯属巧合的偶遇。1925年,希特勒的座驾—— 一辆奔驰豪华轿车被送到戴姆勒-奔驰公司在柏林的汽车车身修理厂维修。时任戴姆勒-奔驰公司技术总监的保时捷碰巧来修理厂参观,并诊断出了问题所在:润滑油严重污染。他并不知道那辆闪亮的黑色豪华轿车是谁的。一年后在斯图加特举办的一场赛车活动上,两人在场边经人介绍正式相识。七年后,费迪南德·保时捷即将成为希特勒最喜爱的工程师。

1933年5月10日,希特勒和保时捷再次见面,这次是在柏林的帝国总理府。在35分钟的会面中,保时捷说服希特勒为保时捷和罗森伯格设计开发的赛车提供国家补贴,还向狂热痴迷汽车的元首讲述了技术创新的故事。希特勒的决定帮助保时捷扭转了财务状况。等到希特勒需要找一个人实现自己著名的造车计划"大众之车"(Volkswagen)的时候,他知道到哪里可以找到这个人:斯图加特的绘图桌后。

十四

1933年2月20日，一个寒冷漆黑的夜晚，君特·匡特、弗里德里希·弗利克和奥古斯特·冯·芬克男爵在柏林再次拜访了希特勒及其经济顾问。只不过这一次地点升级了，不再是在附近的凯瑟霍夫酒店一间不起眼的套房，他们进入了国会议长宫殿般的宅邸，同行的还有20多名大亨和高管。冯·芬克仍由安联负责人库尔特·施密特陪同出席。施密特是出席这次会议、在未来负责纳粹经济事务的四名部长之一。另外三人——瓦尔特·冯克、亚尔马·沙赫特和赫尔曼·戈林也到场，最后一次说服这20多位德国工业和金融巨头为纳粹的选举活动捐款。

在希特勒和戈林的演讲外加沙赫特的动员之后，轮到大亨们采取下一步行动了。当然，这是一个微妙的举动。奥古斯特·冯·芬克在意识到沙赫特要当场向自己索取个人承诺后，"在第一个可能的时刻"便秉持一贯的节俭作风径直离场。弗里德里希·弗利克则慷慨解囊，按照他的习惯，他给所有相关政党多方下注，给纳粹党及其盟友各捐了12万帝国马克的巨款。君特·匡特是那天晚上捐款最少的。几个星期后，他通过自己的电池公司AFA向纳粹的行贿基金电汇了2.5万帝国马克。在法本公司和弗利克的六位数捐款面前，这笔小钱相形见绌。但君特总是擅长发现廉价的机会。毕竟，他是靠这种能力发财的。

当然，君特有一个更紧迫的私人原因令他继续站到了纳粹这一边：戈培尔就要升职了。君特捐款几天后，希特勒任命戈培尔为帝国公共启蒙和宣传部部长。戈培尔从此成了纳粹德国最有权势的人之一，控制着媒体、文化生活和政治宣传的方方面面。至于1933年3月5日的选举结果如何，已经无关紧要了。在戈林官邸召开秘密会议的一个星期之后，选举日的六天前，国会大厦神秘起火。法治遭到搁置，德国民主已死。希特勒独掌大权。

十五

1933年5月1日，纳粹政权首次在德国庆祝升级为全国性节日的劳动节。黄昏时分，多达150万人聚集在柏林的滕珀尔霍夫机场，聆听希特勒就日耳曼式职业道德发表的演讲。元首站在人群上方的高处，两侧悬挂着巨大的纳粹党旗；站在巨大的看台上，他为工人的权利发出大声疾呼。第二天，他将解散并禁止所有的工会。

就在这个劳动节，君特·匡特加入了纳粹党，党员编号是2636406。他和包括奥古斯特·冯·芬克在内的数十万德国人加入得正是时候，因为希特勒第二天就发布了入党禁令。自他1月份掌权以来，约有160万德国人加入了纳粹党，短短几个月之内，党员总人数就达到了250万。希特勒担心党员人数迅速攀升会稀释党员身份的价值。他将入党禁令维持了四年；弗里德里希·弗利克和费迪南德·保时捷要等到1937年5月才得以加入。

二战结束后，君特隐瞒了自己的纳粹党员身份，并以自己"对纳粹党持否定态度"为荣。然而，在他的入党文件曝光后，他不得不立刻做出解释，他声称这是出于戈培尔的胁迫。君特说，1933年4月下旬一个温暖的春日，他被叫到戈培尔位于奥尔登斯帕莱官邸的宣传部部长办公室开会。奥尔登斯帕莱官邸就在威廉广场附近，从君特的公司总部走过去只需要十分钟。他坐下后，戈培尔淡定地打量着君特，问他是否入了党。君特说没有，作为商人，自己"从未加入过任何政党"。他生动地描述了戈培尔怎样当场向他施以讹诈："他的脸变了颜色，残忍地敲起了竹杠，以威胁的口吻要求我必须立即入党。如若不然，党就会接管我儿子的教育。"在君特的叙述中，戈培尔威胁他说，如果不加入纳粹党，捐出更多的钱，他便会"处于严重的不利地位"。"戈培尔碾压着我的灵魂，提醒说，我的大儿子已经死在了巴黎，还想不想留下次子，就看我怎么选了。我说，给党捐款完全不算什么大事，然后便入了党。"

戈贝尔在日记中提到，1933年4月28日星期五，他在自己的办公室接待了君特，但他的说法与君特的讲述完全相反：君特渴望加入纳粹党，想赶在签名入党前亲自告诉这位纳粹头领。"接待了君特博士，"戈培尔于次日写道，"他现在无足轻重，想入党。"

党员身份对君特并无半点保护作用。1933年5月3日，也就是入党两天后，他在柏林参加德意志银行的一场监事会会议时，警察突然闯入。他们给君特戴上手铐，将他押送到亚历山大广场的警察总部，关进了一间地下室。第二天，君特被转移到柏林莫阿比特

71

（Moabit）工人社区的一所监狱里单独监禁，罪名也未公布。他的房子遭到搜查，他在阿斯堪尼舍尔广场的公司总部以及电池公司AFA下属的一家工厂被强占。

被捕一周后，纳粹党官员公开宣布，君特遭到拘留是因为他把钱转移到国外，还想把工厂迁往国外。据称，他的被捕"阻止"了这两个企图。与此同时，君特仍然不知道自己为什么被捕。一天晚上，他被带出狭窄发霉的单人牢房，来到了一间昏暗阴冷的审讯室，司法部的两名高级官员在那里等着他。根据君特的说法，审讯他的人玩起了"好警察，坏警察"的游戏，并最终透露了他被捕的原因：据说有一份匿名投诉，含糊地指控他违反了德国商业法。这两名官员来自一支反腐小组，"态度礼貌地"告诉君特，如果他把AFA移交给他的一名高管——此人很早就加入了纳粹党——他就能获释。君特嘲笑了他们，拒绝了这个要求，他旋即被带回牢房，一份挪用公款的书面指控正等着他。

1933年6月13日，经历了近六个星期的单独监禁和无数次夜间审讯后，君特支付了400万帝国马克的巨额保释金才终于获释。第二天，《纽约时报》（*New York Times*）报道说："一名德国实业家缴纳了114.4万美元的保释金。"根据获释条件，君特不能再去位于阿斯堪尼舍尔广场的公司总部，也不能回到他在柏林的任何住所。于是，他到凯瑟霍夫酒店开了一间套房。

获释后的几周内，君特向一个新的纳粹基金"促进国家劳工自愿捐款"（Voluntary Donations for the Promotion of National Labor）捐赠了大约4.3万帝国马克。尽管这个基金名义上的用途是通过向德国企业提供资金以降低失业率，但这些资金有时也会用于在某些法律诉讼中"购买免于起诉的权利"。1933年9月初，君特捐款后没多久，他的软禁就被解除了。然而，挪用公款的指控直到两年后才被撤销。

十六

君特·匡特后来感叹说："对我来说，1933年形成了一道突兀而陡峭的屏障，挡住了我的所有去路。"但自从获释之后，他便不遗余力地利用纳粹德国新确立的反犹主义。在软禁解除的一个月后，他要求取消柏林商人和工业家协会中犹太会员的会员资格和投票权。后来，一位历史学家发现，在此之前，他已经"轻率而可耻地"赶走了四名在他自己公司的监事会任职的犹太高管。

君特不无投机地声称，无端被捕以及在监狱中的日子，给他造成了重大创伤。"我清楚地意识到，一种迄今为止无人知晓的法律不安全状态业已开始，"他在回忆录中写道，"这对我来说是一次令人震惊的经历，因为我从小就接受了无条件效忠国家的教育。从来没人告诉过我被捕的原因。"但其实有人告诉过他原因。监狱里的两名审讯人员向他透露，一名AFA的高管是纳粹党的早期党员，策划了针对他的公司"政变"。然而，二战结束后，君特狡诈地把自己下狱描绘成是受了戈培尔的报复，声称戈培尔密谋了对他的逮捕和监禁，这也是个谎言。

1933年5月5日，君特被捕两天后，戈培尔在日记中写道："君特·匡特被捕了。为什么？税收问题，还有希特勒。他对经济难以摆脱不稳定的状况感到愤怒。戈林负责调查G.匡特一案。我并不为他感到难过，只是为亲爱的哈拉尔德感到难过。"一天后，戈培尔再次和希特勒讨论了"G.匡特案"，而且是单独谈的。工业家及其企业对总理即将启动的重整军备政策至关重要。因此，纳粹党内部一些不守规矩的派系攻击商人并试图强占他们的公司，这让希特勒感到棘手。这些新贵极有可能摧毁希特勒与大亨们苦心经营的友好关系。

君特出狱后，戈培尔立即收到了消息。"对君特·匡特的拘留令，"戈培尔在1933年6月14日写道，"以400万释放。就是这么回事，我不会加以任何干涉，如果他搞砸了，他就该付出代价。"君特的前弟媳埃洛也陪着自己最好的朋友玛格达关注着这一事件。"戈培尔说他对这件事一无所知，但这也无妨，"埃洛后来说，"他很乐见这次逮捕。戈培尔在君特获释后承认，遗憾的是，再没人能碰这家伙了。"

但玛格达年少时在柏林的男友维克托·哈伊姆·阿洛索洛夫就没这么走运了。君特获释三天后，阿洛索洛夫于傍晚在特拉维夫（Tel Aviv）的海滩上与妻子散步时被两名枪手暗杀。两天前，这位犹太复国主义领袖刚从德国返回，他与希特勒政权达成了一项协议，允许大约六万名德国犹太人带着财产移居英属巴勒斯坦托管地。阿洛索洛夫遇刺至今仍是一桩悬案。

十七

1933年5月，君特·匡特的儿子赫伯特回到了一个自己已经认不出的德国。他的家乡柏林现在成了一个新国家的首都。他的前继母现在成了第三帝国的第一夫人，而她的新丈夫是纳粹的宣传部部长。与此同时，他的父亲被关在莫阿比特监狱的牢房里，罪名不明，而他掌控的AFA内部正在酝酿一场公司"政变"。

赫伯特此时22岁。四年前，他勉强完成了"极其折磨人的"中学学业，此后的大部分时间都待在德国以外的地方。无论是祸是福，赫尔穆特死后，他成了父亲的继承人。虽然患有视觉障碍（经过多年的治疗，他的视力有了显著改善），但赫伯特很享受这个机会。大萧条对他也没有负面影响。他分别在伦敦学习英语，在巴黎学习法语，跟随父亲周游世界，还到AFA的一家电池厂以及比利时、英国和美国的公司接受过职业培训。

他特别喜欢在美国的时光。1932年圣诞节期间，他反复告诉家人，如果匡特一家被赶出欧洲，他便打算搬到美国。"这种危险并不小，"赫伯特后来在1979年秋天写道，"为什么希特勒当时会上台？因为，我不怕在这里说，他令人印象深刻且精辟地一次次向德国的共产主义宣战。"虽然赫伯特说自己"在政治上是一张白纸",但在1933年1月,他认为共产主义(而非纳粹主义)是德国最大的危险。他后来回忆说:"我通过美国的媒体注意到了红色共产主义迫在眉睫的危险,而我现在亲身感受到了这头极具威胁、不断发展的猛兽。"

赫伯特仍然保持低调,直到父亲从监狱里出来,回到办公室。赫伯特随后与未婚妻乌尔苏拉(Ursula)结婚,搬到了他父亲在巴伯斯贝格堡的家族宅邸附近为他买的别墅,在AFA的柏林总部接受了四年的管理培训。直到希特勒夺取政权两年后,赫伯特才登记做了党卫队的预备队员。

十八

1933年6月30日,君特·匡特获释两周后,希特勒任命安联的负责人库尔特·施密特为经济部部长。施密特击败了希特勒的经济顾问奥托·瓦格纳,后者为了这个职位不择手段,彻底失去了纳粹元首的青睐。奥古斯特·冯·芬克男爵曾强烈主张施密特是该职位的最佳人选。据安联的另一位高管说,冯·芬克"急于让公司在新政权里拥有强大的话语权,并认为[任命施密特]将有助于安联和他的银行"。希特勒和戈林(他企图成为纳粹经济的实际领导者)同意冯·芬克的观点,但原因有所不同。在二人看来,随着纳粹势力的巩固和军备的重启,必须安抚工商界的情绪。

施密特是完美的企业内部人士，似乎是这项任命的最佳人选，但在一次演讲中，他因压力过大而崩溃，很快就辞去了职位。另一位建制派人物亚尔马·沙赫特接替了他。与此同时，冯·芬克对希特勒更加忠诚。对纳粹的态度更接近机会主义者而非信徒的施密特发现，冯·芬克的"世界观……相当保守。他对德国以外的国家几乎没有第一手的了解，而且从未……到外国旅行过。因此……他内心对纳粹主义，尤其是对希特勒的信仰从未动摇"，二战结束后，施密特这样对美国审讯官说。

冯·芬克对元首的忠诚出乎他所有同事和朋友的意料。据这位贵族的老朋友汉斯·施密特-波莱克斯（Hans Schmidt-Polex）说，希特勒"对他展现了极大的魅力"和"催眠般的影响"。接替施密特成为安联负责人但拒绝加入纳粹党的汉斯·赫斯（Hans Hess）在战后透露，冯·芬克曾在多个场合告诉他，"他相信希特勒是上帝派来的，要成为德国人民的元首"。

尽管冯·芬克极为狂热，但对钱包看得仍然很紧。纳粹党的官员们对这位吝啬的银行家没有好感。他们"觉得他对党的贡献与他的财富不相符"，安联的新闻主管埃德加·冯·尤克斯库尔男爵（Baron Edgar von Uexküll）在二战后宣称。冯·芬克是巴伐利亚最富有的人，纳粹必须找到办法利用他的忠诚、影响力和关系，同时又不需要让他花掉他自己的一分钱。施密特获得任命前后，希特勒想出了一个主意：他要给冯·芬克一个机会，让他去花别人的钱。在帝国总理府举行的仪式结束后，希特勒把冯·芬克拉到一边，看着他的眼睛说："你是我的人。你必须为我建造一座德国艺术的宫殿。"

1933年7月，曾是一位业余画家的希特勒任命冯·芬克担任即将在慕尼黑兴建的"德国艺术之家"（Haus der Deutschen Kunst）博物馆的董事会主席。这是希特勒最得意的项目，在元首的设想中，它是纳粹建筑的典范，他眼里最典型的德国艺术品将在这里展出。博物馆将建在摄政王大街上，在英国公园南侧，靠近希特勒的豪华公寓。

1933年10月15日，在一场精心准备的仪式上，希特勒为这座建筑奠基。仪式结束时，希特勒用一把特别设计的银锤敲击了奠基石三下，但这把工具坏了，零件散落了一地。冯·芬克在元首身后看着，脸色阴沉。希特勒很生气，禁止德国媒体提及这桩晦气事。尽管开局不顺，但冯·芬克和元首的协同效应很快就形成了。每当一场与博物馆有关的活动开始，这两个人就会肩并肩站在观众面前，观众们摆出僵硬的姿势，将右臂伸直，悬在空中。冯·芬克会先用三分钟的演讲介绍希特勒，然后元首再滔滔不绝地讲上一小时。接下来，冯·芬克将成为希特勒的博物馆导游，享受着在庆典和晚宴上坐在总理右侧的殊荣。他牢牢把握住了和亲爱的元首接近的机会。

希特勒敲击博物馆的奠基石，身着西装的奥古斯特·冯·芬克正站在他身后。敲了三下，银锤断了

十九

1934年3月7日，希特勒回到柏林国际汽车展，再次发表开幕演说。这次他并不高兴。他斥责汽车制造商只关注豪华汽车，并怪罪他们兜售"汽车是富人专属"的观点。希特勒为"数百万正派、勤劳、勤奋的同胞"而深感痛心，因为购买汽车对他们来说是个奢望。元首怒吼道，汽车"以阶级为基础，由此带来了一个可悲的后果，那就是阶级分化"，是时候扫清它的这个特征了。希特勒的声音在柏林最大的展厅里回荡，戴姆勒-奔驰的高管们在一旁严肃地看着，愧疚而又恐惧。但在另一边，费迪南德·保时捷却发现自己的

79

观点和元首不谋而合。他近来掌握了一些新技能：设计经济实惠的小型汽车。当年早些时候，1月17日，保时捷的设计办公室从斯图加特向位于柏林的德国交通部发送了一份长达12页的备忘录，简要介绍了制造大众汽车（"人民之车"）的计划。

不过，保时捷主动呈交的备忘录并没有送到希特勒的办公桌上。元首显然从犹太汽车工程师约瑟夫·甘茨（Josef Ganz）的设计中获得了灵感。当然，一个犹太人绝对没有机会为纳粹德国的人民设计汽车。然而，希特勒的一名心腹从前是戴姆勒-奔驰公司的汽车销售员，在国际汽车展演讲结束后读到了保时捷发来的备忘录，并提醒总理注意。一周后的一个春日清晨，希特勒把保时捷叫到了凯瑟霍夫酒店——希特勒保留了酒店里的那间套房，用于私下谈话。在酒店对面的帝国总理府，他说的每一个字都会被记录下来。此时距希特勒掌权已有一年，他知道隐私的价值。他早就习惯了绕过官僚机构，把政治合同授予他信任的人——保时捷即将成为其中的一员。

费迪南德·保时捷并不清楚自己为什么会被召唤到凯瑟霍夫酒店，但他深情地回忆起了前一年5月与希特勒的谈话，当时他用赛车故事打动了元首，拯救了自己的公司。保时捷预计这一次的情况也会差不太多，但他错了。保时捷一进套房，纳粹总理就开始对他厉声下令：大众汽车必须是四座的，配备柴油动力的风冷发动机，可以改装为军事用途。希特勒心中所想的不仅仅是"大众"，重振军备才是真正的首要任务。

　　保时捷默默地接受了总理这个自学成才的汽车迷的要求，但难题紧接着就来了。希特勒曾在某处读到过，他所尊敬的亨利·福特在底特律制造出了一辆1000美元就能买到的汽车。因此，希特勒宣称，大众汽车的价格绝不能超过1000帝国马克。保时捷满怀疑虑地看着他，但不敢反驳。最后，保时捷的公民身份出现了问题：这位58岁的设计师出生在之前属于奥匈帝国的北波西米亚，到1934年，它成了捷克斯洛伐克的一个地区。保时捷在奥匈帝国崩溃后选择了捷克国籍。但在希特勒看来，一个被鄙视的斯拉夫国家的公民绝对不能为德国人民设计汽车。两个星期后，保时捷和他的家人发现，尽管他们什么也没做，却突然成了纳粹德国的公民。回到斯图加特的家中，在山上的大别墅里，保时捷耸了耸肩，告诉一位亲戚："我真不知道我们能做些什么。"但无论如何，他都有更大的问题要解决。

二十

　　从监狱释放出来后，君特·匡特很快发现，他新得的"贱民身份"并未延及他对12岁的儿子哈拉尔德的监护权。戈培尔夫妇仍然一心想把玛格达的长子占为己有。1934年春天，他们终于成功了。4月13日星期五，也就是玛格达生下次女希尔德（Hilde）的那一天，戈培尔在日记中抱怨君特拒绝提前几天把哈拉尔德交给自己，好让孩子能在复活节跟这个不断壮大的家庭共度佳节。除了希尔德，哈拉尔德还有一个同父异母的妹妹，一岁的赫尔嘉（Helga）。下一个孩子是戈培尔的亲生儿子，名叫赫尔穆特，因袭了君特那个早逝儿子（玛格达曾对他甚为依恋）的名字，之后还会有三个名字首字母为H的孩子，跟哈拉尔德和其他兄弟相同，也与希特勒姓氏的首字母相同。

戈培尔对君特的不满已濒临爆发的边缘。"我们现在要把大炮拿出来了，我不会再让步了。"戈培尔写道。三天后，他告诉希特勒，自己和玛格达要"为哈拉尔德而战"。按戈培尔的说法，总理"完全站在我们这一边"。1934年4月18日，戈培尔与戈林、冲锋队头目恩斯特·罗姆（Ernst Röhm）讨论了"哈拉尔德事件"。"他们都非常支持我。"戈培尔写道。（十个星期后，在戈林和希姆莱的催促下，希特勒下令在"长刀之夜"中处决罗姆和他在冲锋队的大部分亲信。）

4月18日那天，戈培尔还与君特谈了话。戈培尔在日记中写道，他"对［君特的］多愁善感表现出了强硬的态度"。显然，这一招奏效了。"他让步了，"戈培尔写道，"玛格达夺回了她的哈拉尔德。她喜出望外！"君特希望这对夫妇在复活节假期后把哈拉尔德送回来，但这个愿望落空了。5月初，君特在柏林聘请了一位知名的诉讼律师，要求交回哈拉尔德。戈培尔夫妇此刻是德国最有权势的夫妇。在当时的德国，已经没几个律师敢对戈培尔夫妇提出绑架指控了。但这些都于事无补，一个星期后，律师空手而归，首都没有一家法院敢受理这桩官司。

当玛格达告诉戈培尔，君特请了律师起诉他们之时，戈培尔勃然大怒。"我再也不能容忍这种无礼对待了，"戈培尔写道，"我们不会把哈拉尔德还回去……我告诉匡特。他暴怒不已。"1934年5月8日，夫妇二人拜访了玛格达的律师，签署了一份新的监护协议，修改了探视计划。"她很开心。现在君特·匡特只能同意了。"戈培尔写道。君特确实没什么办法，只好接受新的安排。哈拉尔德现在属于玛格达和戈培尔了，男孩每月能够拜访君特两次。

戈培尔最后一篇以君特为主题的日记写于四年后，也就是1938年6月初。在一个春光明媚的日子，哈拉尔德告诉继父，自己的生父又要结婚了。"这个老糊涂！"戈培尔听到这个消息后写道。但这是个谣言，君特再也没有结婚。托妮的去世和玛格达的麻烦，让君特这辈子都吃够了婚姻的苦头。他选择了更稳妥的做法：专注生意，单身生活。

随着监护权之争的落幕，君特不再是戈培尔的心头大患了，但这两个在私人交往中有过纠缠的人仍不得不共存。不过，至少他们现在有空间去处理让各自心动的事情了。戈培尔开始玩弄权谋。不久后，一个国家将被带入战场，它的一部分人口将被疏远，被褫夺权利，甚至被消灭。此外，有一块大陆，接下来是整个世界，将等着被征服呢。

与此同时，君特有另一个不同的帝国要开疆拓土，他全身心地投入这项任务中。尽管开局不利，但他已成为希特勒统治下的新德国的重要参与者。这个国家正从大萧条里艰难地走出来，重整军备的步伐也即将迈出。有了第三帝国提供的各种经济机会，君特的境况终于好转。有生意可做，有钱要赚。世界不停运转。

第二部分 『纳粹的梦魇很快就会过去』

一

　　1941年7月28日，君特·匡特在柏林著名的漫步大道酒店举办了一场130人参加的盛大晚宴，庆祝自己的60岁生日。酒店位于柏林繁华的市中心，耸立在波茨坦广场，砂岩外墙是战前的法国风格，室内装饰则是新洛可可和新巴洛克风格。君特的晚宴可能设在了恺撒宫，德皇威廉二世曾在此大宴宾客。隔壁的大厅也经常举办符合德皇身份的盛大酒会，在柏林享乐主义盛行的黄金二十年代，电影明星葛丽泰·嘉宝和查理·卓别林就在这里彻夜喝酒跳舞。

　　不过，那些无忧无虑、令人陶醉的日子早已一去不复返。一场新的恶战正在欧洲肆虐，同时也威胁着世界的其他地区。那年夏天，希特勒的权力达到顶峰。他和他的盟友控制了非洲大陆的大部分地区。就在同一天晚上，作为入侵苏联的"巴巴罗萨计划"的一部分，希特勒的武装部队国防军正逼近列宁格勒和基辅。

　　那个闷热的夏夜，君特举办晚宴的大厅里弥漫着另一种不同的兴奋。主人和他的男宾客们整夜欢笑，热气蒸腾。他们都靠着战争

86

和征服大捞特捞。他们大肆压榨强迫劳工，以及他们肆无忌惮夺取来的犹太公司；许多人，比如赫尔曼·戈林，已经长得肥头大耳。战争对大炮和坦克弹药的无尽需求，让金钱源源不断地涌入这帮家伙的腰包。然而，很少有人能像君特一样成功。

德国中央银行总裁兼经济部部长瓦尔特·冯克以一场"精彩的演讲"为当晚的活动拉开序幕。冯克有些感伤，他和君特一起走过了漫长的道路。20年前，冯克只是一个交际广泛的财经报纸编辑，而君特则是富有的外省股票投机者。"如今君特完成了一桩值得用金字在德国战争经济史上大书特书的事情。"冯克这样说道。他并没有胡说。通过自己的武器、电池和纺织公司，君特已经成了第三帝国的主要工业家之一。戈林授予他一个"军事经济元首"（Wehrwirtschaftsführer）的虚衔以表恭维，君特也以感激之情回报。第三帝国政权重整军备的政策和征收法令，让他获得了巨大的收益。

君特拥有的DWM为国防军制造了数以百万计的子弹、步枪和鲁格手枪。由于战争和纳粹对武器贪得无厌的需求，它的股票价格很快就飙升了300%。总的来说，业务进展极为顺利，君特得以买入更多的股票，并最终成为DWM的大股东。他控制的AFA为纳粹的潜艇、鱼雷和火箭生产了成千上万的电池。他的纺织公司为国防军、纳粹党、党卫队和冲锋队生产了数百万件制服，如果把它们排成一列，这些衣服可以从东到西横跨德国国土的一大半。君特也在继续走着自己的老路子，秘密购买德国最大建筑公司的股票，并发起了一轮恶意收购。他最成功的"偷袭"发生在60岁生日的两个月前，当时他收购了百克顿（Byk Gulden）—— 一家先前由犹太人所有的制药和化工公司——60%的股份，一举打入德国最大的两个行业。君特最新购入的60%股权，正好成了他六十大寿的贺礼。

甚至连戈培尔创办的《帝国》（*Das Reich*）周刊也发表了一篇向君特致敬的文章："军服、蓄电池、干电池、枪炮、弹药、轻金属——无论是谁能够生产这一切，都可以被恰当地称作'军事经济元首'，恰如其分。"实际上，君特一直在为是否邀请戈培尔参加自己的生日晚宴感到苦恼。他们之间的恩怨已经过去好几年了，但两人的关系充其量只能算"一直很冷淡"。寿宴的三周前，君特从自己在山里休假的地方寄出了一封信，向一名副手表达了不知如何是好的担心："他肯定不会来，但如果他听说冯克和米尔希在场，而他没有获得邀请，恐怕也会觉得是一种冒犯。"君特不能冒再次激怒戈培尔的风险。他相信，自己的军工厂引起戈培尔的注意是有个人原因的：19岁的哈拉尔德对机械工程产生了兴趣。

君特最终向戈培尔发出了邀请。不出所料，戈培尔没有亲自到场，他派了自己的新副手利奥波德·古特勒（Leopold Gutterer）代为参加，他的座位安排在君特所在的最大的那张桌子旁，就摆在漫步大道酒店的大厅中央。两个月前，古特勒取代了戈培尔过去十年最信任的副手卡尔·汉克（Karl Hanke），当上了宣传部部长的国务秘书。汉克的解职与玛格达息息相关。古特勒几个星期后即将出台一项影响整个德意志帝国的新政策：强制给犹太人贴上黄色"大卫之星"的标记。

君特把自己的生日晚宴变成了一场社交活动，聚会开始得很早。7月下旬的那个早晨，他在自己新买的四层联排别墅里举行了一场招待会。这座刚刚翻修一新的别墅紧邻蒂尔加滕公园，俯瞰柏林的兰德韦尔运河。君特手下的高管和他的商业伙伴，以及政府、纳粹党和国防军的代表排着队和他握手。在这些穿着双排扣西装和制服的中年男子的上方，悬挂着意大利文艺复兴时期的艺术大师丁托列托（Tintoretto）和博尼法乔·韦罗内塞（Bonifacio Veronese）的画作。君特已经开始收藏艺术品了。他会用克劳德·莫奈（Claude Monet）、阿尔弗雷德·西斯莱（Alfred Sisley）和卡米尔·毕沙罗（Camille Pissarro）的印象派画作来装点巴伯斯贝格堡别墅的餐厅。他仍然认为文化是可以买到的。后来有消息称，君特从荷兰犹太艺术品交易商雅克·古德斯蒂克（Jacques Goudstikker）手里买下的大约十幅画作，均为纳粹在荷兰的掠夺品。

在漫步大道酒店的晚宴上，君特把他手下的高管们分散安排到14张桌子旁，每个人都坐在一名纳粹官员或将军身边，讨论武器交易和"雅利安化"*。自然，为这些交易提供资金的人，如德国商业

---

* 纳粹政权上台后，出台了一系列政策，将犹太人的私有财产转售或转变为德国人的财产，剔除公司所有者、董事会成员和管理层中的所有犹太人。这些行为被称为"雅利安化"。

银行、德累斯顿银行和德意志银行的主要高管也在场。这些第三帝国的金融家激烈竞争，为财大气粗的纳粹政权服务，满足私人客户对信贷的贪婪胃口。纳粹德国无休止地扩大军火企业，建立集中营和灭绝营，在国内和占领地区扩张企业集团，这些举动让德国的银行日进斗金。

君特与他最大的债权人德意志银行保持着密切的关系，并且仍在银行监事会任职。德意志银行的一名高管把戴姆勒－奔驰公司监事会的席位当作生日礼物送给了君特。君特与德国最大的汽车制造商之间的合作关系就此正式开始，这段关系日后为他带来了丰厚的利润。与君特同桌的另一位德意志银行高管赫尔曼·约瑟夫·阿布斯（Hermann Josef Abs）是该银行在DWM、AFA和其他44家公司的监事会代表。此人是一位虔诚的天主教徒，是纳粹德国极为重要的一位商界人物，也是"掠夺整个欧洲大陆的关键"。晚宴结束时，这位德意志银行未来的董事长轻敲酒杯，站起身来为君特的健康祝酒。"能够从1933年顺利过渡到新时代，是你技巧娴熟、能力特别所带来的结果，"阿布斯说，"但你对德国和元首的信念是你最出众的特点。"等阿布斯重新坐下，君特仍然站着。他打量着这群有权有势、贪得无厌的人，目光飘忽，思绪又回到了过去。

二

大约八年前，1933年6月8日，君特·匡特还被单独囚禁在柏林

90

莫阿比特监狱东南3.2公里的地方，时任德国央行行长的亚尔马·沙赫特批准了一项庞大的金融刺激计划，启动了纳粹德国重整军备的第一阶段。这个决定大概是在一次低调的会议上做出的，参会者包括新任空军部部长赫尔曼·戈林，他的副手埃哈德·米尔希（Erhard Milch），以及国防部部长瓦尔纳·冯·勃洛姆堡（Werner von Blomberg）。他们决定，在此后八年，每年将花费近44亿帝国马克用于重新武装军队，占德国年度国内生产总值的5%—10%，金额总计350亿帝国马克。

这个计划必须秘密推进。除了少数几项明显的例外，《凡尔赛条约》严禁德国生产武器，希特勒对此抨击不断。因此，沙赫特为军方想出了一套预算外融资系统，设立了一家空壳公司，用白条向武器生产商付款。部长会议的几个月后，希特勒退出了国际联盟和国际裁军谈判。很快，数十亿美元流向了德国实业家和他们的军火公司。

出狱后，君特在重整军备的热潮中占据了极有利的地位。他不仅管理着德国潜力最大的武器生产商之一DWM，还控制着与国防和汽车工业有着历史渊源的电池巨头AFA。他开始奉行双重战略，既为军方和民间客户服务，同时也小心翼翼地避免过分依赖其中任何一方。

希特勒掌权后，君特重新启用了DWM在柏林的工厂。在1933年之前的几年里，他坐在那张俯瞰阿斯堪尼舍尔广场的硕大黑色双人办公桌后面，为重整军备做了精心规划。"在经济衰退的岁月里，保持公司的知识、经济和财务状况不受影响，需要付出不小的努力。"1939年5月8日，也就是第二次世界大战开战的四个月前，君特在DWM的周年纪念刊物上写道，"到夺取政权的那一刻，便有可能将工厂交由元首支配，立即大规模地恢复军队装备的生产。"对于随后发生的事情，君特称赞希特勒"以不屈不挠的意志实现了德国人民的复兴和军备的重整"。

DWM位于柏林蓝领社区维特瑙（Wittenau）的兵工厂，大萧条开始以来基本是空置的，其中的设备已转租给了通用汽车公司。而生产武器的机器有一部分已被拆除，秘密藏匿在废金属经销商处。这些机器很快就被买了回来，重新安装并进行了升级。整个厂区得到了扩建，根据德国陆军武器署（HWA）的命令，所有费用均由纳粹政府支付。它迅速成为柏林最大的一个武器制造基地，分布在三个地块上。DWM保留了其中一块地，专注于生产火炮零件和坦克炮弹。

同年，陆军武器署委托DWM在吕贝克（Lübeck）建造步兵弹药生产设施。这片树林掩映下的厂房占地数千英亩，成为吕贝克最重要的武器综合生产厂。DWM的研究所是纳粹德国弹药创新的神经中枢，它拥有一个长1900米的靶场，用于弹道实验。君特的公司雇用了一群数学家协助开展弹药实验，提高炮弹产量和弹道质量，制造手榴弹和炸药。君特修建武器工厂的这些城市，开始以这位大亨的名字来给街道命名。

君特的柏林兵工厂还有两块地，分别租给了DWM最大的子公司毛瑟公司和杜莱内公司（Durener）。以生产步枪和手枪闻名的毛瑟公司在经济大萧条时期濒临破产，希特勒夺权后，该公司从"凡尔赛的枷锁"中"解脱"出来。毛瑟公司同样从军队获得了大量补贴，很快开始为国防军生产数以百万计的军用步枪卡宾98k。毛瑟公司还将一战期间德军使用最多的手枪鲁格P08重新投产。直到今天，这款标志性的黑色手枪仍然是电影中纳粹反派的首选武器，一眼即可分辨。盟军军官称毛瑟公司的武器研究设施简直令人"梦寐以求"。

然而，真正让这位大亨在军政两界家喻户晓的是DWM的另一家子公司，也就是从君特的柏林兵工厂那里租了另一块地的杜莱内。杜莱内在航空界以制造超硬铝而闻名，这是一种特性类似钢铁的轻质铝。国防航空迅速成为纳粹德国发展最快、最具创新性的产业，戈林和米尔希在技术领域投入了数十亿帝国马克资金。由于海量资金的投入，君特的杜莱内公司成为纳粹德国空军的主要供应商。超硬铝不仅是德国空军战斗机的重要材料，也是德国著名飞机制造商如容克斯（Junkers）、梅塞施密特（Messerschmitt）、亨克尔（Heinkel）、道尼尔（Dornier）和阿拉多（Arado）制造的运输机和民用飞机不可或缺的一部分。另一家同样开始依赖杜莱内宝贵的创新技术的新制造商是ATG公司，它由弗里德里希·弗利克控制。弗利克对重整军备的准备不如君特·匡特那么充分，但这位严肃的实业家正在迎头赶上。

三

随着格森堡事件的平息，弗里德里希·弗利克急于开始利用自己重新获得的政治影响力和多余的现金。抛开情绪、顺应时代、让他的公司变得对任何执政掌权者都不可或缺的能力，是他鲜明的个人特点。他是个无情的战术家，在持久谋划和撮合交易两方面，哪怕是君特·匡特这样不知疲倦的人脉高手也只能甘拜下风。在奥托·施泰因布林克等副手的协助下，弗利克付钱给说客、官僚和记者，从他们手里收买情报，或者要求他们隐瞒信息。他那种咄咄逼人、暗中操作的政治手段，在纳粹德国特别吃得开。但是，尽管弗利克拥有庞大的工业资产，但他确实存在弱点——与竞争对手克虏伯和蒂森不同，他在武器生产领域相对而言还是个新手。他制定了一项战略，力求让自己的钢铁集团成为重整军备的关键，打破鲁尔区大亨在武器产业的传统主导地位。而且，他有充分的资源促成此事。

1933年春，在柏林的贝尔维尤大街，靠着从格森堡交易中获得的9000万帝国马克，弗利克忙着建立自己的钢铁、煤炭和机械企业集团。弗利克新工业帝国的核心是德国中南部的两家大型钢铁公司：活跃在勃兰登堡和萨克森地区的米特尔斯特尔公司（Mittelstahl），在巴伐利亚和图林根地区运营的马克斯许特公司（Maxhütte）。通过收购哈尔平矿业（Harpener）和埃森矿业（Essener）的多数股权，弗利克将鲁尔地区的硬煤加入了自己的企业集团。1933年1月，他在已经拥有火车、拖拉机和卡车制造公司的基础上，又把总部位于莱比锡的ATG公司纳入了他的商业版图。有了这些新的工业和政治关系，弗利克为重整军备时代的到来做好了充分准备。他只剩下一件事要做：说服希特勒政权拉他入伙。

1933年6月，德国央行行长亚尔马·沙赫特批准了德国的秘密军备预算后，弗利克和他的助手们开始准备一场积极的营销闪电战，把自家的企业集团打造成德国政府的武器生产商。9月，他的办公室向柏林各地的纳粹相关部门发送了一份备忘录，部分内容看起来就像是武器目录。它列出了弗利克的公司可以为纳粹政权提供的东西：大规模的钢铁生产能力，可迅速重新调整，用来生产枪支、弹药、导弹、炸弹、坦克或飞机零件；丰富的原材料；遍布德国中部的工厂。

为了在竞争中抢得先机，1933年11月下旬，弗利克从他位于柏林贝尔维尤大街的办公室步行到附近的德意志帝国银行，亲自游说与自己相识十多年的沙赫特，推销自己的企业集团。德意志帝国银行行长直接把弗利克介绍给了国防部部长冯·勃洛姆堡，一向行事隐秘的弗利克旋即邀请冯·勃洛姆堡参观自己设在德累斯顿（Dresden）附近的三家钢铁厂。12月5日，在参观期间，弗利克向国防部部长及随行官员解释了为什么他的工厂是为德国生产武器的最佳选择：它们独立于鲁尔区，也不依靠进口能源，而且，由于它们的位置相对隐蔽，距离国境线很近，能更好地躲过空袭。弗利克写信向沙赫特表示感谢：国防部部长"非常友好"，对他的演讲和工厂表现出"极大的兴趣"，即使冯·勃洛姆堡承认，他对这些事情并不熟悉。

弗利克想，这下，军火订单该源源不断地涌来了吧。但什么都没有发生。

几个月前，弗利克曾指示奥托·施泰因布林克以其在海军的资历和人脉作为筹码，争取军火交易。弗利克的这位副手当年已经加入了党卫队，这表明他对所有致命的东西重新产生了兴趣。1933年夏天，施泰因布林克的联络立刻带来了回报。他说服海军资助弗利克购买了制造炮弹外壳的新机器，但随后再没有其他的订单了。和海军不同，陆军武器署并不认为抛弃鲁尔区的大亨是个好主意。此外，陆军武器署认为施泰因布林克与海军的关系太过密切，拒绝向弗利克的工厂下任何武器订单。夹在两派人马之间的弗利克向冯·勃洛姆堡大发牢骚，冯·勃洛姆堡则直接代表这位大亨与陆军武器署进行交涉。这位国防部部长表示，他对弗利克缺少订单的现状感到"极为不安"。

这次干预后不久，陆军军队向弗利克的工厂下了第一批订单，订购了数百万枚手榴弹和炮弹。此外，1934年8月，领导陆军武器署的将军库尔特·里斯（Kurt Liese）告诉施泰因布林克，弗利克钢铁厂的经理们"应该毫不犹豫地做好准备，迎接未来数年内源源不断的大额订单"。弗利克总算入伙了，但他也要拿些条件来交换。

四

1934年的春天和夏天，弗里德里希·弗利克卖给了陆军武器署一个大人情，也帮了自己的大忙：他促成了对多瑙河畔一家生产火炮弹药的巴伐利亚军火公司多瑙沃特（Donauwörth）的征用。不过，这对该公司的所有者——来自斯图加特的埃米尔·洛夫拉德（Emil Loeffellad）来说，就不怎么走运了，因为陆军武器署已经把他的工厂标记为重整军备不可或缺的环节。但由于协约国仍然严格禁止德国生产军用武器，军队不得不想办法秘密夺取多瑙沃特，打着正常业务的幌子私下行事。弗利克通过一名前雇员的关系插手此事。他的一家钢铁公司为陆军武器署提供了一家名为蒙坦（Montan，德语"采矿"的意思）的空壳公司，以开展合法交易作为掩护。1934年5月，盖世太保以商业间谍的罪名逮捕了洛夫拉德，并称其为"国家害虫"，逼他将自己的企业卖给蒙坦。陆军武器署拦截了大部分的收购费用，作为对洛夫拉德涉嫌不当使用政府资金的"赎罪款"。

1934年7月，陆军武器署控制的蒙坦将多瑙沃特租给弗利克的钢铁公司，继续生产火炮弹药。所谓的"蒙坦方案"对双方都有利，它使得陆军武器署得以秘密收购军火公司，对其进行投资，并确保商业领导层有足够的能力。与此同时，这番操作也让弗利克获得了一家大客户，并无需任何成本。这套解决方案让蒙坦成为秘密控股公司，代持所有与德国工业合作的军方武器公司，非常便利。二战开始时，蒙坦控制着100多家武器公司，雇用了大约35 000名员工。弗利克很快加入了该公司的监事会。

"蒙坦方案"是弗利克与陆军武器署紧张关系的转折点。他现在成了军队的首选合作伙伴之一。和君特·匡特（他通过"蒙坦方案"为自己的一家兵工厂取得了资金）一样，弗利克现在可以修建新工厂，扩建旧工厂，把成本转移给军方，让自己的兵工厂像鲁尔区的竞争对手克虏伯和蒂森的工厂一样现代化。对这位实业家来说，这简直是美梦成真。

但弗利克并没有抓住每一个牺牲他人以扩大自己商业帝国的机会。1934年10月，陆军武器署的署长库尔特·里斯将军问奥托·瓦格纳，他的老板有没有兴趣收购图林根州苏尔市（Suhl）的辛姆森（Simson）机枪制造厂。辛姆森家族在机枪制造行业拥有非常显著的垄断地位。当时，他们拥有德国唯一一家有协约国授权，可以生产轻机枪的公司。但辛姆森一家是犹太人。他们的垄断武器厂成了纳粹党的眼中钉，这家人成了恶意的反犹太主义宣传的靶子，尤其是图林根州野心勃勃的大区长官弗里茨·绍克尔（Fritz Sauckel）的靶子。绍克尔个子不高，秃顶，留着希特勒式的胡子，说话时带有浓重的乡村口音。他想征收辛姆森一家的财产，把他们的公司收归自己的控制之下，将其变成纳粹党经营的武器公司。

陆军武器署的将军们对征收一家犹太人拥有的公司没有任何顾虑。然而，他们想要一位称职的商业领导者来经营这家公司，而不是让一个没有企业经验的纳粹党徒来搅局，毕竟陆军武器署为这家公司投资了2100万帝国马克。他们特别关心工厂所有者阿瑟·辛姆森（Arthur Simson）的"顺利配合"。施泰因布林克委婉地传达了弗利克对这个想法的兴趣，"如果出于整体国家政治原因，辛姆森应该由我方集团接管"。但最初的谈判很快就破裂了。

七个月后的1935年5月初，希特勒的经济顾问威廉·开普勒在党卫队首脑海因里希·希姆莱的支持下，再次将辛姆森公司交给弗利克。几天后，绍克尔下令逮捕阿瑟·辛姆森，指控他赚取"超额利润"。这是一种敲诈行为，这样的指控很快就会演变成强迫犹太企业家出售公司的一种手段。走投无路之下，辛姆森表示他"愿意"卖掉自己的家族公司。施泰因布林克重申了弗利克的兴趣，但这一回给出的收购价更低了。"我们是一家私人集团，只能在辛姆森不受胁迫、完全自由的情况下才会收购。哪怕征收这家公司有利于弗利克/米特尔斯特尔集团，我们也不得不拒绝。"施泰因布林克在5月底的一份备忘录中写道，"羞怯地"掩盖着老板的闪躲。这是弗利克得力助手典型的欲擒故纵。施泰因布林克认同弗利克收购辛姆森公司的意愿，只是要满足一个条件：陆军武器署必须先接管该公司，再把它卖给弗利克。只要弗利克和他的企业集团不直接弄脏自己的手，征收私人企业也没什么大不了的，他们想要中间人替自己干脏活。此外，弗利克并不打算不加选择地吸纳公司，收购的目标必须能为他的企业集团增加某种具有重大价值的东西。

绍克尔很快就说服了陆军武器署。这位大区长官征用了辛姆森工厂，将之纳入由纳粹运营的一家企业集团下面，这一企业集团由纳粹从犹太人手里巧取豪夺来的公司组成。与此同时，辛姆森一家经瑞士逃到了美国。弗利克并不在意结果。有关辛姆森的最终谈判发生在《纽伦堡法案》（1935年9月）颁布前的几个月。这一法案为驱逐德籍犹太人、没收他们的财产提供了法律依据，还剥夺了犹太人的德国公民权利和职业地位，并禁止他们与有着"德国血统"的人发生性关系或结婚。在此之前，征用犹太公司的情况还很少。弗利克仍然担心收购这样一家工厂会带来负面影响，给自己在国外的债务带来不利后果。他也不想让绍克尔这样的人变成自己的劲敌，因为绍克尔会给他提供数以万计的强迫劳工。与此同时，弗利克和施泰因布林克越来越接近那个后来成为大屠杀幕后设计师的人，毫不夸张地说，这两人已经进入希姆莱的"经济友人圈"（Circle of Friends）。

五

1934年9月初，弗里德里希·弗利克和奥托·施泰因布林克应希姆莱的邀请，参加了在纽伦堡举行的纳粹党年会。和其他许多贵宾一样，他们被安排下榻在纽伦堡唯一的豪华酒店，这家酒店位于纽伦堡老城的入口处，距离大会的庆典活动地只有很短的车程。一个阴沉的早晨，客人们下楼吃早餐时，发现小餐厅外挂着一块牌子，上面写着："为党卫队全国领袖的贵宾保留"。党卫队全国领袖是希姆莱的正式头衔，把牌子放在那儿的，是他33岁的副手弗里茨·克雷纳弗斯。

在那个阴沉的早晨，克雷纳弗斯接管了叔叔的团体——"开普勒圈"，并把它变成了希姆莱的"经济友人圈"。希特勒的经济顾问威廉·开普勒正忙于在纳粹政权和德国企业之间谈判，到这里去安排武器交易，到那里去征用公司，无暇顾及自己的圈子。此外，这个组织并未达到最初的目的，没能对希特勒的经济政策产生影响。克雷纳弗斯帮助叔叔建立了这个圈子并招募了成员，现在，他可以随心所欲了。一如任何"恪尽职守"的纳粹分子，让希姆莱高兴的事，会让克雷纳弗斯更高兴。于是，他决定把这个圈子变成一个只邀请大企业家和党卫队成员的社交群体。

这个圈子新改的名字，暗示着它与希姆莱的友好关系。但希姆莱没有任何朋友，他一点也不在乎这些阔佬。他只对他们所代表的东西和他能从中得到的东西感兴趣——富人们对他也持同样的态度。希姆莱知道，大亨们想要的是终极保险：与党卫队的领袖、第三帝国的秘密警察头子维持关系。但就连他也一直在争夺影响力。现在戈林已经成为纳粹经济中最有权势的人，希姆莱希望自己与大企业的关系能让党卫队受益。首先，他要把大亨们拉拢进来，接着，再拿走他们的钱。

那天早上，弗利克和施泰因布林克走进预订的房间，在克雷纳弗斯邀请的人中看到了许多熟悉的面孔：开普勒，他出席了交接仪式，获封荣誉会员；德国商业银行和德累斯顿银行（绰号"党卫队银行"）的高管，弗利克是德累斯顿银行的监事会成员；戈林同父异母的哥哥、贪腐成性的赫伯特；温特沙尔的负责人兼董事长。不知何故，温特沙尔的另一大股东君特·匡特并未获得邀请。库尔特·施密特也参加了。奥古斯特·冯·芬克不在其中，毕竟他是个出了名的吝啬鬼。希姆莱刚刚将施密特晋升为党卫队荣誉将军，而就在几个月前，施密特刚刚因心力交瘁辞去了经济部部长一职。"身材亮眼"的施密特喜欢穿着黑色的党卫队制服到处晃荡。希姆莱没有亲自来迎接他的"朋友们"，他将在稍后的晚餐时间跟他们见面。

六

弗里德里希·弗利克称赞希姆莱的"经济友人圈"是德国商业的"镜像"。但到了下一次纳粹党大会，一个不太符合这个描述的新成员加入进来，他就是里夏德·卡塞洛斯基，一位来自外省的企业高管，从事布丁相关的生意，远离柏林和鲁尔区以及当地权势熏天的尊贵大亨。卡塞洛斯基来自比勒费尔德（Bielefeld），一座位于东威斯特伐利亚地区的寂静城市，离荷兰边境不远。他身材粗壮，一头油亮的棕灰色头发，一张肉乎乎的脸，决心要打出比勒费尔德的名气。卡塞洛斯基时年47岁，是欧特家博士食品公司（Dr. Oetker）的负责人，该公司的创始人奥古斯特·厄特克尔（August Oetker）在德国率先推出了包装蛋糕和布丁粉以及泡打粉等配料。卡塞洛斯基通过自己最好朋友的遗孀伊达·厄特克尔（Ida Oetker）进入了该家族企业。除了担任公司负责人之外，他的主要任务是让他十几岁的继子、公司指定继承人鲁道夫－奥古斯特·厄特克尔做好准备，有朝一日接替他的职位。

卡塞洛斯基对希特勒的热情弥补了他在商业地位上的不足。他向员工分发签名版的《我的奋斗》，还在自己的办公室里挂了一幅希特勒的肖像画。此外，卡塞洛斯基和希姆莱都有家禽养殖背景。二人都对纳粹主义的农业事务感兴趣，尤其是将人们（重新）安置到农村去。这一设想与希特勒为德国人民争取更多生存空间的愿望是一致的；希姆莱和他的信徒们传播了"血与土"的概念——"种族纯正的北欧人"将离开腐朽堕落的城市，到农村的坚实大地上定居，从事农业工作。

卡塞洛斯基对纳粹主义的奉献，往往以牺牲自己领导的公司为代价。1933—1935年，他动用公司资金，在德国东部的定居点项目上花费了数十万帝国马克，但项目均以失败告终。他显然没有从这些经历中汲取教训。1935年夏天，他将一份很赚钱的地区性报纸（本由厄特克尔公司控制的出版机构所有）与当地一家亏损的纳粹党出版物合并。

撇开蹩脚的商业决策不谈，卡塞洛斯基在糟糕透顶的纳粹事业上出钱出力，这让他在威斯特伐利亚的大区长官那里有了极好的声誉，大区长官邀请他参加了1935年9月的纳粹党大会。作为二等贵宾，卡塞洛斯基和妻子被安排住在纽伦堡的班贝格酒店。希特勒的秘密女友爱娃·布劳恩和电影导演莱妮·里芬施塔尔（Leni Riefenstahl）也住在那里。不知何故，卡塞洛斯基花钱大方的消息竟然传到了豪华酒店，弗里茨·克雷纳弗斯很快便邀请这位外省的布丁老板加入希姆莱的内部圈子。

卡塞洛斯基欣然接受了邀请，他从一开始就痴迷于纳粹事业。他喜欢纳粹党成员身份带来的特权和精英人脉，每次会议都会出席。每个月的第二个星期三，卡塞洛斯基都会从比勒费尔德前往柏林，到空军俱乐部跟希姆莱的"经济友人圈"见面。在首都的中心地带，戈林把普鲁士雄伟的议会大厦改造成了豪华俱乐部，设有一间全天营业的酒吧、一家啤酒屋和一家著名餐厅，都在空军部的隔壁，正对着希姆莱所在的安全机构总部。喝完欢迎饮品后，这40多个人会按照会议座次（每次见面都会轮流调整）用餐，大快朵颐。接着，他们返回俱乐部谈论工作，但从不谈政治。

卡塞洛斯基加入之前，希姆莱刚刚收完会费。1936年1月，一个晴朗且寒冷的早晨，弗利克、施泰因布林克和圈子里的其他人在慕尼黑马克西米利安大街上的蕾佳娜皇宫酒店见到了党卫队的首脑，并从那里开始了一天的旅行。一辆公共汽车等在豪华酒店外面，把他们送到城市西北部的目的地：达豪集中营。到达后，希姆莱带着众人走进集中营，经过一群穿着囚服的囚犯。希姆莱后来说，他亲自带队的达豪之旅"经过了精心准备和设计"。他首先带这些人去了集中营的营房和车间，那里有被监禁的裁缝、木匠和鞋匠在做工。参观了厨房，品尝了准备好的食物后，大亨们在营地食堂吃了午餐。希姆莱甚至带领这些人进入牢房的通道，打开其中一间牢房，亲自查看一名囚犯。之后，他们参观了附近一家由党卫队经营的瓷器厂，然后返回慕尼黑，一起吃了晚饭。

饭后，希姆莱站起来做了一番简短的讲话。既然他已经向众人证明集中营并不像谣言所说的那么糟糕，他自然就想要向这些富有的朋友求助了。希姆莱用谦卑的语气说："对于党卫队和其他任务，我不需要钱，也不想要钱。但对于一些文化任务，以及消除特定紧急状态，我完全没有资金。如果你们愿意安排一些资金交由我处理，我将不胜感激。"他宠爱的项目包括"生命之泉"（Lebensborn），这是一家人种培育协会，旨在为"优等民族"抚养孩子。

当然，没有哪个商人敢说不。克雷纳弗斯建议会员每年至少捐献10 000帝国马克。他已经任命库尔特·冯·施罗德（希特勒和冯·帕彭就是在这位金融家的别墅里决定德国命运的）管理钱财。为了收取会费，冯·施罗德在自己位于科隆的私人银行开设了"特别账户S"，施泰因布林克将负责筹款。数百万帝国马克很快就涌入了该账户。弗利克开始每年给这个圈子十万帝国马克。卡塞洛斯基给了四万帝国马克，虽然他错过了达豪集中营之旅，但希姆莱亲自带队参观另一座集中营——柏林北部的萨克森豪森集中营时，卡塞洛斯基参加了。不同的集中营，同一番说辞。

七

1934年6月下旬，费迪南德·保时捷与疑虑重重、犹豫不决的德国汽车工业协会签订了一份开发大众汽车的合同。这个汽车制造商组织承担了该项目的财务责任，希特勒选择了反复无常的保时捷，而不是更知名的设计师为大众创造第一辆汽车，这让很多协会成员感到失望。当然，企业高管们不敢违抗元首的意愿，但他们也不相信保时捷真的能在几个月的时间里完成开发任务，设计出一款售价仅为1000帝国马克的小型汽车来。在柏林的合同签署仪式上，一位高管对保时捷嗤之以鼻："如果……你不能以预期的价格生产出一款这样的车来，不必担心。告诉希特勒，这是不可能做到的，普通人就应该坐公共汽车！"为了确保挥霍无度的保时捷不会花掉协会太多的钱，协会只给他每月20 000帝国马克的研发费用；此外，第一辆原型车必须在十个月内完成。这是一项艰巨的任务。最终，保时捷花了175万帝国马克，用了两年时间，设计了三个版本，并在政治上对希特勒大加迎合，才完成了经济适用的大众汽车的原型。

与此同时，保时捷和他的女婿安东·皮耶希加强了自己家族对斯图加特汽车设计公司的控制。1935年9月5日，《纽伦堡法案》颁布的十天前，保时捷的联合创始人阿道夫·罗森伯格在斯图加特附近的家乡被盖世太保逮捕，罪名是"种族玷污"，并被关入卡尔斯鲁厄（Karlsruhe）的候审监狱。他的"罪行"是和一名非犹太裔女孩约会。罗森伯格是知名的犹太企业家和前赛车手，他曾收到过警告，说他已经成为盖世太保的目标。可是罗森伯格没有理会这些不祥的征兆。

征兆其实早就很明显了。五个星期前的1935年7月30日，罗森伯格将自己在这家汽车设计公司持有的10%股份转让给了保时捷25岁的儿子费利。这个年轻人在保时捷和资深工程师的指导下，为父亲的公司工作了将近五年。靠着保时捷的大众汽车合同，以及他和罗森伯格共同设计的一款赛车，这家曾经苦苦挣扎的公司终于开始盈利。当年，公司利润接近17万帝国马克。于是，保时捷和皮耶希着手出钱收购家族之外的两名股东（阿道夫·罗森伯格和汉斯·冯·维德-马尔伯格男爵）持有的股份。

两人仅以股票价值的极少部分便买下了联合创始人罗森伯格的股份。实际上，他们买下这些股份的价格，与罗森伯格1930年向保时捷购买创始股份的名义金额完全相同：仅3000帝国马克。这个价格丝毫没有考虑到罗森伯格为公司所做的大量工作，极大地低估了他所持保时捷股份的价值。"他们向我提出，只要我还是股东，保时捷公司就没法获得'无犹太人企业'徽章之类的东西……我无意指责保时捷先生和皮耶希先生在个人层面存在的反犹主义，"罗森伯格后来声称，"但是……他们利用我的犹太人身份，把我廉价地打发掉了。"

20世纪30年代的保时捷父子

　　保时捷和皮耶希否认了罗森伯格的说法。不过，无论二人的动机是怎样的，他们收购罗森伯格股份的行为是一种"雅利安化"，这是非常清楚的。在第三帝国，当资产所有权中的犹太"元素"被移除后，这部分资产就可以被视为"雅利安化"。这可能涉及以低于实际价值的价格购买犹太人拥有的公司、房屋、土地、珠宝、黄金、艺术品或股份，罗森伯格的情况就是这样；"雅利安化"甚至可以扩展到对财产的公开盗窃。由于纳粹德国对正式法律程序的偏好，"雅利安化"常常会披着正常商业交易的伪装，但到了最后，这种伪装也被抛弃了。

1935年9月23日，在盖世太保的监狱里被关了近三个星期后，罗森伯格被转移到海德堡南部的基斯劳集中营。经受了四天的殴打之后，他突然被释放了。原来，罗森伯格在保时捷公司的继任者冯·维德-马尔伯格男爵在卡尔斯鲁厄与盖世太保交涉，并成功说服盖世太保释放了他。但罗森伯格仍需要向盖世太保支付53帝国马克外加40芬尼，作为"保护性监禁"期间的费用。而费迪南德·保时捷和安东·皮耶希没有采取任何行动来帮助公司共同创始人重获自由——虽然他们后来的说法与此相反。罗森伯格通过律师请求保时捷出手搭救，但保时捷正忙着在毕尔巴鄂（Bilbao）城外的西班牙大奖赛上跟人闲聊。

一个月后的1935年11月，罗森伯格离开德国，移居巴黎。1933年初辞去保时捷公司的商务总监一职后，他一直以合同工的身份为这家设计公司工作。即便是在入狱后，这名35岁的年轻人仍然是公司的境外代表，负责在法国、英国和美国为保时捷的专利颁发授权许可。按照一份生效至1940年的合同，罗森伯格可以把30%的销售收入作为提成，至少，他是这么认为的。保时捷和皮耶希尚未完全停止贬低这位遭受迫害的联合创始人，但眼下，他们必须克制住自己的残忍。保时捷需要向元首介绍他等待已久的杰作：大众汽车。

1936年7月初，一个酷热的下午，在元首位于巴伐利亚山区上萨尔茨堡的别墅里，保时捷向希特勒、戈林及其随行人员展示了两辆测试用车。纳粹头领们身着制服，脚踏长筒靴，制服上缀着成排的奖章和绶带（这是对佞臣的奖励），热得浑身冒汗。希特勒只戴了一枚勋章：他在第一次世界大战期间加入巴伐利亚军队当步兵时获得的一级铁十字勋章。他不需要炫耀其他任何奖项，毕竟，他是元首。保时捷将自己亲手完成的设计成功推销给了希特勒。多年后，在战争中期，随着希特勒的末日临近，保时捷向一名记者回忆起那个阳光明媚的七月天："这些大众汽车在上萨尔茨堡的大街上呼啸而过，轰鸣绕圈……像大黄蜂一样超过了大型奔驰汽车，足以打动任何人。"保时捷的展示结束后，希特勒参观了"鹰巢"，这是专门为他建造的山间别墅，俯瞰着宁静的山城贝希特斯加登（Berchtesgaden）。希特勒已经决定要在德国中部建立欧洲最大的汽车厂，专门生产大众汽车。现在他们必须找到合适的厂址。

八

"布丁王子"鲁道夫-奥古斯特·厄特克尔知道，自己生来就有特殊的地位。他的名字来自父亲和他从未谋面的祖父，在比勒费尔德市约翰山堡（Johannisberg）的家族别墅里，他带着使命感和优越感长大。他是这个家族唯一的男性继承人，注定要继承家族的食品公司和姓氏。鲁道夫-奥古斯特很早就意识到，"我继承的最有价值的东西，便是厄特克尔这个姓氏"。继父里夏德·卡塞洛斯基（鲁道夫-奥古斯特把他视为亲生父亲，也一直这么称呼他）也勤勤恳恳地让他为接管家族的生意做准备。但鲁道夫-奥古斯特是个坏学生。

1933年，鲁道夫-奥古斯特·厄特克尔（左二）站在祖母（左三）和她的司机（左一）之间

他喜欢骑马，跟卡塞洛斯基一样。鲁道夫-奥古斯特的母亲很节俭，不喜欢丈夫那些奢侈的爱好，而鲁道夫-奥古斯特的祖母则没有这些规矩。她溺爱这个宝贝孙子，并在1933年圣诞节送给他一辆宝马敞篷车作为礼物。到后来，鲁道夫-奥古斯特不得不卖掉自己的摩托车之时，祖母为了安慰他，便送给他一匹马。

鲁道夫-奥古斯特12岁便开始骑马。1933年，他所在的马术学校被并入冲锋队，16岁的厄特克尔自动成了这一准军事组织骑兵军团的一员。这个行为很难说明他的政治立场，但他的另一个成员身份就是他自己的选择了。1933年5月，鲁道夫-奥古斯特的继父加入了纳粹党，他的母亲紧随其后，接着他的姐姐也加入了。鲁道夫-奥古斯特是最后一个加入纳粹党的，这是一个彻头彻尾的纳粹家庭。

1936年9月，鲁道夫-奥古斯特高中毕业后，参加了纳粹规定的六个月志愿义务劳动服务。在劳动服务结业典礼上，他从比勒费尔德的欧特家博士食品公司拉来200名女员工，为他的纳粹同志们充当舞伴。按他日后的回忆，那是一次"有趣的聚会"。在因健康问题退役后，他于1937年搬到汉堡，在一家银行里当学徒。鲁道夫-奥古斯特可不是个普通学徒，他最初住在汉堡市中心阿尔斯特湖畔的四季酒店，没过多久，他开始在汉堡地价最昂贵的外阿尔斯特湖畔寻找合适的住所。

他很快就在汉堡的贝尔维尤15号找到了一处房产，买下了一栋"雅利安化"的湖边别墅，别墅附随的一大片土地以前属于库尔特·赫尔德恩（Kurt Heldern），此人是某家烟草公司的犹太高管，已从纳粹德国逃到澳大利亚的悉尼。鲁道夫-奥古斯特很清楚这笔交易的来源有问题，甚至他的纳粹继父最初也反对购买。"别考虑这地方，"卡塞洛斯基告诉他，"这栋房子里沾满了眼泪。"鲁道夫-奥古斯特没有被吓住，他通过欧特家博士食品公司以远低于市价的价格买下了别墅和土地。他的新邻居包括汉堡的纳粹市长，他的继父在希姆莱的"经济友人圈"中结识了此人。鲁道夫-奥古斯特后来又着手把新别墅后面的一块地也"雅利安化"。那块地属于另一户邻居——犹太人利普曼夫妇。他们被迫出售土地和其他财产，为"孤注一掷的移民努力"筹集资金。这块地至少值11.9万帝国马克。"经过漫长的谈判"，鲁道夫-奥古斯特表示自己只愿意付一半的钱。犹太人拥有的资产,但凡卖出,必须经当地纳粹政府的批准,而纳粹政府将成交价格压到了4.55万帝国马克。利普曼夫妇最终设法逃到了乌拉圭。

与此同时,鲁道夫-奥古斯特正充分享受着在汉堡的日子。他经常和朋友们到波罗的海沿岸的海利根达姆(Heiligendamm)等时髦海滨小镇游玩。在海利根达姆,他遇到了和家人一起度假的约瑟夫·戈培尔。鲁道夫-奥古斯特走近戈培尔,做了自我介绍,他们"友好地"聊了几句。在镇上的赛马场,鲁道夫-奥古斯特凭借继父的一匹纯种马赢得了比赛,赫尔曼·戈林为他颁发了奖品。欧特家的继承人在汉堡的朋友之中也有犹太人,他们"一定遭受了报复",但和许多德国人一样,鲁道夫-奥古斯特并不关心他们的困境。他也知道集中营的事,但接受了当局"集中营只关押国家的敌人"的说法。"我们没有多想。毕竟,从集中营出来的人什么也没说。"鲁道夫-奥古斯特后来回忆道。但这位继承人对集中营的了解比他自己所说的要多得多,毕竟,他曾在一座集中营里接受过党卫队的训练。

九

1936年夏,君特·匡特出于双方的利益,向一名犹太军火高管伸出了援手。1935年的11月,《纽伦堡法案》生效不久后,法兰克福大学给冶金学教授格奥尔格·萨克斯(Georg Sachs)放了长假。

就在几个月前，君特任命萨克斯进入杜莱内公司的执行董事会，担任研发部主管。在纳粹德国，你认识谁，你能派上多大用场，可能意味着生与死的区别。很少有谁会比赫尔曼·戈林的副手、犹太药剂师之子埃哈德·米尔希更清楚这一点。尽管米尔希与上司的关系比较紧张，但戈林仍充当了让他免遭迫害的保护伞。当有关米尔希血统的谣言在柏林空军部到处流传时，戈林压下了盖世太保的调查。"谁是犹太人，我说了算！"据称戈林曾这样说过。米尔希对政权和企业的价值在于，他手里掌握着对德国空军及其数十亿资产的调遣权；希特勒很快就将至少40%的战争预算分配给了德国空军。因此，1935年，在杜莱内公司盛大的周年晚会上，君特给了米尔希特别热烈的欢迎。

出于同样的投机心态，拥有冶金专业知识的萨克斯对君特来说几乎同样重要。1936年4月，戈培尔领导的柏林政府听到风声，说君特任命了一名犹太人进入他拥有的一家军火公司，在董事会任职。君特被迫暂停了萨克斯的职务，但米尔希决定，尽管萨克斯有"污点"，仍可以继续受聘，担任一个更低调的角色。毕竟，米尔希对这一切再清楚不过了。然而，1936年7月中旬，萨克斯给君特写了一封信，请求"为了双方的利益"让他离开。君特起初拒绝了这一请求，仍然希望留下他和他的专业技术，但过了几个星期，他还是勉强同意了。萨克斯趁着还有机会的时候离开了纳粹德国。君特给了萨克斯大约36 000帝国马克，帮他支付移民的费用——萨克斯必须支付2300帝国马克的帝国"飞行税"。1936年初秋，萨克斯动身前往美国的前几天，君特到他的家里与他告别。萨克斯很快在俄亥俄州克利夫兰的凯斯西储大学（Case Western Reserve University）找到了一份物理冶金学教授的工作，不久后，他的家人也来美国与他团聚。萨克斯的妻子后来说，"老君特"是个"古道热肠的正派人"。二战结束后，萨克斯回报了这份恩情。

双方的问题都解决了。杜莱内公司很快就自豪地报告，没有任何"外国或犹太的资本"持有该公司的股份。1937年底，戈林授予君特"军事经济元首"的头衔，用以表彰其在大规模武器生产上所作的贡献，这个头衔用于奖励所有对重整军备至关重要的企业主和高管。弗里德里克·弗利克和费迪南德·保时捷很快也获得了这个头衔。它带来的好处仅限于一枚华丽的金质徽章，以及与纳粹政权的良好关系（前提是这个人对纳粹仍然有用）。君特后来表示，空军部授予他这一头衔是因为他在杜莱内公司所做的工作。他推测，是公司盛大的周年庆典促成了这一决定。君特当然很清楚举办一场盛大聚会带来的好处。他邀请米尔希参加自己60岁的生日晚宴，打算让这位有一半犹太血统的纳粹分子坐在自己身边，但到了最后一刻，这位空军部副部长还是决定不参加这次晚宴。

十

1936年夏末，柏林沉浸在奥运热潮中，玛格达·戈培尔却有件事要坦白。8月1日，在柏林奥林匹克体育场上举行的开幕式上，纳粹理论家阿尔弗雷德·罗森堡向约瑟夫·戈培尔透露了几年前玛格达和库尔特·吕德克之间发生的"一件不愉快的事情"，而正是吕德克将她介绍给了纳粹党。当天晚上，在两人的新别墅里，戈培尔找玛格达就此事进行了对质。玛格达哭了起来，起初她否认一切，但最终还是向丈夫坦白：她在两人结婚的头几年里，跟吕德克有过婚外情。她坦白之后，戈培尔在第二天的日记中写道："我对此非常沮丧。她不断向我撒谎。信任极大受损……太可怕了……我需要很长时间才能从这件事中恢复过来。"由于吕德克在跟其他纳粹高层闹翻以后，很早就逃回了美国，戈培尔不得不另找方法伺机报复。很快，机会向他招手了。

两个月前，1936年6月2日，一个闷热的晚上，戈培尔和他三岁的女儿赫尔嘉在施瓦能岛（Schwanenwerder Island）上散步。当时，戈培尔、玛格达和他们的三个孩子加上哈拉尔德，刚刚搬到柏林西南角的这个高档住宅区。父女俩快到家的时候，碰到了一个邻居，一位著名的演员。陪同这位演员的还有他21岁的女友、捷克斯洛伐克电影明星莉达·巴罗娃（Lida Baarová），这位美丽的褐发女郎最近开始出演德国电影。柏林著名的电影制作公司"乌发"（UFA）选中了巴罗娃饰演电影角色，该公司的摄影棚就在附近的巴伯斯贝格堡。应戈培尔的要求，巴罗娃和她的男友当晚带戈培尔和赫尔嘉参观了自己的房子。巴罗娃此时还不知道，戈培尔已经准备吞噬

116

"乌发"并侵入她的个人生活。

玛格达坦白了她与吕德克的婚外情后，戈培尔决定多了解了解巴罗娃。他在1936年9月初的纽伦堡纳粹党大会上举行了盛大的首映式，宣传巴罗娃在"乌发"最新拍摄的电影《叛徒》。回到柏林后，戈培尔邀请巴罗娃及其男友到他在歌剧院的包厢，并在施瓦能岛上的别墅里为她男友最新的电影组织了一场放映会。很快，戈培尔和巴罗娃开始更频繁地见面，而且是单独见面，约会地点通常是戈培尔在柏林北部湖畔的一栋木屋。秋去冬来，两人开始了一段婚外情。他们的幽会很快变得公开，戈培尔开始带巴罗娃参加电影首映式，巴罗娃的男友也把她赶出了家。玛格达一开始似乎并不在意，她正忙着为自己的健康问题担心，忙着为帝国生育更多的孩子。

十一

里夏德·卡塞洛斯基很快就发现，名声是个好东西。1937年5月1日，欧特家博士食品公司成为获"纳粹主义模范企业"荣誉称号的30家德国企业之一。在柏林空军俱乐部举行的颁奖典礼上，希特勒向卡塞洛斯基颁发了一面金旗。这家食品公司因善待员工、专注于纳粹劳工理念而获奖。至于卡塞洛斯基，他骄傲地披着纳粹企业负责人的外衣，抓住机会让欧特家博士食品公司及其子公司、厄特克尔家族，以及他们控制的其他公司大肆对资产进行"雅利安化"。

1935年，卡塞洛斯基强行让欧特家博士食品公司旗下的出版商冈德拉赫（Gundlach）将其盈利的报纸与亏损的纳粹党出版物合并之后，这家出版公司便试图通过转向杂志市场来弥补经济上的损失。一旦"非雅利安"的出版商和反对纳粹政权的人受到审查，戈培尔领导的帝国出版协会（Reich Press Chamber）禁止他们拥有和发行纸质媒体、相关杂志和出版物的权利，收购的价格就会便宜很多。1935年，冈德拉赫买下了一家柏林的杂志出版商及其位于波茨坦街的办事处，同时也买下了一家犹太发行商拥有的杂志发行权。在奥地利，冈德拉赫"雅利安化"了拥有六本杂志的维也纳出版社奥斯卡·菲舍尔（Oskar Fischer）。1936年1月，卡塞洛斯基批准了欧特家博士食品公司在纳粹统治的"但泽自由市"（格但斯克）开设的一家子公司的"雅利安化"举措。在这座波罗的海港口城市，一家包装企业的犹太大股东宣布退出，欧特家博士食品公司的子公司以"极其优惠"的价格（比实际市值低大约60%），将公司的多数股权进行了"雅利安化"。

卡塞洛斯基和厄特克尔家族还买入了三家此前已被其他各方"雅利安化"的公司的股份，其中最出名的是柏林啤酒酿造商伊格纳茨·纳切尔（Ignatz Nacher）拥有的一家公司，纳切尔的众多公司已经被德累斯顿银行以及一家由私人银行家牵头的慕尼黑财团残酷地"雅利安化"了。1937年，弗里德里希·弗利克收购了纳切尔在巴伐利亚的庄园，几乎在同一时期，厄特克尔家族收购了格罗特

118

扬（Groterjan）麦芽啤酒厂1/3的股份，这是慕尼黑银行家财团从纳切尔手里"雅利安化"的一家啤酒厂。这次收购标志着厄特克尔家族进入了酒精饮料行业，时至今日，酒精饮料仍是该家族商业帝国的重要组成部分。但与君特·匡特、弗里德里希·弗利克和奥古斯特·冯·芬克相比，卡塞洛斯基、厄特克尔和保时捷-皮耶希所进行的"雅利安化"在规模和范围上都是小巫见大巫。

十二

1937年春末，约瑟夫·戈培尔一边跟莉达·巴罗娃纠缠不清，一边忙于策划艺术展览。这要感谢奥古斯特·冯·芬克男爵，这位节俭的金融家虽然不怎么慷慨，但靠着激发其他人的慷慨弥补了自己的缺点。在四年的时间里，冯·芬克为希特勒在慕尼黑新建的博物馆筹集了1200万帝国马克，足以支付这座建筑不断超支的花销。巴伐利亚人戏称这座巨大的建筑为"白香肠神庙"。纳粹党只投入了十万帝国马克，其余的资金由冯·芬克补足。这位银行家把商务旅行和筹款任务结合起来，接连拜访其他大亨的别墅和庄园。随着重整军备的巨额资金从政府流入产业家们的荷包，冯·芬克说服了德国商界的一些大腕给予回馈，成为博物馆的创始成员——代价仅仅是十万帝国马克。弗里德里希·弗利克、古斯塔夫·克虏伯、卡尔·弗里德里希·冯·西门子（Carl Friedrich von Siemens）、罗伯特·博世（Robert Bosch）等大亨都慷慨地拿出了支票簿。

1937年6月初，希特勒和戈培尔飞往慕尼黑，参观博物馆，并出席名为"伟大的德国艺术展"的首展，这次展览的展品均由评委选出。冯·芬克亲自带他们参观。然而，希特勒和戈培尔非常震惊。"他们在这里展示的作品让人毛骨悚然，"戈培尔在日记中写道，"元首怒不可遏。"展出的艺术品大多是描绘德国征服的恐怖历史场景。显然，展览的策展人聚焦于纳粹的主题"血与土"，并按字面意思阐释了这个概念。最终的展览效果，与总理对纳粹主义的艺术愿景大相径庭。希特勒考虑将展览推迟一年，而不是"展示这样的垃圾"，他还指定自己的私人摄影师策划将来的展览。但这次展览活动备受瞩目，无法仅凭一纸通知就立刻取消，否则，总理也会脸上无光。展览必须照常进行下去。

一个月后，希特勒和戈培尔回来参加开幕式，总理高兴多了。展览主题没有任何改变，只是减少了鲜血淋漓的画作数量。1937年7月18日，元首为德国艺术之家博物馆及其首展揭幕，冯·芬克站在他身边。在开幕日，玛格达和戈培尔花了五万帝国马克为家里购置纳粹艺术品。戈培尔在几个街区外的霍夫加滕拱廊（Hofgarten Arcades）举办了另一场展览，也打算在同一时间开展。他想出了一个主意——展示那些被查抄的艺术作品，这些作品大多来自德国现代艺术家，也有一些来自国外的艺术家；在戈培尔看来，这一展览旨在揭示在第三帝国没有立足之地的艺术品。"堕落艺术展"展出了马克斯·贝克曼（Max Beckmann）、马克·夏卡尔（Marc

Chagall）、马克斯·恩斯特（Max Ernst）、奥托·迪克斯（Otto Dix）、保罗·克利（Paul Klee）、乔治·格罗兹（George Grosz）和瓦西里·康定斯基（Wassily Kandinsky）等艺术家的600件作品。这场展览迅速吸引了200多万观众，是到德国艺术之家博物馆参观展览人数的两倍。

总的来说，纳粹政府对冯·芬克以及他为希特勒看重的博物馆筹集资金的努力颇感满意。这位银行家很快就会因为他的服务而得到奖赏。

几个月后，戈培尔对纳粹的另一项宝贵创新给出了反馈。1937年9月初，戈培尔来到斯图加特，和费迪南德·保时捷一起试驾大众汽车。"这辆车有极好的动力，爬坡性能不错，悬挂系统也很出色。但它的外表一定要这么朴素吗？我在这方面给保时捷提了一些建议。他欣然接受。"戈培尔在日记中写道。他喜欢乘坐豪华轿车。三个月后，宣传部部长再次视察了大众汽车公司，并对相应的改进表示满意。"保时捷博士在此交出了一项杰作。"戈培尔写道。每当有人服从他时，他总是很高兴。很快，他就把国家艺术和科学奖授予了保时捷。不过，还有更丰厚的奖励在未来等待着保时捷。

十三

就在帮助一个犹太家庭逃离德国的几个月后，君特·匡特抢劫了另一个犹太家庭。1937年6月9日，他的武器公司DWM在柏林的财经报纸上发表了一份声明，声明只有一句话，表示DWM已接管一家新企业：亨利·佩尔斯（Henry Pels）。这是一家先进的工具制造商，在图林根州最大的城市埃尔福特（Erfurt）设有工厂，生产冲压机和剪切机。这份简短的声明并未解释在11天之前，匡特是怎样居心险恶地将这家公司"雅利安化"的。1937年5月29日上午，柏林外科医生弗里茨·海涅被迫以远低于市场价值的价格出售妻子在其家族企业中的多数股份，并辞去监事会席位。这一幕发生在阿斯堪尼舍尔广场君特办公室举行的气氛紧张的股东大会上。海涅曾是监事会中唯一的"非雅利安人"，代表他的妻子乔安娜。1931年，乔安娜的父亲（公司创始人亨利·佩尔斯）和母亲相继去世，她继承了这些股份。她唯一的哥哥是一名德国军官，已在第一次世界大战期间"为祖国英勇牺牲"。海涅夫妇和两个孩子都是受过洗礼的新教徒，但根据《纽伦堡法案》，受洗并不能拯救他们，因为他们的父母是犹太人。

君特用价值约50万帝国马克且很难脱手的国债买下了海涅家族的股份，赚取了至少150万帝国马克的差价。乔安娜所持股份的名义价值约为200万帝国马克，但实际价值可能要高得多。"雅利安化"后不久，君特就对该公司的机器做了估价，约为300万帝国马克。君特成为亨利·佩尔斯公司的监事会主席，并在董事会里塞满了自己的商业伙伴和高管，将其重组为一家高效的武器制造企业。到1938

年，该公司已经实现了600万帝国马克的毛利，为潜艇生产炮架、大炮和高射炮。公司的名称也被君特"雅利安化"，去掉了乔安娜的父亲亨利·佩尔斯的名字，改名为柏林-埃尔福特机械制造公司。不过，这家公司的商业信函仍经常使用印有"非雅利安"旧名的信纸。

海涅一家的结局很凄惨。他们的儿子在完成工程学业后已搬往美国，而他们的女儿在一位柏林牧师的帮助下很快逃到了英国，但这对夫妇留在了德国。他们相信"纳粹的梦魇很快就会过去"，只可惜事实并非如此。乔安娜和弗里茨被迫搬出了他们在柏林西区的别墅，匆忙分租了两个房间。1941年10月24日，他们搭乘火车，从柏林赶到了瓦尔特高（这是纳粹命名的地区，位于被德国占领的波兰）的罗兹（Lodz）。当地的大区长官是君特的熟人——残忍的亚瑟·格雷泽（Arthur Greiser）。这里有数百万居民，罗兹的犹太聚居区是切姆诺灭绝营的主要聚集点。海涅夫妇很可能于1941年11月中旬在切姆诺灭绝营遇害，尽管他们的死亡证明上写着的死亡地点是利兹曼施塔特，这是纳粹对罗兹的新称呼。在德国本土，这对夫妇遗留的财产被当局征用，作为他们"逃离"帝国领土的出境税。对君特来说，海涅夫妇只是他大肆掠夺的开始，之后，他会把贪婪的手伸向德国全境和欧洲其他地区。

而且，他并不是单打独斗。君特找到了一位年轻的天才帮助他扩展他的商业帝国。1937年9月，一个下雨的清晨，君特坐在他办公室的双人办公桌后面，面试坐在桌子对面的风度翩翩的律师。君特仔细地记下了此人的回答。在一次商务招待会上，他认识了29岁的霍斯特·帕维尔，并察觉到这个年轻人在促成交易上的天赋。中午，君特邀请帕维尔担任AFA法律部门的负责人。帕维尔有三小时考虑这个提议；下午3点，他同意了。君特认为自己的儿子、法定继承人赫伯特需要一点竞争。1937年5月，赫伯特在AFA完成了四年的管理培训，并开始在AFA的柏林子公司——生产手电筒和电池的佩特瑞斯（Pertrix）担任董事。帕维尔比赫伯特大两岁，同样雄心勃勃，他会全力以赴，战胜老板的儿子。

君特秉持达尔文主义的观点，鼓励这样的竞争。他曾写道，儿子必须"为生活而斗争"。君特把隔壁的办公室分给了帕维尔，雇用他没多久，就带着这位新学徒进行了一轮为期近四个月的南美之旅。在阿科纳角号游轮上，君特给在德国的高管们写了一封信，分享了他对拉美人的一些个人观察。"［在巴西］种族纯粹的原则是不可行的，因为整个国家都是由意大利人、西班牙人、德国人与印度人的混血儿组成的，"他写道，"黑人也不例外，人们不加区别地混合到一起，由此诞生了一个新的种族，他们能够抵抗残酷的气候，也能够应对来自白种人和红种人的智力冲击。白人国家阿根廷对此持敌意态度。它有着更高的智力水平。"在游轮上，君特向帕维尔提出了一个非常有前景的邀约：只要他留在匡特集团，就可以获得AFA的全部商业管理权和执行董事会的一个职位。就这样，君特让帕维尔变成了自己的得力助手，赫伯特不得不再一次为争取父亲的关注而奋斗。

十四

1937年秋，弗里德里希·弗利克准备大肆掠夺。11月4日，弗利克的副手奥托·施泰因布林克在给老板的一份备忘录中写道，替希特勒在政权和企业之间四处奔走的掮客威廉·开普勒告诉他，"一段时间以来，德国犹太人的资产笼罩在新一波的出售浪潮下"，施泰因布林克写道，就连"从前根本想不到会这么做的"犹太业主，也在努力"处理掉他们在德国的财产"。弗利克迅速抓住了这个机会。他购买的第一批犹太人资产中，有一部分供他私人使用。他喜欢购买豪华房产。这一次，弗利克买了三处房产：一处在巴伐利亚，一处在柏林附近，还有一处是在奥地利的狩猎场。这些房产都来自犹太商业家族，他们必须赶在还有选择权的时候卖掉房产。（巴伐利亚的庄园和奥地利的狩猎场至今仍由弗利克的一些孙辈持有。）

到1937年11月，弗利克的第一轮"雅利安化"已经推进了好几个月。那年夏末，他选中了吕贝克高炉厂，这是一家大型生铁厂，也是德国为数不多的由犹太人拥有的大型重工业企业之一。吕贝克高炉厂的股东大多是德国犹太商业家族，以及与之有关联的公司和银行。弗利克关注这家公司快十年了，现在是动手的时候了。

当年早些时候，弗利克就意识到收购高炉厂极其重要，这家工厂可以为他的钢铁公司提供生铁；当时，这种金属正严重短缺。更重要的是，吕贝克高炉厂的负责人是一个纳粹分子，他迫切地想要将他领导的这家公司"雅利安化"。他认为，正是因为公司的股东中有犹太人，他们才没能跟陆军武器署签订武器合同。弗利克现在开始行动了。他先成功地恶意收购了吕贝克高炉厂的第二大股东——一家被归类为犹太公司的铁矿石贸易公司。这家公司的一些股东试图把股份集中起来转移到国外之时，弗利克以政府的制裁作为威胁，迫使这些犹太股东卖出了他们的股票。不过，他并没有参加1937年12月初在他的总部举行的最终接管会议。会议的目的是说服最后的持股者——一群外国股东和瓦尔堡银行（Warburg bank）——卖掉他们手里的股票。弗利克向负责这桩交易的政府执行人瓦尔特·奥德韦格（Walther Oldewage）解释了自己为什么缺席："跟这个委员会讨论是犹太人的一招把戏，换汤不换药。我经历过太多这类闹心事了，不愿再卷入其中。"最终，股东们出售了股票。

交易达成后没几天，弗利克找到了吕贝克高炉厂最大的股东哈恩家族——一个犹太家族。他们几乎立刻就同意了以低于市场价数百万美元的价格，将股份分两部分出售给他，只附加了一个条件。为了保护他们在鲁尔区的一个家族钢铁企业，哈恩家族坚持要求获得一份书面声明，内容大意是他们出售吕贝克高炉厂股份的行为将被政府解读为善意的表示，他们的钢铁厂将由此被免除任何强制措施。但奥德韦格拒绝了这个要求，只做了一个大意如此的口头声明。哈恩家族仍然继续推进交易，1937年12月，他们把家族持有的高炉厂股份卖了一部分给弗利克。过了几个星期，弗利克从政府挖来了奥德韦格。为回报奥德韦格的协助，弗利克把他隐匿在自己拥有的一家钢铁公司的中层管理岗位，并开出优厚的薪水。奥德韦格即将到新的岗位上赴任时，施泰因布林克给了一些临别的反馈："［奥德韦格］似乎在人性方面太过软弱，我个人建议他少向犹太人让步。"

哈恩夫妇把第一批股份卖给弗利克之后的几个星期里，纳粹对这个犹太家庭施加了更大的压力，威胁要将他们逮捕，关到集中营里去。哈恩夫妇前往柏林经济事务部的"雅利安化"部门，想兑现自己获得的"家族企业不受影响"的担保，一名纳粹官员告诉他们，他不相信他们会蠢到"接受一张没有任何担保的汇票"。当时，哈恩家族只剩最后一个选择了：把他们的钢铁厂卖给一家主要竞争对手，然后移居英国。他们再一次以低于市场价值数百万美元的价格，将家族所持的最后一部分高炉厂的股份卖给了弗利克；他们需要这笔钱来脱身。这样一来，弗利克在吕贝克高炉厂获得了多数股权，而且，他已经在忙他的下一个"雅利安化"项目了。

在飞往伦敦的单程航班上，哈恩夫妇遇到了奥托·施泰因布林克。这位弗利克的副手正要去英国出差。他对这家犹太人轻蔑地笑道："能逃出来，算你们走运。"

十五

弗里德里希·弗利克下一轮规模更大的"雅利安化"计划在他突袭吕贝克高炉厂时便已成形。1937年11月初，威廉·开普勒告诉奥托·施泰因布林克，还有很多公司也正等着进行"雅利安化"。其中包括朱利叶斯·佩特切克集团和伊格纳兹·佩特切克集团在德国持有的资产，这两家企业集团最初是由捷克斯洛伐克籍犹太人佩特切克兄弟创建的。弗利克注意到它们的时候，它们早已分别由兄弟俩的儿子所有并经营，而且双方的关系不怎么好。纳粹政府对佩特切克的继承人产生了很大的兴趣。这对堂兄弟在德国东部和中部总共控制了大约65%的褐煤储量，占整个德意志第三帝国原煤产量的18%。而且，这只是佩特切克家族业务的一小部分。在希特勒垂涎已久的捷克斯洛伐克波希米亚和摩拉维亚地区，他们还拥有不少煤矿，这是这个家族的主要产业。

开普勒告诉施泰因布林克，佩特切克家族在德国的产业将被"雅利安化"，这也证实了弗利克和施泰因布林克从其他渠道听到的消息：两家佩特切克企业集团中较小的一家——总部位于布拉格的朱利叶斯·佩特切克集团，已经在与两家公司接洽，有意出售其在两家大型德国褐煤公司的多数股权。而且，争夺这些资产控制权的，可不是普普通通的企业：它们是君特·匡特持有1/4股份的钾肥和石油巨头温特沙尔，以及全球最大的化工公司法本。如果弗利克能够得到佩特切克家族在德国的褐煤权益，他就可以在未来几十年里为自己的大型钢铁公司保证充足的燃料供应。1937年11月3日，施泰因布林克告诉开普勒，这是一个"性命攸关"的问题。两个星期后，施泰因布林克向开普勒重申，弗利克集团"无论如何"都想参与对"P（佩特切克）公司财产的清算"。这两个人"在给犹太分子制造麻烦这方面"（开普勒语）意见一致。

"佩特切克或P问题"（弗利克和副手们对他们的"雅利安化"行动的委婉称呼）成了首要任务。弗利克和施泰因布林克开始向纳粹政府及佩特切克家族的联络人游说，以便在谈判中处于有利地位。许多联络人都是希姆莱"经济友人圈"的成员，其中最著名的是赫伯特·戈林，德意志帝国元帅赫尔曼·戈林同父异母的哥哥。仅靠着这一血缘关系，赫伯特就获得了经济事务部秘书长的职位，接着又到德国各大公司担任各种管理职务。一位历史学家说，赫伯特·戈林"在第三帝国创造了一种彻头彻尾的寄生关系，靠着能直接接触有权有势的同父异母的弟弟，就可换回源源不断的钞票"。弗利克和施泰因布林克向赫伯特承诺，"如果P问题得到解决"，会给他一大笔报酬。

赫伯特·戈林在与施泰因布林克的一次会面中说，他同父异母的弟弟对佩特切克企业集团倾注了全部的注意力。赫尔曼·戈林正在执行他为纳粹德国经济制定的"四年计划"。这一宏伟计划旨在进一步重整国家军备，但最重要的目标是让德国成为自给自足的国家：在各个方面都自给自足，不再依赖进口。佩特切克家族所拥有的褐煤资产自然不会是例外。在与弗利克的后续会面中，赫伯特·戈林证实，尽管朱利叶斯·佩特切克的继承人希望出售这些资产，但伊格纳兹·佩特切克拒绝了所有出价，只能等到以后再来对付。

有了戈林兄弟的支持，弗利克在谈判桌上确立了主导地位。1937年12月中旬，弗利克通知温特沙尔公司的负责人（君特·匡特的商业伙伴、希姆莱"经济友人圈"的另一名成员），他将对朱利叶斯·佩特切克在德国的褐煤公司提出所有权主张。这位负责人报以"愤怒的沉默"。与此同时，赫伯特·戈林告诉朱利叶斯·佩特切克企业集团的一名董事，谈判将移交给弗利克领导的财团。这一消息被传达给了朱利叶斯·佩特切克的一个儿子，后者立即中断了与温特沙尔和法本公司的谈判，表示愿意与弗利克会谈。但谈判进程陷入了停滞，朱利叶斯·佩特切克的儿子们都是捷克斯洛伐克公民，进而产生了一种复杂的所有权结构。他们早就把为自己代持德国股票的主要控股公司安全地转移到了海外。这些股票目前由纽约的联合大陆公司（United Continental Corporation，UCC）持有；它的前任董事长是未来的美国国务卿约翰·福斯特·杜勒斯（John Foster Dulles）。此外，朱利叶斯·佩特切克的继承人希望以美元付款，但赫尔曼·戈林和纳粹政府不允许用美元收购德国公司。

1938年1月中旬，施泰因布林克撰写了一份内容详尽的备忘录，供弗利克在一周后举行的一场关于如何解决"佩特切克问题"的演讲中使用。1月21日，弗利克在柏林对着一名听众——赫尔曼·戈林——做了演讲。弗利克向这位帝国元帅建议采取双管齐下的"雅利安化"举措。这位大亨表示，自己将单独与朱利叶斯·佩特切克的儿子们谈判，但为此有必要在外汇问题上做出妥协。弗利克认为，他应该得到独家谈判的授权；因为多家公司竞标会抬高价格，让佩特切克家族有机会选择最优的出价。反过来说，自愿出售将削弱伊格纳兹·佩特切克继承人的反抗态度。弗利克的演讲大获成功，赫尔曼·戈林签署了一份事先准备好的文件，授权弗利克与两家佩特切克企业集团独家谈判；不过，这份文件没有约束力，也并未对外汇问题作出承诺。

朱利叶斯·佩特切克继承人的代表于1月22日抵达柏林。他们的首席谈判代表是乔治·默南（George Murnane），这位纽约投资银行家人脉广泛，曾接替朋友杜勒斯担任联合大陆公司的董事长。默南想要营造一种"平和的气氛"，但弗利克在第一次会面时表现得极其强硬，称只有自己一个人获得授权，根据"高层命令"进行谈判，用美元购买德国资源是绝对不可能的。弗利克威胁说，如果佩特切克家族不快点让步，很可能会出现非自愿接管的结果。但是默南拒绝在外汇问题和1500万美元的要价上让步，尽管此前他对所谓的"德国问题，即重整军备问题和犹太问题"表示认同。

经过了两轮无果而终的会谈，1938年1月31日，弗利克在新一轮谈判开始时突然中断了谈判。他撒谎说自己的谈判授权已在当天到期，然后在会议室里神秘地大声朗读了一份声明的最后一段，明确表示如果没有达成交易，佩特切克继承人的财产将遭到征用。一直受到弗利克监视的默南无动于衷，并说他已收到君特·匡特的温特沙尔公司开出的1100万美元的报价。默南随后还加大了赌注：在美国的德国公司可能会受到"跟他此刻在德国所关注的问题一样的……威胁"。

默南的回应给纳粹经济领导层的最高层敲响了警钟。面对德国海外资产可能受到的威胁，尤其是法本的美国子公司，赫尔曼·戈林和他的跟班们不再反对用美元付款。然而，弗利克并不急于恢复谈判。希特勒很快将吞并奥地利，弗利克想等一等，看局势的变化将对自己的谈判地位会有什么影响。事实证明，德国接下来的军事行动对谈判产生了非常积极的影响。

1938年3月中旬，希特勒吞并了自己的祖国奥地利，并威胁称捷克斯洛伐克将是下一个目标，朱利叶斯·佩特切克的继承人此时愿意大幅度降低要价。更多的政治压力很快出现。1938年4月下旬，赫尔曼·戈林颁布了几项法令，加强了对犹太人的迫害。现在，如果涉及犹太人（无论是德国人还是外国人），所有资产的出售或租赁都必须获得政府的批准，而且，外籍犹太人现在必须向当局申报自己在德国的所有财产。戈林还简述了在符合德国经济利益的情况下，国家强制征收财产的可能性。

1938年5月10日，弗利克和联合大陆公司在靠近法国边境的一座别致的温泉小镇巴登-巴登（Baden-Baden）恢复谈判，此时，代表联合大陆公司的是默南的英国合伙人斯特拉瑟伦子爵（Viscount Strathallan）。一周后，在柏林举行的后续会议上，双方敲定了一笔630万美元的交易，不到股票市值的一半，比温特沙尔的出价低了近500万美元，比默南三个月前的最初要价低了900万美元。天时地利已经转到了弗利克这一边。斯特拉瑟伦向弗利克道谢，并对"我们所有谈话的精神"表示赞许。默南在纽约给弗利克发去电报："我对你在进行交易时表现出的能力、公正，以及你的谈判技巧表示钦佩。"弗利克也做了同样的回应，将成功归因于"合作中互相保持忠诚，贵方对德国情况有着广泛的理解"。（后来，美国调查人员指控默南没有很好地代表"客户的利益"。美国人认为他"通过让步，把佩特切克的财产交给纳粹……被玩弄于股掌之中"。）在希特勒占领苏台德（Sudetenland）地区的几个星期前，朱利叶斯·佩特切克的继承人们设法将自己在苏台德的剩余资产卖给了一家捷克财团，然后移民到了美国和加拿大。

弗利克并未罢手。接下来，他把朱利叶斯·佩特切克的部分褐煤矿卖给了温特沙尔和法本公司。他最终获利近60万美元，还为自己的钢铁公司免费获得了一座燃料基地。作为给中间人的报酬，弗利克暂时将100万股吕贝克高炉厂的股票转让给赫伯特·戈林。帝国元帅腐败的同父异母哥哥可以持有这些股票，直至其产生股息。弗利克还给赫伯特发放了一笔贷款，助其购买一家航运集团。据弗利克的说法，赫伯特·戈林在完成一笔"相当不错的交易"后偿还了贷款，将航运集团大部分的股权出售给了弗利克在军火和钢铁产业方面的竞争对手——克虏伯家族。在将朱利叶斯·佩特切克集团的"雅利安化"进程中，温特沙尔最终落败，但君特·匡特并没有被吓住。他在日后的黑幕交易里还有大把机会。更何况，做生意总是有得有失，弗利克也将收获同样的教训。

十六

1937年7月，"雅利安化"运动刚刚开始，德国艺术之家博物馆开馆了，奥古斯特·冯·芬克男爵准备把他为希特勒做的所有工作利用起来。纳粹党的显赫人物，如元首的私人律师汉斯·弗兰克（Hans Frank）和慕尼黑的腐败头子克里斯蒂安·韦伯（Christian Weber）已经在冯·芬克的私人银行默克·芬克开设了纳粹党及个人的账户。现在，到了冯·芬克扩大他的金融机构，击败犹太竞争对手的时候了。他首先向慕尼黑的一名竞争对手——德国最大的一家私人银行奥夫豪泽（H. Aufhäuser）银行的高级合伙人马丁·奥夫豪泽（Martin Aufhäuser）发动了攻击。根据《纽伦堡法案》，奥夫豪泽被归为犹太人，他曾对法案表示抗议。为了恢复他的个人权利并挽救他的家族银行，奥夫豪泽申请了豁免，这一程序需要希特勒亲自批准。不出所料，元首拒绝了这一申请。

奥古斯特·冯·芬克和希特勒在德国艺术之家博物馆行纳粹礼

　　冯·芬克抓住机会将此事升级。1937年11月11日，在给慕尼黑商会的一封信中，他提出了一项关于消灭奥夫豪泽银行的建议，并总结说："如今，德国的私人银行业仍然主要由非雅利安公司组成。要逐步清理这一深受犹太因素影响的行业，绝不能因豁免申请获批而停止，而必须……通过一切手段继续推动。"奥夫豪泽银行在"水晶之夜"（1938年11月9日和10日发生在纳粹德国各地的臭名昭著的反犹大屠杀）期间遭到查封，并迅速被"雅利安化"。在达豪集中营度过了"保护性监禁"的几周之后，马丁·奥夫豪泽和他的弟弟逃离德国，最终到了美国。他们的另一位银行合伙人和他的妻子在"水晶之夜"之后自杀了。冯·芬克作为巴伐利亚私人银行的州代表，负责清算马丁·奥夫豪泽的私人股票投资组合。在奥夫豪泽成功逃离德国后，这笔收益被用于支付他的"飞行税"。

在加紧攻击奥夫豪泽等人的过程中，冯·芬克的第一个"雅利安化"项目也浮出了水面。奥托·克里斯蒂安·菲舍尔（Otto Christian Fischer）是著名的纳粹银行家，曾与冯·芬克一起在艺术之家博物馆董事会任职。作为德意志银行管理局的负责人，他是金融行业"雅利安化"的关键人物。1937年秋，菲舍尔让冯·芬克联系上了德国著名私人银行J. 德雷福斯的老板威利·德雷福斯和德雷福斯柏林分行的合伙人保罗·沃利奇（Paul Wallich）。

面对"雅利安化"的压力，威利·德雷福斯决定卖掉他的家族银行。在一名合伙人遭到被关进集中营的威胁后，他关闭了他在法兰克福开设的分行。与此同时，德雷福斯开始为规模更大的柏林分行寻找买家。在首都增加一个办公机构，对冯·芬克来说是一个难得的机会。他的私人银行只在慕尼黑有一家分行，所有的业务都在柏林。很自然地，他想参与其中。

威利·德雷福斯和冯·芬克的副手之间的谈判从1937年12月开始。朱利叶斯·考夫曼（Julius Kaufmann）是德雷福斯银行的董事，有一半犹太人的血统，他见证了这场在柏林举行的为期三个月的会谈。他后来详细描述了冯·芬克怎样强迫威利·德雷福斯降低其分行的售价。首先，冯·芬克拒绝接管该行承担的犹太雇员和退休人员的养老金义务，这部分价值45万帝国马克。威利·德雷福斯提交了一份已包含准备金和折旧的资产负债表之后，分行的价值又降低了40万帝国马克。冯·芬克向他施压，要求他再次降价，减少其房地产的估值。经过这些调整，分行售价又减少了70万帝国马克，降到了约200万帝国马克。最终，据朱利叶斯·考夫曼估计，冯·芬克迫使威利·德雷福斯以低于实际价值至少165万帝国马克（在当时约合150万美元）的价格出售了柏林分行。但默克·芬克银行后来声称，是"友好谈判"，促成了对德雷福斯柏林分行的"收购"。

柏林分行的前合伙人保罗·沃利奇签了一份合同，将以顾问的身份留任十年。这有违默克·芬克银行此前发布的一项规定，要求银行只能雇用"纯德国血统"的员工；员工配偶同样必须持有"雅利安血统的证明"。根据《纽伦堡法案》，沃利奇和朱利叶斯·考夫曼均被归为犹太人，但两人均与非犹太人结了婚（在希特勒攫取权力之前结成的"特殊跨族婚姻"），并得到许可，可以从德雷福斯银行转任至默克·芬克银行，直到默克·芬克银行不再需要这两名犹太人。

冯·芬克的密友埃贡·冯·利特男爵（Baron Egon von Ritter）成为默克·芬克柏林分行的主要合伙人。冯·利特很快就以"非雅利安人"为由解雇了考夫曼，但又强迫他留下来，在劳动合同规定的剩余六个月内帮助公司重组。考夫曼好歹还活了下来。保罗·沃利奇的境况就糟糕多了。等到他帮忙将客户账户重新分派完毕，默克・芬克银行不再需要他的服务之后，他的合同就被终止了。"水晶之夜"的几天后，沃利奇在前往科隆的商务旅行中自杀身亡。

德雷福斯银行的"雅利安化"让冯・芬克的银行在柏林暴得大名，被称为"元首的银行"。对于冯・芬克这样痴迷希特勒的狂热分子来说，这无异于最大的褒奖。德国金融界还称赞这场"雅利安化"运动是私人银行业进一步"去犹太化"的蓝图，一时之间，德国境内犹太人拥有的小型银行出现了挤兑风潮。1938年3月5日，德雷福斯银行完成"雅利安化"并将消息公布于众之后，威利・德雷福斯移民到瑞士的巴塞尔（Basel）。但他还没有看到冯・芬克的最后一击。

十七

收购德雷福斯银行之后的一个星期，最令人瞩目的私人银行"雅利安化"项目摆在了奥古斯特・冯・芬克的眼前。1938年3月12日，德国军队攻入奥地利，将该国并入帝国的版图。成千上万的奥地利人在大街小巷欢迎德军的到来。对奥地利犹太群体的迫害（德国人和奥地利人都要对此负责），在所谓的"德奥合并"之前就开始了。冯・芬克很快就等到了机会，将奥地利最大的私人银行S. M. 冯・罗斯柴尔德（S. M. von Rothschild）银行"雅利安化"，这家银行属于著名的罗斯柴尔德商业王朝的奥地利分行。这家总部位于维也纳的分行是由时任领导者路易斯・冯・罗斯柴尔德男爵的曾祖父创办的。"德奥合并"期间，路易斯遭到逮捕，被关押在大都会大酒店里，这家曾经的豪华酒店现在成了盖世太保位于维也纳老城的新总部。罗斯柴尔德家族的银行遭到查封。他们所有的个人财产，包括艺术品和府邸，都被洗劫一空。阿道夫·艾希曼（Adolf Eichmann）臭名昭著的犹太移民局中央办公室很快就在罗斯柴尔德家族的一座豪宅里组建起来。

瓦尔特·冯克手下的德意志帝国银行副行长埃米尔·普尔（Emil Puhl）后来回忆说，冯克领导的经济事务部更倾向于让一家私人银行来负责S. M. 冯·罗斯柴尔德银行的"雅利安化"。冯克希望阻止德意志银行和德累斯顿银行等主要商业银行在奥地利扩大影响力。普尔说，多家德国私人银行都希望操刀S. M. 冯·罗斯柴尔德银行的"雅利安化"，但选择默克·芬克银行"无疑可以追溯到芬克对党和国家的影响力"。冯·芬克在纳粹政府担任过多个职位，其中之一便是德意志帝国银行的顾问委员会委员。

冯·芬克的父亲和路易斯·冯·罗斯柴尔德的父亲曾是好朋友。因此，1938年5月初，罗斯柴尔德家族派代表邀请冯·芬克前往苏黎世（Zurich），"讨论"这家被查封的银行还有哪些"可能的解决方案"。之后，冯·芬克又前往维也纳，会见了首都腐败的大区长官约瑟夫·布克尔（Josef Bürckel），后者是德奥合并后的德意志帝国专员。冯·芬克告诉布克尔，他想把自己的银行扩展到东南欧，并请他帮忙"为了这个目的，在维也纳获得一家犹太人持有的银行"。

第二天进行了一次规模更大的会议，冯·芬克听说，罗斯柴尔德银行最符合他的需求，默克·芬克银行已被指定为其托管机构。但面对这么宝贵的资产，党卫队拒绝移交托管权。冯·芬克随后前往柏林，请赫尔曼·戈林出手干预。戈林给奥地利党卫队的最高长官发了一封电报，保证冯·芬克"有能力应付棘手的工作"，并有"绝佳的党内人脉"，党卫队这才承认了冯·芬克对银行的托管权。1938年7月初，罗斯柴尔德银行的管理权移交给了默克·芬克银行，正好赶上这位男爵两个星期后的40岁生日宴会。

在完成第二个"雅利安化"项目的几个星期前，冯·芬克拒绝了另一个"雅利安化"项目。1938年6月3日，他收到了纽伦堡纳粹市长的一封信。信中，市长问冯·芬克是否仍有兴趣对私人银行安东·科恩（Anton Kohn）银行进行"雅利安化"，并提到了他们就此事举行的初步会谈。这家由犹太人科恩兄弟持有的金融机构，曾与默克·芬克银行一样，是巴伐利亚州首屈一指的私人银行，但在希特勒的统治下陷入困境。1938年6月11日，冯·芬克给市长回信说，由于该银行的财务状况比较糟糕，"犹太客户"有限，他对安东·科恩银行的"雅利安化"不再感兴趣。在冯·芬克看来，缺少犹太客户意味着可供掠夺的资产更少。既然能掠夺的东西没那么多，对这位反犹太的贵族来说，这并不是一项有吸引力的商业提议。

当年夏天晚些时候，冯·芬克和弗里德里希·弗利克联手推进了银行业的"雅利安化"。1938年9月，他们为鲁尔区一家著名的犹太人私人银行西蒙·赫施兰德（Simon Hirschland）银行的"雅利安化"提供了资金。在这轮由德意志银行牵头的交易中，他们得到了"雅利安化"专家雨果·拉茨曼（Hugo Ratzmann）的帮助。前一年夏天，君特·匡特攫取亨利·佩尔斯公司时，就曾经找过他帮忙。如今大亨们彼此很是熟络。冯·芬克在弗利克的一家钢铁公司和一家煤炭公司的监事会任职，这两人又一起在安联的监事会任职，还跟君特一起在电气设备生产商AEG任职。

和弗利克一样，冯·芬克与赫尔曼·戈林建立了互利关系。默克·芬克银行很快以约630万帝国马克的价格买下了罗斯柴尔德银行的托管权，比该银行的估值低了约4200万帝国马克。收购的部分资金来自从罗斯柴尔德家族私人银行账户中窃取的证券。交易结束后，瓦尔特·冯克的经济事务部拒绝将罗斯柴尔德银行的资产交给默克·芬克银行。戈林应冯·芬克的要求再次插手干预，随后经济事务部直接将资产转移给了冯·芬克。

一轮轮的"雅利安化"项目，让冯·芬克和弗利克跟戈林走得更近了。冯·芬克和弗利克都是狂热的狩猎爱好者，他们多次参加了戈林在柏林北部乡村庄园卡林霍尔举办的生日聚会。冯·芬克送给戈林价值10 000帝国马克的生日礼物，感谢戈林帮自己获得罗斯柴尔德银行。弗利克的步子迈得更大，他把自己在拍卖会上买到的一些经典大师画作送给戈林。对戈林家族来说，收受贿赂是家常便饭。

对纳粹政府来说，收受贿赂同样是家常便饭。经历了13个月的牢狱生涯，路易斯·冯·罗斯柴尔德被迫签字，放弃自己的家族银行和个人财产后，才被盖世太保释放。冯·芬克后来声称，是他利用自己与戈林的交情让罗斯柴尔德获释的。但实际上，罗斯柴尔德的两个兄弟支付了约2100万美元，才救出了这位银行高管。这至今都是现代史上已知的最大一笔赎金，按当前价值计算约为3.85亿美元。罗斯柴尔德随后移民美国。

"雅利安化"后的S. M. 冯·罗斯柴尔德银行更名为爱德华·冯·尼科莱（Eduard von Nicolai）银行，因袭了新的主要合伙人的名字。冯·芬克提供了大部分资金，并保留了该银行的多数股权。另一位合伙人是埃德蒙·冯·利特男爵（Edmund von Ritter）。冯·芬克是由埃德蒙的哥哥埃贡推荐给埃德蒙的，埃贡是默克·芬克柏林分行的主要合伙人。男爵两兄弟各自分得一个"雅利安化"项目。爱德华·冯·尼科莱在维也纳商界一点也不受欢迎。"在为他的银行收购新资产时，他咄咄逼人、推推搡搡的手法，在国外给德国商人带来了坏名声。"安联驻奥地利的主管称。在第三帝国的商界，擅使下三滥手法的人特别多，竞争很激烈，能从这一领域脱颖而出，可谓是相当"了不起的成就"。

冯·芬克为希特勒宠爱的项目筹款，换得了巨大的回报。德国艺术之家博物馆开馆不到一年，他就把两家大型私人银行接连"雅利安化"。默克·芬克银行的资产迅速翻了两番还多，从2250万帝国马克增至9920万帝国马克。尽管冯·芬克素以吝啬出名，但还是和朋友们分享了战利品。这位男爵开始让自己的贵族伙伴冯·利特兄弟成为自家银行的合伙人。他奖励了他在艺术之家博物馆的董事会伙伴奥托·克里斯蒂安·菲舍尔，让这位顶级纳粹银行家成为默克·芬克银行的合伙人和股东。一位历史学家总结道，凭借这些精明的举措，默克·芬克银行"将自己打造成了纳粹主义时代最成功的私人银行"。这种扩张的基础，建立在精明的商业头脑、一些良好的老式人脉，以及邪恶反犹主义的战利品之上。

十八

1938年5月26日，希特勒站在一片森林空地的讲台上，头上的遮阳帽为他挡住了炎热的阳光。他对着五万多名观众呼喝道："我讨厌'不可能'这个词！"他即将为大众汽车工厂奠基。奠基的厂址就在纳粹德国的地理中心，位于法勒斯莱本（Fallersleben），靠近一座名叫沃尔夫斯堡的庄园。这个位置非常好，紧邻着从柏林到汉诺威的高速公路、从柏林到鲁尔区的铁路，还有一条航运运河。一年前，希特勒把建造欧洲最大工厂的责任从汽车行业转交到取代了工会的纳粹组织"德国劳工阵线"（DAF）。他认为劳工阵线更有能力处理一个有着国家级的重要性、开支又极为庞大（先前估计要花费9000万帝国马克，现在已经接近2亿帝国马克了）的项目。为了这个项目，德国劳工阵线腐败又嗜酒的领导者罗伯特·莱伊（Robert Ley）给费迪南德·保时捷开了一张空白支票，从会费和工会没收的资产中划拨资金。为了建造这家工厂，德国劳工阵线从一位伯爵手中买了近1500公顷的草地。对于这位早已落魄的贵族来说，失去庄园的百年老橡树，总比地产被没收了要好。他选择屈从于纳粹给出的数百万帝国马克。

1938年5月26日，大众汽车工厂奠基仪式

举行奠基仪式的当天上午，数以千计的人搭乘预留的专程火车前往农村，在通往建筑工地的道路两侧排成长队。在喇叭声和纳粹

144

礼"胜利万岁"的呼喊中，希特勒乘坐敞篷车抵达。人人都想挤到前面，一睹元首和他闪亮的新款敞篷车的风采，党卫队很难控制住人群。"在为希特勒及其随行人员保留的警戒线区域，三款'大众之车'的模型……很有技巧地摆在覆盖着新鲜森林绿色的木制看台前，在阳光下闪闪发亮。"一名在场的记录者写道。德国总理站在看台处发表了演讲。国家级的广播电台对这场长达一小时的活动进行了现场直播。接近尾声时，希特勒宣布了一个令人惊讶的消息：新车不叫"大众"，而叫"快乐就是力量"（Kraft durch Freude-Wagen）。这是德国劳工阵线下属的一个旅游组织的名字。费迪南德·保时捷惊恐地在一旁看着。抛开不切实际这一点不谈，这个名字与保时捷想要的名字相去甚远，他当然是想以他自己的名字来命名这款车。

前一年夏天，保时捷在底特律的福特红河工厂见到了自己的偶像亨利·福特。费迪南德·保时捷希望成为德国的福特。大众的工厂将以福特的工厂为蓝本，就像福特汽车因袭的是福特的名字一样，保时捷也希望大众汽车因袭自己的名字。然而，事情的发展未能如他所愿。仪式结束后，保时捷28岁的儿子费利开着敞篷车，把希特勒送回元首的私人火车。他的父亲满心失落地坐在后排。

尽管如此，这个仪式对大众汽车来说仍然是一次很好的宣传。《纽约时报》的一名记者兴奋地写道，欧洲的高速公路上将布满"成千上万只闪闪发光的小甲虫"。他无意中为这款汽车取了一个绰号，多年后，这款汽车在全球流行开来，这个绰号也就一直沿用至今。费利开车载着元首的照片传遍全世界。保时捷在斯图加特的设计办公室被淹没在情书、艳照和求婚信的汪洋大海里，这些都是寄给希特勒那位英俊的临时司机的。

如今，他的父亲成为大众汽车厂的厂长，斯图加特的设计办公室便交由费利负责了。在德国劳工阵线提供的数百万资金的资助下，保时捷正在扩张它的产业。仪式结束一个月后，这家汽车设计公司便将办公室从斯图加特市中心的克洛内斯特劳斯（Kronenstrasse）搬到了该市楚芬豪森区（Zuffenhausen）的一处专用地块上。这块地（直到今天，这里仍是保时捷总部所在地的一部分）是1937年春天以低于市场的价格从一个犹太家族——沃尔夫家族（Wolfs）那里"雅利安化"得来的。那里建了一家工厂，可以制造汽车。对保时捷来说，生意如常。还有一件涉及公司的犹太联合创始人（阿道夫·罗森伯格，费利接手了他的股份）的事情需要立即处理。

1938年6月初，在离凯旋门不远的巴黎玛索大道，阿道夫·罗森伯格在公寓里收到一封信。从斯图加特传来了坏消息。汉斯·冯·维德-马尔伯格男爵通知自己的前任，保时捷"出于更高的权威"，无法再与他维持专利许可的合同。马尔伯格曾将罗森伯格从集中营中救出来，现在由于"某些内部情况的恶化"，要切断与罗森伯格在职业和私人方面的所有联系。这封信的日期是6月2日，也就是希特勒为大众工厂奠基的一个星期后。费迪南德·保时捷和安东·皮耶希切断了与公司犹太联合创始人最后的纽带。

1938年7月23日，罗森伯格写信给皮耶希（皮耶希同时也是公司强硬的法律顾问），提出了两种友好分手的方式：要么给自己12 000美元在美国重新开始，要么就将保时捷在美国的专利许可权转让给自己。但皮耶希并不仅仅是为了做生意而与纳粹为伍；他认同他们的意识形态，还在最近第二次入了党。他是奥地利人，最初在1933年5月加入了纳粹党的姐妹党，直到1938年6月2日才申请加入德国纳粹党。随后，皮耶希还争取加入党卫队，并如愿以偿。

在另一封信中，罗森伯格向自己共同创办的公司发出了个人呼吁："保时捷博士曾多次告诉我，鉴于我们多年的合作以及我一直为公司承担的风险，我任何时候都可以信赖他，我相信，我向他提出的适度赔偿请求，他将充分认可，并会利用他的影响力来让我们长达八年的关系和平结束。"罗森伯格承认："你们可能很难继续以原来的方式，跟我这个非雅利安人共事。"

但安东·皮耶希不仅对公司进行了"雅利安化"，还冷漠地拒绝了这个提议。"我的公司在任何情况下都不认可你的主张，并以缺乏法律依据为由拒绝接受。"1938年8月24日，皮耶希这样回应，理由是罗森伯格近年来没有成功向海外售出任何专利许可权。就在这个月，盖世太保开始剥夺罗森伯格的德国公民身份。他离开欧洲的时候到了。

十九

1938年8月中旬，一个闷热的星期天，约瑟夫·戈培尔和玛格达的关系破裂了。在过去的两年里，他们的婚姻里出现了第三者。此时，这对夫妇认为他们找到了解决办法。那天，戈培尔邀请情人莉达·巴罗娃、玛格达以及一些朋友，一起乘坐他的游艇博德号。他们要共游哈弗尔河，途中将经过夫妇俩在柏林施瓦能岛上的别墅。这对夫妇有重要的事情要问这位捷克斯洛伐克女演员。午餐时，戈培尔和玛格达提出了一套三人关系的方案：玛格达继续做妻子，照顾家庭、孩子，为帝国承担职责，巴罗娃则充当戈培尔的正式情妇。巴罗娃迷惑不解，要求给她一些时间考虑。玛格达很快改变了主意，第二天晚上便向希特勒倾诉了自己的心声。元首对玛格达有深厚的感情。更何况，自1931年以来，他就与戈培尔夫妇有着一种特殊的"柏拉图式安排"：玛格达和戈培尔本应是他塑造的国家婚姻的榜样。

希特勒把戈培尔叫到帝国总理府，要他结束婚外情。次日，戈培尔在日记中写道："我做出了一些非常艰难的决定。但这是最终的决定。我开了一小时的车。相当长的一段路，没有去任何特别的地方。我如同活在梦里，生活如此艰难而残酷……但职责高于一切。"随后，他与巴罗娃进行了"一场非常漫长、非常悲伤的电话交谈"。"但我依然坚定，哪怕我的心都要碎了。现在，新的生活开始了。艰苦、坚韧的生活，将一切献给职责。我的青春结束了。"他在1938年8月16日这样写道。但实际上，他和巴罗娃的婚外情并未了断。玛格达开始考虑离婚。

戈培尔和玛格达同意"休战"，决定到9月底再来决定两人婚姻的未来。更大的事情就在眼前。战争迫在眉睫；希特勒威胁要入侵并占领捷克斯洛伐克的苏台德地区，该地区的主要人口是日耳曼人。在苏台德危机最严重的时候，这对夫妇的休战期结束了，二人又开始争吵。戈培尔让长期担任自己副手的卡尔·汉克来调解这场婚姻纠纷，他很高兴有了可以倾诉的人。汉克与相关各方谈过之后，戈培尔请他再次将此事提交给希特勒。"一切都取决于他的决定"，1938年10月11日，也就是希特勒吞并苏台德地区的第二天，戈培尔在日记中这样写道。

希特勒并没有改变自己的立场，他对纳粹高层的"离婚狂潮"感到厌倦。戈培尔终于认命了，他"心如刀绞"，去看了巴罗娃最新的电影（名字很应景，叫《普鲁士爱情故事》），想最后再看她一眼。由于戈培尔没有勇气第二次亲口和巴罗娃说分手，他便让自己的好友、柏林警察局局长海尔多夫伯爵（Count Helldorf）"执行我这桩棘手的任务"。海尔多夫顺带往巴罗娃的伤口上撒了一把盐，告诉她不得继续在德国从事演员工作。巴罗娃立即离开柏林，前往布拉格，几个月后，布拉格被德国占领。

然而，戈培尔对汉克在调解中的表现并不满意。"我不再和汉克说话。他是最让我失望的人。"就在希特勒重申他的决定之前，戈培尔在日记中写道。戈培尔的一名传记作者认为："汉克似乎利用了调解人的地位，他给玛格达提供的东西远不止善意的安慰。"第二年夏天，玛格达向丈夫坦白了自己与汉克的婚外情。"汉克真是个一等一的流氓。我不信任他是完全有道理的。"1939年7月23日，戈培尔写道。

这一次，玛格达带着自己的婚外情来到了希特勒面前。元首要再一次决定第三帝国最令人瞩目的婚姻的命运。他的决定还是老样子：他们要继续在一起。毕竟，他们的婚姻是国家大事。戈培尔让汉克从宣传部永久休假。汉克则疯狂地爱上了玛格达，想跟她结婚。出乎意料的是，他选择了上前线作战。戈培尔夫妇最终和解了，玛格达很快生下了两人的第六个，也是最后一个孩子海德伦（Heidrun）。

二十

朱利叶斯·佩特切克在德国的褐煤公司被"雅利安化"之后，到1938年6月初，规模更大的伊格纳兹·佩特切克企业集团的控制权仍保留在家族继承人手中。弗里德里希·弗利克也准备采取行动了，而且会使用任何必要的手段。不过，从苏台德地区易北河畔奥西格（Aussig）的伊格纳兹·佩特切克集团总部传来的消息始终一样：一声响亮的"不"。佩特切克家族拒绝就弗利克觊觎的资产进行谈判，这些资产位于德国中部，涵盖了大量褐煤开采、生产和贸易业务，价值高达2.5亿帝国马克。伊格纳兹的一个儿子卡尔·佩特切克（Karl Petschek）负责管理家族在德国的褐煤资产。"这些人想要把我宰了……他们不会成功的。"好斗的他喃喃自语。卡尔辩称，他无法卖出这些家族资产，因为他的父亲已经通过在"避税天堂"摩纳哥、瑞士和卢森堡的控股公司持有股份，"出售"了这些资产。

然而，即使是外国居住权或企业所有权，也无法保证资产可以免受纳粹贪婪的魔爪染指。随着苏台德危机逐步升温，弗利克决定对伊格纳兹·佩特切克的继承人加大打击力度。1938年6月，弗利克的法律顾问雨果·迪特里希（Hugo Dietrich）从公司登记处挖出了大量有关伊格纳兹·佩特切克家族所有权权益的信息，奥托·施泰因布林克将它们提供给了相关的纳粹政府机构。施泰因布林克向一名纳粹官员抱怨说，佩特切克家族的"态度甚为冷漠"。但他认为，"J. P. 摩根是伊格纳兹·佩特切克集团的幕后推手"这一传言"不太可信。摩根历来反犹，哪怕是一笔不错的生意，也不太愿意替犹太人打伪装"。施泰因布林克让迪特里希撰写一份法律意见书，认定佩特切克的继承人实际上是在柏林经营他们的企业；因此，这些公司可以通过"常规的""雅利安化"流程予以接管。迪特里希还起草了一项法令，规定国家可以在任意一家被归为犹太人所有的公司任命一名托管人。根据法令草案，该托管人可以违背所有者的意愿出售企业。这些设想随后被提交给了瓦尔特·冯克的经济事务部和戈林的"四年计划"办事处，希望它们能被采纳为纳粹的官方政策。弗利克只能做到这些了。伊格纳兹·佩特切克的继承人仍然拒绝与任何人谈判，通过私人部门获得该家族在德国的资产已经没有任何希望了。现在，轮到纳粹政府出面了。

1938年7月下旬，柏林成立了一个跨部门工作组，专门致力于"解决"伊格纳兹·佩特切克的"问题"。纳粹官僚很快就采取了一种屡试不爽的"雅利安化"方法：他们为征收该企业集团编造出巨额补税，并允许政府通过征用佩特切克家族的煤炭资产来偿付这些税金。从9月份的3000万帝国马克开始，补税额度最终增长到6.7亿帝国马克，大约是佩特切克家族在德国的褐煤资产实际价值的三倍。继承人手中已经没有任何筹码了。

但弗利克也没有占到便宜。此时"雅利安化"的准备工作已经牢牢掌握在第三帝国财政部手中，这位大亨想要争夺的煤炭权益突然面临激烈的竞争。德国的工业公司正排着队要把伊格纳兹·佩特切克企业集团抢劫一空。新来的这些参与者中，最突出的是假借赫尔曼·戈林国家工厂（Reichswerke Hermann Göring）出面的纳粹政权，戈林国家工厂是一家国有工业集团，狂妄自大的戈林把自己的名字安给了它。弗利克还有一个强大的新对手——保罗·普莱格（Paul Pleiger），戈林国家工厂的负责人，也是第三帝国最重要的经济官员之一。

普莱格有个问题需要解决。戈林国家工厂缺少主要的能源来源。1938年6月下旬，普莱格对弗利克说，瓜分朱利叶斯·佩特切克家族在德国的资产之时，自己竟然被排除在外，这令他"大为不满"。几个星期前，弗利克刚从朱利叶斯·佩特切克手中夺取了这些资产。弗利克给这位戈林国家工厂的负责人提出建议，这一回要主动出击。普莱格腼腆地回答说，他的设想是用褐煤换取硬煤，他迫切需要为位于德国中部的戈林国家工厂夺取一座硬煤基地。和鲁尔区的企业不一样，戈林国家工厂没有生产焦炭的煤矿。冶炼矿石、高效制铁又需要大量的焦炭。拥有独立的能源供应，摆脱目前对鲁尔区巨头的能源依赖，可降低戈林国家工厂的成本。

实际上，弗利克在鲁尔区的哈尔平矿业和埃森矿业出产的硬煤，已经超出了他的加工需求；而且，他需要更多的褐煤。普莱格很清楚这一点。硬煤的发热价值更大，而褐煤的利润更高。普莱格需要能源，弗利克想占领利润丰厚的市场。

1938年10月初，希特勒占领了苏台德地区，十天之后，这片领土就被割让给了德国。入侵的第一天，纳粹突袭了伊格纳兹·佩特切克集团的办公室，没收了留在那里的文件。与此同时，普莱格带着置换煤炭的设想又去找了弗利克，他刚得到戈林的承诺，戈林国家工厂将在佩特切克"雅利安化"的过程中分一杯羹。但弗利克并不着急敲定此事。他知道，伊格纳兹·佩特切克集团很快就会指定托管人了。

1938年12月3日，就在"水晶之夜"的三个星期后，赫尔曼·戈林颁布了《关于出售犹太人财产的法令》（Decree Concerning the Utilization of Jewish Assets）。这个法令的前提与雨果·迪特里希起草的法律草案类似。今后，凡是被归为犹太人所有的公司，政府将为其指定一名托管人，该托管人可违背所有者的意愿出售该企业。然而，该法令执行的范围最终还会扩大。纳粹政权将利用它剥削居住在德意志帝国领土内的犹太人，掠夺他们所有相对有价值的财产：公司、房屋、土地、股票、艺术品、珠宝和黄金。纳粹政府夺走了他们几乎所有的东西，除了满足最基本需求的财产，仅剩的这些，也很快会被夺走。

1939年1月，伊格纳兹·佩特切克集团被纳粹政府指定了一名托管人。尽管弗利克作为佩特切克家族所有资产唯一谈判代表的授权令仍然有效，但它正在失去价值。随着竞争的加剧，纳粹政府转向直接征用资产，弗利克意识到，要想抢到"战利品"，最好的机会还是与普莱格达成协议。所以他同意了普莱格的提议。戈林国家工厂将获得伊格纳兹·佩特切克的褐煤资产，然后用它们交换弗利克的部分硬煤矿。政府很快就批准了这项计划。

然而，弗利克和普莱格在柏林的谈判吵吵闹闹，旷日持久，拉扯了整整一年。主要问题出在量化煤炭的价值和数量上。此外，普莱格想要的硬煤，比弗利克愿意放弃的要多出很多。双方最初都不愿意妥协。普莱格把他在戈林国家工厂的地位寄托在这笔交易上。事实证明，他是个薄情善变的谈判者。弗利克以为双方已在1939年

6月初达成了协议，普莱格却更改了条款，弗利克随后愤怒地退出了谈判。直到12月初，双方终于达成协议，但直到二战快要结束之时，协议才开始执行。

弗利克在与戈林国家工厂的谈判中抽到了下下签。他被迫让鲁尔区宝贵的哈尔平矿业放弃了超过1/3的员工、焦炭和煤炭生产。普莱格获得了18亿吨硬煤，以及一些颇有生产潜力的矿山。弗利克设法控制了损失，但不得不做一些昂贵的再投资。作为回报，弗利克获得了8.9亿吨褐煤，成为纳粹德国褐煤行业最强势的参与者。

当然，唯一真正蒙受损失的是伊格纳兹·佩特切克的继承人。他们的堂兄弟们在关键时刻成功地卖掉了自己的公司，卡尔·佩特切克及其兄弟姐妹却未能从家族利益中得到任何东西。他们的资产被拿去抵扣了巨额税款，在弗里德里希·弗利克的帮助和唆使下，纳粹政府无情地剥夺了这个家族的财产。

二十一

1939年4月20日，费迪南德·保时捷在元首于柏林举行的50岁生日宴会上，将第一辆大众汽车成品——一辆黑色甲壳虫敞篷车送给了兴高采烈的希特勒。戈林得到了第二辆，戈培尔得到了第四辆。事实上，"大众之车"并没有交付给大众。在第三帝国时期，大众汽车只生产了630辆，而且全部归纳粹精英所有。34万德国人报名参加了德国劳工阵线组织的分期购车计划，共计被骗取了大约2.8亿帝国马克。与此同时，大众在法勒斯莱本的工厂远远没有完工；过不了多久，这里就要被重新改造，用来生产武器了。在儿子费利和女婿安东·皮耶希的帮助下，大众汽车厂厂长费迪南德·保时捷不得不突然改变生产计划。这位民用汽车和赛车设计师，变成了武器、坦克和军车制造商。

但是，不管生产什么东西，首先必须有一家功能齐备、正常运转的工厂。1939年6月初希特勒参观工厂时，保时捷只敢带他参观冲压车间，因为这里是厂区修建得最成熟的部分。工厂巨大的红砖外墙长约1.3公里，挡住了基本上空无一人的内部大厅。它本想成为全世界规模最大的汽车厂，每年产量达到150万辆汽车，但眼下仍然缺少很多基础设备。此时的法勒斯莱本只不过是一座尘土飞扬的军营，里面住着希特勒的盟友墨索里尼派来协助完成建设的3000名意大利建筑工人。这里几乎没有德国人，因为大多数德国人都应征入伍了。到了1939年寒冷刺骨的冬天，大众汽车厂的主要工厂大厅仍然没有暖气，连楼梯间的玻璃窗也不见了。大众汽车厂需要更多的工人来完成工作、维持运转。费迪南德·保时捷才不在乎他们是自愿来的，还是被强迫来的。

二十二

1939年12月29日，星期五的晚上，奥托·施泰因布林克在位于柏林郁郁葱葱的达勒姆（Dahlem）街区的家中，坐在办公桌前，给共事15年的老板弗里德里希·弗利克写了一封信。弗利克此时正在巴伐利亚的家中过圣诞节。施泰因布林克要辞职，他找到了一份新工作。纳粹政府任命他监督已被征用的弗里茨·蒂森钢铁集团。蒂森是第一个公开支持希特勒的大亨，现在却转而反对元首。他以帝国议会议员的身份反对宣战，并逃出德国。

施泰因布林克同样深陷困境，他想要离开弗利克家族集团时，处境甚为不妙。多年来，他和弗利克的关系一直在恶化。由于工作繁重，两人与妻子的关系都不太好，而且，施泰因布林克与弗利克的大儿子——被培养成接班人的奥托-恩斯特闹翻了。施泰因布林克的职业抱负并没有实现，他想要一个更有分量的职位。弗利克家族永远给不了他这个——他绝对不可能成为这个商业王朝中的一员。

"勉强合作给我们的关系带来了极大的破坏，已经远超表面利益的价值。有好几次，你说我在工作中野心太大，个人投入的热情过多。今天我明白了，着眼于你的利益，你对我工作的批评是正确的。"这名狂热的党卫队军官在给老板的信中痛苦地写道，"我一直是在第一线战斗的士兵，因此并不能总是与一个只会算计、权衡风险的商人有太多共识。"弗利克向秘书口述了一封愤怒的回信，指责施泰因布林克表里不一。但他没有寄出这封信，而是接受了他的辞呈，提拔了两名亲戚顶替施泰因布林克的位置。

此时，第二次世界大战已经开始了。重整军备和"雅利安化"的"和平岁月"对弗利克特别有利。他现在是纳粹德国的第三大钢铁生产商，管理着大约10万名员工，比1933年增加了5倍。仅从1937年到1939年，弗利克的应税收入就高达6500万帝国马克，相当于今天的3.2亿美元。希特勒的军队在欧洲征服了大量领土，为弗利克提供了更多的机会来扩张他的工业帝国。现在他必须训练自己的接班人启动一项新的掠夺任务。尽管已经没有了他信任的副手相助，但这位富有进取心的大亨丝毫没有放慢脚步。

二十三

虽然君特·匡特已成为纳粹德国最大的武器生产商之一，但他并不想要战争。"最令人不安的消息。"他在苏台德危机爆发时写道。当战争似乎已经避免的时候，他就感到高兴："情况又好转了！"君特一直认为德国重整军备仅仅是防御性举动。"我不相信他们真的会发动战争。"他在第三帝国灭亡后写道。但等到1939年9月1日，德国入侵波兰，他很快就适应了新的现实。"德国人民正在为他们的生命权而战。我们满怀信心地期待着元首和他的国防军，他们在短时间内取得了前所未有的成功，让我们感到骄傲和钦佩。"入侵波兰两周后，君特在给AFA员工的信中写道。

战争对他的生意有好处。君特预计，AFA的年销售额将增长到1.5亿帝国马克，这是一个创纪录的收入，是和平时期销售额的三倍。他的武器公司DWM很快就超过了这个基准——甚至在此基础上翻了一番。战争开始几天后，君特对他的一位高管说："如果战争打起来了，那就是真的打起来了。我们采取行动的时候，必须假设战争永远不会结束。和平的到来会让我们感到惊喜。"君特的长子赫伯特认为父亲的立场是"清醒的企业战略"。他同父异母的弟弟哈拉尔德即将自愿参军上前线，赫伯特则不得不在同样残酷的企业继承之战中向专横的父亲证明自己。这两个"战场"，都不会对道德品质给予什么奖励。

第三部分　『孩子们现在已经成为男子汉了』

一

　　1939年10月下旬，担任机动通讯兵、在被德国占领的波兰服役满六个月的哈拉尔德·匡特回到柏林的家中，短暂休息。当月早些时候，根据德国和苏联签订的《苏德互不侵犯条约》，波兰被希特勒领导的德国和斯大林领导的苏联瓜分。哈拉尔德即将成年，再过几天就满18岁了。战争爆发前，他刚刚高中毕业。在他的毕业典礼上，匡特和玛格达一起坐在第一排，看起来很和谐。

　　在过去的五年半，哈拉尔德一直和母亲与继父住在一起，由于同母异父的弟弟妹妹不断增加，父母互相不忠，这个家变得越来越复杂。与莉达·巴罗娃的婚外情结束后，戈培尔拿着纳粹宣传部慷慨资助的补贴，在工作日的大部分时间里，一个人住在柏林市中心一幢富丽堂皇的住宅里，这里离宣传部不远。但总的来说，争吵不休的戈培尔一家仍然以施瓦能岛上的豪华别墅和柏林北部的乡间庄园为起居中心。和其他数百万年轻人一样，哈拉尔德很快就会拥有一个新家——第二次世界大战的血腥战场，遍布整个欧洲大陆。

哈拉尔德在波兰前线以及眼下经受纳粹残酷统治的地区当通讯兵期间，见证了战争和侵略的暴行。他向玛格达和戈培尔讲述了自己在当地的所见所闻——这似乎是德国战争罪行的开始。1939年10月28日，戈培尔在日记中写道，哈拉尔德"在波兰经历了各种各样的事情，孩子们现在已经成为男子汉了"。次日是戈培尔42岁的生日，哈拉尔德再次向继父讲述了自己在波兰的经历。谈话结束后，戈培尔在日记中写道，他的继子"已经成为一个真正的男子汉和军人"，"有了很大进步"。对戈培尔来说，哈拉尔德所目睹的一切似乎给这位青年的性格带来了一些积极的改变。而哈拉尔德深受自己所见之事的影响。1939年11月2日，也就是哈拉尔德18岁生日的第二天，戈培尔写道："晚上和玛格达谈起了哈拉尔德。他让我们有点担心。"

在此期间，戈培尔亲自考察了被纳粹占领的波兰地区。1939年10月31日，他飞往罗兹，受到了大区长官汉斯·弗兰克（他是默克·芬克银行的客户）及其副手——奥地利前总理阿图尔·赛斯-英夸特（Arthur Seyss-Inquart）的欢迎。戈培尔随后穿过罗兹的犹太人聚居区（这里约有23万名犹太人，占罗兹人口的1/3）。他下了车，亲自仔细视察。

戈培尔并不喜欢自己所见的一切。在日记里，他描述了在犹太人聚居区视察时的所见所闻（并以向哈拉尔德倾诉自己的担忧结尾）："难以形容。他们不再是人，而是动物。因此，这不是一项人道主义任务，而是一次手术。我们必须在这里开刀，而且要彻底开刀。如若不然，欧洲将因犹太病而灭亡。"六个月后，纳粹关闭了犹太人聚居区的大门，囚禁了那里的居民。总的来说，大约有21万犹太人经过罗兹犹太区，在波兰被占领期间，它充当了波兰各地种族灭绝集中营（主要是附近的切姆诺集中营）的集合点。

第二天早上，戈培尔乘车前往华沙。他写道："穿越战场和被夷为平地的村庄与城镇之后，抵达了波兰首都。此时的华沙已成地狱，满目疮痍，俨然成了一座废墟之城。我们的炸弹和炮弹完成了任务。没有一所房子保持完好。民众感到震惊和茫然，人们像昆虫一样在街道上爬行。令人厌恶。"戈培尔在下午两点飞回柏林，很高兴离开"这个恐怖的地方"，黄昏时分，他降落在滕珀尔霍夫机场，正好赶上哈拉尔德的生日典礼。次日，戈培尔向希特勒报告了他的波兰之旅。"特别是我对犹太人问题的陈述，获得了他的充分肯定。犹太人是废品，"戈培尔在日记中写道，"与其说是社会问题，不如说是临床问题。"

1939年11月1日，戈培尔检视华沙的废墟时，哈拉尔德的亲生父亲在附近的波兹南（Poznan）完成了一笔大交易。那一天，君特·匡特的DWM得到了被征用的契杰尔斯基（Cegielski）武器厂的托管权，这是波兹南最大的工厂，以生产机车、火炮和机枪而闻名；纳粹管理武器生产的机构将它列为这座城市最重要的武器制造商。急于染指契杰尔斯基武器厂的竞争对手有很多，君特颇为幸运的一点是，第三帝国的经济部部长瓦尔特·冯克更偏向他。

契杰尔斯基武器厂还将是哈拉尔德的下一个目的地。回到波兰后，他开始在DWM机车制造部门的铸造车间实习。1940年1月中旬，玛格达去波兹南看望儿子。她向戈培尔报告说，哈拉尔德"在那里的表现棒极了。他已经成为一个真正的男子汉，有着明显的社会敏感性。现在他只需要加入国防军，到那里站稳脚跟"。哈拉尔德的下一个目的地确实是战场，但他要扮演的角色，远比他母亲和继父想象的还要大胆。

二

哈拉尔德·匡特从12岁半开始就跟母亲、继父以及同母异父的弟弟妹妹们住在一起，1934年复活节假期后，戈培尔夫妇决定不再让他回到亲生父亲君特身边。尽管后来爆发了激烈的监护权之争，玛格达和戈培尔还是允许哈拉尔德每隔一星期去探望君特一次。可以说，哈拉尔德尽管生长在第三帝国最激进的家庭里，但他并不是纳粹分子。事实上，哈拉尔德一点也不关心纳粹主义。毕竟，他是戈培尔的继子，他可以按自己的想法行事。在青少年时代，他有比信奉法西斯意识形态更重要的事情，其中最主要的是姑娘、摩托和汽车。

哈拉尔德在纳粹青年组织中的记录可谓一塌糊涂。14岁时，他在海军的希特勒青年团试训中落榜。希特勒青年团是纳粹青年运动的一支辅助力量，哈拉尔德在这里接受了军前训练。正处青春期的哈拉尔德不喜欢操练，反倒跟他的排长打起架来。他说服玛格达为自己写了请假条，声称他"因学业困难"而缺勤。他的出勤记录零零散散，以至于1936年秋，希特勒青年团通知他不必再归队了。到了1938年哈拉尔德要登记成为纳粹党员的时候，他并没有填写入党表格，实际上也就从来没有加入过纳粹党。

哈拉尔德后来说，戈培尔的目标是让他"尽量远离我生父的观念。我要成为一名海军军官，而不是商人或工程师"。但哈拉尔德没有加入海军，而是加入了德国空军。1940年6月，在波兹南实习期间，哈拉尔德在学校里最好的朋友（德国入侵法国期间任坦克指挥官）阵亡之后，他志愿加入了当地的精英伞兵师。"再也没有什么能把我留在这里了。我和其他人没有什么不同。"哈拉尔德在给另一位同学的信中写道。戈培尔很高兴他的继子即将参军，接受"适当的磨练"；玛格达却开始抱怨自己的大儿子不太守纪律。1940年7月下旬，戈培尔在日记中写道："他才十几岁，行为就不大检点。"在父亲的工厂实习期间，哈拉尔德结交了一个女朋友——波兹南大都会剧院的一位舞台剧演员。玛格达看不起这个女孩，甚至冲进剧院艺术总监的办公室，要求总监解雇这位女演员。艺术总监拒绝了玛格达的要求之后，很快便遭到逮捕，被迫在君特位于波兹南的工厂里干活。

对哈拉尔德的母亲来说，幸运的是，几个星期后，儿子就要到第一伞兵师接受伞兵训练了。他驻扎在德绍（Dessau），在柏林的西南方，开车两个小时就能抵达。1940年10月中旬，哈拉尔德回家休了两天假，戈培尔称赞地写道："军队使他变得正直了。"

1940年11月初，刚过完19岁生日的几天后，哈拉尔德回到柏林，休假一个星期。他带来了匡特家族的另外两名成员：乌尔苏拉和西尔维娅（Silvia）。乌尔苏拉刚和哈拉尔德同父异母的哥哥赫伯特离婚；西尔维娅是乌尔苏拉在这场破裂的婚姻中生下的女儿，只有三岁大。哈拉尔德回到德绍后，乌尔苏拉和西尔维娅在柏林跟着戈培尔夫妇住了近三个月。在命运的奇怪安排下，与戈培尔一起欢度1940年圣诞节的几位女性——玛格达、乌尔苏拉，还有玛格达最好的朋友埃洛，都曾经嫁给过戈培尔非常鄙视的匡特家族成员。

这次圣诞节是在戈培尔位于柏林北部博根湖（Bogensee）的庄园里度过的。戈培尔把舒适的木屋（他曾和莉达·巴罗娃在此共度过很多个良宵）改造成了一座有大约30个房间的巨大乡村豪宅、一栋有大约40个房间的服务楼，外加一座车库。下午，戈培尔和几位女士骑着家里新买的马，在勃兰登堡白雪覆盖的大地上驰骋了两个小时。晚上，这群人读书、听音乐，互相讲故事，说不定也八卦了君特、赫伯特和匡特家族的其他人。自从几年前第一次见到赫伯特，戈培尔对他的看法从未改变，当时他认为匡特家的继承人"有点智障"。戈培尔在日记中写道，自从与"她那可怕的丈夫"离婚后，乌尔苏拉"现在看起来相当可爱"。1940年底，赫伯特确实处于"特别黑暗的一章"之中，戈培尔也是这么认为的。

三

1940年10月，君特·匡特、他的得力助手霍斯特·帕维尔和赫伯特一同在纳粹占领的法国考察了近十天。君特起草了一份"愿望清单"，针对AFA的电池业务，列出了十几个在法国的收购目标，其中包括犹太人拥有的企业。1940年对赫伯特来说是重要的一年。这一年，他30岁了；他加入了AFA的执行董事会，负责人事、广告和AFA的子公司佩特瑞斯；他和乌尔苏拉离了婚；为了与高管的新身份相适应，他成了纳粹党员。第二次世界大战的爆发，让赫伯特和他的继任对头霍斯特·帕维尔和解。赫伯特后来回忆起两人的较量是如何结束的："战争到来之时，工作变得更加艰难了……我不得不和同事帕维尔博士一起解决一些任务……总而言之，战争让我们……更加亲密。"这些任务包括买下从前由法国犹太人所有的公司，进行"雅利安化"。赫伯特后来隐晦地提到，"那里的工业公司或工厂已经被提议或建议进行收购"。

现在，战争已经到来，君特决定做他无论如何都要做的事：从战争中赚钱。这次考察旅行的两个月前，也就是1940年8月，君特指派自己最信任的一名员工柯尔宾·哈金格（Corbin Hackinger）前往法国。为了装点门面，哈金格辞去了在AFA柏林总部的工作，搬到了巴黎。这个50岁出头的大胡子在爱丽舍宫附近博埃蒂街44号的四楼开了一家店。"哈金格局"（Bureau Hackinger）成了AFA近乎公开的分支机构，负责在纳粹占领的维希法国开展业务。哈金格在当地的任务包括识别犹太人拥有的公司，并协助进行"雅利安化"。通过使用幌子公司、托管人、白手套（包括他自己的情妇），哈金格帮助AFA吞并了这些公司。

君特、赫伯特和他们的亲信将法国电池公司看成容易收购的目标。但他们错了。尽管法国当局愿意与纳粹合作，但并不希望本国企业落入德国公司之手，他们拦住了大多数由外国人尝试推进的"雅利安化"项目；法国当局宁愿自己动手没收犹太公民的财产。法国官僚的控制让哈金格感到很失望，但他也只能发发牢骚罢了。

AFA做了七次"雅利安化"的尝试，五次均告失败。多亏了大儿子的急切努力，君特成功买下了两家"雅利安化"的法国工厂。赫伯特和帕维尔代表佩特瑞斯公司，在纳粹占领的阿尔萨斯首府斯特拉斯堡（Strasbourg）就接管已被"雅利安化"的赫斯菲尔德（Hirschfeld）钣金工厂进行了谈判。由于纳粹当局的统治，德国公司在该地区的运营要容易得多。赫伯特仍然迫切地想向父亲证明自己，有时，他会在周末去斯特拉斯堡谈判，以便在每星期刚开始时回到柏林。这为他赢得了其他高管的称赞。

成功拿下赫斯菲尔德钣金工厂之后，赫伯特又帮AFA收购了德雷福斯公司的多数股权，这是另一家已被"雅利安化"的钣金企业，位于巴黎郊区。哈金格称这家公司为自己遇到的"最佳对象"。这些钣金工厂可以生产手电筒，这是佩特瑞斯公司的主打产品。佩特瑞斯公司是赫伯特开启职业生涯的地方，他在这里开辟了属于自己的领域，如今是它的主要高管。但直到他在AFA承担起这些新的战时责任，赫伯特才最终赢得了父亲的尊重。"从那时起……我在做决定或是考虑某种重要的发展前景之时，基本都会征求他的意见。"君特后来在谈到自己的大儿子时这样写道。对父子俩来说，抢夺了犹太人的生计和毕生的工作，这没什么大不了的，唯一重要的只有匡特帝国的扩张。他们会竭力让它扩张。比利时、波兰、克罗地亚和希腊的公司，很快将沦为匡特集团的猎物。

四

哈拉尔德·匡特喜欢当伞兵，他与德绍基地的战友相处得很融洽。除了学习跳伞，他还接受了步枪和手枪（说不定是他父亲的军火公司生产的）的射击训练，学会了伞兵的战歌："绿色的是我们的降落伞，强壮的是我们年轻的心，钢铁是我们的武器，用德意志的矿石铸就。"在德国"兄弟连"，人人都很年轻、爱冒险，到处都是派对和恶作剧，哈拉尔德还没参加实战就差点被德国空军开除。"因为一件非常愚蠢的事情，哈拉尔德这会儿把他的军事生涯搞砸了，"1941年2月12日，戈培尔在日记中写道，"在严肃的环境下，搞了个幼稚的恶作剧。现在他得为此付出代价。但愿他别再搞恶作剧了，否则就永远结束了。"直到现在我们也不知道究竟发生

170

了什么，很可能是哈拉尔德在彻夜纵饮后做了什么惊人之举。哈拉尔德的行为"真的越轨了"，这让戈培尔好几天都心神不安。他决心让自己的继子摆脱困境，甚至派了一名助手到德绍去查探哈拉尔德的情况。哈拉尔德当然不是普通士兵，他是戈培尔的继子，享受与国防军里其他人不同的保护。等这位助手返回柏林，戈培尔简短地提了一笔："问题解决了。"

1941年5月20日清晨，哈拉尔德终于上了战场。他的第一个任务是克里特岛入侵行动。盟军想利用希腊残留的防御区建立一个轰炸机基地，而德国人想不惜一切代价阻止这一计划。这次行动史称"水星行动"，是军事史上第一次大规模的空降作战。英国首相温斯顿·丘吉尔在他的战争回忆录中写道："德国人发动的进攻从未如此不计后果、赶尽杀绝。"

哈拉尔德和战友们在日出前从希腊本土的基地起飞，"怀着一颗火热的心，对我们在战时的好运信心百倍，充满自豪"。德国战斗机飞越大陆海岸，从四面八方发起冲击，护送伞兵前往岛上的跳伞着陆点。载着哈拉尔德的飞机刚飞过克里特岛的海岸线，英军的高射炮就开始向飞机开火。接着，哈拉尔德接到命令："准备跳伞"，紧接着绿灯亮起，19岁的他从飞机上一跃而下，投入战斗。

这真是精彩的一跳。那天天气晴朗，起跳高度也很完美，包括哈拉尔德在内的德国伞兵被"精确无误"地空投到指定的着陆地点。英国人用机枪猛烈地向他们射击，但哈拉尔德和大多数战友成功地在克里特岛着陆，没有受伤。40多发枪弹击穿了哈拉尔德的降落伞，这让他降落得更快，并以很高的速度撞向地面。解开安全带后，他取回了落在50米外的武器箱。

战斗马上就打响了。哈拉尔德和战友们特别害怕藏在树林和草丛中的狙击手，他们还要谨防高温。战斗的第一天，林荫下的温度高达51摄氏度，而且这还不是他们体验到的最热的日子。经过漫长的苦战，德国军队终于在1941年6月1日占领了克里特岛。但屠戮并未结束，当地平民发动了大规模的抵抗行动；这是二战期间德国

1942年，身着制服的哈拉尔德·匡特（二排右一），与玛格达（二排中间）、约瑟夫·戈培尔（二排左一）和其余六个同母异父的弟弟妹妹在一起

人第一次遭遇如此激烈的反抗。在德国空军少将库尔特·斯图登特（Kurt Student）的带领下，纳粹军队处决了数千名克里特人作为报复。为了平息抵抗，德军将几座村庄夷为平地。斯图登特的副手执行了他在战斗中下达的命令：每有一名德国士兵阵亡或受伤，就射杀十个克里特人。

尽管有近6000名德国人在该行动中阵亡或受伤，但伞兵的进攻最终还是取得了胜利，就连温斯顿·丘吉尔也被深深震撼。"德国空军代表了希特勒青年运动的火焰，炽热地体现了条顿人为1918年战败而复仇的精神，"他写道，"德国男人的血性之花在这些英勇、训练有素、全心奉献的纳粹伞兵中得以展现。在德意志荣耀和世界权力的祭坛上奉献生命，是他们的激情和决心。"

哈拉尔德在他的第一次作战中表现出色，还被授予一级铁十字勋章。玛格达一直很担心自己的儿子，她曾听说德国战俘在希腊遭到虐杀。戈培尔事先没有听说这次行动，也不知道哈拉尔德的任务，但他为继子感到无比自豪，希特勒也一样。1941年6月中旬，戈培尔向元首讲述了"哈拉尔德的勇敢，让他格外高兴。他对那个男孩仍然很有感情"。

六个星期后，哈拉尔德回到了德国，正好赶上他亲生父亲在柏林举行的60岁生日聚会。他很快被提拔为下级军官，并为AFA的内部公司刊物写了一篇文章，详细讲述了自己在希腊的经历。"克里特岛行动再次向我们表明，对德国伞兵来说，没有'不可能'这回事，"哈拉尔德挑衅地写道，"我们都只有一个愿望，那就是要给英国人致命一击，要是在他们自己的岛上，那就再好不过了。"他的父亲也附和了这种情绪。在"闪电战"和不列颠空战期间，君特在给AFA员工的信中写道，德国空军"已对我们的头号也是最终级的敌人——英国人——进行了决定性的致命打击"。在国内也要如此，"每个人各司其职，尽最大的努力，为德国生存斗争的胜利作出贡献"。但入侵英国的军事行动被取消了，而东线战场正等着哈拉尔德。

五

1941年6月26日，纳粹入侵苏联的重大军事行动——巴巴罗萨计划，已经进行到了第四天。在柏林的贝尔维尤大街，弗里德里希·弗利克让他的审计师给帝国财政部写了一封重要的信。对于自己的继承权，弗利克有一个宏大、长远的规划。他打算让两个小儿子——21岁的鲁道夫和14岁的弗里德里希·卡尔成为控股公司的股东，这家控股公司控制着他庞大的钢铁、煤炭和武器集团。差不多正好在四年前，弗利克对刚年满21岁的大儿子奥托-恩斯特做了同样的安排。与此同时，弗利克将自己的工业企业集团合法地转换为一家同名的家族企业集团。但对指定"王储"奥托-恩斯特作为接班人这一点，弗利克已经不再那么肯定了。

专横巨头长子的身份给奥托-恩斯特带来了特殊的负担，让他感到压力重重。冷漠、理智的父亲是一个巨大的阴影，而他必须在这道阴影下证明自己。两人的差别实在太大了。奥托-恩斯特在柏林绿树成荫的高档社区格鲁内瓦尔德长大，住在家庭别墅里，身边围着佣人，喜欢慢跑、音乐、电影和戏剧。弗利克则更喜欢儿子们去参加划船比赛。"一个来自普通小资产阶级家庭的男孩，不可能在这样的教养环境里幸存。"奥托-恩斯特曾这样说。他有雄心，也很聪明，但不擅长社交，一遇到压力就会反应过度。他那1.93米的瘦长身材更是加重了他的不安。他比家里其他人都更高，也更笨手笨脚。

20世纪30年代初，弗里德里希·弗利克（右后）和儿子奥托-恩斯特（左后）、鲁道夫（右前）和弗里德里希·卡尔（左前）在柏林格鲁内瓦尔德的家庭别墅

表面上看来，奥托-恩斯特不适合日后继承父亲的宝座，但这并不是因为他不够努力。1939年初，奥托-恩斯特在柏林学了一个学期的企业管理之后，他的父亲强迫他退学。弗利克命令儿子接手家族在图林根州钢铁集团旗下一家新的手榴弹制造厂的管理工作。但奥托-恩斯特在自己的第一个高管岗位上干得并不顺利。因为决心做出成绩，他与工厂的一位经理发生了激烈的争执。

弗利克的次子鲁道夫有他哥哥所欠缺的"稳如磐石"的品质。这个弗利克家族的"敢死队员"于1939年入伍，成为德国空军精锐"戈林将军团"的中尉，该师团经常负责帝国元帅的保安工作。1941年6月28日，巴巴罗萨行动开始后的第六天，鲁道夫与所在部队一同穿过乌克兰城镇杜布诺（Dubno）时，遭受炮击身亡。

鲁道夫的死让弗利克大受打击，他患上了严重的皮疹。弗利克要求赫尔曼·戈林把他儿子的遗体运送回国，但遭到了拒绝。尽管如此，帝国元帅还是安排飞机，把弗利克送到了利沃夫（Lviv）附近，并将其带到鲁道夫的墓地前。鲁道夫在公司的股份被分给了奥托-恩斯特和年少的弗里德里希·卡尔（弗利克总是亲昵地称他为"小家伙"）。他不知道，这两个儿子会给他以及其余的德国人带来多大的麻烦。

1941年9月中旬，弗利克派奥托-恩斯特去法国洛林（Lorraine）执行下一项任务：到被纳粹征用的隆巴赫（Rombach）钢铁厂工作。通过弗利克的游说，戈林把这家法国工厂交给了弗利克打理。25岁的奥托-恩斯特将在这家工厂的主管、他未来的岳父手下工作。鲁道夫离世后，对于如何向父亲证明自己，奥托-恩斯特感觉压力更大了。这对那些被强迫在隆巴赫钢铁厂工作的人来说，不是件好事情。

六

1941年8月闷热的一天，费利·保时捷来到东普鲁士的马苏里亚恩森林，在"狼穴"*向希特勒和希姆莱展示了一款原型车。费利的父亲一直忙着把大众汽车改为军用，并与德国国防军合作设计了"桶车"（Kübelwagen），隆美尔将军的部队将在北非战役中使用这种轻型全地形车。31岁的费利这次被召唤到"狼穴"，是要展示他父亲的最新设计"游泳车"（Schwimmwagen），这是费迪南德·保时捷与党卫军（希姆莱恐怖机器的军事分支）合作开发的一款两栖越野车。此次费利的父亲没有和儿子共同前往：他已经开始着手进行下一个项目了。"桶车"的成功让65岁的保时捷又接到了一项为纳粹设计军事用车的工作。巴巴罗萨行动开始的前一天，希特勒任命保时捷为坦克委员会负责人，为东线设计新的装甲战车。由于费利要继续主管斯图加特的设计公司，保时捷便让女婿安东·皮耶希接任法勒斯莱本大众汽车厂的厂长一职。

＊ 第二次世界大战时阿道夫·希特勒所用的一个军事指挥部的代号，位于当时德国东普鲁士的拉斯滕堡，希特勒在这里居住了800多天。

1941年，希特勒检阅两栖军用车，费利·保时捷（穿西装者）站在旁边。
希特勒身后的是希姆莱

　　1940年春，法勒斯莱本的综合工厂建设完工后，就开始生产武器和军用车辆。这家工厂制造了大量的武器，用以建立纳粹战争机器，其产品包括"桶车"、V-1飞弹、反坦克地雷、火箭筒、坦克零件、双发轰炸机容克-88和世界上第一架喷气式战斗机梅塞施密特Me 262等。越来越多的强迫劳工成为创造这一切的"螺丝钉"。自1940年6月以来，数百名波兰女性和被监禁的德国士兵（大部分是不服从命令者，或是逃兵）被发配到大众工厂工作，不过，强迫劳工的人数仍不足以满足生产需求。他们的工资很低，忍受着恶劣的生活条件，没有离开工厂的自由，也不能在工厂之外花费自己微薄的工资。这些工人被关押在工厂营地中一个四周围着铁丝网的地方，并遭受警卫的无情虐待。现在，如果一切按计划进行，希特勒批准了原型车之后，他们长满老茧的手很快就会为第三帝国的"游泳车"组装零件。

费利演示完之后，希特勒亲自对这辆水陆两栖车做了很长时间的检视。他向费利提出了一些详细的问题，费利觉得"如果你认识元首本人，会更容易跟他相处"。希特勒很关心需要驾驶这款车的士兵，除了与苏联人作战，他们还要在东线抵御成群的蚊子。"你能不能为这辆车设计一种蚊帐，在行驶途中为他们提供保护？"元首问费利。就在此时，有只蚊子叮了希特勒身旁一位将军的脸。元首以迅雷不及掩耳的速度朝将军拍去一掌，打死了那只蚊子，血立刻从那人的脸上流了下来。"看！"希特勒笑起来，"第一个在这场战争中流血的德国将军！"

费利后来声称，希姆莱当晚邀请他到森林里散步，并当场授予他党卫队荣誉军官的称号。事实上，费利在1938年12月就主动申请加入党卫队，而且，在向希特勒和希姆莱演示原型车之前的1941年8月1日，他已被任命为军官。

数以千计的"游泳车"很快就在位于法勒斯莱本的大众工厂投入生产。1941年10月初，费利向元首展示原型车的几个星期后，这家工厂成了第三帝国第一批接收苏联战俘做奴隶劳工的工厂之一——总共接收了650人。这些苏联战俘到达工厂时已经严重营养不良，几乎无法行走。许多人倒在机器前，短短几星期内就有27人死亡。还会有数以百计的战友在他们之后沦为奴隶，受尽折磨，惨死他乡。

七

1941年11月19日，弗里德里希·弗利克、三名与他最亲密的副手，外加其他几名钢铁大亨，收到了从被占领的乌克兰发来的"一些有趣的报告"。弗利克很快要再次跟他的对手保罗·普莱格合伙做生意了。开战以来，戈林国家工厂的商业帝国一直在扩张。戈林最初让普莱格监管纳粹德国的煤炭行业，眼下又安排他负责掠夺位于纳粹占领的苏联地区的某些产业。作为该地区新的"经济独裁者"，普莱格很快就提议由弗利克的一家钢铁公司和戈林国家工厂组建合资企业，用于压榨第聂伯河两岸被征用的钢铁厂。弗利克欣然接受了这个提议。

在那个寒冷的冬日，弗利克等人收到的不是一份普通的钢铁行业报告。这份目击者报告由工业专家乌尔里希·福尔哈伯（Ulrich Faulhaber）撰写，冷酷详细地描述了东线战场的恐怖。在基辅城外，福尔哈伯遇到了一眼看不到尽头的苏联战俘队伍，在德国士兵的看守下，如果犯人跌跌撞撞走不动了，就会遭到处决。夜晚，福尔哈伯又目睹了饥肠辘辘的苏联士兵同类相食；他们在德国战俘中转营"把自己的战友烤着吃掉了"。德国巡逻队射杀了吃人的士兵，"因为他们缺乏纪律"。

福尔哈伯还在报告中提到了对乌克兰犹太人的大规模屠杀。所谓的"特别行动队"（Einsatzgruppen）在东欧各地游荡，屠杀了大约130万名犹太人。根据希姆莱的命令，在其副手莱因哈德·海德里希（Reinhard Heydrich）的监督下，特别行动队从党卫军、盖世太保、警察和其他纳粹安全部队中挑选了一批队员。随着德国军队朝着东欧推进，特别行动队就跟在军队后面一路杀戮。乌克兰的一些大城市，包括基辅和第聂伯罗（Dnipro），现在"没有犹太人了……没能逃脱的人被'清算'了"，福尔哈伯写道。他形容基辅的内城是"一片废墟"，尽管他会忍不住想，从第聂伯河西岸向东部平原眺望，那景色"美得令人难忘"，至少曾经如此。

死亡无处不在。1941年的平安夜，鲁道夫-奥古斯特·厄特克尔抵达立宛南部靠近白俄罗斯边境的瓦雷纳（Varėna），这是一座人口不足2000人的小镇。由于鲁道夫-奥古斯特的父亲在第一次世界大战的凡尔登战役中阵亡，奥古斯特的家族成员不希望他们唯一的男性继承人再次奔赴前线，便利用家族关系为他换了另一项任务。鲁道夫-奥古斯特应征入伍后，加入了德国国防军在柏林的伙食服务部门。在瓦雷纳，这位来自比勒费尔德的25岁"布丁王子"将为前往东线的德国士兵提供食物。他在镇上和一个会说德语的波兰女裁缝合住在一起。鲁道夫-奥古斯特有时会喝些伏特加，既是为了在寒冷的夜晚保暖，也是为了驱走游荡在镇上的"鬼魂"。

瓦雷纳的确是个"闹鬼"的地方。在三个半月以前，镇上1/3的居民都死于非命。1941年9月9日，在党卫军上校卡尔·耶格尔（Karl Jäger）的带领下，3号特别行动队在镇上的犹太教堂围捕了831名犹太人。次日，这些犹太人被带到城外主干道1.6公里之外的一片小树林里。特别行动队队员在那里挖了两个相隔25米的大坑，一个给男人和男孩，另一个给女人和女孩。按照耶格尔上校的记录，那天有541名男子、141名妇女和149名儿童被枪杀，尸体被埋进坑里。接着，特别行动队前往下一座城镇，再下一座，再再下一座。12月1日，耶格尔统计了1941年7月初以来自己的队伍屠杀的人数：137 346人。

鲁道夫-奥古斯特后来假装惊讶地说，自己"居然还活着"，因为瓦雷纳位于"游击队活动的中心区域"。但实际上，波罗的海的游击队是在与苏联人而非德国人作战。纳粹用"游击队"一词，作为灭绝犹太人、残酷镇压东线占领区居民的委婉说法。自然，瓦雷纳的暴行并未让鲁道夫-奥古斯特重新斟酌是否加入党卫队。1941年

1941年，身穿国防军制服的鲁道夫-奥古斯特·厄特克尔（左数第四位），在他的母亲伊达（Ida）（左数第三位）和威斯特伐利亚大区长官阿尔弗雷德·迈尔（Alfred Meyer）（左数第五位）身后

7月1日，鲁道夫–奥古斯特已经被党卫军接纳为志愿者；在各地屠戮民众的特别行动队，约有1/3都是党卫军的成员。

在柏林结识的一位新朋友——颇有名气的鲁道夫·冯·里宾特洛甫，让鲁道夫–奥古斯特·厄特克尔得以一窥党卫军的生活。鲁道夫·冯·里宾特洛甫是纳粹德国阿谀奉承的外交部部长、元首的崇拜者约阿希姆·冯·里宾特洛甫（Joachim von Ribbentrop）的长子；没人喜欢这位部长。戈培尔开玩笑说，攀龙附凤的约阿希姆·冯·里宾特洛甫的"钱是娶来的，名号是买来的"。约阿希姆·冯·里宾特洛甫的妻子是德国最大的起泡酒生产商之一汉凯（Henkell）家族的女继承人。他还让一户远房亲戚收养自己，这样他就可以把贵族才用的中间名"冯"加到自己的姓氏中，尽管他的生父并非贵族，而且还好好地活着。

1940年底，鲁道夫–奥古斯特·厄特克尔在柏林碰到了约阿希姆·冯·里宾特洛甫19岁的儿子，两人成了好朋友。鲁道夫·冯·里宾特洛甫在担任党卫军连长时负了伤，正在首都附近休养。他讲述的战争故事显然给厄特克尔留下了深刻的印象；1941年1月，"布丁王子"开始申请加入党卫军。回到比勒费尔德，他继父里夏德·卡塞洛斯基的秘书忙着整理文件，以证明厄特克尔的"雅利安血统"可以追溯到他曾祖父母一辈，这是加入"种族纯正"的党卫军的众多要求之一。在瓦雷纳，厄特克尔等待着从德国国防军退伍，这样他就可以离开血流遍地的立陶宛，接受训练，成为党卫军军官。

八

1941年12月下旬，哈拉尔德·匡特结束了在东线的第一次任务，回到了位于德绍的伞兵基地。他不太开心。在列宁格勒的前线附近，哈拉尔德所在的营被部署为地面步兵，而不是像往常一样空降到敌后。在战场上目睹的尸山血海让他心惊胆战、幻想破灭。他与戈培尔夫妇在柏林北部的乡村庄园和一群受邀前来的电影明星们一起度过了新年夜。大家围坐在大餐桌旁时，回顾了过去一年发生的种种事件。戈培尔向他的客人们谈到了即将到来的胜利前景，哈拉尔德突然打断了继父的话："那都是胡说八道。战争……至少还要再打两年。"戈培尔猛地站起来，开始对哈拉尔德咆哮。20岁的伞兵坚守立场，两人的冲突不断升级，玛格达不得不使出浑身的力气把戈培尔从儿子身边拉开——如果是普通人，只要对戈培尔做出一点点微小的抗命行为，一定会被处决。

哈拉尔德当然不会被处决。接下来的一年，他不断被派遣到战争肆虐的欧洲各地。他在法国占领区执行布设地雷的任务时，感染了黄疸，并于1942年7月下旬回到柏林家中休养。他跟继父说了一些"有趣的事情"，国防军正为应对英国可能试图建立的第二战线而做准备。哈拉尔德和战友们仍然渴望与英军作战。"他们对英国人有一种特别的愤怒，因为长时间的等待让他们无法休假，也没有了休闲时间。如果英国人真的想来，最好尽快来。我们的士兵已经准备好要给他们热情和诚挚的欢迎。"戈培尔在日记中写道。

但英国人目前还没有来。1942年10月中旬，哈拉尔德回到东线。他非常期待自己的下一次任务，并"坚决"拒绝被分配到预备役部队。玛格达和戈培尔为他重返战场感到担心。他们祈祷他能"安然度过即将到来的艰巨任务"。这一次，他被派往莫斯科西边的勒热夫（Rzhev）附近。勒热夫围城战前前后后打了整整14个月，夺去了数百万德国士兵和苏联士兵的生命，哈拉尔德是在战役僵持期间被调派过去的。阵亡士兵的尸体数都数不过来，前线变成了"勒热夫绞肉机"。据一位战友说，哈拉尔德"生活得比任何人都危险"。戈培尔告诉希特勒，哈拉尔德会在晚上独自外出执行侦察任务，侦察敌人的阵地；在勒热夫，他招惹上了"苏联游击队的麻烦"。

1943年2月23日，戈培尔收到了哈拉尔德寄来的一封信，信中感谢他寄到勒热夫前线的包裹，里面塞满了战争宣传资料。哈拉尔德恭维戈培尔最近的演讲——就在五天前，戈培尔发表了他迄今为止最具影响力的演讲。2月2日，数万名德国国防军及其友军在斯大林格勒投降，苏联红军抓住时机进一步向西推进。他们开始了向柏林的漫长反攻。德国宣布"全面开战"，此时，战争的风向已经不利于希特勒及其军队。2月18日晚，在柏林体育宫，就像之前做过的很多次演讲那样，戈培尔站上讲台，面向数千名观众。在他上方悬挂着一面红白相间的巨大横幅，上面用大写字母写着纳粹政权的新口号：全面战争——最短的战争。面对聆听他演讲的数以千万计的德国人，戈培尔描绘出一个幻想场面：成群的苏联士兵逼近，紧随其后的是"犹太人清算突击队"，这些人将让德国陷入大规模饥荒、恐怖和无政府状态。到演讲结束时，戈培尔问听众："你们想要全面战争吗？如果有必要，你希望它比我们今天所想象的更全面、更激进吗？"人群疯狂起来。纯粹的、原始的仇恨之火，就这么点燃了。

在演讲的中间部分，提及犹太人时，戈培尔无意中说漏了嘴，用了"消灭"一词，但很快便改用了"镇压"。他不想让人们注意到已经发生的事情：在被纳粹占领的波兰，纳粹秘密建造的灭绝营系统性地杀害了数百万犹太人。一年前，莱因哈德·海德里希在柏

1943年2月18日，约瑟夫·戈培尔在柏林体育宫发表全面战争演讲

林万湖别墅主持了一场会议，讨论了"犹太人问题的最终解决方案"，并确保所有负责的政府部门合作执行。戈培尔在日记中透露："这里使用的是一种相当野蛮的程序，无法详细描述，犹太人也所剩无几了。"

九

君特·匡特的小儿子哈拉尔德在从法国到东线的欧洲各地作战期间，君特正在柏林忙着解决劳动力短缺和与银行谈判的问题。1942年这一整年里，君特一直在和德国三大银行——德意志银行、德国商业银行和德累斯顿银行进行艰难的谈判。他想为武器公司DWM的进一步扩张融资。该军火公司当年的销售额为1.82亿帝国马克，1943年翻了一番，达到3.7亿帝国马克。与此同时，DWM也负债累累。高速增长的代价十分高昂，尤其是在战争时期。银行已经向DWM提供了近8000万帝国马克的贷款，这个信贷额度已经高得过头了，银行不愿提供更多。在银行看来，这似乎"无法证明合理性"。即便如此，君特仍想要更多的贷款，而且不惜一切代价。

在1942年10月与德意志银行执行董事会的谈判中，君特毫不犹豫地以DWM"使用非熟练工人（战俘、被征召的外国人等）"为由，认为银行应该在下一次贷款时给予他较低的利率。使用非熟练工人（尤其是那些遭受奴役、监禁、饥饿和虐待的劳工）要花很多钱。银行在次年夏天屈服了，为DWM发行了5000万帝国马克的新债券。该公司迫切需要这笔债券提供的额外资金。外界对债券的需求极高，银行为DWM发行的新债券被超额认购了好几倍，认购在几天内就结束了。资本市场再次打败了人力资本。但债券发行后，大银行与君特断绝了关系。纳粹的战争机器陷入了停滞，银行的钱现在正面临着风险。

由于数百万德国男性被征召入伍或自愿加入德国国防军，德国各地的人力资源迅速变得极其匮乏。从1941年6月起，由于东线流血不断，国防军每个月要损失约六万名士兵，劳动力短缺的问题变得尤为紧迫。为了解决劳动力问题，希特勒在1942年初启动了一项计划，这是"全世界有史以来规模最大的强迫劳工计划之一"。负责扩大强迫劳工使用范围的纳粹官员包括图林根州的大区长官弗里茨·绍克尔和建筑师阿尔伯特·施佩尔（Albert Speer）。1942年3月，前者被希特勒任命为全权代表，负责劳动力部署；后者在同月被元首任命为第三帝国新的军备部部长。

1942年这一整年，绍克尔迅速增加了被强制招募或直接驱逐到德国工厂工作的人数。数百万人被从欧洲各地运送到德国，但绝大多数被纳粹称为"东方劳工"（Ostarbeiter）的人都来自苏联和波兰。与此同时，在1942年9月下旬召开的一轮多日会议上，希特勒接受了施佩尔的建议，将集中营中的囚犯用于营地之外的战时生产。希特勒的决定大大增加了德国公司对集中营囚犯的使用，快速催生了一大批修建在工厂附近的附属集中营，遍布全德国各地。战争期间，至少有1200万外国人被迫在德国工作，包括未成年男女。其中有250万人因可怕的工作和生活条件死在了德国。

IG法本、西门子、戴姆勒-奔驰、宝马、克虏伯，以及君特·匡特和弗里德里希·弗利克控制的多家公司，都是使用强迫劳工和奴隶劳工最多的私营企业。任何德国企业都可以向当地的劳动局索要强迫劳工和战俘。从1942年初开始，集中营囚犯也可以由党卫队经济及管理部（SS-whva）分配给企业，该组织由党卫队将军奥斯瓦尔德·波尔（Oswald Pohl）领导，他是希姆莱"经济友人圈"的一员。当一家公司提出请求后，党卫队经济及管理部会审查它的业务，之后会在该公司的工厂附近修建附属集中营，送来集中营囚犯。公司将支付与附属集中营相关的费用，同时付给党卫队"租赁"每名奴隶劳工的工钱，每日费用为四或六帝国马克，具体视囚犯的能力而定。纳粹管理的集中营和德国公司之间开始合作使用奴隶劳工，包括奥斯维辛集中营与IG法本，达豪集中营与与宝马，萨克森豪森集中营与戴姆勒-奔驰，拉文斯布吕克集中营与西门子，诺因加默集中营与君特的AFA、保时捷的大众公司和欧特家博士食品公司。

十

二战开始前，君特·匡特一直坚持要在德国找个地方为AFA新建一座最先进的综合工厂。他很走运，汉诺威正在出售位于其郊外工业区的一大片土地，AFA随后买下了这块地。君特自豪地写道，他"长时间且密集地着手规划新工厂"，取得了显著的成果。二战后，英国视察员称AFA的新工厂可能是"世界上最大的单种电池制造厂"，这个头衔会让如今特斯拉的首席执行官埃隆·马斯克（Elon Musk）嫉妒得发抖。1940年秋，AFA的汉诺威工厂开始为德国海军臭名昭著的U型潜艇及其用于击沉船只的G7e电动鱼雷生产电池。

到1943年初，AFA的汉诺威工厂使用强迫劳工的人数，已超过总劳动力（3400人）的一半以上，但到目前为止，工厂还没有引入集中营的囚犯。君特工厂的经理们一直在与党卫队谈判，希望使用汉堡附近诺因加默集中营的囚犯，但始终未能成功。AFA无法保证在工厂里把集中营囚犯和自由工人分开，而这又是党卫队坚持的条件。

1943年3月，党卫队决定在这一条件上做出妥协，并与AFA达成了协议。汉诺威工厂的场地里修建起了一个附属集中营，这是诺因加默集中营85座卫星营中的一个。修建和物资供应（从建筑到床铺再到铁丝网，以及最基本的食物）的成本都由AFA承担。党卫队负责集中营的指挥和警卫、囚犯及囚服、食物和"医疗"（如果能称之为医疗的话），以及往返诺因加默集中营的交通。按照惯例，AFA会向党卫队支付费用，一名熟练工囚犯每个工作日六帝国马克、非熟练工囚犯四帝国马克。

这个价格并不意味着AFA的奴隶劳工会拿到工钱。事实上，在德国人眼里，他们"连奴隶都不如"。党卫队和AFA冷酷地同意，"为受拘禁者提供奖励，以激励他们为了工厂的利益提高产量"。但这里的"奖励"不是钱，囚犯们将获得代金券，可以在集中营的食堂使用，但前提是他们根据党卫队设定的奖金制度达到特定的每周目标。这套系统当然充斥着滥用，并且偏向于强壮、健康的俘虏。所谓的"囚监"（Kapos）——也就是根据集中营指挥部的指令，承担监督任务的囚犯——会殴打其他俘虏，以"激励"他们达到目标，之后又抢取他们的奖金为自己所用。AFA附属集中营的一名囚监患有精神疾病，他在厨房里看管体力太过虚弱、无法在工厂里干活的囚犯。冬天，他会用一根钢缆抽打他们，朝他们身上泼冷水；有一次，他穿着铁靴，狠狠踢了一名法国囚犯的腹部，几个小时之后，那个人就死了。

AFA工厂的涉铅部门不允许囚犯借助特殊口罩或衣物保护自己免受有毒气体的伤害。铅中毒的囚工，就算是疼痛难忍，仍然要被迫继续工作。曾经有囚犯不慎触碰了滚烫的铅，四肢被严重烧伤，不得不截肢。囚犯的手和胳膊经常会卡在机器里，"在完全清醒的情况下，手上的肉被活生生地从骨头上扯下来，直到上臂。"一位目击者后来说。

1943年7月中旬，AFA附属的集中营开始修建。大约50名来自诺因加默集中营的德国、波兰和塞尔维亚囚犯在距离工厂仅120米的地方建造营地。党卫队派了20多人去监工，他们一到就开始虐

191

待囚犯。附属集中营的第一任长官是党卫队上士约翰内斯·庞普（Johannes Pump），负责监督施工。他"用木棒殴打干活不够快的犯人"，一位目击者后来作证说，"如果有在电池厂工作的女人旁观，他会特别残忍地殴打囚犯，像是在炫耀一样"。

大约1500名来自诺因加默集中营的囚犯很快被带到附属集中营，在君特的工厂里工作。他们受到了同样甚至更为恶劣的虐待。在营房前面，囚犯们不得不修建起配有绞刑架的点名区，从附属集中营外面就能看到。逃跑后被抓回来的俘虏会被当众处以绞刑，还有些逃犯被党卫队队员用手枪射穿颈部处决。至少有403人在君特珍视的AFA汉诺威工厂中丧生。然而，君特想的是其他的事。

1943年7月27日晚，也就是君特62岁生日的前一天晚上，他在柏林的家中与儿子赫伯特和哈拉尔德讨论政治形势的发展。德国的情况看起来很不乐观。两天前，希特勒的盟友墨索里尼在罗马被赶下台，法西斯对意大利长达21年的统治结束了。盟军打下了西西里岛，德国军队失去了北非和地中海。

两个星期前，哈拉尔德趁着休假回到了柏林的家。这位21岁的伞兵在艰苦的东线战斗中活了下来，他在战斗中"表现出色"，被晋升为士官。他的下一个目的地是意大利，此时的意大利即将脱离轴心国，转换阵营。君特在跟儿子们交谈时为意大利的脱离举动辩护。这是"一个国家看到战争失败的那一刻，能做的唯一明智的事情"，他这样说。实际上，君特认为，德国应该效仿意大利，不惜一切代价寻求和平。

哈拉尔德怒不可遏。他的父亲怎么会秉持这种失败主义的立场呢？这位新晋的德国空军士官对他的父亲大感不满，第二天就向母亲转述了他父亲的言论。不过，他恳求母亲不要把君特的话告诉戈培尔。玛格达信守了承诺——但只维持到她儿子顺利抵达南方前线之时。

几个星期后，君特在他的别墅里接到了一通电话，要他前往戈培尔位于柏林市中心赫尔曼-戈林大街的私宅。戈培尔派了一辆车去接他，但等君特到达这座可以俯瞰蒂尔加滕公园的宏伟府邸时，这位宣传家已动身去传教了。君特发现自己的前妻在等他。玛格达替现任丈夫发出警告。君特很清楚发表失败主义言论的代价是什么：说话人的脑袋。玛格达说，君特再往那个方向多说一个字，就会"完蛋"。

十一

1943年7月10日是弗里德里希·弗利克的60岁生日。两年前，君特·匡特曾隆重庆祝了自己的60岁生日，而弗利克在这一天则选择远离德国首都的聚光灯。虽然他确实收到了"元首本人发自衷心的私人电报"，却无意在豪华酒店与来自政府、军队和商界的达官贵人们花天酒地、共进晚餐。这位大亨非常厌恶媒体，他最亲密的助手们没有为他安排豪华的宴会，而是在戈林手下的新闻主管的帮助下，在德国报纸上发起了一场管控严格的公关活动，以"正确的方

193

式"为老板庆生。讽刺的是，这些文章主要是称赞弗利克低调行事的作风。他的企业集团甚至发表了一份罕见的声明，颂扬了弗利克的"农民祖先"，并批评有些人称弗利克只是"工业活动采集者，这么说就好像把建筑工人仅仅看作是建筑材料的采集者一样，毫无道理"。公众对弗利克的了解很少，是"由于他机智谦谨"。声明还补充说，"他有意避开世人"。

不事声张让弗利克在生活中走得很远。1943年夏天，纳粹帝国的溃败初露苗头，而弗利克的企业集团正处于鼎盛时期。通过长达十年的扩张，它成为纳粹德国最大的钢铁、煤炭和武器生产商之一。弗利克甚至超过了竞争对手克虏伯，他的企业集团已经成为德国的第二大钢铁生产商。1943年初，弗利克旗下最大的七家公司（其中三家并非他完全所有）的总资产价值约为9 5亿帝国马克。根据当年的税务评估，弗利克在其企业集团中的股份价值近六亿帝国马克。凭借他拥有的工业帝国，弗利克成了纳粹德国最富有的人（至少是其中之一）。从煤矿到钢铁厂再到武器厂，从被占领的乌克兰到法国再到纳粹德国，弗利克的商业帝国在规模和所涉及的范围都可谓是巨无霸。每当第三帝国需要更多武器，弗利克能搞定；每当它需要更多的自然资源，他能出手相助。黑煤和褐煤、钢铁、大炮和炮弹——他拥有纳粹战争机器所需的一切燃料。然而，弗利克缺乏一种在整个德国企业界都很短缺的关键资源：熟练工人。到1943年，在弗利克的煤矿从事强迫劳动的人越来越多地由以前认为仅适合在露天矿区工作的妇女和儿童组成，其中很多是13—15岁的苏联青少年。弗利克61岁生日快到的时候，他的企业集团已经有12万到14万名工人，大约一半的人是强迫劳工或奴隶劳工。

1940年9月，弗利克开始使用集中营的囚犯，他的企业集团是纳粹德国最早这样做的私营企业之一。在弗利克位于柏林附近的亨尼希斯多夫钢铁厂（Hennigsdorf steel），厂长在几个月前便与党卫队达成协议，使用了大约50名来自萨克森豪森集中营的囚犯。但与君特不同的是，弗利克尚未在他的众多工厂和矿山中建立附属集中营。在达伦（Döhlen）钢铁厂（这是一家合资企业，一半由弗利克所有，另一半由萨克森州所有）建立附属集中营的计划已流产。1942年夏末，针对"外国犹太人"修建附属集中营的打算化为泡影，因为此时，元首实际上已经决定支持立即杀害犹太人，而不是先把他们作为无薪劳工，榨取其价值。

1943年夏，在引入奴隶劳工的同时，弗利克还在法国忙着管教自己的大儿子奥托-恩斯特。这位26岁的继承人在隆巴赫钢铁厂（该厂位于纳粹控制的洛林地区，由弗利克以托管的形式从戈林手中接下）大肆破坏。1943年2月，弗利克将长子提拔为这座大型钢铁厂的主管，此时，该厂生产的粗钢在弗利克集团的总产量中占到20%以上。奥托-恩斯特接替岳父成为隆巴赫钢铁厂的董事，他曾为了获得这一职位而辛勤工作。为了向父亲证明自己，奥托-恩斯特在隆巴赫钢铁厂启动了一项雄心勃勃但代价高昂的武器生产战略，他委婉地称之为"质量计划"。

就在奥托-恩斯特得到晋升的同一个月，德国陆军武器署指定隆巴赫钢铁厂作为15家弹药厂的总承包商，这些工厂位于纳粹占领下的法国。隆巴赫钢铁厂将为这些工厂提供高级钢材，还为国防军生产手榴弹和炮弹。奥托-恩斯特决定优先为纳粹的武器计划提供高质量的钢材，这需要对隆巴赫钢铁厂进行大规模的基础设施改造。隆巴赫钢铁厂为此付出了巨额的金钱和大量劳工的生命。

奥托-恩斯特专注于生产昂贵武器的举动，立即引起了他父亲的警觉。早在1943年3月初，弗利克就已经参与了隆巴赫钢铁厂的管理，并指出成本增加的危险性。在他看来，这足以证明"生意不可能顺利进行"。但到了6月，情况毫无改变。在给奥托-恩斯特及其同事的信中，弗利克重申，在隆巴赫钢铁厂，"我们必须为军备做出最大的贡献，同时也必须保护我们的声誉和地位……我们绝不可让自己蒙羞"。

1943年8月，因产量急剧下降，隆巴赫钢铁厂的经济损失越来越大。弗利克对奥托-恩斯特彻底没了耐心。他威胁说，如果公司的收入和生产再无改善，他将派一名最亲密的副手从柏林前往隆巴赫，把公司的控制权从儿子的手中收回来。奥托-恩斯特的人际交往能力平平，他试图通过贬低一位经理同事的名声，淡化自己在这场灾难中所扮演的角色，但这一招在他父亲那里没能奏效。弗利克很清楚，是他儿子让生意失去了控制。奥托-恩斯特的所作所为再次证

196

明，他不是领导这个商业帝国的合适人选。

与此同时，隆巴赫钢铁厂的工作条件也一落千丈，"在弗利克的工厂中算是最恶劣的"，一位历史学家后来总结道。1942年，由于劳动力短缺的情况迅速恶化，奥托－恩斯特的岳父已经开始高度依赖强迫劳工和苏联战俘。数百名苏联俘虏像牲口一样，被赶到隆巴赫钢铁厂。

到奥托－恩斯特接管隆巴赫钢铁厂时，分配到这里工作的强迫劳工的数量不断增加，这使得他能够以此抵消其昂贵武器计划的一部分成本。到1943年夏天，隆巴赫有6500名工人，超过一半的人是强迫劳工，被关押在厂区的四座集中营里。其中约1/4为女性，对一家钢铁厂来说，这是个高得惊人的数字。大多数妇女是"东方劳工"，她们12小时轮班一次，从事艰苦的劳动，修理铁轨，装卸煤炭和车皮，甚至在炼钢炉中工作。怀孕的女工必须坚持工作直至分娩。这些女工的午餐是半升汤，"一种通常给猪吃的糊糊"，一名女工后来说。多达30名女工挤在一个小小的房间里休息，雨水从透风的营房屋顶倾泻而下。强迫劳工只能得到微薄的报酬。工厂的防空洞仅有德国人才能使用。

隆巴赫钢铁厂的工厂领班和安全主管是一大群虐待成性的党卫队队员和盖世太保，此外还有不少囚监为他们出力。大多数人恐吓和虐待劳工，仅仅是因为他们能这么做。一名年轻的"东方劳工"被殴打致死。一名翻译卧轨自杀，只因她违规购买了一双鞋，看守殴打她，威胁说要把她转移到集中营去。刺伤两名警卫的苏联翻译被绞死在工厂里。一位历史学家后来详细描述了弗利克集团使用强迫劳工和奴隶劳工的情况，他写道，党卫队的这些人"当着奥托-恩斯特·弗利克的面犯下了罪行，而弗利克本可以在任何时候管束他们……弗利克的儿子保护了工厂工头的恐怖制度，而且，随着他在隆巴赫钢铁厂的企业活动变成一场灾难，他这么做的意愿也随之增强"。

十二

1943年5月27日，一个名叫约瑟夫·赫尔曼（Josef Herrmann）的人在斯图加特给费迪南德·保时捷写了一封严肃的信。赫尔曼是德裔犹太人，曾在奥地利的戴姆勒-奔驰公司与保时捷共事，后来和他的妹妹逃到了阿姆斯特丹。此刻，他需要前同事的帮助。他的妹妹已被驱逐出境，并且死在了奥斯维辛集中营（赫尔曼此时还不知道）。现在，他自己也处在危险之中。他问保时捷能否给负责荷兰党卫队安全部队的巴伐利亚官员写信，为赫尔曼对"奥地利国民经济和工业"的贡献说些好话。偶尔，犹太人能因"和平时期的功劳"而被列入豁免名单，不会被直接驱逐到集中营。给荷兰党卫队的求情信很早就写好了，但保时捷一直没有将其寄出。1943年6月中旬，保时捷的秘书写信给赫尔曼。信中没有说明这一决定的原因，只是说保时捷"觉得自己无法向秘密警察指挥官确认您过去的民事服务"。赫尔曼很快被逐出了阿姆斯特丹。1945年3月30日，过完70

岁生日的一个星期后，赫尔曼死在了贝尔根-贝尔森集中营，两周后，这座集中营就被解放了。在万分紧要的关头，人脉甚广、一向我行我素的保时捷甚至不敢出面帮助一名面临死亡的前同事。

1943年夏，保时捷正忙着自救。在坦克委员会主席的新职位上，他把工作搞砸了。保时捷设计的原型车，包括笨重的"鼠式"超级坦克，并不适合参加德国对苏联的最后一次大规模进攻——"堡垒行动"。军备部部长兼竞争对手阿尔伯特·施佩尔即将把年近70岁的保时捷从委员会主席的位置上赶了下去。十年来，保时捷一直是希特勒最欣赏的工程师，但这一殊荣就要被无情终结了。

与此同时，保时捷的女婿安东·皮耶希正在法勒斯莱本的大众工厂实施恐怖统治。该厂的第一座附属集中营被称为"劳动村"。

1943年，费迪南德·保时捷站在自己设计的坦克上

根据保时捷和希姆莱达成的协议，囚犯们要完成修建轻金属铸造车间的任务。作为回报，保时捷为党卫军提供了4000辆"桶车"。诺因加默、萨克森豪森和布痕瓦尔德集中营先后送来了囚犯。奥斯维辛和贝尔根－贝尔森集中营的囚犯也很快被赶到厂里来，从事不同的生产项目。

1943年7月中旬，盖世太保和工厂警卫手持橡胶警棍和枪支，驱散了一场"自发的音乐游行"，荷兰劳工和法国劳工在游行中唱歌、演奏吉他和长笛。40人被送到附近的一个严酷的劳改营；有些人在三个星期后勉强活着回来，但已经"不成人形"。当年夏天，皮耶希"直截了当地宣布……他不得不使用廉价的东方劳工，以实现元首的愿望，让大众汽车的造价控制在990帝国马克之内"。"东方劳工"的人数迅速增加到4800多人，其中包括青少年。所有人都被关押在工厂营地内一个拥挤的地方，被铁丝网隔绝开来。一位历史学家后来发现，一名虐待成性的食堂厨师"在剩饭、剩菜中掺入玻璃渣，故意伤害营养不良、饥不择食的囚犯们"。

在大众汽车厂，大约一半的"东方劳工"是妇女。一些来自波兰和苏联的妇女在来的时候就怀有身孕，或是很快在集中营里怀孕。这些母亲被迫在分娩后立即放弃孩子，新生儿被转移到附近吕恩村（Rühen）的"外国儿童保育所"。一位英国检察官后来解释说，保育所的条件恶劣得"令人难以置信"。"夜里，臭虫从营房的墙里钻出来，爬满孩子们的脸和身体……有些孩子身上长了三四十个疖子或痈。"在吕恩保育所，至少有365名波兰人或苏联人的婴儿死于疏忽、感染和照料不足。

十三

1943年12月12日上午9点左右，党卫队头目海因里希·希姆莱的专列驶入东普鲁士马苏里亚恩森林的霍赫瓦尔德车站。车上乘客包括里夏德·卡塞洛斯基、弗里德里希·弗利克和希姆莱"经济友人圈"的其他36名成员。他们于前一天晚上离开柏林，坐了13个小时的卧铺火车后，终于抵达了目的地。希姆莱邀请他们参观自己的指挥部，代号为"黑巢"，位于希特勒的"狼穴"以东24公里处。从火车站出发，众人乘公共汽车前往希姆莱的指挥总部，在那里吃完白香肠早餐后，又在导游的带领下参观了地堡。中午，希姆莱和他们一起待了一个小时，发表了简短的讲话，午餐后放映了一场电影，还开了一场党卫队合唱团音乐会。访问在一顿简单的晚餐中结束：喝了一轮茶，希姆莱再次与他的"朋友"们一起度过了一个小时。之后，来访者乘火车返回柏林。

一些成员后来称这次访问"令人大失所望"和"无聊……尽管白香肠味道很好"。事实证明，希姆莱并没有透露任何有关希特勒将如何扭转战局的内部消息。弗利克说不准自己是参观了希姆莱的总部还是精神病院。但对欧特家博士食品公司的负责人里夏德·卡塞洛斯基来说，这次参观达到了目的。他从希姆莱的讲话中汲取了鼓舞自己内心的力量。"根据纳粹党卫队的说法，在我们面前还有一段艰难的战斗和考验，在这段时间里我们都必须保持乐观。帝国元首坚信，等斗争结束时，德国将取得胜利，为我们的未来提供保障。我们想把这种信念深埋在心中，不让它被日常生活中的许多困难摧毁。"卡塞洛斯基在访问结束后给一名亲戚写道。

这位来自比勒费尔德的"布丁老板"有理由感到乐观。战争让欧特家博士食品公司的生意欣欣向荣。

到1942年，该公司著名的发酵粉和布丁预拌料在纳粹德国的销量超过五亿包，是战争开始前的两倍多。欧特家博士食品公司在第

海报上展示着欧特家博士供应给德国国防军的布丁粉盒子

三帝国拥有发酵粉的官方垄断权，是希特勒的前线供应商之一。公司生产的烘焙产品被送到在欧洲各地作战的德国士兵手中。欧特家博士食品公司还参与了与德国国防军合营的一家营养食品企业，向德国军队运送富有营养的干果和蔬菜。

卡塞洛斯基是希姆莱"经济友人圈"的成员，这为他带来了更多的商业机会。通过这个团体，卡塞洛斯基认识了奥斯瓦尔德·波尔将军，他是党卫队经济及管理部的负责人。波尔负责监督党卫队管理的所有集中营和劳改营、党卫队组织运营的无数商业活动，以及向德国公司提供奴隶劳工。

1943年3月初，卡塞洛斯基与波尔的交情派上了用场。欧特家博士食品公司和化学纤维公司费瑞克斯（Phrix）成立合资企业，修建酵母生产厂。两家公司需要更多的奴隶劳工从事艰苦的建筑工作。管理层对身体虚弱的囚犯完成的工作不满意。参观了位于维滕贝格（Wittenberge）的建筑工地后，波尔迅速从诺因加默集中营挑选出数百名囚犯送到了维滕贝格的一座附属集中营。卡塞洛斯基认为，波尔游说希姆莱保证酵母工厂建设完工的举动"令人大感欣慰"。讽刺的是，费瑞克斯酵母后来被送到汉堡附近的诺因加默集中营主营，分配到了医务室。走运的话，参与修建酵母厂的一些饥肠辘辘的囚犯会在医务室稍得到休养。

当然，党卫队的施恩无不伴随着交换条件。为了换取更多的奴隶劳工修建工厂，卡塞洛斯基同意了波尔的要求，让党卫队也参与到欧特家博士和费瑞克斯合营的下一家酵母企业之中。1943年4月，卡塞洛斯基的继子鲁道夫-奥古斯特·厄特克尔加入了这家新企业的顾问委员会。几个月前，鲁道夫-奥古斯特以党卫军军官的身份，来到慕尼黑附近的达豪集中营，在那里的党卫队元首学校（SS-Führerschule）接受行政领导课程培训。他后来谎称这所学校与邻近的集中营是"隔绝"的，各为独立机构，而且，他"没有注意到达豪集中营的酷刑……"事实上，这所学校是集中营不可分割的一部分。鲁道夫-奥古斯特后来写道，在达豪受训期间，囚犯们会打扫学员的宿舍。26岁的他在提及被迫在自己房间里劳作的囚犯时说，他们的"伙食似乎不坏"。他总结道："我怀疑这是有意为之，这样接触过他们的人就会说，集中营也没有那么糟糕。"

除了作战和军事训练外，鲁道夫-奥古斯特还在党卫队元首学校接受了思想教育，包括诸如"种族研究""种族政策任务"和"人口政治"等课程。按照他祖母的遗愿，鲁道夫-奥古斯特本该在27岁（也就是他生父命丧凡尔登的年纪）时加入欧特家博士食品公司的管理委员会。但直到1943年9月鲁道夫-奥古斯特生日的那一天，他还在忙于他的党卫军军官培训。一年后，命运的转折将迫使他放弃这一准军事野心，转而接任家族企业的掌门人。

十四

1944年1月中旬，哈拉尔德·匡特从南线返回柏林的家中。自去年夏末以来，他担任第一伞兵师的参谋副官，一直在意大利南部与盟军作战，试图守住普利亚（Puglia）和阿布鲁佐（Abruzzo）地区。这位22岁的军官身体虚弱，对倒戈加入盟军的意大利人"只剩下蔑视的话可说"。然而，战争对继子性格的塑造让戈培尔颇感满意。"前线的经历对他的影响最大，"1944年1月17日，戈培尔在日记中写道，"你能看出，战争不仅是破坏，也是建设，尤其是对年轻人的建设，战争是他们的伟大老师。"

但戈培尔错了，哈拉尔德受够了战争。1944年2月初，这位军官因重感冒住进了慕尼黑的一家军事医院。几天后，戈培尔到该市视察，顺道去看望了继子。他敦促哈拉尔德尽快康复，重返部队。但哈拉尔德并不想很快再次投入战斗。"哈拉尔德让我们有些担心。他……仍然无法到前线去，"戈培尔在1944年2月13日写道，"这让我分外尴尬，因为他所在的师目前正在南部前线进行最激烈的战斗……星期一，玛格达会到慕尼黑去看他，好好教训他一顿。"

戈培尔害怕因继子的病而丢了面子。对他来说，只有当继子的英雄事迹能为自己的宣传活动推波助澜的时候，哈拉尔德才是有意义的。玛格达去医院看望儿子，母子两人大吵一架。哈拉尔德已经厌倦了战争，也厌倦了激进的纳粹母亲和继父，双方之间产生了裂痕。玛格达在电话中向戈培尔抱怨之后，戈培尔写道，哈拉尔德"表现得很不体面"。哪怕1944年3月中旬，哈拉尔德康复并回到

205

意大利前线后，戈培尔还是苦恼了好几个星期。玛格达对儿子仍然"非常不满意"，于是，戈培尔给前线的哈拉尔德写了"一封斗志昂扬的信"。"我相信这是使他恢复理智的唯一方法，"戈培尔在1944年3月16日的日记中写道，"对于他站在敌人面前这个事实，我们一定不可投以关注。让他知道我们对他的看法，总比让他因我们的放纵顺着滑坡越滑越远要好。"

一个月后，戈培尔收到了对他"非常严厉的回信"，是哈拉尔德从罗马南部残酷的蒙特卡西诺战役前线写来的。他以前的疑虑似乎消失了。哈拉尔德向戈培尔承诺，他将最终消除继父所批评的"生活中的污点"。戈培尔写道，"他恢复了理智"，并为自己的信大获成功感到高兴。1944年4月19日，也就是希特勒55岁生日的前一天，戈培尔在日记中记下了这种情绪。几乎就在同时，哈拉尔德在意大利给东线的一名同学写了一封信。"保持乐观，老伙计，这与我们有关。"他对朋友说。哈拉尔德知道德国正走向失败。尽管哈拉尔德受够了战争，但战争还远未放过他。

十五

1944年春，君特·匡特从柏林赶往波兹南的契杰尔斯基武器厂，参加为他举行的表彰仪式。刚获得这家工厂的托管权后，他就为DWM买下了它。君特扩建了原有的厂房，在当地新建了一座工厂，让契杰尔斯基武器厂成为第三帝国规模最大的武器和弹药工厂之一。升级后的工厂将生产火焰喷射器、空中鱼雷、火炮、机枪，并为德国空军最重要的作战飞机之一——容克-88轰炸机制造机载武器。在这座波兰城市，DWM的巨大产能几乎不受限制。就算到了战争后期的1944年4月，该工厂还生产了大约四亿发步兵子弹。

据一位历史学家后来估计，君特在波兹南使用了多达2.4万名强迫劳工。肺结核是工厂工人所患的常见病。在铸造厂工作的人必须忍受烟、火以及82摄氏度的高温。真正的医疗服务只向德国人提供。波兰工人可以得到一些基本的治疗，但如果治疗费用太高，就会遭到拒绝。年仅12岁的孩子被迫上夜班，从事繁重的体力劳动，工厂保安和党卫队指挥官经常殴打这些少年。大约75名强迫劳工在工厂遭到处决。

当着大部分工厂奴隶劳工的面，大区长官亚瑟·格雷泽对君特和他的公司大加赞扬，认为君特的DWM可媲美另一家传奇武器生产商克虏伯。"瓦尔特兰［纳粹占领下的波兰地区］为DWM的存在感到骄傲！没有克虏伯，没有DWM，我们会怎么样？是的，在此地东部和西部的所有分支机构……在整个大德意志帝国，今天的DWM代表着与克虏伯同样的力量，'匡特'这个名字和'克虏伯'同样动听，我们在世界各地的敌人都理所当然地感到害怕。"随后，君特也发表了演讲，他打趣道："1934年，人们以为我们在制造烹饪锅的时候，我们就已经在为元首的战争做准备了。"

被迫在这家工厂劳动的德国人赖因哈特·内布施卡（Reinhardt

Nebuschka）目睹了这一幕。他曾在波兹南的一家剧院担任艺术总监，但在1940年夏天，他招惹了不该招惹的人。玛格达到波兹南去看望儿子哈拉尔德的期间，曾冲进内布施卡的办公室，要求他解雇正在和哈拉尔德交往的舞台剧女演员。内布施卡拒绝了，几个月后，他被盖世太保逮捕，送到波兹南的DWM工厂做工。内布施卡后来称是戈培尔下令"要干掉我"。然而，目睹了君特在工厂的演讲后，内布施卡写信给戈培尔和戈林，控诉君特和波兹南工厂的高管将原本配发给波兰劳工和苏联战俘的口粮转移到柏林。信件寄出后，内布施卡再次被盖世太保逮捕，转送到波兹南的七号堡垒，这是纳粹在波兰占领区修建的第一座集中营。他从集中营里活了下来，回到了德国之后很快又写了一封信，详细描述了他在波兹南工厂里所目睹的一切。当然，这一回，信件寄给了另外一个人：美国派往纽伦堡的首席检察官。

十六

1944年5月9日，费迪南德·保时捷和他的女儿路易丝、儿子费利各自带着家人，与保时捷公司的大部分员工逃到了奥地利的安全地带。他们离开斯图加特是因为当地遭到盟军空袭，而保时捷公司是目标之一。在保时捷家的别墅旁边，一座俯瞰斯图加特的高山上，由保时捷犹太邻居的旧居改建而成的防空指挥所已经修好了。但指挥所只是让这位汽车设计师和他的家人更容易成为轰炸的目标。一天早晨，保时捷夫妇走出防空洞，来到户外，"盆地闪着一片红色的火光。斯图加特在燃烧。"费利后来回忆说。离开的时候到了。

保时捷-皮耶希家族辗转于费迪南德·保时捷在滨湖采尔（Zell am See）买下的舒特古德庄园和古朴山城格明德（Gmünd）之间，在奥地利度过了余下的战争岁月。在格明德，费利开始研发第一款保时捷跑车。离开之前，费利一直忙于领导斯图加特的设计公司（该公司使用了数百名强迫劳工）。1942年夏天，在保时捷的新汽车厂附近建起了一座强迫劳工营，其中一部分专门被保时捷的家族企业用来关押"东方劳工"。保时捷家族甚至将对劳工的剥削延伸到私人领域。1943年3月，费利和妻子朵朵（Dodo）找来了一个"可爱的"16岁乌克兰女孩，在他们的奥地利庄园里当佣人。"要是她不光漂亮，还吃苦耐劳，费利就满意了。"保时捷的一名亲戚在写给路易丝·皮耶希的信中这样说道。

等妻子路易丝和孩子们安全抵达奥地利，安东·皮耶希继续在法勒斯莱本的大众工厂实施恐怖统治。1944年5月中旬，一名大众汽车工程师前往奥斯维辛集中营，在那里挑了300名匈牙利犹太人，将他们短暂地派往大众汽车厂充当金属工，帮助生产纳粹的"神奇武器"之一——V-1飞弹。但这些人很快又被驱赶到纳粹控制下的洛林，执行将一座铁矿改造成地下军工厂的任务。在矿场，这些囚犯和另外500名同样由大众公司从奥斯维辛集中营挑选出来的犹太囚犯合并到一起。5月31日，又来了大约800名来自诺因加默集中营的囚犯，修建位于大众汽车厂西南方向的附属集中营，用以安置强迫劳工。党卫队上士约翰内斯·庞普是所谓拉格贝格集中营的第一任负责人。5月初，这位残忍的党卫队小头目从96公里外AFA汉诺威工厂附近的诺因加默附属集中营转到皮耶希负责的大众汽车厂。这两个地方都延续着残酷、野蛮的管控。

十七

1944年9月中旬，萨克森豪森集中营将一座附属集中营搬往首都东部工业区尼德施尼内维德（Niederschöneweide）。这座附属集中营就在通往君特的佩特瑞斯电池厂的路上。君特的儿子赫伯特负责该厂的人员配备。这座新的集中营与大多数附属集中营不同：它只关押女囚。在柏林施普雷河南岸的党卫队看守下，这些女囚住在位于罗雷莱场地上的一座废弃船屋里，这里先前是一家夜总会。

接下来的几个月里，这座附属集中营中有500多名女囚被迫到佩特瑞斯电池厂做奴隶劳工，其中许多人已经在警察监狱或集中营里度过了许多年。这些来自波兰和比利时的女囚已经被转移了很多次了——她们是从柏林以北96公里的拉文斯布吕克女子集中营被驱赶到佩特瑞斯附属集中营，再被转移到船屋的。其中，那些波兰女囚是从奥斯维辛被赶到拉文斯布吕克的。

在佩特瑞斯，所有女性都被迫做12小时的轮班工作；她们没有防护装备，但工作时却要用到可能会严重烧伤皮肤的电池酸液。她们必须身穿带有醒目黑白条纹的工作服，似乎是为了强调囚犯身份，她们的衣服背后还打着一道叉，脚上穿着木屐。党卫队卫兵在她们去工厂的路上监视她们，还经常在女囚劳动时对她们施以身体上的虐待。集中营里没有为病人准备的医务室，没有可供基本清洗的肥皂，像样的食物也很少，只有很多的害虫。有时，两名女囚只能在船屋里挤在一张木台上睡觉。

赫伯特·匡特不光要负责管理来自佩特瑞斯附属集中营的女囚，34岁的他还试图在自己的一处住所附近修建附属集中营。为了让体弱多病的儿子拥有职业前途，君特曾为赫伯特买下了塞弗林庄园，大约20年后，赫伯特自己又买下了另一座庄园——尼维勒庄园。君特指定的继承人不再喜欢塞弗林庄园，戈培尔夫妇的婚礼玷污了它，管家的背叛更是把曾经心爱的乡间家园变成了纳粹的据点。

赫伯特不再去塞弗林庄园了，但他仍然是个狂热的户外运动爱好者，喜欢饲养特雷克纳马。尽管他有视力障碍，但还是喜欢摩托艇、跑车和帆船。1942年秋，赫伯特买下了位于柏林东南约150公里的下卢萨蒂亚（Lower Lusatian）郊区、占地2.5平方公里的尼维勒庄园。此后的两年，只要一有空，他就从柏林乘火车来到离尼维勒庄园最近的村庄，从车站搭乘马车，前往大约八公里外的庄园。"除了极少数日子"，他总是在那里过周末。到1944年12月，赫伯特雇用了十几名外国人（包括四个波兰人、四个乌克兰人和两名战俘）在他的庄园里从事家务劳动。

尼维勒庄园所在的位置对赫伯特来说很便利。柏林不断遭到轰炸，为了保护生产，AFA和佩特瑞斯的飞机电池生产已转移到纳粹德国的偏远东部地区——下西里西亚的两座城镇。其中的一个城镇是萨根（Sagan），在那里，赫伯特亲自参与了一座附属集中营的规划和修建。他希望利用集中营里的囚犯继续推进从柏林转移过来的生产工作。而萨根就在尼维勒庄园以东大约64公里处。1944年10月27日，一名AFA的工程师向赫伯特和佩特瑞斯的董事们展示并讨论了集中营营房草图。一个星期后，这名工程师向托特组织（这是纳粹修建集中营等血腥建筑的工程机构）提交申请，要求建造关押囚犯的营房。

一个月后，也就是1944年12月2日，这位工程师与附近格罗斯-罗森集中营（这座集中营在第三帝国各地设了近百座附属集中营）的一名党卫军军官召开了一次见面会。会议结束两天后，君特的得力助手霍斯特·帕维尔和赫伯特亲自跟进了萨根集中营的建设进度。其中的两座营房已经差不多完工了，大约有25名集中营囚犯正在那里施工。1945年1月中旬，一列火车拉着装了40节车皮的机器和设备来到萨根。纳粹当局估计要用三个月时间建成这座附属集中营。等到项目完工后，格罗斯-罗森集中营的囚犯才能被送去当奴隶劳工。但这一天并未到来——苏联红军正在逼近。1月下旬，就在苏联红军攻克萨根和尼维勒的几个星期前，集中营依然没有建成，赫伯特亲自指挥了疏散工作。

十八

1944年9月30日星期六，一个阳光明媚的秋日，美国轰炸机突然出现在东威斯特伐利亚。下午2点左右，美军开始向比勒费尔德投掷炸弹，将这一历史文化中心的大部分地区夷为平地。防空警报响起时，里夏德·卡塞洛斯基和妻子及两个女儿躲进了约翰山堡别墅地下室内的防空洞。一颗炸弹正中别墅，一家四口当场殒命（就算不是当场，地下室的煤气也会让他们窒息而死）。他们的讣告以一句此刻已经十分常见的话开头："一场恐怖袭击夺走了……"

收到父母和妹妹殒命的消息时，鲁道夫-奥古斯特·厄特克尔仅剩几个星期就要当上党卫军军官了。对这位28岁、心怀抱负的军官来说，这个噩耗不仅仅是个人的悲剧，对希特勒的前线供应商欧特家博士食品公司来说也是一个打击。鲁道夫-奥古斯特获准休假，接管家族的食品公司。一个月后，他成功完成培训，晋升为该恐怖组织中级别最低的军官——三级突击队中队长（SS-Untersturmführer）。

在炸弹落到鲁道夫-奥古斯特的童年家园之前，他被分配到党卫队经济及管理部的柏林总部工作。领导该机构的是党卫队将军奥斯瓦尔德·波尔，是奥古斯特的继父在希姆莱"经济友人圈"中结识的权贵。卡塞洛斯基一死，鲁道夫-奥古斯特就再也没能在党卫队里担任这一职位。准军事生涯的突然结束，为他拉开了另一段生涯。鲁道夫-奥古斯特已做好了准备，追随他继父的脚步。"我想不出有比里夏德·卡塞洛斯基更好的父亲，"半个多世纪后，他在接受一家德国报纸采访时说，"也想不出有比他更好的老师。"

1944年10月下旬，鲁道夫-奥古斯特在柏林拜访了党卫队同僚弗里茨·克雷纳弗斯，希姆莱"经济友人圈"的幕后推手。拜访过后，克雷纳弗斯建议由党卫队头领希姆莱给鲁道夫-奥古斯特写吊唁信，而不是给他的姐姐。"他是欧特家博士食品公司真正的继承人，现在将接替他继父担任董事。"克雷纳弗斯写道，他已将卡塞洛斯基的死讯传达给了党卫队，"众所周知，卡塞洛斯基博士是"经济友人圈"里的人，虽说他并非我们夺取政权之前的老朋友，但他在圈子里证明了自己的非凡能力。在个人和职业方面，他都是很好的榜样，很少有商业领袖配得上这样的赞美。"

对卡塞洛斯基来说，希姆莱"经济友人圈"的特别之处倒不在于其商业人脉和优势——它们只是漂亮的配饰。这个圈子和它的聚会之所以能打动这位威斯特伐利亚暴发户，是因为他借此感到自己真的有所成就。1944年5月中旬，卡塞洛斯基遭轰炸身亡的几个月前，他在一封信中提及了在战火纷飞的柏林举行的一次小组会面："我们在德意志帝国银行赌场花园度过的那个美丽夜晚，就像身处废墟世界中的一片宁静绿洲，它将成为我永恒的记忆。"

十九

1944年夏末，德国军队从意大利撤退，灾难降临到哈拉尔德·匡特的身上。9月9日，德国空军将军库尔特·斯图登特亲自通知戈培尔，他的继子在意大利博洛尼亚（Bologna）附近的战斗中负伤。哈拉尔德失踪了，很可能被盟军俘虏了。戈培尔决定"先不告诉玛格达，以免她产生不必要的担心"。他希望哈拉尔德还活着，并委托红十字会通过国际联络人寻找他的下落。

戈培尔等了近两个星期才告诉玛格达，她的长子失踪了，很可能被盟军所俘。她平静地接受了这个消息。但这对夫妇决定不把这个消息告诉他们六个年幼的孩子。1944年11月1日，哈拉尔德的23岁生日已过，他仍然不见踪迹。玛格达和戈培尔愈发担心再也见不到他。一个星期后，哈拉尔德所在营的一名上尉告诉戈培尔，他的继子在失踪前肺部中了弹，目前还不清楚他是否活了下来，也不清楚他在哪里。戈培尔把网撒得更广，让德国驻中立国瑞士和瑞典的大使馆协助搜寻哈拉尔德。纳粹德国的外交部门甚至通过设在斯德哥尔摩的大使馆联络了同盟国的大使馆，以求确证戈培尔继子的命运。

1944年11月16日，哈拉尔德失踪两个多月后，戈培尔收到了一封来自红十字会的电报，这次是好消息：在北非的一座英军战俘营里找到了哈拉尔德。玛格达在电话里听到丈夫带来的消息之后，激动得流下了眼泪，她觉得自己的第一个孩子重新活了过来。第二天晚上，这对夫妇收到了哈拉尔德的来信。信里说，他受了重伤，输了两次血，但德国医生把他照顾得很好，在战俘营里为他包扎了伤口。戈培尔在日记中写道，希特勒一直"非常担心"哈拉尔德，最终知道了这个年轻人的下落，让他也"甚为欣慰"。

大约两个月后，1945年1月22日，在希特勒位于帝国总理府的住所，赫尔曼·戈林向戈培尔和玛格达递交了一封致敬哈拉尔德的亲笔信，随信还附上了德意志金十字勋章——勋章中央是代表纳粹的万字符。勋章是授予哈拉尔德的，以奖励他的战斗成就。戈林的姿态让戈培尔大为所动——他俩之间的关系一直很不融洽。然而，戈培尔事后还是忍不住对这位负责德国空军的内阁同僚语出讽刺。他在日记中哀叹道："人们总是会深深触动于他的人格魅力，但不幸的是，他并没有在自己的领域取得应有的成就，帝国和德国人民不得不为他的失败付出异常惨痛的代价。"

哈拉尔德对战争的预感终究是正确的。苏联红军和盟军正向柏林推进，纳粹德国的末日即将来临。就这样，哈拉尔德再也没有见到自己的母亲、继父和六个同母异父的弟弟妹妹了。这对夫妇给他们深爱的哈拉尔德的临别遗言，在他们迎接个人命运很久之后，才通过信件转给哈拉尔德。

第四部分　『你会活下去』

一

　1945年5月8日，纳粹德国投降的前几天，哈拉尔德·匡特正在位于利比亚港口城市班加西（Benghazi）的英军305号战俘营军官牢房里，他以战俘的身份被关押在这里，编号为191901。他和狱友们正喝着朗姆酒，此时传来了BBC广播的新闻报道。新闻里说，柏林市中心帝国总理府花园的元首地堡防空洞里，发现了哈拉尔德六个弟弟妹妹的尸体；帝国总理府花园里还发现了他母亲玛格达、继父约瑟夫·戈培尔的尸体。哈拉尔德崩溃了。这位23岁的前德国空军伞兵中尉与他的弟弟妹妹们很是亲密。听到六个小家伙都没能活下来，他遭受了极大的打击。哈拉尔德听到这个消息时，有个战友正和他在一起，此人后来回忆说，"严格自律且冷静的"哈拉尔德心烦意乱了好几个小时。

　过了没多久，哈拉尔德在战俘营里收到了两封似乎是来自"坟墓"的告别信。第一封是他母亲玛格达写的：

我亲爱的儿子！

眼下，我们已在元首地堡里呆了六天了——爸爸，你的六个弟弟妹妹，还有我。我们的纳粹主义人生，只剩下唯一一个高贵的结局了。我不知道你能不能收到这封信。也许，会有一个善良的灵魂，促成我对你的这场告别。你应该知道，留在爸爸身边是我自己执意如此，这违抗了他的意愿。上个星期天，元首想帮我逃走。你了解你的母亲——我们流着相同的血，我从来没有想过要逃跑。我们光荣的理想正在消亡，连同我一生中所知的一切美好、可敬、高尚和善良。

元首和纳粹主义完结之后的世界不值得活下去，这就是我把孩子们也带到这里的原因。他们太善良了，不适合日后将要降临的生活，我将亲自让他们解脱，仁慈的上帝会理解我的。你会活下去，我对你只有一个要求：保证在你的一生中，永远不要忘记你是德国人，永远不要做有损荣誉的事，我们不会白白死去。

孩子们都很出色。在没有任何援助的情况下，在这比原始条件还糟糕的地方，他们照顾好了自己。无论是不得不睡在地板上、没法洗澡、吃的东西很少等——他们从来没有一句怨言，没流一滴眼泪。［炸弹的］冲击力让掩体都为之摇晃。大孩子护着小孩子，有他们在，是上天的恩宠，因为他们不时给元首带去笑容。

昨天晚上，元首取下他的金色党徽，别在我身上。我很自豪，也很高兴。愿上帝赐予我力量，去做最后也是最困难的事。我们只剩下一个目标：忠于元首，至死不渝。能和他一起结束生命，是命运的眷顾，这是我们从来不敢奢望的。

哈拉尔德，我亲爱的孩子——在你的旅途中，我要把生活教给我的最好的东西传给你：保持真实！忠于自己，忠于他人，忠于祖国！在每一个方面都要这样！

开始新的一页很难。谁知道我能不能把它写满。但我仍然有那么多的爱、那么多的力量想要给你。我还想带走你痛失亲人的所有悲伤。为我们感到骄傲，并努力把我们放在骄傲、快乐的回忆里。人难免有一死，光荣勇敢的短暂一生，难道不比在耻辱中的漫长一生更好吗？

这封信现在必须发出去了……汉娜·赖奇（Hanna Reitsch）会带着它。她又要出发了！我以最亲密、最真挚的母爱拥抱你！

> 我亲爱的儿子，
> 为德国活下去！
> 母亲

第二封信出自哈拉尔德的继父约瑟夫·戈培尔之手：

亲爱的哈拉尔德：

我们正困守在帝国总理府的元首地堡中，为我们的生命和尊严而战斗。战争将如何结束，只有上帝知道。但我知道，无论是生是死，我们都将带着荣耀离去。我想我们不会再见了，这也许是我能写给你的最后几行字。如果战争过后你还活着，我期待着你能为我和你的母亲带来荣誉。我们完全没有必要为求生存而影响我们民族的未来。你也许是唯一可将我们家的传统继承下去的人。永远不要做那些让我们感到羞耻的事！德国将挺过这场可怕的战争。假如我们的民族有一个使自己重新振奋起来的好榜样，那么，我们希望成为这样的榜样。

你完全可以为有这样一位母亲而感到骄傲。昨天晚上，元首将他长年佩戴在外套上的金质党徽赠给了她，她配得上这样的功绩。将来，你只有一项任务：证明你配得上我们准备做并已下定决心要做的巨大牺牲。我知道你会的。请不要被世界即将开始的喧嚣所迷惑！谎言终有破灭的一天，真理将再次战胜谎言。我们会清清白白地，立于世界之林，一如我们过去的信仰和努力。

再见了，我亲爱的哈拉尔德！我们是否还能见面，这完全掌握在上帝的手中。我们这个家庭，哪怕深陷不幸，仍在生命的最后一刻对元首、对他纯洁的神圣事业忠贞不渝。如果我们无法再见面，你应该为自己是这个家庭中的一员而感到自豪。

祝你一切顺利，顺致我衷心的问候！

爸爸

　　哈拉尔德这时还不知道有关他们死亡的可怕细节；这些内情要过一段时间才会曝光。1945年4月28日晚，玛格达和约瑟夫·戈培尔各自给心爱的哈拉尔德写了一封信。玛格达把两封信交给了纳粹德国著名试飞员汉娜·赖奇。苏联红军接近柏林市中心时，赖奇正好在元首地堡。希特勒送给赖奇两颗氰化物胶囊作为告别礼物。当天晚上，赖奇在勃兰登堡门附近的一条简易飞机跑道上强行起飞，逃离德国首都。这是苏联红军占领柏林前最后一架离开柏林的飞机。苏联人担心希特勒乘飞机逃跑，试图击落这架飞机，但赖奇还是成功飞离了柏林。抵达奥地利后，她被美军士兵俘虏，寄给哈拉尔德的信件仍在她手中。审讯赖奇的美国空军上尉保留了信的原件，但美国政府后来将信件的复印件寄给了尚在班加西的哈拉尔德。

　　1945年4月30日，玛格达和戈培尔写信给哈拉尔德的两天后，阿道夫·希特勒吞下了一颗氰化物胶囊，他的妻子——坐在他身边的爱娃·布劳恩，也吞下了一颗氰化物胶囊。接着，希特勒用他的瓦尔特手枪朝自己的头部开了一枪。两人于前一天晚上结婚，正式结束了希特勒的独身誓言（他曾以独身誓言表达对德国人民的奉献）。这对夫妇并没有享受太长的婚姻生活。希特勒得知苏联红军已攻入柏林市区，离他的钢筋混凝土地堡只有几个街区。根据希特勒的指示，两人的遗体在总理府花园火化。

根据元首的遗嘱，哈拉尔德的继父约瑟夫·戈培尔被任命为新任德国总理。希特勒的遗嘱要求他的继任者带着妻子儿女逃离柏林，但戈培尔拒绝了。这个20多年来一直臣服于元首的人，没有服从希特勒最后的命令。

希特勒自杀后的第二天，玛格达给她的六个孩子穿上了白色睡衣，为他们梳好了头发。党卫队牙医赫尔穆特·昆茨（Helmut Kunz）给每个孩子注射了吗啡。在希特勒的私人医生路德维希·斯通普菲格（Ludwig Stumpfegger）的协助下，玛格达把氰化物胶囊塞进每个孩子的嘴里，并确保他们吞下去。为了避免工作人员担心，玛格达在私人房间做完了这些事。希特勒的一名保镖罗胡斯·米施（Rochus Misch）后来看到玛格达在玩纸牌，脸色非常苍白，双眼布满血丝，表情像"凝固"了一样。

杀死孩子们的几个小时后，玛格达和戈培尔手挽手踏上台阶，朝总理府花园走去。不久之后，戈培尔的副官君特·施瓦格曼（Günther Schwägermann）在那里发现了这对夫妇的尸体。他们同样服用了氰化物。元首的金色纳粹党徽还别在玛格达的衣服上。一名党卫队士兵按照戈培尔事先的指示，冲着尸体开了几枪，浇上汽油，点燃了尸体。次日，在被夷平的花园里，苏联军队从混凝土碎渣中发现了烧焦的尸体。

在元首地堡里最后见到玛格达的人是阿尔伯特·施佩尔，希特勒的建筑师，后来成为军备部部长。"她脸色苍白，只低声说些琐碎的事，尽管我能察觉到她正为孩子们必须死去这一不可逆转的时刻而极度痛苦……就在我要离开的时候，她才暗示了她的真实感受，'我多么高兴，至少哈拉尔德……还活着。'"施佩尔后来在回忆录中写道。

二

1945年3月初，玛格达来到一座能够俯瞰德累斯顿（两个星期前，德累斯顿已被盟军的炸弹夷为平地）的山上，在一家疗养院里拜访了自己最好的朋友——哈拉尔德的教母埃洛。玛格达没有乘坐她的豪华定制轿车，而是搭乘了一家香烟公司的货车；她和司机一起坐在前排。她这次是来向自己25年来最好的朋友告别。两人第一次见面已是多年以前的事，在普里茨沃克的乡村。她们都曾嫁入匡特家族，后来又相继离开，但埃洛从未再婚。她后来说，君特提出要帮玛格达救出她的孩子们。据埃洛说，君特在瑞士为她的孩子们安排了一处安全屋，还提出要抚养他们，供养他们上学。但玛格达拒绝了，她的孩子会陪着她一同死去。埃洛后来回忆起玛格达的独白，在这段话里，玛格达最后一次谈及了自己在第三帝国大规模暴行中的共谋角色，并试图以此来合理化自己将对孩子所做出的不可思议的事：

我们对德国人民提出了畸形的要求，残酷无情地对待其他国家。为此，胜利者将进行全面的报复……其他人有权活下去，但我们没有——我们已经放弃了……我要做个负责任的人。我有所归属。我相信希特勒，也在很长一段时间内相信约瑟夫·戈培尔……在即将到来的日子里，约瑟夫将会被看成德国有史以来最恶劣的罪犯之一。他的孩子们每天都会听到这些话，人们会折磨他们，鄙视他们，羞辱他们。他们将被迫承担他的罪孽；他们会受到报复……你还记得我当时很坦率地告诉过你，元首在慕尼黑阿纳斯特咖啡馆看到那个犹太小男孩时说的话吗？他想把男孩像墙上的虫子一样压扁……我无法相信，认为这只是煽动性的言语罢了，但他后来真的这么做了。这一切太可怕了，难以启齿，它是我所属于的体制所犯下的。它在世界各地积聚了复仇的欲望——我没有选择，我必须带着孩子们一起走，我必须！只有我的哈拉尔德能替我活下去。他不是戈培尔的儿子……

玛格达和埃洛在疗养院过了一夜。第二天早上，埃洛陪她走到货车旁，司机正在那儿等她。玛格达快速穿过德累斯顿的断瓦残垣，返回柏林的废墟，前往她的最终目的地——元首地堡。她跪在货车前座上，隔着侧窗向埃洛挥手，直到再也看不见她的朋友。

三

1945年4月25日，在前妻杀死六个孩子并自杀的一个星期前，君特·匡特逃离了柏林和日渐逼近的苏联军队。根据他的入境许可申请，他首先试图逃到瑞士，据称是为了"商务会议"；但由于瑞士移民局将他登记为希特勒的财政支持者，他被拒绝入境。这位大亨随后逃往巴伐利亚。有消息称，德国南部的这个州将成为美军占领区的一部分。像君特、弗里德里希·弗利克和奥古斯特·冯·芬克这样的大亨们都期待走资本主义道路的美国人将出台"商业友好"政策，这也绝非毫无道理。

君特在洛伊特施泰滕（Leutstetten）的一座城堡里租了一个"普通的房间"，城堡位于慕尼黑以南约20公里的施塔恩贝格湖附近。美军和英军很快就占领了城堡，但君特并未遭盟军逮捕，而是被住在山上的镇长收留了。就眼下而言，这位大亨相信"唯一正确的做法"就是"尽可能地躲在幕后"。君特完全有必要保持低调。据一位历史学家后来的估计，除了大规模生产武器、通过"雅利安化"巧取豪夺多家公司之外，这位大亨还让多达5.75万人在他的工厂里从事强迫或奴役劳动。

1945年4月18日，君特逃离柏林的一个星期前，美国中情局的前身战略情报局（OSS）就这位大亨发布了一份四页的备忘录。自1941年夏天这位秃顶商人放开手脚为自己过了六十大寿之后，这个间谍机构就一直在监视他。战略情报局将君特描述为"德国主要的实业家之一，资产在1933年之前便相当可观，希特勒上台后更是水涨船高"。他在"制定和执行纳粹经济政策方面负有责任，并对德国控制下的领土进行经济剥削"。君特的经商之道确保了他的成功"不曾掀起巨大的战斗噪音"。美国财政部的调查人员很快将君特列入了一份包含43名德国商业领袖的名单，名单上的人将在纽伦堡军事法庭上接受以战争罪为由的起诉。君特得知自己在名单上之后，愤怒地写了一封反驳信，要求将信转交给美国参议院。

在考虑逃往瑞士或巴伐利亚之前，君特曾打算从柏林逃到比森多夫（Bissendorf），这个小镇位于AFA汉诺威工厂以北19公里，即将由英军占领。他想亲自去领导自己的电池公司，但很快又改变了主意；这位大亨身上的压力太大了。自1945年2月以来，君特手下的一群经理一直在柏林和比森多夫之间来回穿梭，想在AFA最先进的工厂附近设立一个替代性的总部。这群人中包括君特的儿子赫伯特，他在1月底亲自疏散了AFA在下西里西亚未完工的格罗斯-罗森附属集中营，将其搬到他父亲最看重的新工厂附近，更多的恐怖事件即将在此地上演。

随着盟军的逼近，君特设在汉诺威的工厂于1945年3月下旬关闭。工厂管理层烧毁了所有文件，只留下一份囚犯名单。大约在同一时间，又有数百名病弱的囚犯从诺因加默集中营主营来到了AFA工厂的附属集中营。一个星期后的4月5日，大约1000名被认为"身体健康"的囚犯被迫展开"死亡行军"，从AFA附属集中营步行前往北面53公里外的贝尔根－贝尔森集中营。他们的健康状况极其糟糕，缺少足够的食物、衣服和鞋子。仅在第一天，一名党卫队医护人员就可能射杀了多达50名走不动路的集中营囚犯。接下来的日子里，更多囚犯遭到处决。4月8日，幸存的人抵达贝尔根－贝尔森集中营。一个星期后，英军解救了还活着的幸运儿。

那些留在汉诺威AFA附属集中营的人，即将迎来更为可怕的命运。多达600名囚犯因病或体弱而无法参加行军，但现在他们必须要转移。4月6日，向贝尔根－贝尔森集中营的死亡行军开始的第二天，一名党卫队指挥官命令AFA附属集中营的人员全部撤离。两天后，一列货运火车抵达，显然是应AFA的要求来将囚犯运走的。但火车在萨克森－安哈尔特（Saxony-Anhalt）的一个农村地区停了下来；另一列被炸毁的火车挡住了铁轨，从德国各地集中营运来的囚犯都滞留在这里。火车里的人被赶了出来。65名来自汉诺威的囚犯已在途中死亡。现在，大多数囚犯被迫继续步行前进；随行的还有几辆农用马车，用来运送身体最弱的人。他们最终到达加尔德莱根镇（Gardelegen），但美军正在逐步逼近。与党卫队和国防军官员讨论了情况后，当地的纳粹头目决定把囚犯锁在镇边的谷仓里，全部放火烧死。党卫队向燃烧的谷仓投掷手榴弹，射杀试图逃跑的囚犯。1945年4月15日，美国士兵发现了1016具烧焦的尸体，其中许多人是被活活烧死的。

十天后，美国陆军上校乔治·林奇（George Lynch）对加尔德莱根的居民发表讲话："有些人会说，要为这桩罪行负责的是纳粹，还有些人会说是盖世太保。都不是——责任在于德国人民……已经得到证明的是，你们所谓的优等种族，无非是在犯罪、残暴和虐待这些方面优等。你们已经失去了文明世界的尊重。"

四

1945年4月7—8日的夜晚，也就是党卫队从AFA汉诺威工厂附属集中营撤离后的第二天，赫伯特·匡特和他的得力助手霍斯特·帕维尔带着20名雇员逃离柏林，迁往比森多夫。公司的临时总部设在比森多夫温泉度假村，他们则搬到了村外松树林中的营房。那里的生活设施很简陋，食物也很少，地面常常漫着水，男人们只能把防空探照灯的碎片当成剃须镜使用。

1945年4月20日，英军士兵占领了AFA汉诺威工厂。工厂几乎完好无损，很快就重新开始运转，为英国军队生产干电池，而就在几个星期前，奴隶劳工们还在极其恶劣的环境下为U型潜艇和鱼雷生产电池。赫伯特受到监控，英国人怀疑他是"他父亲的工具"，禁止他进入工厂为AFA工作，反过来却任命霍斯特·帕维尔充当工厂的托管人。

让AFA汉诺威工厂免遭彻底拆除的重任落在了帕维尔的身上。身在巴伐利亚的君特无法忍受被迫放弃所有控制权的事实。他变得疑神疑鬼，认为自己信任的副手正密谋对付他。就连赫伯特也没能逃脱他父亲的怀疑，这位继承人写信给君特说，如果他们打算克服眼前的挑战，君特就必须把猜忌放到一边。

逃离柏林的几个星期前，赫伯特曾有机会为自己买下一家"雅利安化"的公司：一家位于开姆尼茨（Chemnitz）的顶尖内衣生产商马克斯·弗兰克（Max Franck）向他提出收购邀约。他很认真地考虑要买下这家从前由犹太人拥有的公司，这样他就能独立做出一次决定，摆脱"伟大父亲的阴影"。但赫伯特最终还是打消了这个念头。

尽管匡特家族的这两个人导致了巨大的苦难，赫伯特还是很感激战争期间从君特那里学到的一切。"我相信，尤其是在这些最艰难的岁月里，从工业的角度来看，我从父亲那里能学到更多的东西，而这些东西在正常情况下，我几乎是不可能碰到的……"他后来回忆道。到1945年夏天，他们的商业帝国余下的一切都岌岌可危。但与弗里德里希·弗利克相比，他们的麻烦显得不值一提；弗利克正受到严密审查，而奥托-恩斯特则愈发让人失望，在后者的领导下，弗利克的一些公司陷入了混乱。

五

1945年2月，弗里德里希·弗利克从柏林逃到巴伐利亚。他逃到了自己在绍尔贝格（Sauersberg）买下的庄园，那里离君特的藏身之处仅有一个小时的车程。几年前，弗利克从受迫害的犹太啤酒酿造

商伊格纳茨·纳切尔手中买下了这处地产。（庄园至今仍归弗利克的一个孙女所有）

1944年夏末，就在盟军解放法国隆巴赫钢铁厂之前，奥托-恩斯特·弗利克逃回德国，父亲又给他安排了一项工作，这一次是要他领导萨克森州的格罗迪兹（Gröditz）武器厂。1000多名营养不良的集中营囚犯还在那里制造大炮和炮弹，他们来自巴伐利亚的弗洛森比格和达豪、奥地利的毛特豪森和古森，以及奥斯维辛这几所集中营。这些囚犯被党卫队关押在工厂的阁楼里，遭受了严酷的虐待。1944年10月，弗利克视察了格罗迪兹武器厂的大厅，任命28岁的奥托-恩斯特为厂长。之后，弗利克去工厂的赌场吃晚餐，庆祝儿子的新工作。与隆巴赫钢铁厂一样，这一任命又带来了适得其反的后果。上任没几个星期，鲁莽的奥托-恩斯特就试图罢免他父亲信任已久的两名高管。

二战开始以来，奥托-恩斯特在自己就任的每一个管理岗位上都遭遇了失败，但他的父亲还是给了他另一个重要的职位。1945年2月1日，弗利克任命奥托-恩斯特担任大型钢铁公司马克斯许特的负责人，该公司在巴伐利亚和图林根两地都拥有工厂和矿山。一如在隆巴赫，奥托-恩斯特接替了被迫提前退休的岳父。1945年3月7日，就在纳粹德国正走向崩溃之时，弗利克的继承人走马上任。

在马克斯许特，"东方劳工"和战俘在工厂经理们的监督下，每周要工作将近100个小时。工人们身体羸弱，站都站不起来。尽管如此，经理们还是会惩罚"假装"丧失工作能力的人，克扣他们本来就很少的食物配给。"苏联人吃得很多，但他们得不到那么多。"一名员工后来简洁明了地做了总结。事故和死亡频繁发生。从事强迫劳动的妇女在钢铁厂里光着脚干活——"在恶劣天气里，这是件糟糕的事情。"公司的一位高管干巴巴地说。

1945年3月中旬，格罗迪兹武器厂爆发了一轮斑点热疫情，几天内就有大约150名囚犯丧生。几个星期后，随着苏联红军和美军迅速逼近工厂，党卫队逼着工厂剩下的囚犯朝布拉格进行为期十天的"死亡行军"。在此之前，他们射杀了大约185名被认为身体太弱而无法行走的囚犯，并将他们的尸体掩埋在工厂附近的一口砾石坑里。

囚犯们在弗利克的公司里挨饿并遭到屠戮的时候，弗利克——此时他正平平安安地待在位于巴特特尔茨（Bad Tölz）西面小山上的绍尔贝格庄园——发起了所谓的"特尔茨计划"。他已经在柏林、杜塞尔多夫和巴伐利亚分别设立了总部。现在，为了给自己提供战后的储备金，弗利克试图将资产从他的企业集团转移到个人名下，但这一招失败了。

1945年6月，弗利克被美国反情报部队（US Counter Intelligence Corps，CIC）软禁，这个军事安全机构负责拘留和审讯纳粹德国最臭名昭著的嫌疑犯。到了此时，这位实业家只能够转让自己的一家企业。事有凑巧，费拉（Fella）公司在战争期间没有制造武器——

232

这是弗利克集团中唯一一家没有制造武器的机械公司。弗利克的钢铁和煤炭集团此刻面临着被完全接管的风险。他拥有的工厂和矿山有一半以上位于苏军占领区，很快就会被征用。其余的工厂暂时处于盟军的控制之下。他那与武器、奴隶劳工和劫掠密不可分的陆上帝国终于覆灭了。

逮捕弗利克一事，已酝酿了好几个月。在1945年5月的一份备忘录中，战略情报局称他是"参与制定和执行纳粹经济政策的最具影响力的商业领袖"，"分享了纳粹征服欧洲的战利品"。被软禁了数周之后，弗利克被正式拘留，转移到法兰克福北部的盟军拘留中心科伦贝格城堡（Kransberg Castle，代号"垃圾箱"）。其他一些声名显赫的嫌疑人，如阿尔伯特·施佩尔、亚尔马·沙赫特和沃纳·冯·布劳恩（Wernher von Braun）也在那里受审。美国联邦最高法院法官、最近被任命为纽伦堡首席检察官的罗伯特·H.杰克逊（Robert H. Jackson）收到了一份由助手撰写的备忘录，备忘录简述了可能对实业家进行的审判，并将"德国最有权势的实业家"弗利克列为潜在被告。

1945年8月初，弗利克被转移到法兰克福，移交给美国驻德国占领区军事政府办公室（US Office of Military Government for Germany，OMGUS），该办公室征用了IG法本公司在法兰克福西区的前总部作为办公地点。转移弗利克的几天前，最后一轮同盟国会议在波茨坦结束。在这次会议上，美国总统哈里·杜鲁门、苏联领导人约瑟夫·斯大林、新任英国首相克莱门特·艾德礼（Clement Attlee）就占领德国的目标达成一致："民主化、非军事化、非纳粹化和非工业化。"

杜鲁门很早就批准了美国对德国的第一项官方占领政策：保留部分工业，而不是摧毁所有工业；将纳粹战犯通过适当的司法程序处置，而非立即处决。波茨坦会议结束的几天后，包括法国在内的同盟国签署了在纽伦堡设立国际军事法庭的宪章。这个国际军事法庭将以战争罪、破坏和平罪和危害人类罪起诉并审判纳粹德国24名最重要的政治、军事领导者。虽然国际军事法庭的起诉仅仅只是纽伦堡众多案件中的第一批，但其中也包括可能由同盟国进行的第二轮审判，专门针对德国实业家、金融家和企业负责人。考虑到这些工业集团和卡特尔与纳粹战争机器的紧密联系（比如弗利克和克虏伯的钢铁煤炭集团，以及IG法本庞大的化工集团），同盟国选择了分而治之的方法。他们打算拆分这些工业巨头，并起诉它们的所有者和高管。

父亲被捕后，奥托-恩斯特抓住机会填补权力真空，启动了一场草率的重组。他动手解雇自己不信任的、在马克斯许特公司效力多年的老臣，用他认为忠诚的人取而代之，其中包括一位前党卫队成员和一位前冲锋队成员。巴伐利亚的美国临时政府并不赞成这些举动，立即逮捕了奥托-恩斯特，拘留了他几天，还取消了他在马克斯许特公司所做的人事变动。但获释之后，弗利克的继承人仍然一意孤行。1945年7月30日，奥托-恩斯特恢复了自己和那些纳粹经理的职务。美国临时政府忍无可忍，下令禁止这名28岁的男子进入马克斯许特公司。奥托-恩斯特很快再次被捕，并被带到关押他父亲的法兰克福监狱。一老一少都进了监狱，家族拥有的矿山和工厂也被占领，弗利克集团的前景看起来着实黯淡。

六

奥古斯特·冯·芬克男爵所经历的战争，比君特·匡特和弗里德里希·弗利克要平静得多。这位46岁的贵族有两个儿子，都只有十来岁，年纪太小，无法培养成继承人。早在战争开始前，他就已经完成了对柏林德雷福斯银行和维也纳罗斯柴尔德银行的"雅利安化"。因此，这位金融家可以坐下来，监管自己的私人银行默克·芬克的发展，督导本家族在安联和慕尼黑再保险的投资；他不必担心武器生产、奴隶劳工劳动，以及其他大亨在战时努力解决的所有令人头疼的问题。（战争期间，冯·芬克只有一桩意外的头疼事：他离婚了。）在希特勒"表示希望"有一座独立建筑来举办与建筑相关的展览之后，他又为慕尼黑的德国艺术之家博物馆筹集了800万帝国马克。因为战争，这座建筑一直没能建成。冯·芬克也继续打磨着自己的抢劫技巧；就连君特的一个朋友在去世之后，也未能逃脱男爵的贪婪之手。1941年，一家奥地利菱镁矿公司的美国老板埃米尔·温特（Emil Winter）去世，默克·芬克银行和IG法本立刻征用了这家公司。温特是一名非犹太德国移民，在匹兹堡发家，成为钢铁实业家。君特非常钦佩温特和他的公司，在美国旅行期间，他曾带着玛格达拜访过温特位于匹兹堡的豪宅。（唉，这真是个狗咬狗的世界。）

不过，1945年5月8日，德国国防军向盟军投降一事突然打破了冯·芬克的宁静。美国士兵很快就将这名反犹的"雅利安化"分子软禁在他位于慕尼黑东部的默申菲尔德庄园里。这位以节俭著称的金融家一直在严寒中等待美军的到来，身上裹着一件完全被虫蛀了的老旧皮草，哪怕他本有足够的木柴可以生火。冯·芬克迅速从钢琴上拿掉了希特勒的照片（照片上还有希特勒亲笔所写的献词）。美军没收了男爵的档案，将其送往慕尼黑，在那里，美国临时政府根据盟军接管德国资产的政策，控制了默克·芬克银行的资产。他们任命了一名集中营幸存者作为银行的受托人，免去了冯·芬克在欧洲两大保险公司安联和慕尼黑再保险所担任的监事会主席职务。但冯·芬克眼下仍是这两家公司的主要股东。

早在1944年，冯·芬克的私人银行就被揪了出来，当时美国财政部在一份清除德国银行官员的备忘录中写道："尤其要仔细审查……因'雅利安化'而发家的私人银行（如默克·芬克银行）。"同盟国特别热衷于拆分德国的商业和私人银行，这些私人银行曾为第三帝国的无数军工厂、"雅利安化"的资产掠夺、集中营和灭绝营提供资金。君特·匡特在德意志银行，弗里德里希·弗利克在德累斯顿银行担任过监事会成员，在同盟国看来，他们更显可疑。

尽管希特勒覆灭了，冯·芬克对元首的忠诚直到生命的最后一刻都不曾动摇。前安联负责人、第三帝国经济部部长库尔特·施密特经常陪同冯·芬克拜访希特勒，他告诉一名美国审讯官："到了战争最后几年，有些领军人物已经直率地对我说，希特勒……把德国带到了深渊的边缘，而冯·芬克……从未向我表示过任何对元首领导的怀疑或批评。"另一位安联高管、冯·芬克的老朋友汉斯·施密特-波莱克斯向美国审讯官称，1945年的头几个月，这位银行业大亨曾跟他有过交流，"他仍然是坚定的纳粹信徒"，"如果有必要，他愿为自己的信仰赴死"。

冯·芬克与希特勒的密切关系，让他的私人银行成为美国和苏联关注的目标。1945年5月，美国司法部经济战部门的一份报告称冯·芬克的银行是"希特勒私人财富的持有者和受托人"，这一说法尚未得到证实。该银行曾提交过开设私人账户的著名纳粹分子的名单，希特勒并不在名单上。苏联的宣传机构声称，在希特勒掌权期间，冯·芬克让元首成为默克·芬克银行的股东，但该银行对此予以否认。

美国政府软禁冯·芬克期间，对他的印象也越来越差。美国财政部的一份报告形容这位金融家"方方面面都亲纳粹，他高大、势利、保守、迂腐且官僚。据说他的性格非常冷酷，冷漠到几近残

237

忍，而且野心勃勃"。1945年5月下旬，美国军方将冯·芬克转移到一座拘留营中，并在那里审讯他。他们发现这位金融家是"一个有点狡猾的家伙，多年来一直试图在两个世界中谋取最大利益——以保护为幌子，从犹太银行［罗斯柴尔德、德雷福斯等］的重组中赚取巨额利润"。但现在，他们已经拘禁了这个狡猾的家伙，美国人打算拿他怎么办呢？事实证明，不怎么办。

七

1945年10月，美国人释放了已被拘禁五个月的奥古斯特·冯·芬克男爵。对男爵来说，前途依然未卜，美国人禁止他进入他自己的银行和公司董事会，他的"雅利安化"问题也有待解决。维也纳的罗斯柴尔德银行仅存的资产已被清算，一些资产最终归还给了已经移民到美国的路易斯·冯·罗斯柴尔德男爵。

威利·德雷福斯，也就是芬克家族银行的前任所有者，没能走到这一步。1938年，在默克·芬克银行对他拥有的柏林分行进行"雅利安化"重组后，他移民到了瑞士的巴塞尔。二战结束后，德雷福斯开始研究自己和已故合伙人的继承人能否让冯·芬克承担这一轮"雅利安化"的经济责任。由于德雷福斯对重开银行没有兴趣，也没有这样做的选项，于是他希望能得到赔偿。尽管"出于可以理解的原因"，德雷福斯"不愿再次踏上德国的土地"，但他还是跨越了边境，行使自己的追索权。1946年9月29日，在慕尼黑召开的一次会议上，德雷福斯偶然遇到了冯·芬克，他没有客气地打招呼，这让冯·芬克深感受辱。

冯·芬克告诉德雷福斯，"如果角色互换，他会利用这个机会感谢德雷福斯在1937—1938年体面地接管了自己的企业"。德雷福斯的法律顾问告诉冯·芬克，德雷福斯来慕尼黑是为了对他提起赔偿诉讼，冯·芬克显得"有些惊讶""相当担心"。冯·芬克同意尽快和解此事，但德雷福斯犹豫不决。他说，如果这位贵族银行家"再对'雅利安化'的时局轻描淡写"，他将立即中断谈判。

两人的谈判在"非常冷淡"的气氛中进行，仅用了三天就结束了。1946年10月2日，德雷福斯和冯·芬克签署了一项协议。德雷福斯将获得约200万帝国马克的资产，主要是安联和慕尼黑再保险公司的股票，作为对默克·芬克银行在1938年3月收购德雷福斯柏林分行时少支付的约165万帝国马克的补偿，外加一点善意。德雷福斯的前合伙人保罗·沃利奇在银行遭"雅利安化"的不久后自杀，他的继承人将获得价值约40万帝国马克的补偿，同样是股票。

然而，德雷福斯和冯·芬克之间的协议一直难以推进。默克·芬克银行受到美国的资产管制，因此，这位男爵甚至无法动用自己私人银行的资产，也自然无法将股票转移到瑞士——德雷福斯已经在那里生活，并成为瑞士公民。此外，由于美国对占领区的归还法案尚未实施，和解不得不搁置下来。与此同时，冯·芬克仍然是美国调查人员的重点关注对象。尽管他们的调查结果仍然严格保密，但几乎可以肯定的是，男爵将受到审判。

八

1945年4月初，大众汽车厂停工。在法勒斯莱本的庞大建筑群里，几乎没有剩下任何食物。纳粹开始把它作为中转站，安置从其他附属集中营驱逐出来的人。4月7日，党卫队下令疏散大众汽车厂剩余的附属集中营。其中一座附属集中营的100名男囚被驱逐到更北边的沃伯林（另一座诺因加默附属集中营），几个小时后就全部死亡。650名被关押在大众汽车厂大厅的犹太女囚，被货运汽车运送到了东北方向一个小时车程的萨尔茨韦德尔，这是一座女子集中营。一个星期后，美军解放了她们。

1945年4月11日，美军解放了大众汽车厂里剩下的强迫劳工和奴隶劳工。美国士兵到达的前一天，残暴的工厂厂长安东·皮耶希逃离了厂区，但在此之前，他从大众汽车公司的金库里偷走了1000多万帝国马克的现金，还派出约250名工厂民兵到前线作战。他带着数百万帝国马克逃回了祖国奥地利，保时捷-皮耶希家族在滨湖采尔的家族庄园里等着他。过去的八年里，保时捷公司向大众汽车厂收取了约2050万帝国马克的设计和开发服务费用。"这笔钱很可能为保时捷公司二战后的成功发展奠定了财务基础。"几十年后，两位历史学家这样总结。

1945年5月中旬，盟军在奥地利的一个调查小组突袭了保时捷在滨湖采尔占地数千英亩的庄园，以及设在格明德的保时捷公司临时总部。他们开始审问费迪南德·保时捷和他的工程师们，询问与坦克和军用汽车开发的相关情况。随着审讯人员愈发严厉，保时捷及其员工的心理防线很快就崩溃了，交出了公司的技术图纸。这次突袭期间，美国战略情报局发布了一份关于武器和汽车设计师的备忘录：通过希特勒，"保时捷受托执行了纳粹最喜欢的一项计划"——大众之车。保时捷还在"装备纳粹战争机器方面扮演了重要角色"。

1945年7月29日，美国反情报部队逮捕了50岁的安东·皮耶希和保时捷的儿子费利，并将他们带到萨尔茨堡附近的一座拘留营。费迪南德·保时捷于五天后遭到拘留，但被转移到德国的科伦贝格城堡。这位69岁的明星设计师向审讯人员抱怨说，在奥地利接受的审讯已经把他问得筋疲力尽了。"为了成功实现我的设想，希特勒的支持是完全必要的。"保时捷告诉他们。

调查人员之所以对费迪南德·保时捷大费周章，不光是因为他为纳粹生产军火，盟军还想获得他的商业机密。至于保时捷和皮耶希对大众工厂的残酷管理，驱使大约两万人作为强迫劳工或奴隶劳工，其中包括大约5000名集中营的囚犯，盟军对这些并不太在意。调查人员关注的目标主要是他们的钱，并指控这些人窃取大众汽车的资产以谋取个人利益。盟军的指控没有错。皮耶希洗劫了大众汽车厂的金库后，还继续从奥地利向英国军方（这是工厂新的监管机

241

构）寄送付款通知书，就公司提供的服务向他们开出超过125万帝国马克的账单。皮耶希当时尚未被正式解除厂长的职务，他认为自己这么做完全是正当的。

费迪南德·保时捷否认自己有任何劫掠资产的行为：说到底，是他的女婿在大众汽车厂偷了东西。五个星期后，保时捷获释，回到了奥地利。安东·皮耶希和费利·保时捷很快也被盟军从拘留营中放出——费迪南德·保时捷为此花了好几个星期游说盟军高层。但在英美调查人员继续推进调查的同时，三人不得不面对同盟国里的另一成员国——法国。

九

1945年4月4日，美军占领了鲁道夫－奥古斯特·厄特克尔的家乡比勒费尔德。没过几天，三名美国军官住进了他的家里。鲁道夫－奥古斯特拿出几瓶施泰因哈根金酒招待他们，这是威斯特伐利亚的当地特产。他告诉军官们，他想参军和他们一起对抗苏联人。显然，美国人并不知道款待他们的是一名党卫军的军官。

5月8日，纳粹德国投降，鲁道夫－奥古斯特的好日子结束了。比勒费尔德位于英国占领区。作为党卫军的军官，28岁的鲁道夫－奥古斯特立刻遭到逮捕，并被解除了所有职务。自从他的母亲、继父和同母异父的姐妹们在一轮美国空袭中丧生后，他一直领导着欧特家博士食品公司。5月18日，他到比勒费尔德的英国政府机关报到并接受讯问，结果被直接转为拘留。英国人告诉鲁道夫-奥古斯特，第二天他将被转移到位于比勒费尔德以南30多公里处的一个由英国管理的大型拘留营——斯陶穆赫勒。当晚，他和其他拘留人员被关在城外的一座废弃工厂里。这位继承人后来回忆说："突然出现了几个人，动手把我们打得半死。后来我听说，他们是波兰人，但没人清楚到底是怎么回事。我也没注意到什么，因为有人打到了我的头，我马上晕了过去。"

在斯陶穆赫勒拘留营醒来时，鲁道夫-奥古斯特瘫痪了。这位继承人很快被转移到设在荷兰边境以东几公里的一座城堡中的英国军事医院。拘留期间，鲁道夫-奥古斯特阅读了托马斯·曼（Thomas Mann）的处女作——小说《布登勃洛克一家》（*Buddenbrooks*）。它记录了一个富裕的德国北部商人家族四代人的兴衰，托马斯·曼获得诺贝尔文学奖，很大程度上要归功于这部著作。读了这本书之后，鲁道夫-奥古斯特"十分沮丧"。这也难怪，身为德国北部一个商业王朝的指定继承人，他眼下动弹不得，被囚禁在饱受战争摧残又被外国人占领的祖国。好在他至少还有妻子苏西。她偷偷带了烟草、棋盘游戏，当然，还有巧克力布丁粉，来探望正遭囚禁的他。1946年1月中旬，鲁道夫-奥古斯特在被拘留八个月后获释。随着时间的推移，他慢慢地能走路了，尽管医生说他余生都需要拄着拐杖。

鲁道夫-奥古斯特认为，英国当局关押他，是因为他继承了家族企业，跟纳粹继父里夏德·卡塞洛斯基"有所牵连"。卡塞洛斯基在欧特家博士公司任职期间，这个家庭受益于"雅利安化"、武器生产、使用强迫劳工和奴隶劳工，他们跟党卫队和德国国防军密切合作，为士兵提供更好的营养食品。卡塞洛斯基也是希姆莱"经济友人圈"的付费成员。但实际上，随着卡塞洛斯基的离世，这些问题已经淡出了人们的视野。英国人只关心鲁道夫—奥古斯特在担任党卫军军官期间都做了些什么。

鲁道夫—奥古斯特被拘留期间，欧特家博士食品公司及其子公司受到了英国的资产控制，英国当局还任命了一名受托人来管理这家公司。被捕后，鲁道夫—奥古斯特无法重建他的家族企业。如今，他的资产也遭到了冻结。他被赶出了公司，被禁止工作，很可能会因为担任过党卫军军官而接受审判，他的伤也还没养好。获释后，鲁道夫—奥古斯特带着妻子和孩子搬到了比勒费尔德附近白家庄园的客房。他渴望重新开始工作，工作禁令让他"深感沮丧"。但除了阅读和重新学习行走，他能做的很少。他只能和儿子一起在遍布绵羊和山羊的风景中长时间地散步。但鲁道夫—奥古斯特并不甘心过默默无闻的悠闲生活。这位"布丁王子"在等待时机。

十

君特·匡特同样认为战败后最好保持低调。他的大亨同伴们大多遭到逮捕，而他在巴伐利亚的乡下，奇迹般地躲过了盟军的追捕。当时他正考虑搬到汉诺威，他的长子赫伯特就住在那里的AFA电池厂附近，如今，这家曾经备受重视的工厂已被英国人接管。在等着美国人决定是否在纽伦堡起诉他的同时，君特还受到两家德国法院的调查：一家来自汉诺威，一家来自施塔恩贝格，就在他躲藏的小镇附近。1945年底，他放弃了搬迁计划——留在巴伐利亚似乎更为谨慎。

1946年1月，君特认为即将举行的美国中期选举预示着美国在德国的占领区会发生一些积极的变化。"共和党人不会认同金钱就是盗窃的观点，人们已经能够感受到一股清新的空气。"君特在给朋友的信中写道。然而，等到共和党以压倒性优势击败民主党，并在当年秋天重新夺回国会时，君特早已被捕，关进了拘留营。

1946年3月中旬，美国反情报部队的调查人员在施塔恩贝格对君特进行了两个小时的审问。在君特看来，反情报部队无非是盖世太保的"美国翻版"。在提交美国驻德国占领区军事政府办公室的调查问卷时，君特自作主张，额外写了一部分内容，题为"君特·匡特博士受到的政治迫害"，详细描述了他在戈培尔手下受到的所谓虐待。然而，美国调查员不为所动。1946年6月中旬，他们将君特送到洛伊特施泰滕的蒂尔科普夫山上，软禁在一位镇长家中。此时，"颇有不少绅士"对他产生了兴趣。美国人没收了他所有的档案，把它们送到了纽伦堡。1946年7月18日，在他65岁生日的十天前，美国反情报部队拘留了君特。今年没有盛大的寿宴了。

最初，君特被关押在施塔恩贝格的监狱里。1946年8月下旬，他被转移到慕尼黑东北部莫斯堡（Moosburg）的一座拘留营中，并登记为纽伦堡实业家审判（此时这些审判仍处于酝酿阶段）的"通缉犯"。汉诺威法院对君特的调查刚刚结束，调查人员认为他是一个"反动资本家，早期的冲锋队队员和军事活跃分子。他说自己是纳粹的反对者。要让这个说法显得可信，他对纳粹意识形态和战争经济的影响必然要更积极地体现在他的经济生活地位上。他个人对戈培尔博士的敌意……绝不可视为政治的［免责］"。调查人员还收到了AFA劳工代表的"急迫请求"，要求"彻底"解除君特和他儿子赫伯特与电池公司之间的任何关联。他们认为君特在德国未来的经济生活中"不适合担任任何职位"。

君特开始着手为自己辩护。1946年8月，他在施塔恩贝格聘请了一名没有太多经验的当地律师。那时候已经很难找到任何法律代表（数百万德国人都在找律师），更别提想要找一流的律师了。于是，他吩咐家人、雇员和律师着手编撰为他开脱罪责的声明和文件。

律师的第一站是去柏林拜访玛格达最好的朋友埃洛。1935年，埃洛退出了纳粹党，但她仍然是很受戈培尔喜爱的客人。作为辩护的一部分，君特声称自己反对纳粹，受到了戈培尔的迫害，戈培尔还逼迫他加入了纳粹党。埃洛很乐意帮忙证实这些谎言。1946年8月底，她在一份宣誓书中说："戈培尔抓住一切机会贬低和取笑

'可恨的君特们'。"针对君特和戈培尔之间的关系，埃洛讲述了一个相似的故事：君特被迫服从戈培尔的要求，加入纳粹党，因为他担心戈培尔会夺走小哈拉尔德的监护权，"以消除生父对他的影响"，并向男孩灌输纳粹思想。然而，埃洛声称，即使在戈培尔成功得到监护权之后，哈拉尔德也从未屈服于纳粹的意识形态，"对他父亲的深情和爱戴"仍然存在，不惧一切困难。

这样的宣言被称为"洗涤证"（Persilschein），得名于德国的名牌洗衣液"Persil"。这是个半开玩笑的说法，用来形容任何想要为与纳粹合作或同情纳粹的人洗脱污点的声明。有纳粹分子嫌疑的人可以通过家人、朋友或同事在法庭上提出反驳其罪行的宣誓书来洗脱罪名。通常，一份"洗涤证"就足以让被指控奉行纳粹主义的德国被告获得一份良好信誉的证书，使他能够重返工作岗位；或者，就大亨而言，可以让他重新获得对商业帝国的控制权和董事会职位。当然，君特需要的远不止一份"洗涤证"。虽然君特的律师显然帮助埃洛起草了宣誓书，但君特亲自指示他的弟弟瓦尔纳（也就是埃洛的前夫）：在从埃洛和其他人那里获得更多无罪声明时，"不可做出任何承诺或提及任何金钱问题"，以显示他的正直、诚信。

1946年10月下旬，哈拉尔德从班加西的英军战俘营发来了一份声明，证实了埃洛宣誓书中的"事实"："我从来都不是纳粹党的党员，也从未候补入党。这种对纳粹党及其组织的排斥完全是由于我［亲生］父亲的影响。我之所以能这么做，是因为身为'戈培尔博士的继子'，我不常被人问到这些事。"哈拉尔德渴望一个全新的开始。他考虑过一旦获得自由就去旅行，甚至移民到澳大利亚、新西兰或埃及，但他很快就改变了主意。1947年年初，25岁的他准备返回德国。哈拉尔德见证了数十名战友的获释，但属于他的自由仍然迟迟没有到来。"已经不再有趣了。人人都想回家，想再次成为人类中的一员，而不是优等民族的战俘。大家都非常友好，但他们永远不会忘记自己是'一名战败的前国防军军人'。"哈拉尔德在给他父亲的信中写道。

最有价值的"洗涤证"来自有犹太背景或关系的人，这些人有个难听的称呼——"alibi Jews"*。有些人是真心实意提供声明。1946年10月，曾为君特工作过的前军火高管格奥尔格·萨克斯在美国给一位DWM的董事会成员写了一封信。君特曾为萨克斯提供过财务支持，让他得以在1936年逃离纳粹德国。萨克斯对君特的入狱表示同情："我为君特感到难过，因为他总是表现得很体面。如果他愿意，我可以给他出具一份宣誓书……要是他预计会碰到麻烦的话。他的儿子躲过了戈培尔的集体自杀吗？……你不能期待我对德国的形势做出特别温和的判断。当然，我为许多人感到难过，他们虽然没有直接的过错，但现在却要经历如此可怕的磨难。但从另一

---

* 意为"为罪犯提供不在场证明的犹太人"。

方面来说，任何人，不管是受过还是没受过教育，都应该很快意识到是什么猪猡在掌权。"君特非常想要萨克斯的宣誓书。如今已是俄亥俄州克利夫兰大学物理冶金学教授的萨克斯满足了他的愿望。他作证说，君特给出了一笔"慷慨的财务安排"，帮助他转移了家人和财产。萨克斯现在真诚地希望"君特博士不会被视为战犯"。

被关押在莫斯堡拘留营的期间，君特动手写起了回忆录。他写了自己的童年，走上企业家道路的开端，在国外的旅行，在魏玛共和国期间征服的各种各样的公司。他花了将近30页的篇幅讲述了与玛格达的生活，最后借机把自己描绘成纳粹的受害者，不同于前妻和戈培尔的狂热，他不支持希特勒及其思想。他对自己在第三帝国时期的商业活动几乎只字未提。他确实有三次提到了自己的军火生意——德国武器弹药制造厂，但他用的全都是公司缩写DWM，听起来相当平淡，没有任何军事意味。不光如此，他还暗示，该公司只生产机车、工业零件和机器。回忆录中，君特情不自禁、洋洋得意地说道，DWM的"雇员"总数在战争期间增长到15万人，但他没有提及在工厂里干活的数万名强制劳工和奴隶劳工。他确实提到了战争扩张给自己和"雇员"带来了额外的艰苦工作，然后自豪地总结说："这带来了满足。"

借这本回忆录，君特不加掩饰地试图为自己洗白，掩盖他在第三帝国时期扮演的角色。他还想在纽伦堡审判临近之际向美国人示好，他用了整整一章的篇幅讲述自己在美国的旅行，以及他对这个国家的钦佩，并以一句煽情的话作结："美国啊！我常常想，这块大陆的崛起，是人类历史上最美好的篇章之一。"在其他的章节，君特承认，他手握庞大的财富和人脉，本可以随时离开纳粹德国，尽管他从未参加过战争，还是把自己塑造成一名忠诚的"士兵"："像我这样的商人本来是可以脱身的。我在国外有朋友，北美洲和南美洲都有，他们随时都愿意收留我。但我会认为这是临阵脱逃。我要留在自己的岗位上，与我最亲密的同事保持密切联系，照顾我手下的大量工人和雇员，并努力让受托于我的工厂和公司完好无损。"

就连君特对自己"罪责"的唯一反思，也让他描述出了积极的一面。他写自己很早就读过了希特勒的《我的奋斗》，而他的德国同胞却没有。"如果这个人进入政府，我们将面临什么，里面写得明明白白。它不仅谈到了工作和面包，也谈到了战争和对其他民族的压迫。遗憾的是，大多数德国人没有及时阅读这本书。如果他们读了，我们或许就可以避免德国历史上最可怕的一章。我责备自己没有把希特勒认真当回事。如果我和其他一些人把《我的奋斗》的节选摘录印出来，免费给数百万人读一读，我们日后要付出的代价也许会更轻一些吧！"

这位军火巨头写道，他对20世纪30年代重建德国军队表示欢迎，"因为我相信这是遏制政党专制统治的唯一途径。在很长一段时间里，我都认为，利用它来打一场新的世界大战是绝对不可能的。希特勒一再声称他要和平，是这些话欺骗了我"。

德国的战败让君特付出了巨大的代价。首先，一些被他"雅利安化"的企业要归还给合法所有者或幸存的继承人。君特还失去了柏林的联排别墅、塞弗林庄园、"机械"厂、电池厂和纺织厂，这让他十分哀伤。许多企业被摧毁、征用，要不就是位于被苏联占领的领土上。"我承认，与德国人民所遭受的总体灾难相比，这些损失微不足道。然而，这让我深为所痛。"君特写道，似乎是想驱散自艾自怜的意味。"在每一个失去的工厂里，在每一台机器上，我都投入了关怀、计划和希望。"他在给朋友的信中说，死了那么多人"很糟糕"，但又提出质疑："谁又能凭着良心意识到，会有这么多纳粹的受害者？"

莫斯堡拘留营关押着一万多名德国犯人，对于年迈的大亨来说，这里的生活非常艰难。君特和大约100人同住在一间营房里。他早上5点半起床，独自使用只有两个水龙头的盥洗室。他用一个马口铁罐子装饭，穿着不合身的囚服；鞋子太大，他往里头足足垫了八张硬纸板才勉强合脚。由于连续几个星期坐在没有靠背的长椅和凳子上，他的背都歪了。为了避免"琢磨自己的命运"，他参加了营地学校提供的晚间讲座，"西藏3次，东非2次，中国1次，农业6次，音乐理论2次，教育学2次，欧美教育界6次，印度2次，基督教历史3次，7岁到8岁的医学至少20次。"

到1946年9月中旬，美国和德国对君特帝国的调查力度仍然没

251

有减弱，但还没有对他提出任何起诉，只是让他在一座又一座拘留营之间转移，其中有一座拘留营位于先前达豪集中营的场址。纳粹垮台后，那里的环境有了很大改善。"有中央供暖，大盥洗室，如果你早晨6点整起床，完全可以独自使用。由于这里的晚间休息时间是21点到次日6点，午间休息时间是13点到15点，这并不难。有自来水可用，每星期可以用三次热水。"君特在给朋友的信中写道。在因心脏问题被送往达豪军事医院时，这位大亨说自己感觉像是"美国政府的客人，住在德国最好的疗养院。真不赖，温暖的房间、自来水、洗澡间、丰盛的美味食物。而且，这里还有一流的医疗服务"。

十一

弗利克父子让美国审讯人员非常头疼。事实证明，在法兰克福对两人的审讯"不太令人满意，因为弗利克父子的回答最让人难以捉摸，自相矛盾"，美国调查人员在一份备忘录中这样写道。老弗利克把自己描绘成纳粹的反对者和受害者，他被迫与其合作。他把"雅利安化"其他企业的事实编成了一个对自己有利的故事：那些是帮助犹太企业主逃离纳粹魔掌的交易。弗利克还强调了其企业集团所谓的去中心化性质，假装所有的决策责任都在个别经理身上。因此，他声称自己没有参与武器生产，也没有要求工人从事强迫或奴役劳动。弗利克的副手大多在1946年年初被捕，他们也维持着类似的辩护路线。

在审讯过程中，奥托-恩斯特把隆巴赫钢铁厂工人工作和生活条件的责任全部推脱到纳粹当局和他的经理同事身上。弗利克的继承人在一次审讯中宣称，"东方劳工"的住宿条件"几乎好得过了头"。奥托-恩斯特说，他想尽量少地插手他们的工作环境，但又称自己注意到"东方劳工可以自由走动"，"人们看起来吃得很好，食物好极了。铁丝网围栏？我不知道。"奥托-恩斯特否认正式工人和强迫劳工的工资存在任何差别："原则上，第三帝国实行同工同酬政策，是谁干的活完全无关紧要。"

针对奥托-恩斯特离谱的回答，负责审讯弗利克父子的美国调查员乔西夫·马尔库（Josif Marcu）威胁说，如果他再撒谎，就会被强制劳动或监禁十年。这样的威胁没有起到什么效果。相反，弗利克的继承人抱怨说，他竟然与臭名昭著的党卫队屠夫奥斯瓦尔德·波尔和奥托·奥伦多夫（Otto Ohlendorf）一并被关在同一条走廊上。讽刺的是，这些人，包括奥托-恩斯特的父亲，都是希姆莱"经济友人圈"的成员。1943年，老弗利克甚至旁听了奥伦多夫在戈培尔的宣传部所做的演讲，演讲以在东线拍摄的影片为辅助，奥伦多夫讲述了自己担任德国"特别行动队"D支队队长的经历，这支队伍在苏联屠杀了九万多人，其中大部分是犹太人。

1946年3月，首席检察官罗伯特·H.杰克逊任命特尔福德·泰勒为副手，负责纽伦堡第一轮最主要的审判。泰勒还将主持后续诉讼部门（该部门构成了战争罪行委员会主任办公室的基础），这是美国在德国设置的检察机关，调查大企业是它的一部分任务。当月，乔西夫·马尔库告知媒体，弗利克已被正式逮捕，并称他是"纳粹战争机器背后最强大的力量"。他强烈支持审判这位大亨（以及其他实业家）的设想。

马尔库最终将调查结果提交给了和蔼可亲、哈佛大学法学院出身的泰勒，并且明确表示：弗利克应该在纽伦堡接受审判。马尔库称弗利克是"白手起家的当代德国强盗贵族"，"有着对绝对权力的变态欲望。他在工业界的崛起以不择手段和无情操作为基础，他支持如今遭到愤怒谴责的个人和行为；他剥夺了诚实工人的劳动成果；他参与了大规模的'雅利安化'计划；在被野蛮占领和征服的国家掠夺货物与财产；他使用了数以万计被强行从家园故国掠走的男女奴隶劳工。他是纳粹征服战争中最大的武器生产商。"在写给泰勒的备忘录中，马尔库总结说，弗利克"在他掠夺的法国资产中雇用乌克兰奴隶劳工，在他掠夺的乌克兰工厂中雇用法国奴隶劳工，这个为实现个人权力欲望、拆毁欧洲国界的人"理应站到纽伦堡的被告席上。

1946年11月，美国驻德国占领区军事政府办公室的法兰克福去工业化分部将弗利克父子移交给了纽伦堡军事法庭的战争罪行部门。这次移交发生在纽伦堡第一轮审判最终判决公布的一个月后。弗利克的"老战友"赫尔曼·戈林被判处死刑，他在行刑的前一天夜晚服毒自杀，前纳粹外交部部长约阿希姆·冯·里宾特洛甫取而代之，成了纽伦堡审判中第一个被处以绞刑的罪犯，他攀龙附凤的一生最终在绞刑架上宣告结束。大奴隶主弗里茨·绍克尔一小时后被绞死。为费迪南德·保时捷的大众汽车厂提供资金的罗伯特·莱伊同样在审判开始前自杀。君特·匡特的老朋友瓦尔特·冯克被判处20年监禁，保时捷的战时竞争对手阿尔伯特·施佩尔也被判入狱。前总理弗朗茨·冯·帕彭的复仇欲望把希特勒带上了政治舞台，但帕彭和弗利克的朋友、德国央行前行长亚尔马·沙赫特被宣告无罪。

弗利克已聘请了沙赫特的律师为自己辩护，但审判方还没有对他提出起诉，甚至连会不会进行审判也不确定。尽管如此，弗利克还是准备打一场硬仗。

随着纽伦堡主要审判的结束，很明显，由同盟国领导的、针对德国商人的第二轮审判不会进行了。首先，沙赫特的无罪释放开了一个不好的先例；此外，同盟国担心会出现一场"由苏联主导的反资本主义审判秀"。公众对另一轮冗长的案件审判也缺乏兴趣，这可能会"削弱纽伦堡第一轮审判的真正成就"。英国人更是厌倦了战争，担心额外的财政开支。因此，美国人打算独自采取行动。接替罗伯特·H.杰克逊担任首席检察官的特尔福德·泰勒同意监督随后要在纽伦堡进行的12场审判（仅限于美国的管辖范围内），包括三场针对德国实业家和高管的审判。这就剩下一个重要的问题了：

泰勒会选谁呢?

十二

1945年11月初,一名法国陆军中尉参观了保时捷-皮耶希家族位于奥地利滨湖采尔的庄园。美英当局不久前释放了费迪南德·保时捷、他的儿子费利和女婿安东·皮耶希,等待进一步的调查。现在,法国军官带着一份邀请来到这三人面前。一支由有共产党背景的工业部部长领导的法国委员会希望与费迪南德·保时捷合作开发法国版的大众汽车,由国有的雷诺公司(该公司因在战争期间与纳粹合作而被收归国有)协助。

保时捷极力想再次与政府合作,于是立即向法国提供了大量图纸和技术数据。随后,他开始在巴登-巴登与该委员会进行谈判,此地是法国政府在法占区的总部,靠近德法边境。1945年12月中旬,保时捷、皮耶希和费利前往巴登-巴登参加第二轮谈判。在那里,法国便衣军官突然以涉嫌战争罪为由逮捕了他们。

原来,保时捷的竞争对手标致公司在听到谈判的风声后,向政府提出了投诉。根据标致公司的说法,法国人与费迪南德·保时捷接触是不爱国的行为,因为保时捷之前与希特勒有关系,大众汽车又与纳粹有关联(标致真正担心的其实是来自雷诺的竞争加剧)。然而,更要命的是标致指控保时捷和皮耶希犯有战争罪。遭大众汽车洗劫的法国标致工厂,曾有七名经理被驱逐到集中营,其中三人遇害。这一切都发生在保时捷和皮耶希掌管大众汽车厂期间，数千名法国平民和战俘被迫从事强迫和奴役劳动。但与盟军当局的典型行为一样，法国政府并不关心这些大亨们残酷剥削劳工的行为。

相反，促使法军逮捕三人并将他们拘禁在巴登-巴登的关键在于让标致员工遭到驱逐和谋杀的指控。1946年3月，费利得以释放出狱，但一直被软禁在黑森林的一个村子里，直到7月才终于获允返回奥地利。与此同时，保时捷和皮耶希被转移到巴黎郊区，关押在雷诺家族从前拥有的一栋别墅的佣人房内。保时捷没有在监狱里度过审前拘留的时期，法国人要他为雷诺4CV的开发提供建议。尽管保时捷为这款迷你汽车的设计作出了关键性的贡献，但雷诺的负责人告诉政府，保时捷的工作做得很糟糕。当时雷诺的执行董事是法国抵抗运动的英雄，他无法忍受这个被指控对法国同胞犯下战争罪的德国明星设计师因帮忙设计了法国汽车而获得半点荣耀。1947年2月中旬，保时捷和皮耶希被转移到第戎（Dijon）一所条件恶劣的军事监狱，等待审判。

由于两人锒铛入狱，保时捷的孩子路易丝·皮耶希和费利不得不依靠自己的力量来拯救家族企业。此刻，这个企业正面临严峻的挑战。保时捷设在斯图加特的公司，自从该家族及员工逃回奥地利后就遭废弃。它与费迪南德·保时捷的私人资产一并被划归美国进行资产控制，并成为美军的汽车修理厂。鉴于这家人逃到了奥地利，美国人正在认真考虑清算保时捷在德国的公司。与此同时，费迪南德·保时捷的奥地利公民申请也因他处于拘留状态而遭到拒绝。有了奥地利公民的身份，他才能把自己的公司和资产从美国的资产控制下转移回奥地利。可惜，这番算计落空了，他需要另想办法绕开美国人。

绝望的时代需要孤注一掷。1947年初，保时捷的子女决定正式拆分家族企业。路易丝因与安东·皮耶希结婚而保留了奥地利国籍，她在萨尔茨堡以保时捷的名义成立了一家新公司，并将家族在奥地利的资产转移到新公司名下。为了挽救保时捷在斯图加特的公司，费利保留了原有的德国国籍。但由于美国的资产控制，他只能在公司位于阿尔卑斯山的奥地利总部安全地推进这项工作，并忙着实现父亲的梦想——设计第一款以家族姓氏命名的跑车"保时捷356"。

安东·皮耶希在监狱里写信给保时捷公司的联合创始人阿道夫·罗森伯格，请罗森伯格花1000美元为自己和费迪南德·保时捷办理保释。十多年前，两人"雅利安化"了罗森伯格在保时捷公司的股份；如今，皮耶希向罗森伯格提供了保时捷在美国的专利许可——尽管1938年他曾冷淡地拒绝了罗森伯格提出的相同提议。罗森伯格于1940年移民美国，改名为艾伦·罗伯特（Alan Robert），住在洛杉矶。二战结束后，罗森伯格给路易丝·皮耶希发了一封电报。路易丝在回复中表示，希望在资产管制解除后可以恢复与他的业务关系。双方很快就有了定期的通信往来；罗森伯格还写信给费利，甚至给他们的家族庄园寄去了爱心包裹。罗森伯格显然希望再次成为公司的一员。

随着费迪南德·保时捷和安东·皮耶希在法国候审，家族的下一代人开始为保时捷公司的生存而战，犹太人罗森伯格似乎真的有可能回到自己参与创办的汽车设计公司。

十三

在拘留营里度过一年之后，1947年9月中旬，君特·匡特接到通知，纽伦堡国际军事法庭不会对他提出起诉。不过，特尔福德·泰勒领导的战争罪办公室将这位66岁的老人及所有相关证据移交给了德国司法部门。"在移交给德国人的前30人中……包括德国军火制造商、保罗·约瑟夫·戈培尔夫人的前夫君特·匡特。"1947年10月27日，美联社在报道于达豪举行的移交仪式时写道。一名来自施塔恩贝格的检察官起诉了君特，指控他为纳粹政权时期的主要罪犯，但只针对从生产武器和弹药中获利这一点。

随着1947年年初冷战拉开序幕，杜鲁门政府的首要任务从惩罚德国逐渐转向促进其经济复苏。简而言之，美国想要一座防御共产主义在欧洲扩张的堡垒，而德国西部有潜力成为欧洲最大的经济体，有望成为遏制苏联以及振兴欧洲大陆其他地区的关键。美国国务卿乔治·马歇尔（George C. Marshall）很快公布了他的同名援助计划，向德国和其他西欧国家提供150亿美元的援助。美国驻德国占领区军事政府办公室的军事长官卢修斯·D.克莱（Lucius D. Clay）用旨在实现德国自治的政策，取代了美国的惩罚性占领政策。美国和英国合并了两国在西德的占领区，以协调这种政策转变。

重大的变化接踵而至。盟军当局加快速度，将战犯嫌疑人和同情纳粹人士移交给所谓的德国去纳粹化法庭，这些法庭是地区性的司法小组，其设置类似于刑事审判。如果负担得起，被告可以自己聘请律师。但鉴于被告人数众多，除了最严重的案件之外，法官和检察官基本上都是外行人，这一点至关重要。遭起诉的个人被指控为重犯、罪犯、轻犯或从犯；如果被告被判有罪，处罚将是监禁、劳改、罚款，或者以上处罚的组合。被释放的人则归类为"免罪"（person exonerated）。

大多数德国人都不太热衷于审判他们的同胞，且这些被告正因许多审判人员自己也涉足过的罪行和政治信念而受审。数以百万计的被告也不会特别倾向于坦白自己对纳粹的同情，或者他们在战争期间所犯罪行的真相。无数的罪行和秘密仍然深埋在历史之中。

即便已被美方移交给德国司法部门，君特仍然无法离开达豪。法院认为他有潜逃的风险，便把他转移到拘留营的一个片区，其他德国战犯嫌疑人正在那里等待着去纳粹化审判。君特在这里开始发动攻势。1947年10月下旬，他给律师写了一封信，声称自己在1928年买下DWM后，就放弃了该公司的武器生产业务，直到1943年纳粹当局下令，他才回到武器制造领域。君特的律师把这个无耻的

260

谎言连同几份证实这一说法的宣誓书转交给了施塔恩贝格法院。这个伎俩奏效了。1947年12月初，施塔恩贝格的检察官在法律依据并不明确的条件下，将对君特的指控从重犯减轻为罪犯。君特也被转移到了与奥地利接壤的山城加尔米施-帕滕基兴（Garmisch-Partenkirchen）一座更舒适的拘留营。

但这对君特来说还不够。1948年1月10日，他又给施塔恩贝格法院写了一封信，抱怨自己"在毫无理由的情况下，被监禁了一年半以上"。他要求立即获释，以轻犯论处，并在信中无耻地坚称他"加入纳粹党是受人要挟、勒索"，他"多年来一直受到纳粹政府最严重的迫害"。

十天后，君特获释，等待进一步的审讯。施塔恩贝格法院允许他无保释出狱。不知出于什么原因，法院认为他不再有潜逃的风险了。同月，朱利叶斯·赫夫（Julius Herf）就任此案的新检察官。这一次，君特碰上了一个强势的对手，赫夫是位相当出名的公诉人。这位"冰冷如石的逻辑学家"曾在1933年之前在柏林起诉过冲锋队队员，现在负责巴伐利亚最引人注目的去纳粹化案件。凭借"机敏的才智、犀利的措辞和尖刻的起诉口吻"，还有那套漂亮的西装（他总会在外衣口袋里放入一小块喷了香水的手帕），赫夫在整个德国都是个令人敬畏的人物。

1948年2月8日，赫夫向施塔恩贝格法院提交了一份指控君特的起诉书。起诉书的内容经过了修改，与最初的指控相比，赫夫提交了更多的实质性内容，他首先指出，就算君特加入纳粹党是受戈培尔勒索所致，这位大亨"也并未因为所谓的党内敌意而遭受任何不利打压。他巩固和扩大其商业或工业利益时没有受到任何障碍"。事实上，君特"在商业利益方面得到了第三帝国主管当局的全力支持"。为了突出强调这一点，检察官列出了在纳粹主政期间，君特在其控制的公司（如AFA和DWM）中担任的29个行政职位，以及他在德意志银行、戴姆勒–奔驰和电气设备公司AEG兼任的监事会职位。

除了列举这位大亨在武器和弹药生产上的情况以外，赫夫还将指控集中在他征收布鲁塞尔电池企业帝陀（Tudor）的多数股权失败一事上。君特、他的儿子赫伯特，以及他们在AFA的副手们在纳粹占领下的欧洲各地成功进行"雅利安化"的吞并和征用，这些行动有许多文件资料可充当证据。但赫夫之所以选中君特这次失败的征收，是因为这起案件中有一位关键证人——帝陀最大的股东莱昂·拉瓦尔（Léon Laval）。在拉瓦尔被盖世太保拘禁，儿子又被关押在集中营的期间，君特及其同伙曾向拉瓦尔施加压力，逼他卖掉自己的股份。

1948年2月底，君特换掉了先前聘请的生手律师，又找了一个刚刚获得律师资格的律师。这是个坏兆头，审判已经迫在眉睫了。君特的新律师获得了一个月的庭审延期，以便熟悉案件并争取时间。他们采取了激进的辩护策略。为了回应赫夫的指控，君特写了足足

164页的传记和反驳，要求免除自己的罪责。君特认为，赫夫的主张基于间接证据和"伪论据"。他在自己的档案中增加了大约30份"洗涤证"，包括赫伯特和其他亲密商业伙伴的宣誓书，证明君特和他们自己的道德品质。这些人都曾在君特帝国大规模生产武器、"雅利安化"战略、使用奴隶劳工等活动里扮演关键角色；此刻，他们团结起来，想要"洗白"这些记录。

十四

1948年4月13日，君特在施塔恩贝格的去纳粹化审判开始。此前一个星期，他从巴伐利亚搬到了斯图加特的一间小型预装房里，就在费迪南德·保时捷的住所附近。审判日当天，君特将前往施塔恩贝格。根据计划，从4月中旬到7月下旬，共将进行八次庭审，哈拉尔德和赫伯特将亲自出庭作证。1947年4月，哈拉尔德从班加西的英军战俘营获释。26岁的他，有一半的人生都是在戈培尔家、前线和战俘营中度过的。现在，他从事焊工、瓦匠和铸造工作，但很快将在汉诺威开始机械工程的学习。由于哈拉尔德从未加入纳粹党，他不必面对去纳粹化的考验。

1946年底，哈拉尔德同父异母的兄弟赫伯特在汉诺威经历了"去纳粹化"。赫伯特可谓罪行累累：自愿加入纳粹党，参与了在法国进行的"雅利安化"活动，在下西里西亚帮忙规划和建造了一座附属集中营，并在柏林负责一家电池厂的招工事宜（数百名集中营女囚在该厂受到虐待）。然而，一个不知道这些罪行的去纳粹化陪审团将他无罪释放。法官裁定，这位继承人"从未积极支持纳粹党，还公开批评过该党的政策"。赫伯特可以逍遥法外了。

君特的两个儿子是第一批登上证人席作证的辩方证人。哈拉尔德说，戈培尔因为君特不是纳粹分子而对他极尽贬低，而赫伯特则描述了君特和玛格达之间就后者的反犹太立场发生的争执。兄弟俩为父亲各尽义务后不久，莱昂·拉瓦尔来到证人席。然而，赫夫以拉瓦尔为中心构建的起诉策略并没有太大的成果。帝陀公司的情况很复杂，拉瓦尔也绝非完美证人。君特尝试收购帝陀期间，拉瓦尔也与纳粹有着紧密的联系，他与赫伯特·戈林——帝国空军元帅同父异母、贪腐成性的哥哥——关系密切，这一事实对控方毫无助益。更糟糕的是，拉瓦尔讨厌君特，还认为君特被盖世太保逮捕完全是咎由自取。拉瓦尔没有证据证明这一点，但他的愤怒影响了审判，证人作证变成了大吵大闹。连拉瓦尔自己的律师都在告诫他，要克制情绪化行为，不能再把几个同伴叫到证人席上影响诉讼。

目睹了这一切，君特暗自窃喜。他认为自己"彻底恢复名誉"几成定局。在结案陈词中，赫夫认为，君特曾试图在拉瓦尔最无力反抗的时候强迫他出售股份。他还援引君特在纳粹占领的欧洲各地进行"雅利安化"和征用的活动，以表明这位大亨对权力的"追求"覆盖了整个欧洲大陆，远不止是拉瓦尔和帝陀公司。赫夫建议，作为纳粹的支持者和渔利奸商，君特应以罪犯论处，罚款50万德国马克，劳改一年半，已监禁时间可抵扣。

施塔恩贝格法院并不认可这些意见。在1948年7月28日，法院做出判决（这一天正好是君特的67岁生日），仅认为他是纳粹的追随者，对他唯一的惩罚是支付诉讼费用。法院认为君特是个"对政治没兴趣的人"，完全反对纳粹主义。虽然不能把君特与玛格达、戈培尔的争吵视为"积极抵抗"，但法官们认为的确是戈培尔强迫君特加入纳粹党，法院也不认为这位实业家是希特勒政权的受益者。法官裁定，君特"拒绝用自己管理的工厂为暴君的军备政策服务"——尽管实际上，他是整个第三帝国最大的武器生产商之一。根据法院的意见，君特在欧洲各地的"雅利安化"活动不能被视为"不可接受的扩张政策"；法官们还对莱昂·拉瓦尔持否定态度，宣称他把一场商业纠纷变成了政治问题。许多支持君特的宣誓书，尤其是那些有犹太背景或相关人士提供的宣誓书，也给法官留下了深刻的印象。法院认为，这些证词证明了君特的"人性"。最重要的是，法官们得出结论，在君特的公司里，"外国人得到了适当的关照"。法院（错误地）得出结论：只有一名强迫劳动的受害者站出来作证，而且此人也没有指控君特个人有任何不当的行为，这说明强迫劳动并非事实。

赫夫针对这一裁决提出上诉。相关的听证会于1949年4月下旬在慕尼黑举行，由于健康原因，君特本人没有出席。在结案陈词中，赫夫引用马克斯·韦伯（Max Weber）的《新教伦理与资本主义精神》（ *The Protestant Ethic and the Spirit of Capitalism* ）来解释君特的性格："它陶醉于权力的追求、大公司的建立，执念于自我的肯定；所有这一切的根源是相信自己工作的价值，不仅因为工作是道德的，也因为建立公司是终极的善，任何妨碍建立公司的东西都是坏的。"检察官辩称。

赫夫重申了他对君特的判罚建议，但巴伐利亚上诉法院维持了下级法院的判决。法院裁定，没有"明确证据"表明君特为自己谋取了"过度的利益"。不过，法官们也承认，"对一个终其一生都在证明自己知道如何积累巨额财富和强大经济实力的人"，进行这样的评估是很难的。

1949年5月23日，巴伐利亚上诉法院作出判决的四个星期后，德国被正式划分为两个国家。俗称西德的德意志联邦共和国，由美国、英国和法国的三个占领区合并而成，首都设在波恩，领导人是总理康拉德·阿登纳（Konrad Adenauer）。前一年夏天，德国马克取代帝国马克，成为德国的官方货币，以求遏制猖獗的通货膨胀。德意志民主共和国很快在苏联占领区的领土上成立，也就是俗称的东德，以柏林（东柏林）为首都。

赫夫最后一次对君特的判决提出上诉。1949年12月，巴伐利亚最高法院维持上诉法院的判决，认为在君特案中没有"确凿的有罪证据"。尽管君特起初对自己没有被完全免罪感到不安，但他很快就称赞这项裁决是"最明智的判决"。

但君特还没有完全摆脱困境。同年12月，他在柏林因佩特瑞斯电池厂虐待劳工的问题而接受调查。在战争的最后阶段，该厂使用了大约500名集中营女囚，并将她们关押在附近的附属集中营。君特称，自己在战争期间只去过这家电池厂两次，对佩特瑞斯"所谓的犹太集中营"毫不知情。他还保护了儿子赫伯特——在柏林，针对赫伯特在佩特瑞斯电池厂的所作所为进行的类似调查也毫无结果。君特在给律师的一封信中再次撒谎，他声称在战争期间，赫伯特是公司的商务主管，并不负责招工事宜。一位历史学家后来总结说，事实上，赫伯特"确切地了解"工厂使用强迫劳工和奴隶劳工的情况。

1950年2月24日，在柏林仅存的犹太社区并未提出异议后，柏林的一个去纳粹化法庭判决恢复君特的名誉。这位大亨从AFA支取了29 500德国马克的律师费，就接着回去继续工作了。君特自由了。新的十年开始了，随之而来的是德国的新时代，一个极大繁荣而又极度沉默的时代。

十五

虽然朱利叶斯·赫夫无奈地接受了君特·匡特的准无罪判决，但这位顽强的公诉人与第三帝国奸商之间的战斗尚未结束。对奥古斯特·冯·芬克男爵提起的公诉，让他又有了一次伸张正义的机会。尽管美国调查人员进行了大量的调查，但这位巴伐利亚最富有的人最终并没有站上纽伦堡审判的被告席。1948年11月初,赫夫以刑事犯罪为由起诉了冯·芬克:他是铁杆的纳粹分子,为希特勒的艺术博物馆筹集了2000万帝国马克。赫夫表示,纳粹政权对冯·芬克的努力给予了丰厚的奖励。他"雅利安化"了柏林的德雷福斯银行和维也纳的罗斯柴尔德银行,让他的私人银行默克·芬克的资产负债表翻了两番还多:从1933年的2250万帝国马克增至1944年的9920万帝国马克。

1948年12月下旬,对冯·芬克的去纳粹化审判在慕尼黑举行。指控这位银行家的主要证人是威利·德雷福斯。尽管德雷福斯和冯·芬克本已在1946年10月私下达成了和解,但和解未能获允执行;根据美国针对占领区的法案,他们必须依照正式的返还程序达成和解。1947年11月,返还法生效后,两人重新开始谈判。1948年8月,经过全面、彻底的谈判,他们达成了一项协议,内容跟两年前一模一样。

德雷福斯将获得股份,作为默克·芬克银行低价买下其柏林分行的补偿,德雷福斯的前合伙人保罗·沃利奇的在世亲属也将获得股份。德雷福斯认为,沃利奇在"雅利安化"后自杀,是因为"遭受了默克·芬克银行管理层的侮辱,这……极大地打击了他的精神"。但随后,德雷福斯提出修改和解协议的最后一项条款,该条款规定,如果未来的德国法律宣布和解协议无效,他和沃利奇的亲属将被迫返还所有归还给他们的股票。冯·芬克看到有机会重新夺回正在流失的股票，当即撕毁协议。他出乎意料地声称美国的返还法不适用于两人的和解协议，任何暗示他的银行应对沃利奇自杀负责的说法都是无礼的。和解协议被取消了。

1948年12月22日，不知出于什么原因，审判开始时，一贯铁面无情的赫夫将冯·芬克的起诉类别从罪犯改成了轻犯。同一天，冯·芬克当庭否认了所有指控。这位金融家表示，1938年与德雷福斯的交易是在善意的基础上达成的，他的银行收购罗斯柴尔德银行是为了保护所有者资产不受纳粹的侵害。他认为，虽然他是根据希特勒的明确指示担任博物馆董事会主席的，但他在此职位上为筹款所做的努力，并不是对纳粹的同情，冯·芬克认为这只是一种促进商业利益的良好方式。他声称，社交关系网是他的银行在纳粹时期发展壮大的原因之一。

冯·芬克向法院提交了大约40份"洗涤证"，每一份都证明了他不关心政治，甚至秉持反纳粹的立场；其中还包括了几份来自犹太前同事和客户的宣誓书。这是在去纳粹化程序中再常见不过的开脱之举。但接下来，冯·芬克的审判出现了一连串奇怪的波折。赫夫降低了指控的严重性，这已经颇不寻常了。接着，美国调查人员从男爵财产中没收的涉嫌犯罪的信件从法庭档案中消失了；法官们突然下令，"出于国家安全的考虑"，审判中涉及罗斯柴尔德银行"雅利安化"的部分必须闭门审理；被传唤出庭指证冯·芬克的控方证人要么没有出庭，要么突然在法官面前推翻了自己证词的内容。

冯·芬克的一位前密友后来告诉《明镜周刊》，一名潜在的控方证人"知道很多内情，痛恨芬克"，称有人付给他50万德国马克（当时约合12万美元）的天价，让他不要出庭作证。据说，节俭的金融家对此番贿赂并不知情。

幕后把戏还不止于此。朱利叶斯·赫夫是同性恋——这早就是个公开的秘密。20世纪30年代初，这位刑事检察官在柏林黑社会的绰号是"同志朱利"。冯·芬克的昔日密友告诉《明镜周刊》，就在冯·芬克的审判开始之前，有人来到赫夫的办公室，公开暗示了检察官的性取向；那人还"泄露了一些非常微妙的细节，如果这些细节曝光，对检察官将造成毁灭性的打击"。在德国，直到1994年，同性恋行为仍属刑事犯罪，而且引人非议。关于赫夫和其他检察官与年轻男子有瓜葛的谣言素有流传，毫无疑问，冯·芬克的亲信们迫不及待抓住了这个把柄。

除了减轻对冯·芬克的指控外，赫夫还在审判快结束时宣布，他将不再在结案陈词中考虑罗斯柴尔德银行的"雅利安化"问题，声称他相信冯·芬克的辩词，即接管银行是为了保护罗斯柴尔德家族的资产。尽管法院认为威利·德雷福斯的证词是可信的，但另一位关键的控方证人，一名"雅利安化"后在默克·芬克银行留任、半犹太血统的德雷福斯银行董事，却被自己的前同事说成是不可靠的酒鬼。

1949年1月14日，慕尼黑去纳粹化法院裁定，冯·芬克只是纳粹的追随者，并命令他向一家普通归还基金支付2000德国马克。法官站在银行家一边，接受了他在博物馆所扮演的角色并无同情纳粹之意、这完全是为了促进他自己商业利益的说法。法院认为，由于纳粹政府的歧视性法律，德雷福斯家族遭受了严重的经济不利影响，但同时认为，冯·芬克对这些法律不负有个人责任，他也没有趁人之危。法官们认定，在罗斯柴尔德案中，冯·芬克"表现得堪称典范，任何与之相反的字眼都显得过分"。根据法院的说法，这位50岁的金融家把自己当作"皇家商人"，在交易中实际上把自己置于与纳粹当局对抗的、相当危险的境地。法官们甚至称他在罗斯柴尔德银行收购事件中的"努力"地"积极抵抗"。

赫夫很快就对自己屈服于勒索而感到后悔。判决下达的一个月后，这位检察官对冯·芬克提起上诉。但同一名访客再一次出现在他办公室，表达了同样的隐晦威胁。提出上诉的一个星期后，赫夫给慕尼黑法院发去了一句话的简短声明，撤回上诉，而且没有做出任何解释。

至于冯·芬克，他对审判结果并不完全满意，并提出了上诉。他以自己在第一次世界大战时膝盖受伤为由申请特赦，以避免支付任何赔偿金。特赦获得批准，冯·芬克成功"去纳粹化"，重返工作岗位。

赫夫和德雷福斯就没这么走运了。审判结束后不久，由于之前写给年轻男子的调情信被泄露给公众，赫夫因同性恋"罪"指控而被暂停检察官职务。据德雷福斯说，1951年，为了得到最初协议所商定的一小部分赔款，他的律师背着他和冯·芬克讨价还价。男爵长久地拖延这笔交易，使得权力天平转到了有利于他的方向。德雷福斯随后在美国法院起诉冯·芬克，这起诉讼一路打到美国联邦最高法院，但1976年，最高法院拒绝审理此案。次年，威利·德雷福斯去世，享年91岁。

十六

对鲁道夫-奥古斯特·厄特克尔的去纳粹化，甚至从没进行过审判。在他对自己被解除欧特家博士食品公司负责人一职提出上诉后，该公司的一个内部小组委员会对他做了"去纳粹化"工作；英国当局剥夺了他的职务，因为他曾是党卫军军官。1947年4月9日，他的案子被提交给欧特家博士食品公司在比勒费尔德所设的去纳粹化小组，该小组完全由公司员工组成。这位30岁的年轻人对自己做了这样一番虚假的辩护：他听命离开德国国防军的餐饮服务部门，加入纳粹党卫军。随后，他申请重新获得军官军衔，是因为国防军和党卫军的军衔并不通用，被"强行"调到党卫军之后，他失去了之前的军衔。他做这些事情是因为他听说，军官军衔是成为公司董事的先决条件。

鲁道夫-奥古斯特提交了许多为自己开脱的"洗涤证"。现在，欧特家博士食品公司的几名员工在陪审团面前为他作证。检方没有证人，因为"没有人注意到"这位公司继承人从事过"任何政治活动"。五人组成的去纳粹化小组接受了鲁道夫-奥古斯特的解释，宣称他无罪，指出他除了被迫加入党卫军之外，还曾被判定过不适合服兵役。

几个月后，英国当局认可了对他的免罪裁决。1947年8月，在离职两年多以后，鲁道夫-奥古斯特重新担任了欧特家博士食品公司的负责人。次月，英国当局解除了对他在该公司多数股权的资产控制。几天后，1947年9月20日，他31岁生日那天，鲁道夫-奥古斯特扫清了最后一道障碍，英国委派的受托人正式解除了对欧特家博士食品公司的监督。鲁道夫-奥古斯特重新掌控了家族的烘焙产品公司。"布丁王子"将再次崛起。

十七

1947年7月31日，路易丝·皮耶希为费迪南德·保时捷和安东·皮耶希缴纳了100万法郎的保释金，两人从第戎军事监狱获释。到这一刻为止，他们已被关押了差不多两年的时间。两人回到奥地利，并获允在当地等待法国当局对战争罪指控的审判结束。此前，这两人被指控抢劫了一家被大众公司征用的标致工厂，并将该厂的七名经理驱逐到集中营——致使其中三人遇害身亡。

1948年5月5日，第戎军事法庭宣判保时捷和皮耶希无罪。这起案件早已被认为不太能站得住脚，法国证人也做出了有利于两位大亨的证词，案件不了了之。法院发现，这两人既没有参与抢劫标致工厂，也没有参与对工厂经理的驱逐。据说两人都曾为释放囚犯进行过游说。审判中完全没有提及保时捷和皮耶希曾在大众工厂强迫和奴役数千名法国平民和士兵进行劳动。

在保时捷和皮耶希被拘禁期间，费利和路易丝姐弟俩忙着将家族企业正式一分为二：路易丝·皮耶希在萨尔茨堡以保时捷的名义成立了一家新公司，费利则在斯图加特恢复了原来的保时捷公司。可这就还剩下了一个问题：大众汽车厂要怎么办？位于法勒斯莱本的工厂正被英国军方控制，他们将工厂周围的城镇改名为沃尔夫斯堡（Wolfsburg），并开始批量生产原版的大众汽车。希特勒的"人民之车"变成了广受喜爱的甲壳虫汽车。即便如此，设计这款汽车的仍然是费迪南德·保时捷，战争期间，他与大众汽车厂通过谈判签订了一份意向性的报酬合同，以待此车投入生产。

这一天终于来了。1948年9月中旬，费迪南德·保时捷和安东·皮耶希在被法国无罪释放的几个月后，保时捷家族开始与大众汽车厂新任负责人海因里希·诺德霍夫（Heinrich Nordhoff）进行谈判。这位英国任命的高管在战争期间同样有着相当不光彩的历史。一如费迪南德·保时捷、君特·匡特和弗里德里希·弗利克，诺德霍夫在欧宝担任汽车高管，是纳粹政权下的"军事经济元首"，并在欧宝公司使用了大约2000名强迫劳工。但走了"去纳粹化"的流程之后，英国当局对他过去的罪行采取了视若无睹的态度。

谈判在巴伐利亚的温泉小镇巴德赖兴哈尔（Bad Reichenhall）举行，这里与奥地利接壤，距离希特勒以前在萨尔茨堡的山间别墅仅有16公里。12年前，保时捷曾在那里向元首展示了"人民之车"的测试样车，并说服他将该车投入生产。现在要谈的则是一项不同的协议：大众汽车厂如何在未来几年为保时捷设计的甲壳虫汽车向他支付报酬。

双方的谈判结果是一个天文数字。这款车大获成功。保时捷家族最终达成协议，每售出一辆甲壳虫汽车便可收取1%的许可费——到2003年甲壳虫汽车停产时，全球总计销售了2150万辆。此外，路易丝和安东·皮耶希在萨尔茨堡新成立的保时捷公司获得了进口大众汽车的独家代理权。他们的公司成为奥地利最大的汽车经销商，并于2011年以46亿美元的价格卖回给大众汽车。另一项正式协议让保时捷王朝更加巩固：没过多久，海因里希·诺德霍夫的女儿嫁给了路易丝与安东·皮耶希的儿子。

与其他德国商业王朝不同，在刚进入纳粹时代的1933年1月，保时捷-皮耶希家族本来濒临破产。如今，战争结束后，在巴德赖兴哈尔达成的交易稳固了他们的地位，并让保时捷-皮耶希家族成为德、奥两国最富有的家族之一。这一切发生在1948年9月中旬，当时，第一款保时捷跑车尚未投产，位于斯图加特的保时捷工厂（这家工厂日后将生产出数百万辆全世界最受欢迎的汽车）仍处在美国陆军的

275

资产管制之下。

在奥地利，费迪南德·保时捷写道："我为斯图加特的工厂哀悼……每一天都是。"尽管在1949年3月初，美国解除了对保时捷公司及其在斯图加特的私人资产的控制，但事实证明，这次控制解除为期甚短。自从1948年夏天以来，阿道夫·罗森伯格就和保时捷公司展开了激烈的法律斗争。罗森伯格未能回到公司，这位犹太移民现在想要得到补偿：重新在他参与创立的公司成为股东，拿回费迪南德·保时捷和安东·皮耶希在1935年"雅利安化"时从他那里得到的股份。保时捷公司拒绝任何和解，罗森伯格要求再次冻结斯图加特公司的资产。1949年10月，这一要求获得批准。

1950年9月底，此案开庭审理，保时捷和皮耶希的律师向罗森伯格的律师提出和解方案：五万德国马克加一辆车。罗森伯格可以从以下两款车中任选其一：一是大众甲壳虫豪华版，二是保时捷356。保时捷356是保时捷家族推出的第一款跑车，由保时捷的儿子费利设计。罗森伯格并没有回到斯图加特，他要在洛杉矶照顾生病的妻子。罗森伯格的律师没跟他商量就接受了和解，并在事后写信通知了他。保时捷公司从美国的资产管制中解脱出来，罗森伯格最终选择了一辆大众甲壳虫汽车。

费利已经带着他的跑车设计从奥地利回到了斯图加特。现在，他的父亲终于可以跟着他一起回来了。1949年6月，趁着与罗森伯格的法律斗争正在激烈进行的时机，费迪南德·保时捷启动了他的去纳粹化进程。奥地利的去纳粹化举措慷慨而宽松，他便留在了奥地利的庄园。他与律师采取的辩护思路和许多德国人用过的基本一样："保时捷教授一直仅仅是技术人员，一名设计师……当时的政治议题，不管是过去还是现在，他都完全不曾思考过。"1949年8月30日，斯图加特附近的一家去纳粹化法院宣判，费迪南德·保时捷，这位一度是希特勒最心爱的工程设计师无罪。

对于这个结果，费迪南德·保时捷特别高兴，因为这意味着他不必支付约3.9万德国马克的诉讼费了。由于他的公司断断续续地遭到资产冻结，他一直靠两个孩子的接济和出租斯图加特的别墅收取的租金生活。"我免费'褪褐'了。'免费'这一点对我来说非常重要。"判决几个月之后，他在写给一个朋友的信中写道。因为冲锋队的制服是褐色的，"褪褐"就意味着"去纳粹化"。费利自己就曾是一名党卫军志愿军官，但他也在去纳粹化法庭上获得了免罪判决，他才不在乎新同事过去穿过什么颜色的纳粹制服呢（确切地说，他的新同事穿的是党卫队的黑色和野战灰色制服）。为了推广第一辆保时捷跑车，费利与阿尔伯特·普林辛（Albert Prinzing）合作。普林辛是纳粹党早期的成员，曾在海德里希手下的党卫队安全部门担任军官，还跟墨索里尼的意大利法西斯政党有联系。简而言之，这是个真正的纳粹信徒。盟军将普林辛关押了三年，1948年5月，一个去纳粹化法院裁决普林辛为轻罪。随后，儿时好友费利聘请他担任保时捷的商务总监，在此期间，他帮助费迪南德·保时捷成功地完成了去纳粹化诉讼。

普林辛负责为费迪南德·保时捷安排"洗涤证"。汽车设计大师非常感激他的这名新雇员。1950年1月中旬，保时捷写信给普林辛，说自己很感激，并意识到"你为我们工作得多么努力，你为我们取得的一切成就作出了多么大的贡献"。此时，保时捷因为身体虚弱，不再继续在以他的名字命名的汽车设计公司担任重要角色，费利和普林辛这两名前党卫队军官才刚刚登上舞台。1949年11月，保时捷356在斯图加特投产，18个月之内就生产了500辆。随后，普林辛将保时捷356推向全球最大的汽车市场——美国。这款车的销售大获成功。富裕的美国人迅速成为保时捷公司在德国境外最重要的客户群体。最终，将保时捷这个珍贵的名字带进美国的，并不是该公司受到迫害的犹太联合创始人、德国移民阿道夫·罗森伯格，而是普林辛，前党卫队高级突击队中队长。

十八

虽然第三帝国的大多数大亨们都只挨了一巴掌就脱身了事，但有一位实业家显然是个例外。1947年3月15日，弗里德里希·弗利克和他的五名同伙一起被押上了纽伦堡司法宫狭窄的被告席。负责此次审判的美国首席检察官特尔福德·泰勒宣读了对他们的起诉书。弗利克和其他被告因大规模使用强迫劳工和奴隶劳工而被指控犯有战争罪和反人类罪。其中，弗利克和其他四名被告被指控在纳粹占

278

领的法国和苏联地区掠夺被征用的公司。弗利克、他以前的得力助手奥托·施泰因布林克、弗利克的表亲康拉德·卡列奇（Konrad Kaletsch）被指控要对纳粹德国在战前进行的几次重大"雅利安化"举措负责。弗利克和施泰因布林克还被指控是希姆莱"经济友人圈"的成员，并在经济上支持党卫队及其罪行。六名被告都拒绝认罪。

纽伦堡军事法庭进行了12起由美国主导的审判，弗利克案是其中的第五起。在涉及工业家的三起审判中，它是第一起。其余两起分别针对阿尔弗里德·克虏伯（Alfried Krupp）和他的董事们，以及化工集团IG法本的高管。［在所谓的"威廉大街审判"（针对政府内阁成员）中，纳粹经济官员威廉·开普勒和保罗·普莱格各被

1947年，在纽伦堡受审的弗里德里希·弗利克站在两名法警之间

判处十年监禁。〕弗利克是第三帝国最大的武器生产商、"雅利安化"项目的执行者之一，他通过他的钢铁、煤炭和机械企业集团剥削强迫劳工和奴隶劳工。在战争期间，可能有多达十万名劳工被迫在弗利克的钢铁厂里制造大炮、炮弹，或在他的矿井里挖煤。

没有哪个大亨像弗利克那样通过纳粹德国大捞特捞。在武器生产规模及对强迫劳工和奴隶劳工的需求方面，只有另一位钢铁巨头阿尔弗里德·克虏伯和他年事已高、无法接受审判的父亲古斯塔夫能够与之一较高下。但弗利克的工业帝国是他只用了30年的时间，从无到有建立起来的；而克虏伯家族则有着延续了一个多世纪的家业。希特勒经常公开将克虏伯家族作为德国工业的榜样，甚至专门为他们制定继承法，以规范继承权。相比之下，自1933年以来，弗利克一直在无人注意的情况下，悄无声息地做着这一切。这位厌恶媒体的大亨到了现在才首次在整个世界前曝光。

1947年4月19日，对弗利克的审判正式开始。特尔福德·泰勒在开场白里强调了德国实业家对纳粹罪行和维持希特勒政权所负有的广泛共同责任。"一个独裁政权的成功，不在于每个人都反对它，而在于有权势的集团支持它，"他主张，"第三帝国独裁政权是建立在纳粹主义、军国主义和经济帝国主义的邪恶三位一体之上的。"泰勒接着引用了希特勒于1933年2月在柏林举行的一场现已广为人知的会议上，向包括弗利克、君特·匡特和奥古斯特·冯·芬克在内的一群大亨发表的讲话。在那次会议上，元首说："在民主

280

时代，私营企业是无法维持的。"检察官宣称，工业和金融业的巨头们同意纳粹元首的观点，随着他们的道德价值观变得堕落，他们的商业行为也走向了腐败。

泰勒以严厉的语气结束了他的开庭陈述：

> 本案的故事是……一个关于背叛的故事。被告都是有钱人；许多矿山和工厂都是他们的私有财产。他们肯定会告诉你，他们相信私有财产神圣不可侵犯，也许他们还会说，他们支持希特勒是因为德国的共产主义威胁到了这个观念。但是隆巴赫和里加的工厂是属于他人的。被告会告诉你，他们不是反犹太主义者，甚至还保护过个别犹太人免受纳粹的伤害。然而，他们与希姆莱一起出现在公众面前，还向他支付了大量钱财，而希姆莱几乎灭绝了整个欧洲的犹太人，但这并不让他们觉得有失身份。他们靠富有的犹太人的不幸以自肥。他们的矿山和工厂要人力劳动来运营，他们最应该懂得劳动的真正尊严。然而，他们让时光倒转，在欧洲恢复了奴隶制。这些人无耻地背叛了他人的期待，最终，他们背叛了德国。他们真正的罪责就在于此。

接下来的五个星期里，泰勒和他的助手陈述了起诉弗利克及其他五名被告的理由。压倒性的证据表明弗利克集团使用了强迫劳工和奴隶劳工，以及该公司"雅利安化"和征用其他企业的行为。但涉及个人对这些大规模违法行为的了解和责任时，检察官很难明确证实弗利克和其他被告的罪行。来自美国州法院的三名法官也帮不上忙。案情十分复杂，再加上从德语翻译过来的公司文件太多，他们常常感到困惑。

1947年7月2日，弗利克的律师鲁道夫·迪克斯（Rudolf Dix）开始为被告辩护。迪克斯曾在纽伦堡的主要审判中成功为亚尔马·沙赫特辩护，弗利克击败君特·匡特，聘请了这名律师。在开场陈词中，迪克斯谈到，在只手遮天的纳粹国家面前，德国工业以及这些被指控的商人们都无能为力。他主张，要为奴隶劳工和"雅利安化"负责的是当时的政府，而不是弗利克。迪克斯争辩说，这位大亨并没有掠夺被征用的国外公司——而只是投资了这些公司。他说，仅仅是希姆莱"经济友人圈"的一员，很难被视为犯罪。总的来说，迪克斯认为，美国人起诉弗利克只是把他视为一个象征，作为德国所有实业的代表。

三天后，弗利克成为第一个站上证人席的被告。接下来的11天里，在每天长达六个小时的盘问中，这位年迈的实业家为自己辩护，自始至终站得笔直。在弗利克的描述中，1933年，他背上扛着靶子进入了纳粹时代。他说，在经济大萧条最严重的时候，他秘密地把自己在德国最大的工业集团——联合钢铁集团的多数股权以相当高的溢价卖给了羸弱的德国政府，因此招来了全国上下的鄙夷。

他还声称，就在希特勒夺取政权之前，他向其他政党和候选人提供了大量政治献金，也让他成了众矢之的。弗利克否认自己靠着纳粹政权的帮助积累了财富："如果只是我一个人，只要我是安全的，我会很高兴。我要的不多，因为我想过平静的生活，继续我的工作。当然，因为我有过政治记录，我需要得到一定的保护。"

弗利克把自己包装成纳粹的受害者，还声称自己与抵抗组织有联系，曾捍卫过被剥夺权利和受压迫的人。他说自己一直是犹太佩特切克家族的"代言人"，称自己"在这种绝望的经济形势下代表他们的利益"，实际上他抢劫了佩特切克家族大量的褐煤资产。弗利克否认了任何归咎于他的反犹行为或言论，称其为"与狼共嚎"。他声称，他加入希姆莱"经济友人圈"，一部分原因是为了个人安全，一部分原因是为了拓展人脉网络，还有一部分原因是为了支持党卫队首领的个人爱好和文化兴趣。弗利克还说，他投资了被征用的工厂，如隆巴赫钢铁厂，还为那里的强迫劳工和奴隶劳工改善了伙食。

面对控方的大量书面证据，辩方筹划了一连串的策略。一是将所有的责任粉饰成国家的胁迫；二是强调弗利克集团的分散性，似乎所有决策权都掌握在个别经理而非弗利克本人手中。辩方为被告提交了445份宣誓书，其中许多都证明当事人不关心政治、秉持反纳粹立场，试图用"洗涤证"淹没法官。辩方还开始质疑控方证人的证词，尤其是那些曾在弗利克的工厂里从事强迫和奴役劳动的人，这导致了几次离奇的对峙。一名辩护律师说教一名"东方劳工"，声称如今德国人平均分到的食物比她在隆巴赫强制劳动营里吃的还少。迪克斯轻描淡写地描述弗利克拥有的一家工厂的厨房里使用了法国强迫劳工，说法国人毕竟是"世界上最好的厨师呀"。这里有个例子，很好地说明了美国地方法官对实际情况是多么缺乏了解：主审法官严肃地问在弗利克的格罗迪兹武器厂里工作的一名前集中营囚犯，那里的晚餐是不是没有配餐红酒。

弗利克无能的大儿子奥托-恩斯特也参与了这场闹剧。不知何故，他明明在隆巴赫钢铁厂和格罗迪兹武器厂担任过领导，却逃过了起诉；不仅如此，他还以辩方证人的身份登上了证人席。这位31岁的继承人作证说，他在法国洛林的隆巴赫钢铁厂周围"闲逛"，观察到强迫劳工的生活条件多少算得上舒适。他还宣称，有些女工的劳动强度并不高，他为她们提供了星期天到他花园里干活的机会，好让她们"吃到一些特别好的东西"。

辩方用了三个月的时间为六名被告陈述案情。1947年11月底，控方开始进行结案陈词。特尔福德·泰勒敦促美国法官不要被辩方的论证所迷惑，认为这次审判在迅速变化的德国"仅仅是一个时代的错误"。相反，泰勒认为，"世界需要的重建，不仅仅是物质上，更是道德上的重建。"检察官表示，尽管被告"充分表明了对利润制度的忠诚……他们对一切文明国家的商业界所必须依赖的其他基本原则，却没有那么热心"。他说，他们"对资本主义制度的忠诚"并不凌驾于法律之上。"自由企业不依赖奴隶劳动，诚实的企业不依靠掠夺扩张，"检察官总结道，"自然……无论面对诱惑还是威胁，商人都必须遵守法律对所有人的要求，坚定不移，不愿犯罪。"

迪克斯用他在开场白中的话，总结了他为弗利克辩护的结案陈词："被告生活在第三帝国的统治下，该政府强迫受其统治的人做出邪恶和不公正的行为。这是他们的悲剧，不是他们的罪过，甚至不是他们悲剧性的罪过。"弗利克的侄子伯恩哈德·魏斯（Bernhard Weiss）的律师则没这么含蓄，他质疑诉讼中的"大范围"起诉："对实业家的这场首次审判，不是对弗利克博士及其助手的攻击，而是对整个德国经济、对德国资本主义及其实业家的攻击。"

弗利克也认同这些观点。他代表所有的被告，在法官面前做了最后陈述。过去的八个月里，他几乎每天都戴着低调的黑框老花镜，穿着一身褪了色的灰色双排扣西装。"我是作为德国工业的代表人物站到这里的，"白发苍苍的大亨咆哮道，"通过对我的判决，控方努力想证明他们的论点是正确的，即德国工业把希特勒扶上了马鞍，鼓励他发动侵略战争，唆使他无情剥削被占领土上的人力和经济潜力。我抗议，哪怕在世人眼中，德国实业家被打上了奴隶主和掠夺者的烙印……没有哪个……了解我的被告同胞和我自己的人，会愿意相信我们犯了反人类罪，没有什么能使我们相信，我们是战犯。"

主审法官随后下令休庭。地方法官将在四个星期后回到法院，对弗利克案作出裁决——正好来得及过圣诞节。

十九

1947年12月22日，距离特尔福德·泰勒宣读对弗利克等人的起诉书已经过了九个多月，美国法官回到法庭作出裁决。庭审共计耗时六个多月，提出了将近1500份证据，听取了包括六名被告在内的将近60名证人的证词。诉讼的英文记录长达11 000多页。这是一场冗长的审判。

最后的判决注定会让各方失望。弗里德里克·弗利克被判处七年监禁，他自1945年6月中旬被捕以来的服刑时间可以折抵。奥托·施泰因布林克被判处五年监禁。最后，弗利克斯的侄子伯恩哈德·魏斯被判处两年半监禁，包括弗利克的表亲康拉德·卡列奇在内的其余三人无罪释放。

在这六人中，只有弗利克和魏斯因使用强迫劳工和奴隶劳工（而且是只在一家工厂里）而被定罪。只有弗利克一人被认定犯有抢劫罪，但仅限于被征用的法国隆巴赫钢铁厂。"雅利安化"的指控被彻底驳回了——这些交易在战争开始前就已经达成，而法院的管辖权仅限于战争期间犯下的罪行或与战争有关的罪行。弗利克和施泰因布林克被判通过希姆莱"经济友人圈"资助党卫队及其罪行。施泰因布林克被判刑的另一项罪名是：他是党卫队军官，是该犯罪组织的一员。

在关于纽伦堡后续诉讼的最后报告中，泰勒称对弗利克的裁决"非常（甚至过分）温和且有息事宁人的态度"。对比一下阿尔弗里德·克虏伯的下场就更是如此了：克虏伯被判处12年监禁，资产遭到没收。在弗利克一案中，法官们在最重要的一点上采纳了辩方的论点：强迫劳工和奴隶劳工计划是纳粹政权推行的，超出了六名被告和整个德国工业所能控制的范围。根据美国法官的说法，只有一家工厂例外，检方毫无疑问地证明，弗利克和魏斯为了提高那里的生产率，不惜动用苏联战俘。

法官们还认为，德国在苏联领土上征用的钢铁公司以前是国家财产，并非私人财产，所以在战争的背景下，弗利克可以接管它们。这位大亨被判有罪的唯一原因是，他从法国所有者手里抢夺了隆巴赫钢铁厂。与此同时，不知出于什么原因，法院还得出结论，弗利克离开时，这个工厂的状况比他接手时更好了。由于缺乏管辖权，法官驳回了"雅利安化"的指控，但他们同样未能看出这些交易的性质已构成了犯罪。法官们认为，这一指控最好交给民事法庭处理："衡平法院可能会对出于压力或胁迫而进行的买卖提出质疑，但……这种使用压力的行为，哪怕是基于种族或宗教理由，也从未被认为是反人类罪。"

然而，三位法官并不相信弗利克和施泰因布林克斯的说辞，例如他们向希姆莱"经济友人圈"缴纳会费只是为了支持这位党卫队首脑的神秘学爱好和文化兴趣。尽管法院认为，两人的会员身份可能构成了某种个人保险，这是一个减轻处罚的理由，但他们也一定清楚，他们每年的大量财务捐款，至少有一部分被用于维持一个正在大规模灭绝犹太人和其他种族的犯罪组织。美国法官说，弗利克和施泰因布林克给希姆莱开了"一张空白支票"，这笔钱"是用来支付工资还是用来购买致命毒气，是无关紧要的"。

弗利克的下一个目的地是兰茨贝格监狱，20多年前，慕尼黑啤酒馆政变失败后，希特勒在那里向两名助手口述了《我的奋斗》。弗利克也将再次崛起。下达判决之前，他就聘用了一位美国律师。弗利克是唯一一个在监狱里就其纽伦堡判决向美国法院系统提出上诉的罪犯，案件一直上诉到美国联邦最高法院。但1949年，最高法院拒绝审理他的案子。他的定罪依然有效。

二十

在监狱里，弗利克不得不把任务委派他人，以拯救自己的工业帝国。他的企业集团大约有一半在苏联占领区，被苏联当局征用；另一半则处于美、英两国的资产控制之下。随着盟军重组西德钢铁和煤炭企业集团的计划，后一部分资产必须得到安全的引导。美国人和英国人希望让德国经济分散开来，消除重整军备的风险。1947年12月审判结束后，弗利克将两名无罪释放的副手分别派往美占区和英占区。两人将与盟军和德国当局就重组方案进行谈判。

等到弗利克从兰茨贝格监狱获释，这些复杂的谈判仍在进行。联邦德国成立后，杜鲁门总统任命共和党律师约翰·J. 麦克洛伊为美国驻德国占领区的首任高级专员。麦克洛伊曾是美国占领政策和纽伦堡审判的设计师。1950—1951年，麦克洛伊监督了一系列有争议的宽大处理，涉及100多名纽伦堡罪犯。他不仅赦免了阿尔弗里德·克虏伯等实业家，甚至归还了他的资产，还减轻了许多党卫队高级官员原本的死刑判决和监禁时间，这些人都对纳粹占领欧洲各地时屠杀数十万人（大部分是犹太人）负有责任。麦克洛伊出于政治目的做出了这些决定。它们旨在安抚一个重要的新盟友：联邦德国政府及其民众。有许多人正在大力推动对二战战犯减刑。

特尔福德·泰勒闻讯大怒。1951年初，这位前纽伦堡检察官在《国家》（*Nation*）杂志上谴责麦克洛伊的决定是"政治权宜之计的体现，被一种在法律、事实以及当代世界政治现实方面完全不可接受的方法所扭曲"。然而，如今的政治风向有利于被定罪的德国战犯。杜鲁门政府在冷战和朝鲜战争中陷入困境，要与联邦德国保持良好关系，并做出一些牺牲。

1950年8月25日，弗利克获释出狱，因为他表现良好，麦克洛伊给他减刑两年。67岁的大亨在监狱里呆了五年，有一段时间在兰茨贝格监狱图书馆做登记员。弗利克对这份工作很不上心，接替他的狱友不得不处理积压了四个月的归还书籍。现在，到了弗利克回到真正的工作岗位上的时候了。当监狱大门打开时，记者和摄影师正等着这位大亨和其他一同获释的纽伦堡战犯。弗利克仍然讨厌媒体的关注，他躲在一把雨伞后，径直走向一辆等候在此的豪华轿车，和妻子玛丽一起坐到后排。豪华轿车随即加速驶向巴伐利亚乡村。弗里德里希·弗利克自由了。

在与朋友和同事提及纽伦堡审判时，弗利克对自己的定罪不屑一顾："审判我的法院显然是一个美国法院。所有人，包括秘书、辅助人员和法官都是美国人。此外，他们每天为美国祈祷两次。驳回我的上诉只符合美国的国家利益。"弗利克在监狱里经历了去纳粹化程序，在英国占领区被列为免罪。他已经把企业集团的总部搬到了杜塞尔多夫，而杜塞尔多夫所在的区域允许弗利克在获释后直接返回工作岗位，接管有关弗利克家族企业重组的微妙谈判。

他做得非常成功。1951年底，弗利克将自己持有的大型钢铁公司马克斯许特1/4的股份卖给了巴伐利亚州。一年后，盟军高级委员会批准了弗利克的重组计划。1954年5月，弗利克卖掉了余下两家煤炭公司的大部分股份。这些交易让弗利克净赚了约2.5亿德国马克。他将部分收益再投资于一家法国钢铁公司、一家比利时钢铁公司，成为西欧经济一体化初期最不受欢迎的开拓者。他还有大约1.5亿德国马克可供投资，怎么处理这些钱呢？弗利克很快就在世界上最大的汽车公司之一——戴姆勒-奔驰为它们找到了去处。到20世纪90年代末，这位罪行确凿的纳粹战犯再次登上了顶峰，成为德国最富有的人。

第五部分 『九个零』

一

　1954年12月27日，君特·匡特前往埃及度假。自从他的去纳粹
化审判结束后，他比以往任何时候都更加努力地工作，在法兰克福
一间不起眼的办公室里埋头苦干，重组他的商业帝国剩余的部分。
但他的身体很虚弱。1950年，他轻微中风，虽然康复得还算快，但
仍然必须每隔三到六个月去医院检查几周，以解决其他健康问题。
君特总是带着一个装满工作文件的手提箱去医院。现在，他想逃离
德国的严冬，去非洲呆上几个星期。在这个圣诞节后的假期里，这
位旅行者为自己安排好了行程，其中包括去开罗郊区吉萨（Giza）
的金字塔观光。他住在埃及首都开罗著名的米娜宫豪华酒店。但他
最终没能前往金字塔。1954年12月30日早上，君特在一间能看到狮
身人面像的酒店套房里去世。他是否孤独一人死去，至今仍然是个
谜。长久以来一直有传言说，这位大亨是在"小死"*过后去世的。

　＊　法语俚语，即"la petite mort"，指的是性高潮之后产生的短暂空虚和
忧郁。

那一年，君特73岁。

当年早些时候，联邦德国人的情绪发生了变化，德国人的骄傲又回来了。1954年的世界杯决赛，联邦德国队击败匈牙利队，纳粹时代的口号"德意志，德意志高于一切"响彻伯尔尼体育馆。德国回来了，但君特走了。

20世纪50年代不仅仅是一个新的十年，还是一个全新德国时代的曙光，这一切都要"感谢"美国政府。1950年6月爆发的朝鲜战争是点燃西德经济复苏的火花。杜鲁门政府开始花费数十亿美元用于重整军备，将许多美国工厂转向了武器制造。于是，其他许多商品的生产陷入瓶颈，变得稀缺。西德出手收拾了局面。作为一个重要的西方工业化国家，它有能力填补制造业的真空，也可以通过其强大的出口能力来应对全球对消费品的巨大需求。到1953年，西德的经济已翻了两番。如果说其他国家对购买德国产品有什么残存的厌恶情绪，那么，这种情绪显然很快就消失了。

在总理康拉德·阿登纳领导的西德，"经济奇迹"为大多数德国人开启了一个前所未有的经济增长与空前繁荣的时代。特别是那些"去纳粹化"的大亨和他们在西德的继承人，他们进入了一个深不可测的全球财富时代，这个时代一直持续到今天。但这些新发现的意外之财，完全不曾惠及数百万生活在苏联阵营的东德民众。随着不平等现象的恶化，一种沉默文化也弥漫在分裂的德国。它掩盖了第三帝国的恐怖以及许多德国人在其中扮演的邪恶角色。西德的大亨们把数千万甚至数亿帝国马克变成数十亿德国马克和美元，并（重新）获得对德国和全球经济的控制权，他们很少甚至从没有回头看过。这些大亨给他们的继承人留下了价值数十亿美元的公司和财富——以及一段等着被人揭开的血腥历史。

二

1955年1月8日，君特·匡特的追悼会在法兰克福大学的礼堂举行。赫尔曼·约瑟夫·阿布斯，第三帝国最有影响力的银行家之一，如今担任了德意志银行董事长，很快就将成为西德最有影响力的金融家。他在悼词中这样评价君特："他从未跪倒在专横的国家面前。"这与阿布斯本人1941年在君特于柏林举行的盛大60岁生日宴会上所做的评语完全相反。当时，这位银行家对着一群纳粹精英发表致辞，盛赞君特的奴性："你对德国和元首的信念是你最出众的特点。"

君特最亲密的助手、AFA"雅利安化"战略的重要设计师霍斯特·帕维尔也发表了悼词，他几乎没有提及纳粹时代，只是说自己的老板和导师在战争期间是多么努力地工作。帕维尔还钦佩地谈到君特充分利用德国众多金融灾难和政治灾难的"杰出"能力："他……谨慎地为行动做好准备，娴熟巧妙地加以操作，直至最终实现既定的目标。"

尽管苏联当局没收了君特在东德的公司、工厂、房屋和地产，但他在西德的许多资产得以保留：汉诺威的AFA电池厂、几家DWM武器工厂及其子公司毛瑟和杜莱内，以及大型化学及制药公司百克顿（这家公司于二战期间被君特收购时，就已完成了"雅利安化"）的剩余资产。他还拥有石油和钾肥巨头温特沙尔近1/3的股份，以及戴姆勒-奔驰4%的股份（直到1945年，他一直是这家汽车巨头的监事会成员）。这是一手很有先见之明的举动。全球范围内的大规模机动化正在发展，西德的经济未来取决于汽车工业。在他去世前的几年里，君特重组了AFA，将其定位为汽车蓄电池和启动电池的主要供应商。

西德业务的重组，意味着要正视一些丑陋的事实。DWM的全称"德国武器弹药制造厂"被改成了一个听起来更清白的名字：IWK，也就是卡尔斯鲁厄工业公司（Industriewerke Karlsruhe）的缩写。此外，该公司被禁止制造武器和弹药，至少目前如此。君特的百克顿公司到战争结束时，已经发展成为德国最大的制药企业之一，但它有一些分支部门是由"雅利安化"的子公司组成的。二战后，原犹太所有者的继承人发起了归还程序。这些谈判谨慎地结束了，土地、建筑物和机器被交还给了继承人。君特的律师以务实的态度处理这些事务："战争期间，没有哪一家德国公司不进行'雅利安化'，所以到处都有赔偿归还诉讼，因此它们需要律师。"他后来回忆道。

君特竭尽全力对抗这些诉讼。1947年，逃亡到伦敦的德国犹太化学家弗里茨·艾斯纳（Fritz Eisner）在英国占领区向AFA提出归还要求。1937年，君特将艾斯纳位于柏林郊外的电化学公司"雅利安化"，现在艾斯纳希望得到补偿，以弥补君特付给他的微薄款项。但这些公司此刻位于苏联占领区，已经被罚没。君特没有就先前敲诈和压低价的行为向艾斯纳道歉，而是让AFA的律师以司法管辖权为由进行抗辩。1955年，君特去世后不久，艾斯纳的归还要求遭到驳回。

三

君特·匡特的商业遗产到底是什么呢？一位记录德国工业家的商业记者库尔特·普利茨考莱特（Kurt Pritzkoleit）曾于1953年在一本书中，给关于匡特的章节取了这样一个标题："庞然未知的力量"。普利茨考莱特是第一个揭露君特工业帝国的庞大规模及其保密癖好的记者：

君特将自己的所作所为隐藏起来，不让外人看到，这是他逐渐培养起来的一种罕见技能……除了与他关系密切的人之外，几乎没有人能够完全掌握他活动的范围和广泛性。他有着在我们这些软弱虚荣的人当中极为罕见的模仿能力，能够披上与周围环境一致的保护色。他将这种能力发展得臻于完美：在纺织制造商当中，他是纺织制造商；在金属工人当中，他是金属工人；在武器专家当中，他是武器专家；在电气工程师当中，他以电气工程师的身份出现；在保险专家当中，他以保险专家的身份出现；在钾盐矿工当中，他是钾盐矿工。他的每一种外表都显得如此真实可信，在他活动的多个领域中，遇到他的观察者都相信，这种保护色是原始的，唯一的，与生俱来，不可改变。

商业王朝和企业的连续性对君特来说至关重要。这位大亨曾目睹其他商业家族陷入与继承有关的内讧。他想尽一切办法避免这种情况，所以，他制定了缜密的计划，来解决自己死后的安排。他的儿子赫伯特和哈拉尔德将分别接管他工业帝国的一个特定部分。哈拉尔德在技术上更有天赋；1953年，他从机械工程专业毕业，在学生时代，他已在父亲的多家公司担任监事会成员。因此，让他监管武器和机械公司IWK、毛瑟、杜莱内和库卡（Kuka）是很合理的。比哈拉尔德年长十岁的同父异母哥哥赫伯特将管理AFA、温特沙尔和戴姆勒-奔驰的股份。

君特留下的遗产价值5550万德国马克（约合今天的1.35亿美元），其中大部分是公司股票。他通过两家控股公司将这些资产几乎平分给赫伯特和哈拉尔德。但由于君特在此前的十年中已经将许多资产转移给了两个儿子（这是一种规避遗产税的策略，世界上许多最富有的人至今仍在利用），他的实际遗产规模是无法计算的。

但可以这么说，它肯定超过了5550万德国马克。匡特家族通过不同的控股公司构建的所有权和债务太过复杂，就连最有经验的审计师也会举手放弃。"这些证券有多少是用个人资金或银行贷款获得的，无法详细说明。……这些交易……相互交织，不可能在证券的买入和个人借款之间建立联系。"德国政府1962年下令进行的一项审查曾如此报告。

尽管如此，这些生意还是顺利地移交给了匡特家族的下一代。君特的儿子赫伯特后来打趣道："怀着对我父亲应有的敬意，我必须这样说，要不是他去世的消息刊登在了报纸上，没有人会注意到他的生意。"在君特的追悼会期间，匡特家族的工厂暂停了运转，为他默哀。但很快，一切便回到了正轨。赫伯特和哈拉尔德住在法兰克福北部的温泉小镇巴特洪堡（Bad Homburg），两家人住的地方相距不到百米。他们热衷于扩张匡特家族的商业帝国，留下自己的遗产。父亲刚去世，这对同父异母的兄弟就开始增持继承得到的汽车制造商戴姆勒–奔驰的股份。但他们不知道，另一位德国大亨拥有更多的资金，外加独立的投资计划，还拿得出数百万闲钱来执行计划。这位大亨就是弗里德里希·弗利克。"戴姆勒之战"即将爆发。

四

1955年7月中旬，在斯图加特举行的戴姆勒–奔驰年会上，两名新的大股东——赫伯特·匡特和弗里德里希·弗利克被登记入册，并当选为该汽车制造商的监事会成员。赫伯特在戴姆勒-奔驰公司登记了3.85%的股份，这是他和哈拉尔德从君特手里继承来的。但弗利克获得了25%的股份，成为拥有少数否决权（blocking minority）的股东，这出乎所有人的意料。这位大亨刚出狱，就开始秘密购买戴姆勒-奔驰的股票。匡特兄弟和弗利克现在想要更多。赫伯特和哈拉尔德想要25%的股权，弗利克则觊觎多数股的控制权。随着德国最富有的两大商业王朝争相增持股份，戴姆勒-奔驰的股价狂飙猛涨。1956年1月，第三位投资者出现了：一个来自不来梅（Bremen）的投机木材商人，他积累了8%的股份，想把自己的股份以两倍于股价的高额溢价卖给匡特家族或弗利克。

由于来了一个共同的敌人，匡特家族和弗利克迅速休战。他们达成了一项秘密交易，以排挤新的投资者。弗利克拒绝了投机者的出价，迫使后者以一个低得多的价格将股份卖给了赫伯特和哈拉尔德。匡特兄弟和弗利克随后拆分了这笔股份，继续增持。到1956年6月举行的下一年度戴姆勒-奔驰股东大会上，哈拉尔德·匡特和弗利克的长子奥托-恩斯特加入了这家斯图加特汽车制造商的监事会。

1959年底，弗利克成为戴姆勒-奔驰公司的最大股东，持有大约40%的股份；匡特家族持有约15%的股份；居于他们之间的德意志银行拥有28.5%的股份。德意志银行董事长、戴姆勒-奔驰监事会主席赫尔曼·约瑟夫·阿布斯，弗利克和匡特家族这三巨头，将在接下来的数十年执掌这家欧洲最大的汽车制造商。而且，三方的统治还很团结，争执不多。弗利克将他持有的部分戴姆勒-奔驰股份放在赫伯特·匡特拥有的一家控股公司之中，好让赫伯特有资格享受税收减免。几大商业王朝正式勾结在了一起。

尽管赫伯特和弗利克在戴姆勒-奔驰紧密合作，但在拯救宝马的尝试中，双方成了竞争对手。20世纪50年代末，由于车型缺乏多样性以及管理不善，这家慕尼黑汽车制造商曾濒临破产。赫伯特请求哈拉尔德允许自己用单独的账户购买宝马的股票，与匡特集团分开。这项投资很冒险，但酷爱跑车的赫伯特想要重组宝马公司。

赫伯特开始购买宝马的股票和可转换债券。媒体起初怀疑弗利克是股价上涨的幕后黑手，但弗利克予以否认。然而，在1959年12月的年会上，宝马公司提出了一项由弗利克支持的重组计划。其中包括向戴姆勒-奔驰独家发行新股，如果这样的话，戴姆勒-奔驰就将持有老对手宝马的多数股权。弗利克是戴姆勒-奔驰最大的股东，他认为这是廉价得到宝马控制权的方式。但在慕尼黑召开的股东大会上，股东们发生了激烈争执，最终并未接受弗利克支持的重组计划。在弗利克试图发动公司"政变"之后，赫伯特牢牢地掌握了控制权，并在成为宝马最大的股东后开始亲自着手公司的重组。

赫伯特对宝马进行了长达十年的重组，事实证明，他做得很成功。他任命了新的管理层，扩大了车型的范围，并继续购买股票。1968年，宝马的收入达到了10亿德国马克，赫伯特持有其40%

的股份。当年夏天，他将家族长期持有的石油和天然气巨头温特沙尔的股份，以大约1.25亿德国马克的价格卖给了化工巨头巴斯夫（BASF）。他利用这笔交易得到的部分收益，成为宝马的控股股东。直到今天，他的两个孩子仍然保持着对这家汽车制造商的控制权，是德国最富有的同胞手足。

五

对于匡特家族和其他诸多德国商业王朝来说，第三帝国的幽灵从未远离。这主要是因为大亨们自己总是邀请它回来。哈拉尔德·匡特在巴特洪堡雇用了一对夫妇，作为他的家庭服务人员；在纳粹时期，这对夫妇就曾为戈培尔家族工作。一名给匡特王朝作传的作者后来透露："20世纪30年代给他母亲开车的那个人，现在开车送他的女儿上学。"此类雇用并不仅限于哈拉尔德的私人生活。20世纪50年代初，哈拉尔德把约瑟夫·戈培尔两个最亲密的副手从宣传部带到了匡特集团，并为他们安排了高级职位。其中最著名的是沃纳·瑙曼（Werner Naumann），他是希特勒政治遗嘱中为戈培尔指定的继任者，也曾是哈拉尔德的母亲玛格达的另一个情人。哈拉尔德聘请瑙曼加入杜莱内公司的董事会时，瑙曼才刚刚被英国驻德国占领区的政府机关释放；1953年，瑙曼和一群新纳粹分子试图渗透进一支德国政党，但英国人挫败了这一阴谋。而这显然并未给匡特家族的继承人造成太大困扰。哈拉尔德在与朋友的谈话中为雇用瑙曼的决定加以辩解，认为瑙曼是"一个聪明的家伙，不是纳粹"。但瑙曼在1928年就加入了纳粹党，并于1933年晋升党卫队准将。从任何标准看，他都是一名坚定的纳粹分子。

在为商业王朝积累财富的过程中，哈拉尔德并不是唯一一个与德国的黑暗过去保持联系的人。20世纪50年代，两名前党卫队军官费利·保时捷和阿尔伯特·普林辛忙着让保时捷356在全球取得巨大成功。在斯图加特的保时捷公司，费利身边还围绕着更多的前党卫队军官。1952年，他任命弗里茨·胡施克·冯·汉斯坦（Fritz Huschke von Hanstein）男爵负责保时捷公司的全球公共关系，并任命他为赛车团队的主管。冯·汉斯坦是二战期间赛车界的偶像，开着希姆莱最喜欢的宝马，穿着印有党卫队缩写SS的外套——他干巴巴地解释说，"SS"代表"Super-Sport"（直译为"超级运动"）。冯·汉斯坦在党卫队的职业生涯并不仅限于赛车。他是党卫队队长，在被纳粹占领的波兰协助对犹太人和波兰人的"重新安置"。不过，冯·汉斯坦因强奸未遂而遭到党卫队法庭的惩戒之后，便在希姆莱那里失了宠。

1957年1月，保时捷聘请了约阿希姆·派佩尔（Joachim Peiper），四个星期前，一个美德联合赦免委员会对他先前的死刑判决进行了减刑，他刚从兰茨贝格监狱获释。派佩尔曾是希姆莱的副官，战后被美国驻德军事法庭判处死刑，罪名是他指挥党卫队坦克部队实施了1944年马尔梅迪大屠杀，在这场屠杀中，84名美国战俘遇害。经阿尔伯特·普林辛鼓动，保时捷公司聘请这名纳粹战犯担任销售推广主管。派佩尔对自己的新职位十分满意。"你看……我默默地在联邦德国经济奇迹那泥泞的大洪水里游泳。不在顶层，也不在底层，而是在中间，不会引起任何波澜。"派佩尔在给律师的信中写道。但最终，这家汽车公司雇用派佩尔的决定还是引发了相当大的声浪——哪怕这家公司已经有了大量前党卫队军官——它新近还雇用了希特勒从前的司机埃里希·科姆普卡（Erich Kempka）和党卫队将军弗朗茨·塞克斯（Franz Six）。1960年，保时捷公司得出结论，继续雇用派佩尔可能会损害公司在美国的声誉，而美国对该公司的出口业务至关重要。于是，派佩尔遭到解雇。

同一时期，另一位前党卫队军官鲁道夫－奥古斯特·厄特克尔在西德的经济奇迹中获利颇丰。他的家族企业欧特家博士在1950年创下了全新的销售纪录，售出了约12.5亿包泡打粉和布丁粉。凭借这些利润，鲁道夫－奥古斯特将家族在比勒费尔德的烘焙用品业务发展成为一家全球性的企业集团。他增持了家族在航运公司汉堡南美（Hamburg Süd）的股份，并投资了更多的啤酒厂。鲁道夫－奥古斯特还进入了新的行业：他收购了私人银行兰珀（Lampe），并任命纳粹银行家雨果·拉茨曼为普通合伙人。在第三帝国时期，拉茨曼曾帮助君特·匡特、弗里德里希·弗利克、奥古斯特·冯·芬克和许多大亨在纳粹占领的波兰进行企业的"雅利安化"和征用。

拉茨曼1960年死于一场车祸，四年后，鲁道夫－奥古斯特任命

303

鲁道夫·冯·里宾特洛甫为兰珀银行的总经理。冯·里宾特洛甫是纳粹德国趋炎附势的外交部部长约阿希姆·冯·里宾特洛甫（他第一个登上了纽伦堡的绞刑架）的长子。鲁道夫-奥古斯特和鲁道夫·冯·里宾特洛甫从1940年起就是朋友，但冯·里宾特洛甫在党卫队的事业远比"布丁王子"成功。他曾是阿道夫·希特勒党卫军第一装甲师战功赫赫的坦克指挥官，他的母亲是德国最大的起泡酒生产商之一汉凯的继承人。儿子以战俘身份获释后，她曾提名其就任汉凯的执行合伙人，但她的亲戚们和汉凯董事长赫尔曼·约瑟夫·阿布斯出手阻止了这一任命。他们认为，冯·里宾特洛甫这个姓氏会对生意不利。但鲁道夫-奥古斯特没有这样的疑虑。"他说服我远离家族的小圈子，去为他工作，"冯·里宾特洛甫后来在回忆录中写道，"他为我提供的商业机会远比我想象的更具有挑战。我将永远感激他。"

鲁道夫-奥古斯特首先安排冯·里宾特洛甫在自己投资的一家木偶工厂工作。同期，冯·里宾特洛甫加强了与党卫军人脉网的联系。1957年1月，他请鲁道夫-奥古斯特为自己在党卫军坦克师的老战友提供经济援助，这些老兵均因马尔梅迪大屠杀而被判刑，最近刚被释放出狱。这群纳粹战犯包括党卫军部队的前指挥官和保时捷公司最近雇用的约阿希姆·派佩尔。说到底，这个世界很小。鲁道夫-奥古斯特很乐意在经济上支持这些党卫军的老战友，但这位吝啬的大亨不想直接付款——那样就无法免税。相反，鲁道夫-奥古斯特建议像之前那样，利用欧特家博士集团，将资金转移到"无声援助"（Stille Hilfe），这是一个为被判有罪或逃亡的党卫队成员提供援助的秘密组织；它至今仍然存在。

鲁道夫−奥古斯特很快就将冯·里宾特洛甫提拔为兰珀银行的普通合伙人，但直到1986年鲁道夫以1.3亿德国马克收购汉凯家族的起泡酒业务时，这对前党卫军战友的关系才真正回到了起点。

六

一位大亨因自己在第三帝国时期的行为要面对实际的商业影响，他做出了非常激烈的反应。1954年11月，奥古斯特·冯·芬克男爵在阿尔卑斯山脚下谋划着复仇。在巴伐利亚州与奥地利交界的米滕瓦尔德（Mittenwald），他雇用的猎人头领博克（Bock）给停在那里的老吉普车装上了防滑链。在仆人、厨师和猎狗丁戈的陪同下，冯·芬克驱车沿着险峻的道路来到装饰有鹿角的乡村山间小屋"聚会所"。他想在卡文德尔山脉下的雪景中喘口气。在与全球最大的两家保险公司的权力斗争中，他刚刚承受了第一次交锋。

这位56岁的贵族金融家重回他的私人银行默克·芬克掌舵已经有一段时间了，他正在对他父亲共同创办的保险巨头安联和慕尼黑再保险发起恶意收购。冯·芬克之所以试图进行这么激烈的"政变"，是因为他最近被降职了。1945年，美国驻德国占领区的执政机构解除了这位男爵在两家保险公司所任的监事会主席职务；虽然

305

去纳粹化审判结束后不久，他就被允许以监事会成员的身份回到慕尼黑再保险，但已不再是监事会主席。这对冯·芬克来说还不够，他想要夺回自己原来的两个职位。鉴于他不久前还是希特勒的坚定支持者，也是私人银行"雅利安化"的重要获利者，无法想象这两家著名的全球保险公司会让他重新担任原来的职位。于是，他愤怒地退出了慕尼黑再保险的监事会。"1945年抛弃了太多的传统，安联的新人想要自己的圈子。毕竟，当时美国的坦克在这个国家隆隆作响，人们只能点头。"冯·芬克坐在自己的小木屋里向《明镜周刊》的记者抱怨道。

通过父亲的遗产和私人银行，冯·芬克仍然是这两家股本紧密交缠的保险公司的最大股东。因此，这位金融家于1954年针对这种冷落做出回应，开始通过"白手套"公司秘密购买安联的股票。他的目标是将他持有的8%的股份增加到至少25%，以获得两家公司的控制权。冯·芬克的恶意收购没有得到德国商业银行的支持，因为银行与保险公司关系密切。但这位巴伐利亚最富有的人有足够的钱花到自己身上。这位节俭的金融家一反常态，购买了安联16.5%的股票。然而，保险公司阻止了他的新股登记，因此他无法利用自己的全部投票权。与此同时，这位向来不受普通人待见的冷漠男爵未能说服足够多的小股东加入他的阵营，形成一个拥有否决权的少数股东群体。

这种情势下，必须找到解决的办法。经过艰苦的谈判，冯·芬克与两家保险公司于1955年1月底达成了协议。为了登记新股，冯·芬克撤回了在他召集的临时股东大会上投票表决重组相关提案的打算。但这位金融家仍是这两家保险公司的大股东；他日后还会是保险公司的大麻烦。双方随后进行了更多谈判，最终达成了一项不同的协议。为交换其持有的安联和慕尼黑再保险的大部分股份，冯·芬克将获得大型钢铁公司南威斯特法伦（Südwestfalen）可观的少数股权。

令冯·芬克十分沮丧的是，他很快将被迫与南威斯特法伦钢铁厂的新任大股东展开竞争。这位大股东不是别人，正是男爵的老相识弗里德里希·弗利克。20世纪50年代，弗利克四处出击，以弥补在监狱服刑时失去的时间和生意。总部位于杜塞尔多夫的弗利克集团几乎完全告别了煤炭，正在加大对钢铁的投资，并涉足汽车和化工行业。与此同时，这位大亨再熟悉不过的另一个行业正在西德复兴：武器制造。弗利克想加入这一行业，但这么想的不止他一个人。大把利润丰厚的国防合同等着商人去争取，很多大亨都对这些合同虎视眈眈。德国的军备竞赛又开始了。

七

前德国空军伞兵中尉哈拉尔德·匡特负责家族庞大商业帝国的武器和弹药部门。他是IWK（原名DWM）的负责人，该公司正迅速崛起，成为西德最大的武器制造商之一。西德的军备重整，要归功于美国参与朝鲜战争和冷战。朝鲜战争结束后，艾森豪威尔政府要求西方盟国在冷战相关的军事负担*中承担更平等的份额。阿登纳总理抓住这个机会，主张西德重整军备。1955年5月，西德加入北约，并得到允许可以再次拥有军队。六个月后，西德建立了新的军队——联邦国防军。不久，匡特家族的IWK及其步枪制造子公司毛瑟再次获得了制造武器的许可。

对哈拉尔德这样的技术爱好者来说，重整军备的决定不啻为天大的好消息。他在地下室里修建了一个全自动射击场，在巴特洪堡的匡特家族别墅下面建造了一个防辐射掩体。1957年，这位工程专业毕业生甚至得到了开发坦克原型的机会。法国和西德军队同意共同生产一款坦克，并举行了设计竞赛。以IWK为首的财团获胜。但是法德坦克项目最终失败了，因为政府希望西德能生产本国的坦克：豹式坦克。西德退出了合作计划。

西德订购了大量的新型主战坦克。西德军队想要1500辆豹式坦克，每辆的单价为120万德国马克，第一批订单的总金额可能高达18亿德国马克。哈拉尔德对赢得这份合同充满信心，但有两个在制造和设计坦克方面更有经验的大亨向他发起激烈的竞争——弗里德里希·弗利克和费利·保时捷。尽管弗利克的得力助手在1956年向媒体宣称，这位被定罪的武器生产商"对任何武器都深感厌恶"，但他在同年便重新进入了这一行业。弗利克拥有的一家钢铁子公司开

---

* 即军费支出所占的比例。

始为德国空军新型的诺拉特拉斯军用运输机、菲亚特G91喷气式战斗机和洛克希德F-104战斗轰炸机制造部件。

这只是弗利克武器生产计划的开始。弗利克控制的克劳斯玛菲公司（Krauss-Maffei）所接的机车订单逐渐枯竭，他便让该公司通过豹式坦克的招标进入武器生产领域，与戴姆勒-奔驰公司合作生产发动机，与保时捷公司合作进行设计。但此时的保时捷公司已经失去了两位联合创始人。费迪南德·保时捷于1951年去世，享年75岁；次年，安东·皮耶希因心脏病突发去世，年仅57岁。这两人始终没能从法国军事监狱的拘禁中完全恢复过来。

费利·保时捷和他的妹妹路易丝·皮耶希介入，巩固各自的保时捷公司。制造出第一辆带有家族姓氏的汽车后，费利又一次在他父亲失败的地方取得了成功：保时捷公司设计的坦克原型付诸大规模生产。1951年，在瑞士达沃斯（Davos）滑雪度假期间，费利遇到了来自印度实业财团塔塔家族的一名成员。因为曾与克劳斯玛菲公司在机车生产方面有过良好的合作经历，塔塔家族希望与戴姆勒-奔驰公司共同在印度生产卡车和坦克。当然，当时西德的公司还没被允许制造坦克。因此，费利找出了一个漏洞：他们将与戴姆勒-奔驰在瑞士成立一家合资企业，进行坦克设计，从而规避了德国不得生产武器的要求。最终，塔塔-戴姆勒在印度的工厂根据费利的设计大量生产坦克。

十年后，克劳斯玛菲公司和戴姆勒-奔驰（现在都在弗利克的控

309

制之下）回报了当年的善意，让保时捷公司加入豹式坦克的招标，参与设计。哈拉尔德·匡特认为自己有更好的计划，但他低估了弗利克的政治人脉。哈拉尔德想把生产转移到由左翼政党主政的汉堡，而弗利克则提议在巴伐利亚生产豹式坦克。巴伐利亚是前德国国防部部长、巴伐利亚执政党基督教社会联盟（CSU）铁腕主席弗朗茨·约瑟夫·施特劳斯（Franz Josef Strauss）的家乡，该地更偏向保守。在施特劳斯的支持下，弗利克和费利击败了哈拉尔德，在1963年拿下了豹式坦克的合同。

豹式坦克大获成功。弗利克的克劳斯玛菲公司仅从第一份合同中就预计获利4.08亿德国马克。不久之后，几个北约盟国的军队也纷纷下了订单。到1966年，豹式坦克的累计产量已经达到约3500辆，新款改进型号也很快获得了订单。对于他的汽车公司重返武器研发领域，费利·保时捷并没有感到不安。"我们永远不知道政治会朝哪个方向发展。从建军理念来看，我们的军队以防御为原则。为完成这项任务，我们必须用最好的武器装备它。"费利在一本自传中写道。

尽管在豹式坦克的竞争上失利，哈拉尔德仍然毫不畏惧地投身武器研发和生产。他再次带领另一个财团，为一款德美联合研发的坦克设计原型。但这个耗资巨大的项目也没能成功。哈拉尔德和费利还忙于设计水陆两栖车。联邦国防军并未采纳费利的军用原型车（跟他父亲的"桶车"没有太大区别），哈拉尔德设计的民用"水陆两用车"在世界范围内也算遭遇了失败。他的IWK公司在制造地雷这方面更为成功，该公司向西德军方及其众多盟友供应了100多万枚杀伤性地雷和反坦克地雷。IWK生产的一些杀伤性地雷直接出口或是转卖到了非洲。埃塞俄比亚、厄立特里亚、安哥拉等国都发现了未爆炸的IWK地雷。这些地雷虽然意在致残或杀死士兵，但最终的结果可能是杀死了更多的儿童和平民。它们的数量很多，可能在哈拉尔德·匡特死后很久仍蛰伏在非洲的土地之下。

八

1967年9月22日晚上10点半，哈拉尔德·匡特乘坐自己的"比奇空中国王"飞机从法兰克福机场起飞，目的地是尼斯，确切地说是哈拉尔德在蔚蓝海岸（Côte d'Azur）的别墅，他打算卖掉它。飞机上有他的情妇和另外两位客人。那天晚上，法兰克福上空暴风雨不断，飞行员很快就失去了与空中交通管制的无线电联系。第二天，一位牧羊人在阿尔卑斯山脉边缘的山脚下发现了这架私人飞机的残骸。它飞进了皮埃蒙特（Piemonte）地区的山区，离都灵（Turin）不远。哈拉尔德、所有随行人员和飞行员，全体遇难。

哈拉尔德意外丧命时年仅45岁。他留下了妻子英格（Inge），五个年幼的女儿（年龄从两个月到16岁不等），以及22个行政职位和监事会职位。然而，这些数字与他同父异母的哥哥赫伯特相比还略微逊色。赫伯特有过三次婚姻，生了六个孩子，拥有的董事会席位比任何西德实业家都要多。哈拉尔德死后，唯一比匡特家族更富有的德国人是弗里德里希·弗利克。

弗利克以及西德和美国军方的高级军官在法兰克福出席了哈拉尔德的追悼会。他们向这位富有进取心、个人魅力十足的实业家表示敬意，称他热爱交际，喜欢参加聚会。哈拉尔德最亲密的同事对他的早逝"极度沮丧"，但并不特别惊讶。他们一直担心他总有一天会碰到这样的意外。哈拉尔德始终热爱冒险生活，尽管他见多识广，经历丰富，但还是对生活抱有孩童般的热情。这种态度与他同父异母的哥哥——保守的赫伯特形成了鲜明的对比。自小视力不佳的赫伯特是宝马的救星，他不喜欢陌生人。但事实上，哈拉尔德才是那个有着沉重心理负担的人。哈拉尔德的一个女儿曾问他，她会不会有很多兄弟姐妹，因为哈拉尔德自己就有六个弟弟妹妹，他没能心平气和地回答这个问题。虽然曾经的悲惨遭遇并不是完全的禁忌，但基本上没人和他讨论过。而哈拉尔德无论走到哪里，都带着这段可怕的往事。

一位德国记者曾描述自己在法兰克福的一次聚会上偶遇哈拉尔德的情景，那次聚会是由一位著名的犹太建筑师举办的："在一群兴奋、快活的面孔中，有一张脸苍白如月，一双晶莹如水的眸子，凝视着，静寂无声……不知在看什么。那张苍白的脸，礼貌而勉强地微笑着，仍然一动不动。在我看来，那对明亮的眼睛后面，似乎有一场遥远的风暴正在肆虐，那是一段无法治愈的不幸记忆。哈拉尔德·匡特，富有的继承人，玛格达·戈培尔的儿子……每个看到他的人都会想起当一切都结束时，他母亲在元首地堡里所做的可怕牺牲。"哈拉尔德从未原谅他的母亲和继父谋杀了他深爱的弟弟妹妹的行为，他也从未从亲人们的死亡中走出来。当代表戈培尔的律师就其遗产问题联系哈拉尔德时，哈拉尔德表示不想与此事有任何瓜葛。哈拉尔德告诉律师，他只想怀念那段在柏林施瓦能岛上的房子里，与六个弟弟妹妹及母亲度过的岁月。

哈拉尔德的死让匡特家族四分五裂。与此同时，弗利克一家也在走向瓦解。一个商业王朝将在内部动荡中幸存下来，另一个则会分崩离析。

九

1970年初春，寒冷的一天，《明镜周刊》的一名记者在位于慕尼黑东部的默申菲尔德庄园见到了奥古斯特·冯·芬克男爵，当时，他穿着一套简朴的蓝色西装和一双鞋跟磨损的棕色皮鞋。这位记者前来拜访，是为一篇有关土地改革的文章对这位71岁的老人进行专访。冯·芬克的衬衫领子和袖口似乎磨破了，领带也歪歪斜斜。"用这位老人来推翻'人靠衣装'这句话并不难。坐拥十亿德国马克的资产，他还是遵循着农民的老一套规矩。"记者在这篇长达12页、名为《九个零》的特稿开头写道。到1970年，按财富多寡排列，弗里德里希·弗利克、奥古斯特·冯·芬克、赫伯特·匡特和鲁道夫-奥古斯特·厄特克尔是西德最富有的四位商人。这四人都曾是纳粹党员，其

313

中一人是党卫军志愿军官。他们都成了亿万富翁。

这位贵族金融家的私人银行默克·芬克价值十亿德国马克，但他的大部分财产还是放在了土地上。冯·芬克的大庄园在慕尼黑郊外绵延19公里，几无间断。在这座德国最富裕的城市，大庄园在其郊区占据了2023公顷的土地，在当时的价值约为20亿德国马克，其中1/3是草地和农田，2/3是森林。每到星期日，男爵都会穿着一件破旧的深绿色外套，开着破旧的大众汽车来到巴伐利亚乡村，在他的森林里跋涉好几公里。在巴伐利亚，奥古斯特·冯·芬克无处不在。"这就像那个兔子和刺猬的童话故事一样，"一名工会工作人员向《明镜周刊》的记者抱怨道，"无论我们走到哪里，冯·芬克早就在那儿了。"

这位巴伐利亚州最富有的人仍然保持着铿吝本色。冯·芬克从不带零钱。如果他需要付钱，就会把脏乎乎的手指插进马甲，喃喃地说："咦，我口袋里没有钱了吗？"他会摊开手，接受他身边任何人递来的硬币。他搭顺风车去附近村庄的理发店，因为在那里理发要比在慕尼黑便宜15芬尼。"他不理解这个必须进行社会变革的世界，甚至不想了解，"记者写道，"他就像在博物馆里一样，继续生活在他成长的那个时代。"冯·芬克并不是唯一一个坚守在黑暗时代的大亨。

前党卫军军官鲁道夫-奥古斯特·厄特克尔仍然对纳粹分子十分友善。他一直雇用着自己的党卫军老战友冯·里宾特洛甫，也没有停止向"无声援助"组织捐款。20世纪50年代初，鲁道夫－奥古斯特的第二任妻子苏西离开了他，改嫁给了一位贵族，这位贵族很快就成为西德新纳粹政党——德国国家民主党（NPD）的知名政客。1967年，《明镜周刊》报道说，在该党的外围势力最受欢迎的时候，鲁道夫－奥古斯特私下会见了一些新纳粹政客。他在汉堡的豪宅里接待另一位德国国家民主党的领导人，通过前妻的新婚丈夫认识了该党的创始人。1968年5月，德国的《时代周报》（*Die Zeit*）将欧特家博士食品公司和弗利克集团列入了德国国家民主党的支持企业名单。但两家公司都否认支持该党。

1968年9月下旬，尽管遭遇了大规模的抗议活动，一家公共博物馆仍以里夏德·卡塞洛斯基为名在比勒费尔德开馆。卡塞洛斯基是深为鲁道夫－奥古斯特爱戴的继父、纳粹分子，也是希姆莱"经济友人圈"的一员。为了设计这家博物馆，鲁道夫－奥古斯特委托了美国明星建筑师、同为纳粹支持者的菲利普·约翰逊（Philip Johnson）。几十年后，馆名争议再次爆发，市议会让博物馆删掉了卡塞洛斯基的名字。作为回应，鲁道夫－奥古斯特撤回了他对博物馆的资助，以及他借给博物馆的艺术品。

＋

1967年12月，改名为艾伦·罗伯特的阿道夫·罗森伯格因心脏病发作在洛杉矶去世。这位深受迫害的保时捷联合创始人、流亡者去世时年仅67岁。20世纪50年代初，罗森伯格与保时捷公司达成和解。费迪南德·保时捷和安东·皮耶希相继去世后，他回到斯图加特与费利会面。罗森伯格向他提供了专利，并希望在加利福尼亚代理保时捷公司的业务。发生了那么多事情之后，罗森伯格仍然希望回到自己联合创办的公司。而费利含糊回应，再无下文。

罗森伯格去世近十年后，费利出版了他的第一本自传：《我们在保时捷》（*We at Porsche*）。在书中，这位跑车设计师不仅歪曲了罗森伯格遭遇"雅利安化"、被迫逃离纳粹德国的真相，还歪曲了其他德国犹太人被迫出售公司、逃离希特勒政权的故事。费利甚至指责罗森伯格在战后敲诈勒索。更有甚者，这位前党卫军军官在他扭曲的叙述中公然诉诸反犹太的刻板印象和偏见："战争结束后，那些受到纳粹迫害的人似乎认为，哪怕他们已经得到了赔偿，仍有权利获得额外的利润。罗森伯格绝非孤例。"

此时已年过花甲的费利举了一个例子：一个犹太人家庭离开纳粹德国，前往墨索里尼统治下的意大利，为此自愿卖掉了他们的工厂。战争结束后，一家人返回德国，要求"第二次赔偿"——至少在费利的叙述下是这样。他接着说："罗森伯格秉持类似的想法，这也无可厚非。毫无疑问，他认为，既然他是犹太人，又被如此残暴的纳粹赶出了德国，他有资格获得额外的利润。"

费利还谎称他的家人把罗森伯格从纳粹的监狱中解救了出来。但在1935年9月底，在保时捷家族将罗森伯格持有的保时捷股份"雅利安化"的几个星期之后，把罗森伯格从集中营里解救出来的并不是费利，不是他父亲，也不是安东·皮耶希。实际上，是在保时捷公司接替罗森伯格的汉斯·冯·维德-马尔伯格男爵为了释放罗森伯格而与盖世太保谈判，后来还帮罗森伯格的父母逃离了德国。但费利代表保时捷家族，从过世的男爵那里窃取了这些功劳："我们有很好的人脉能帮到他，让他重获自由。遗憾的是，当罗森伯格先生看到他认为能赚更多钱的机会，就忘掉了这一切。然而，不仅是犹太人，大多数离开德国的移民也这么想。"

十一

在君特去世时，赫伯特和哈拉尔德"彼此发誓，匡特家族里不会有自相残杀的战争"。但等到1967年哈拉尔德死于飞机失事后，他的遗孀英格和他同父异母的哥哥赫伯特之间的关系就开始恶化了。英格开始和已故丈夫过去最好的朋友约会，这位朋友开始批评赫伯特的商业决策。匡特家族的这两个分支发起了资产分割。经过漫长艰难的谈判，英格和她的五个女儿从赫伯特手中获得了匡特王朝所持有的戴姆勒-奔驰股份（占该公司总股份的15%）的4/5。其他资产也很快在两个家族之间进行了分割。

英格不适合过匡特家族女继承人的生活。她逐渐开始对服用处方药上瘾，每天差不多要抽上100支烟。1978年平安夜的早晨，50岁的英格因心脏衰竭死在了床上。临死前她的手里一定还夹着烟，因为她的两根手指被烧焦了。她的女儿们成了孤儿，但还有另一出戏在等着她们。第二天，圣诞节的晚上，英格的新婚丈夫躺在死去的妻子（她的尸体已经安置在了巴特洪堡的家中）旁边，吞枪自尽。次日，他的一个继女发现了他的尸体。

尽管哈拉尔德的女儿们接连遭遇悲剧，但至少她们一直过着衣食无忧的生活。1973年前后，匡特家族开始四处兜售手里的戴姆勒-奔驰股份。弗利克一家对此不感兴趣——他们自己的问题就已经够麻烦的了。匡特一家很快找到了另一个买家。1974年11月，匡特家族卖掉了股份。买家的身份最开始是保密的，但很快就被人披露出来，是全世界历史最悠久的主权财富基金——科威特投资局（Kuwait Investment Authority）。这笔交易进行之时，1973年石油危机刚到来不久，交易虽然在西德引发了争议，但它为匡特家族净赚了近十亿德国马克，是当时德国历史上最大的股票交易。哈拉尔德的女儿们一辈子有了依靠。事有凑巧，不到六个星期，他们卖掉股票的事情就被一笔更大的交易盖过了风头：弗利克的继承人以20亿德国马克的价格出售了两倍于匡特家族的戴姆勒-奔驰股份。弗利克财团和家族同样走向了崩溃。

十二

20世纪60年代初，弗里德里希·弗利克和他的大儿子奥托-恩斯特之间爆发了一场激烈的法律斗争。继承权危在旦夕，西德最大的私有企业集团——弗利克集团的未来也趋于黯淡。君特·匡特把商业王朝和企业的连续性视为一切，这一点对弗利克来说也一样。但与君特不同的是，弗利克从未建立起能够让公司顺利接班的结构，以便把火炬传给儿子们。更糟糕的是，奥托-恩斯特想把自己与控制欲过强的父亲分离开来，这让他在弗利克集团董事会的会议室里变成了一个专制且粗鲁的领导者，疏远了身边的共事者。

奥托-恩斯特与他冷静、理智、精于算计的父亲截然相反。在杜塞尔多夫，弗利克家族曾召开过一次气氛紧张的家庭会议，旨在讨论奥托-恩斯特的职业前途。在会上，奥托-恩斯特指责父亲是个懦夫；弗利克回答说，他是"地球上最善良的人，但不是懦夫"，还补充说，他的儿子很快就会在法庭上发现这一点。弗利克的妻子玛丽对儿子的断言尤其残酷："你有理由让人寄予厚望。然而，你的一些不良品质在你的一生中变得过于顽固……你缺乏给你父亲接班的性格要求和职业适合度。"

经过多年的紧张争论，弗利克终于在1961年年底得出结论，玛丽是对的：他的大儿子就不是那块料。弗利克修改了企业集团的股东协议，更偏向小儿子弗里德里希·卡尔，把他拔擢到比他哥哥（两人的年纪相差11岁）更高的位置上。奥托-恩斯特采取的回应是起诉他的父亲和弟弟违反合同，并在法庭上要求解散并分割弗利克集团。

这场诉讼在杜塞尔多夫的法院拉扯了好些年。奥托-恩斯特输掉了两次审判。1965年秋天，双方达成庭外和解。奥托-恩斯特以大约

1960年，弗利克家族合影。最左侧为奥托-恩斯特（左一），玛丽（右四）和弗利克（右三）居中，最右侧是弗里德里希·卡尔（右一）

8000万德国马克的价格被家族企业集团买断出局，他持有的30%股份转移给了他的三个孩子。他的弟弟弗里德里希·卡尔现在控制着公司的大部分股份。弗利克倒也不是特别喜欢这个小儿子，但在接班人问题上，他已经没有时间和选项了。他现在把希望寄托在自己的两个孙子（都是奥托-恩斯特的儿子）身上，他们的名字是穆克和米克。

在撕裂家族的和解协议达成几个月后，玛丽去世了。她与弗利克结婚50多年，认为眼下的两个儿子都没有能力接她丈夫的班。她无情地评价说，奥托-恩斯特"有才华，有能力，也很勤奋，但跟人合不来"，弗里德里希·卡尔"没有才华，没有能力，也不勤奋，但跟人合得来"。

妻子去世后，抽了一辈子廉价雪茄的弗利克患上了支气管疾病，他从杜塞尔多夫搬到了德国南部，到阿尔卑斯山区呼吸新鲜空气。他最终在康斯坦斯湖边的一家酒店长住下来，那里距离瑞士边境仅有几分钟路程。1972年7月20日，过完89岁生日的十天后，弗利克在酒店的套房里去世。

十三

在他去世之时，弗利克是西德最富有的人，也是全世界最富有的五人之一。他控制着西德最大的私营企业集团，拥有103家公司的多数股权和227家公司的少数股权，年收入近60亿美元，旗下员工超过21.6万名，其中包括戴姆勒-奔驰的员工。

然而，弗利克拒绝向曾在他控制的工厂和矿山里从事强迫或奴役劳动的人支付任何赔偿金。20世纪60年代初，犹太追讨委员会（Jewish Claims Conference）提交了一份针对诺贝尔炸药公司（Dynamit Nobel）的索赔申请，这家公司由弗利克控制，过去生产炸药，后转型为塑料制造商。二战期间，它从匈牙利、捷克斯洛伐克和波兰征用了大约2600名犹太女性作为奴隶，在地下工厂制造弹药。这些女性来自奥斯维辛集中营和格罗斯-罗森集中营，并被驱逐到布痕瓦尔德附属集中营，分配到炸药公司工作。大约有一半的女性在这场磨难中幸存下来。事有凑巧，弗利克在二战期间并未得到诺贝尔炸药公司的所有权，直到1959年他才成为大股东。残酷的是，他不但拒绝了这些女性的赔偿主张，还拖延了好几年才彻底退出谈判。就连曾下令提前释放弗利克的前美国驻德国占领区高级专员约翰·J. 麦克洛伊都出手干预此事，他呼吁弗利克承担道德义务。当然，这番呼吁没有起到任何效果。

诺贝尔炸药公司索赔案摆上弗利克办公桌之前的15年时间里，他就在赔偿谈判方面积累了丰富的经验。在此期间，这位大亨在三起极为复杂的"雅利安化"案件中成功达成和解，没有承认任何罪行，只给已移居外国的哈恩家族和佩特切克家族偿还了一小部分资产，仅占当年他从两个家族手中强行购买或协助掠夺的大型工业企业的一小部分。他不仅保住了所有剩余资产，还通过与政府的谈判，为自己在伊格纳兹·佩特切克"雅利安化"项目中给赫尔曼·戈林国家工厂的所有煤炭资产讨得了赔偿，赚到了一笔利润。

因此，并不出人意料的是，在杜塞尔多夫举行的弗利克追悼会上，似乎无处不在的德意志银行董事长赫尔曼·约瑟夫·阿布斯致悼词时的语气，比在法兰克福的君特·匡特追悼会上更为冷静。在与伊格纳兹·佩特切克的继承人就他自己在"雅利安化"进程中扮演的可疑角色达成和解后，阿布斯代表继承人一方与德国政府和弗利克进行了调解。接着，作为中间人，在与犹太人追讨委员会的无情交易中，阿布斯又代表弗利克参与了调解。在弗利克的葬礼上，阿布斯说，对这位大亨一生所做工作的任何评估，都应该"留给更为客观的史学，也就是比我们这个饱受蹂躏与折磨的国家所熟知的那些历史更为客观的史学"。

阿布斯在1972年7月底发表这一不同寻常的阴郁宣言，并不仅仅是因为弗利克（或者他自己）在第三帝国时期所从事的不正当交易。20世纪60年代，学生抗议运动标志着西德发生了文化上的转变。更进步的一代步入成年，他们出生在二战之后，对国家的权力结构、第三帝国持续控制几乎所有社会领域的高级职位，以及对德国纳粹历史缺乏任何真正的清算都持批评态度。领导德国大工业的老派反动人士对此困惑不解。在他们成长的时代，权威是不容置疑的，痛苦的事情都可以直接扫到地毯下藏起来。最重要的是，经历了近25年的飞速发展，西德繁荣的经济终于开始降温。弗利克留下了一个迅速老化的企业集团，以及一个日趋瓦解却又以维持原样不破为己任的家庭。

奥托-恩斯特没有参加父亲的追悼会。大约18个月后，绝望的他死于心脏病发作，年仅57岁。他的弟弟弗里德里希·卡尔立即将弗利克集团变成了自己的集团，接替已故的父亲担任集团的掌门人。1975年1月中旬，他宣布以20亿德国马克的价格将戴姆勒-奔驰公司29%的股份出售给德意志银行。有传言说，弗里德里希·卡尔当时正在和伊朗的巴列维国王谈判，想将弗利克家族所持的全部戴姆勒-奔驰的股份出售给他。但西德政府并不认可这笔交易，尤其是这时距匡特家族将戴姆勒-奔驰的股份出售给科威特投资局，才过了六个星期。因此，德意志银行出面，收购了这些股份。弗里德里希·卡尔需要流动资金来处理紧急的家庭事务。次月，他以4.05亿德国马克的价格将自己的侄子穆克和米克、侄女达格玛"买断出局"。这样，奥托-恩斯特的三个孩子就被排除在家族企业之外，弗里德里希·卡尔现在独自统治着弗利克帝国。

与严厉、喜欢简朴生活方式的工作狂父亲不同，弗里德里希·卡尔热衷于享受财富。他乘坐飞机，流连于巴伐利亚和杜塞尔多夫的豪宅、奥地利的一座狩猎庄园、蔚蓝海岸的别墅、纽约的顶层公寓、巴黎附近的一座城堡，以及一艘名为"戴安娜二号"的超级游艇之间。他在慕尼黑召集的私人聚会以放荡淫逸而闻名。这位弗利克家族的继承人聪明但懒惰，对经营家族企业不太感兴趣。他把大部分工作交给了自己的童年好友埃伯哈德·冯·布劳希奇，此人是一名风度翩翩的律师，靠着老弗利克的提拔进入管理层。这两个最要好的朋友如今坐拥大笔现金。

他们与西德财政部达成了一笔交易：出售戴姆勒-奔驰股份所获得的数十亿美元基本上可以免税，只要这笔钱在两年内再投资于德国经济或符合条件的海外资产。因此，接下来的几年里，弗利克对在德国拥有的几家公司进行了升级，将数亿美元重新投资给了美国企业，如格雷斯化学公司（W. R. Grace）。西德最大的私营企业集团的免税待遇也及时得到了批准。

但这一切在1981年11月初轰然垮塌。当时，税务机关突袭了弗利克集团首席会计师在杜塞尔多夫的办公室——他个人涉嫌逃税。调查人员发现的情况要更为阴暗：根据详细的文件记载，十多年来，冯·布劳希奇共向西德三个最大的政党行贿了近2600万德国马克，以促成免税待遇。弗利克集团借助一个天主教传教会将政治捐款洗白并返还给自己，再将所得现金分配给最大的收款人：联盟党（CDU/CSU），这是由两个保守政党（基督教民主联盟和巴伐利亚基督教社会联盟）组成的联盟。冯·布劳希奇委婉地将这些贿赂称为"培育政治环境"。

　　"弗利克事件"是德国迄今为止最大的政治腐败丑闻，动摇了整个国家的核心。《明镜周刊》称之为"收买国家"。在随后的调查中，包括新任总理赫尔穆特·科尔（Helmut Kohl）在内的数百名现任和前任国会议员被牵扯进来。科尔保住了自己的职位，但他手下的经济部部长奥托·冯·兰斯多夫伯爵（Count Otto von Lambsdorff）因收受弗利克集团的贿赂而遭到起诉，最终黯然辞职。弗里德里希·卡尔否认对贿赂知情，并将一切罪责都归咎于他的朋友冯·布劳希奇。1987年，冯·布劳希奇在弗利克集团的董事职位遭到解除，并因逃税被判两年缓刑并处以罚金。他搬到了苏黎世和摩纳哥。他和弗里德里希·卡尔仍然是亲密的朋友，但这对他而言似乎是出于无奈。冯·布劳希奇后来的回忆录有一个十分生动的标题——《沉默的代价》。

　　那时，弗利克集团已经不复存在。1985年12月，就在对弗利克事件的诸多调查仍在进行之际，弗里德里希·卡尔以54亿德国马克（22亿美元）的价格将他的全部企业出售给了德意志银行，创下了当时西德最大的企业交易新纪录。年近六旬的弗里德里希·卡尔已经受够了庞大的生意，套现后很快就移民到了税收宽松的奥地利。在他父亲第一次秘密收购一家钢铁公司近70年后，弗利克集团解体了。这个家族企业集团本就声名狼藉，贿赂事件成了压垮它的最后一根稻草。一位德国历史学家后来总结说，弗利克一度强大的企业集团只剩下了"继承人的巨额财富和一个难听的名字"。

和他的父亲一样，弗里德里希·卡尔坚决拒绝对那些曾在弗利克集团从事强迫和奴役劳动的人给予赔偿。他把这些烂摊子留给了德意志银行，让后者去履行犹太追讨委员会对诺贝尔炸药公司发起的索赔。1986年1月，德意志银行立即采取了行动，向那些仍在世的犹太女性支付了500万德国马克（约合200万美元）。西德即将迎来一场变革，被最杰出的德国商界领袖们掩盖起来的纳粹罪行终将大白于天下。

十四

在弗利克帝国走向崩溃的时候，其他德国商业王朝也正在发生内讧。20世纪七八十年代，保时捷-皮耶希家族爆出了不少头条新闻，但不是因为令人兴奋的新款跑车设计，登上新闻的是肮脏的家族内部性丑闻和关于继承权的内讧。除了这些略显典型的大家族纷争之外，还有绑架的威胁。1976年，鲁道夫-奥古斯特·厄特克尔的一个儿子在他就读的巴伐利亚大学的校园停车场遭到绑架，被关在一口木箱里足足47个小时，还遭受了电击。在他的父亲支付了2100万德国马克（1450万美元）的赎金后，绑匪释放了这个年轻人，但这场灾祸让他落下了残疾。

即便如此，在所有可能降临到一个商业王朝的悲剧中，家族元老之死仍然是最危险的。1980年4月底，一个阳光明媚的日子，在默申菲尔德庄园，奥古斯特·冯·芬克男爵倒在了写字台后面，撒手人寰，享年81岁。到他去世时，这名反动贵族是公认的欧洲最富有的银行家，拥有超过20亿德国马克（12亿美元）的财富。他留下了默克·芬克私人银行，以及慕尼黑周边数千公顷的土地（其中一些是当时全世界最昂贵的地块）。男爵有过两次婚姻，育有五个孩子。"这个吝啬的暴君……将他的五个孩子置于条顿风格的'只有爸爸说了算'的环境之下，铁腕且苛刻，冷漠而疏远。"1978年，冯·芬克以儿子格哈德（Gerhard）移民加拿大后"过着不光彩的生活方式"为由，剥夺了他的继承权。（格哈德现在是多伦多的一名高端房地产经纪人，在当地"秉持加拿大式的礼貌"，为客户"提供高效的德式服务"。）

这样一来，冯·芬克就只剩下三个儿子要分配遗产了。两个年纪稍长的儿子——小奥古斯特和威廉，尽职尽责地追随父亲的脚步，接管了默克·芬克银行。他们同父异母的弟弟赫尔穆特选择了一条不同的道路，他加入了薄伽凡·史利·拉杰尼希（Bhagwan

Shree Rajneesh）在美国俄勒冈州创设的"奥修教"。他极端保守的哥哥们对这一举动没什么好感；1985年2月，两人将赫尔穆特传唤到慕尼黑，在公证人面前，要求他签字放弃遗产，以换取6500万德国马克。他接受了这个条件，离开了奥修教，回到德国做了一名养马员。五年后，他同父异母的哥哥们以六亿德国马克的价格将默克·芬克银行卖给了巴克莱银行。

过了20年，赫尔穆特才记起，在签署遗产转让协议时，他已经染上了酒瘾和毒瘾，因此，根据他的说法，当时的他并不具备民事行为能力。赫尔穆特认为，他同父异母的哥哥们还违反了父亲的遗嘱，出售了家族银行和其他资产。他提起诉讼，声称两个哥哥欠他数亿欧元。2019年，法院裁定赫尔穆特在签署协议时具备民事行为能力，他输了官司。与此同时，小奥古斯特正在其他方面追随着父亲的脚步。他开始资助极右翼政治势力。

十五

其他商业王朝陷入争斗、摇摇欲坠甚至消亡时，匡特家族却幸存了下来。1982年6月初，赫伯特·匡特在去基尔（Kiel）探亲期间因心力衰竭意外去世，此时离他的72岁生日只有几个星期。赫伯特有过三次婚姻，留下了六个孩子。和他父亲一样，他在去世前转移了大部分财产。他的大女儿是一名画家，得到了股份和房地产；剩下的三个孩子获得了电池巨头瓦尔塔（Varta，该公司的前身正是AFA）的多数股权。他把财富中的精华部分留给了第三任妻子乔安娜及两个孩子苏珊和斯特凡。他们从家族持有的宝马和阿尔塔纳（Altana，制药和化学公司，原名百克顿）的股权中继承了大约一半。弗里德里希·卡尔·弗利克移民奥地利之后，赫伯特·匡特的最后一代继承人成为德国最富有的家族。

　　靠着拯救和收购宝马，赫伯特在事业成功这方面超越了父亲，但这位自小视力不佳的匡特家族继承人无法真正走出君特的阴影。在法兰克福老歌剧院举行的追悼会上，赫伯特最亲密的助手回忆说，他的老板"在内心深处仍然是一个儿子，为自己没有辜负父亲的期望而感到自豪"。

70岁生日时的赫伯特·匡特（1980年）

他死后，匡特王朝的两支后裔开始在巴特洪堡城界附近的办公大厦里管理他们的财富。赫伯特和哈拉尔德的继承人之间不仅隔着一条街和数十亿净资产，还隔着不同的经商风格和截然不同的观点：一家着眼于过去，另一家着眼于未来。苏珊·匡特和斯特凡·匡特的办公室坐落在一栋建于20世纪60年代、以祖父君特为名的简朴野兽派建筑里；而哈拉尔德的继承人则在装饰着绿色植物、以其父母为名的时髦热带小屋式办公室里进行投资。他们委托安迪·沃霍尔（Andy Warhol）为哈拉尔德和他的妻子英格绘制肖像，哈拉尔德的肖像就悬挂在他们家族办公室的门厅里；另一家匡特人则在接待前台上方悬挂着君特的严肃画像，并把君特和赫伯特的半身像放在门厅里。由于继承了宝马与阿尔塔纳的控制权，苏珊和斯特凡也继承了巨大的经济责任。另一方面，哈拉尔德的女儿们则在家族理财办公室的帮助下自由进行投资；她们曾经收到过购买纽约克莱斯勒大厦的邀约，但几人的母亲无法做出决定。匡特家族两支之间的差异，一如赫伯特和哈拉尔德之间的差异：视力不佳的哥哥保守，拼命地想要取悦自己的父亲；弟弟经历复杂，现代而富有远见。

一场令人震惊的历史清算发生在匡特家族更为晚近的一支之中：哈拉尔德的五个女儿中有一个皈依了犹太教。科琳-贝蒂娜·匡特（Colleen-Bettina Quandt）1978年成为孤儿时，年仅16岁。那年早些时候，她第一次得知自己的奶奶是第三帝国的第一夫人玛格达·戈培尔。告诉她这个消息的不是她的家人，而是她的犹太男友。就像玛格达在柏林的青少年时期一样，科琳-贝蒂娜在法兰克福结识了一群年轻的犹太人。那时她在家里感觉被疏远，正在寻找一种归属感，也因此对犹太教着迷。玛格达·戈培尔的孙女有一个犹太男友的消息，像野火一般传遍了法兰克福关系紧密的犹太教社区。"最后，整个犹太社区都知道了。"她后来告诉匡特王朝的传记作者。在犹太社区，不是人人都张开双臂欢迎她，一些朋友的父母甚至拒绝和她说话。

科琳-贝蒂娜最终搬到了纽约，在帕森斯设计学院学习珠宝设计。和在法兰克福一样，她在纽约的大多数朋友都是犹太人，也正是在那里，她决定皈依现代的正统犹太教。1987年，25岁的科琳-贝蒂娜在三位拉比面前皈依。皈依仪式后不久，她遇到了移居纽约的德裔犹太人迈克尔·罗森布拉特（Michael Rosenblat），他从事纺织品贸易。罗森布拉特在汉堡的一个正统犹太家庭里长大，他的父亲是集中营幸存者。如今，他的家人不得不接受这样一个事实：他约会的对象不仅是后来皈依的信徒，还是第三帝国最声名狼藉的女性的孙女。

但爱情占了上风。1989年，这对德国情侣在纽约的一家犹太教堂举行婚礼。科琳-贝蒂娜很高兴可以抛弃婚前的姓氏。"匡特，这个姓只会给人带来烦恼和毁灭。保镖、冲突、无尽的孤独。我再也不想跟那些总爱嫉妒的伪君子有任何瓜葛了。"1998年，她对一名德国记者说。一年前，她和罗森布拉特离婚，但至今仍然用着前夫的姓氏。

第六部分　忏悔

一

2019年，赫伯特·匡特最小的两个孩子——宝马的继承人斯特凡·匡特和苏珊·克拉滕再也不能说自己身在德国最富有的家庭中了。那一年，另一个更为隐秘的商业王朝取代了他们：莱曼家族。莱曼家族的继承人从未有一张照片公诸于众，甚至没人知道这家人住在哪里。这家人控制着消费品投资公司JAB，由于税收原因，该公司的总部设在卢森堡。自2012年以来，JAB已经花费了超过500亿美元，收购了斯纳普（Snapple）、胡椒博士（Dr Pepper）、卡卡圈坊（Krispy Kreme）、皮爷咖啡（Peets Coffee）、爱因斯坦兄弟百吉饼（Einstein Bros. Bagels）、树墩城咖啡（Stumptown Coffee Roasters）、科瑞格绿山公司（Keurig Green Mountain）、潘娜拉面包（Panera Bread）和即刻食用（Pret A Manger）等美式食品和饮料品牌。在欧洲，该公司收购了帝怡咖啡（Douwe Egberts）。莱曼家族还控制着美容品牌科蒂（Coty）和时尚品牌巴丽（Bally），还曾经一度拥有过吉米周（Jimmy Choo）。

但莱曼家族财富的根基，远不止甜甜圈、百吉饼、咖啡、口红和细高跟鞋。它们坐落在荒凉的工业城市路德维希港（Ludwigshafen），位于法兰克福以南一小时车程的地方。莱曼王朝四代人都拥有并控制着在路德维希港运营的特种化学品公司JAB（Joh. A. Benckiser）。20世纪60年代，在阿尔伯塔·莱曼的领导下，该家族企业将业务扩展到家用消费品领域，为一个在消费者生活中无处不在的帝国打下了基础。阿尔伯塔于1984年去世。和他那一代的许多德国大亨一样，阿尔伯塔过着双重生活，隐藏着大量黑暗的秘密。随着他的四位继承人成为德国最富有的家族，他的纳粹过往逐渐浮出水面，虽说那只是一段离奇历史的一个侧面。

2018年9月，英国小报《星期日邮报》（*Mail on Sunday*）首次爆出莱曼家族的纳粹历史，称阿尔伯塔曾是纳粹党员。在JAB以20亿美元收购"即刻食用"公司后，一直在挖掘消息的记者在一家德国档案馆里找到了阿尔伯塔的党员证。"即刻食用"是一位伦敦犹太人创立的全球三明治连锁店。这位创始人已于2017年去世，无法回应小报的报道，但他的妹妹做出了回应："我很震惊……我哥哥会觉得蒙受了耻辱。我们是一个犹太家庭。"JAB和莱曼家族的发言人告诉小报，他们知道阿尔伯塔是纳粹党员，并证实他的公司曾使用过强迫劳工和战俘。但就目前而言，仅此而已。这篇报道没有包含其他细节。

2018年秋天读到这个故事后，我打电话给莱曼家族在杜塞尔多夫的长期发言人。我还在彭博新闻社工作的数年时间里，就一直报道JAB的全球狂热收购活动。事实上，早在2012年，我在彭博社刊发的第一篇报道，就指出了JAB背后四名隐匿的莱曼家族股东。除了他们的名字和年龄，我和同事还发现，他们大都是训练有素的化学家，经营着一家儿童慈善机构，从未真正在父亲的消费品企业里工作过。他们的家族办公室设在维也纳。莱曼家族把德国护照换成了奥地利护照，很多富有的德国家庭都会借助这一举措来避税（奥地利不光有各种各样的财政福利，还没有遗产税）。我们当时的发现仅此而已。

2018年秋天，莱曼家族的女发言人在电话中向我保证，除了刚刚发表的报道以外，莱曼家族跟纳粹之间再没有其他隐情了。她说，没错，阿尔伯塔·莱曼是纳粹党员，但仅此而已。我克制住记者的本能，接受了她的解释。在当时，我动手写这本关于德国商业王朝及其第三帝国历史的书已经有一年时间了，绝不希望在整个故事里再加一个家族进来。

但情势急转而下。2019年3月下旬，德国最大的星期日小报《星期日图片报》（*Bild am Sonntag*）在头版刊登了一则重大独家新闻：莱曼王朝的纳粹史。《星期日图片报》的一名记者在档案中发现，阿尔伯塔·莱曼、他的妹妹埃尔泽（Else）和他们的父亲都是纳粹事业的早期信仰者、激烈的反犹主义者。莱曼父子二人从1931年开始向党卫队捐款，并于1932年成为纳粹党员。两人甚至先后加入了路德维希港的市议会，代表纳粹党。1933年5月，阿尔伯塔的父亲告诉手下的员工："犹太人卡尔·马克思只聚集了他身边最糟糕的人来实现自己的理念，而希特勒聚集起来的是最优秀的人。"1937年7月，阿尔伯塔给海因里希·希姆莱写了一封信，信中说："我们是一家纯粹的雅利安家族企业，有100多年的历史。企业主将无条件追随种族理论。"阿尔伯塔·莱曼当时38岁，是该公司的负责人。他的妹妹埃尔泽则嫁给了一名党卫队成员。

《星期日图片报》的记者还发现，到1943年，莱曼家族化工厂的工人中，有30%（约175人）是强迫劳工或法国战俘。公司的工头残忍地虐待这些工人，甚至在阿尔伯塔私人别墅的煤窖里折磨一名苏联妇女。阿尔伯塔鼓励这种虐待行为。他的工头命令受强迫的女劳工在半夜赤身裸体地站在营房外面，方便他施虐。在盟军于1945年发动的一次空袭中，工头将数十名工人从公司的防空洞中赶了出来，致使一名苏联人遇难，其他人受伤。

战后，路德维希港落入法国占领区。盟军逮捕了阿尔伯塔，把他关进了拘留营。家族企业的资产遭查封，股票被冻结。1947年2月，法国当局将莱曼父子赶出了他们的家族企业，并禁止他们在商界担任其他职务。但这两个人钻起了不同占领区的空子。他们在位于美国占领区的海德堡提出上诉，他们在那里另有一套房子。和其他很多德国人一样，这对父子随后获得了"洗涤证"的假证词，证明他们持反纳粹立场，积极参与抵抗运动。最终两人在去纳粹化审判中被列为纳粹追随者。他们仅需要支付一小笔罚款，之后就拿回了他们的家族企业。此后的几十年，阿尔伯塔把路德维希港的家族企业发展成了一家大型消费品企业，生产库克邓特牌（Kukident）假牙稳固剂和卡尔冈（Calgonit）洗碗机洗涤剂。

莱曼家族中无人对《星期日图片报》的爆料发表评论。但JAB的董事长、莱曼家族的长期密友彼得·哈夫证实了所有的报道，并补充说，莱曼父子"应该进监狱"。哈夫宣布，该家族将向适当的组织捐赠1000万欧元（1130万美元）。他还透露，莱曼家族很早之前就委托一位著名的德国历史学家研究本家族的纳粹历史，还创建了一个独立的研究项目，将向公众开放。在《星期日图片报》爆料的几周前，这位历史学家向莱曼家族的五名成员和哈夫提交了一份临时报告。"我们羞愧万分，脸色惨白。没有什么好掩饰的。这些罪行令人作呕。"哈夫说。

莱曼家族历史曝光的后果来得很快。该家族控制的大多数品牌都位于美国，并深深植根于美国文化。诸如"卡卡圈坊的老板承认家族历史与纳粹有联系"一类的头条新闻传遍了全球。没过多久，就出现了抵制的呼声。《波士顿环球报》（*Boston Globe's*）的犹太裔美国美食评论家写了一篇专栏文章，名为《我发现我最喜欢的咖啡背后有纳粹的钱，我还应该继续喝下去吗？》。我个人最喜欢的是文学杂志《麦克斯》（*McSweeney's*）刊登的一篇恶搞文章，题为《这很尴尬，但我们的冒牌犹太百吉饼连锁店竟是由纳粹资助的》。莱曼家族迫切需要尽快控制损失，以免他们的声誉和品牌败坏到无法修复的程度。这家人不得不做出回应。最终，他们再次登上了全球的新闻头条。

莱曼家族非常依赖彼得·哈夫——甚至可以说有点过头了。这位出生于科隆、毕业于哈佛商学院的经济学家是莱曼家族财富的主要幕后创造者，预计到2020年，他们掌握的财富约为320亿欧元（390亿美元）。掌控着这笔资产的哈夫，也成了亿万富翁。1988年，在哈夫离开波士顿咨询集团，加入这家位于路德维希港的家族企业的七年后，阿尔伯塔·莱曼的继承人任命他担任首席执行官。接下来的20多年，哈夫和他的一名荷兰弟子将一个家族企业发展成了利洁时（Reckitt Benckiser），全世界最大的消费品公司之一。2012年，哈夫和两名副手用利洁时的股息和出售股票所得的收益成立了JAB公司，充当莱曼家族自家的投资公司，战略重点是咖啡、美食、美容和奢侈品。2019年，JAB的业务范围扩展到宠物护理领域。

哈夫是个秃顶，目光炯炯，笑容可掬。他喜欢穿牛仔裤，色彩鲜艳的设计师衬衫从不扎进裤子。他会戴建筑师和艺术家脸上常见的厚重黑框眼镜，不像个一本正经的德国高管。但他比一般的全球高管更为国际化——他在伦敦、米兰和纽约生活，人脉也更广。哈夫以他偶像的公司伯克希尔·哈撒韦（Berkshire Hathway）为原型设计了JAB。尽管哈夫能给的回报还比不上沃伦·巴菲特，但每个投资大鳄似乎都热衷于把自己的一些钱押到JAB上。从巴菲特和他最喜欢的银行家、前高盛合伙人拜伦·特洛特（Byron Trott），到巴西投资公司3G，到法国标致家族，再到比利时和哥伦比亚的啤酒王朝，所有人都投资了JAB，并与哈夫合作过。在我此前对该公司的报道中，哈夫通过电子邮件给出的简短回答总是精心拟就，相当笼统，几乎没有透露什么信息。关于JAB和莱曼家族的一切都笼罩在神秘之中，这是哈夫精心策划的公关策略，一家收费高昂的纽约公关公司负责商业方面，杜塞尔多夫的一位女发言人负责家族方面。《星期日图片报》的爆料对这种精心控制的形象是一个打击，但它们也展现了变革的机会。"承担过去的责任，以免损害公司的现在和未来，"哈夫后来在给我的信中写道，"如果我必须在公司利益和对过去的责任之间做出选择，我想我会选择后者。"

二

20世纪90年代，外部压力迫使德国企业不得不面对它们数十年来一直回避的一部分纳粹历史：将数百万人残酷地用于强迫劳动和奴役劳动。柏林墙倒塌，苏联解体。冷战结束，德国最终统一。超过100万幸存下来的强迫劳工在"铁幕"落下几十年后重获自由，一些人将怒火转向了纳粹政权下曾剥削过自己的德国公司。在美国，幸存者以集体诉讼的形式起诉德国企业，同时拍摄广告，呼吁抵制德国公司及其产品。在一个全球化的世界里，德国公司逐渐感到，不解决自身与纳粹的关系，可能会对公司的股价、销售和地位造成损害。一些企业公开了档案，让历史学家研究公司在第三帝国时期扮演过的角色；少数公司还自行委托开展调查。这其中最为突出的是戴姆勒-奔驰、大众、安联、德意志银行。

在这些研究开始时，发起委托的全球性德国公司中，没有一家是由商业家族控制的。弗利克家族和匡特家族早已退出了戴姆勒-奔驰，冯·芬克家族也早已离开了安联和慕尼黑再保险。商业家族对大众汽车公司的影响力，仅限于安东·皮耶希和费迪南德·保时捷的强势后代费迪南德·皮耶希（Ferdinand Piëch）。1993年，费迪南德·皮耶希开始领导大众汽车，此时，大众公司委托进行的研究已经开展很多年了。没过多久，一些心怀不满的高管们泄露了消息，称皮耶希不是领导大众汽车的合适人选，因为他的父亲和祖父在统治大众汽车期间曾使用过数万人进行强迫劳动和奴役劳动。皮耶希的对手暗示，对他的任命会给大众汽车在最重要的增长市场——美国造成负面影响。皮耶希顶过了这一轮攻击，至于其他的德国商业家族，在20世纪90年代都没有做出过任何努力，用以揭示这些家族在第三帝国时期所扮演的角色。

弗利克家族的一支——特别是奥托-恩斯特·弗利克的儿子穆克和米克——因为将他们的姓氏与学术及艺术界的慈善捐赠联系到了一起，最先承受了公众的质疑。1975年，他们的叔叔弗里德里希·卡尔以数亿德国马克的价格买断了兄弟俩持有的弗利克集团的股份，他们还有个妹妹达格玛，但因为最初她所得的股份只有哥哥们的一半，所以得到的钱也要少得多。

1992年，居住在伦敦的穆克首次向牛津大学捐赠了35万英镑，跻身该大学的信托理事会。这笔钱被用于以弗利克的名义在贝利奥尔学院设立一个教授职位。但在1996年，在对弗利克家族不光彩历史的抗议浪潮中，穆克撤回了自己的名字和资助。抗议者被激怒了，因为弗利克家族一直拒绝对幸存的强迫劳工和奴隶劳工进行赔偿。尽管在给《每日电讯报》的一封公开信中，千万富翁穆克表达了他"对第三帝国时期发生在德国的事情感到彻底憎恶""对我祖父卷入这些可怕的事件，个人深感耻辱"，但他又告诉《犹太纪事报》（*Jewish Chronicle*），赔偿可能会让他"一贫如洗"，并补充说："怎么能用金钱来补偿人间的悲剧呢？"

穆克撤回资助后，牛津大学的喧嚣逐渐平息，但关于弗利克家族的赔偿争议才刚刚开始。2000年8月，德国政府联合德国企业在柏林成立了一家名为"纪念、责任和未来"（EVZ）的基金会。EVZ是根据美国政府和德国政府达成的协议成立的，这家基金会将向幸存的强迫劳工和奴隶劳工支付赔偿金，条件是幸存者不再向美国法院提起针对德国公司的法律诉讼。一位历史学家说："就这样，德国政府和德国工业界共同构建了一套关于责任的说辞，但仍然没有明确或单独承认其法律责任……德国政府占据了道德制高点，而重要的作恶者则顺利地消失在表面责任的面纱之后，没有承担真正的罪责。"德国政府的谈判代表是奥托·冯·兰斯多夫伯爵，他是唯一一位因弗利克家族贿赂丑闻而被迫辞职的部长。虽然这位曾经的政治家在那次事件中被认定犯有逃税罪，但这显然不妨碍他成为赔偿谈判的负责人。

2001—2006年，EVZ向超过166万名幸存的强迫劳动受害者支付了约44亿欧元（截至2006年12月，约为58.5亿美元）的赔偿。对于在集中营和贫民区工作的近30万奴隶劳工幸存者，最高的补偿是每人7670欧元（约合1万美元）。135万名强迫劳工幸存者，每人2560欧元（约合3500美元）。总的来说，该基金会支付的52亿欧元（约合70亿美元），由德国政府和德国企业以大致对半的比例承担了这些款项。但是，在向EVZ基金捐赠资金的6500家德国公司中，17家企业捐赠了60%以上的资金。这17家企业包括安联、宝马、戴姆勒-奔驰、大众、西门子和克虏伯等全球知名企业。很多德国公司（大约1560家）只向该基金会捐赠了500欧元（665美元），充其量算是象征性的表态罢了。

德国企业认捐的所有资金本应在2000年EVZ成立之前全部到位。然而，EVZ在这一年开始运营的时候，仍有不少德国企业及其所有者拖欠他们承诺的数亿美元捐款。匡特家族和莱曼家族控制的公司、保时捷-皮耶希家族和厄特克尔家族拥有的公司均已缴纳款项。现在，EVZ号召弗利克家族采取同样的举动，但没有立刻见效。

2001年，当穆克的弟弟米克宣布在苏黎世建造一座博物馆，由雷姆·库哈斯（Rem Koolhaas）设计，用来展出米克的当代艺术藏品之时，赔偿争议再次爆发。公众发起了反对拟建博物馆的大规模抗议活动。2004年，米克撤回了该计划，转而将藏品借给了柏林的一家博物馆，又引发了一次争议。在争议最激烈的时候，米克的妹妹达格玛在《时代周报》上发表了一封公开信，声称她在2001年初向EVZ匿名捐赠了数百万美元，并委托几位德国历史学家记录弗利克集团和家族在20世纪的历史。达格玛的哥哥们很快效仿她的做法。米克模仿得特别像：他首先向EVZ捐赠了数百万美元，之后资助了五位历史学家，请他们调查第三帝国时期弗利克集团的运作。

三

尽管引起了一些骚动，但这三兄妹实际上只不过是弗利克王朝的"小家伙"。家族还有数十亿的财富，属于他们的叔叔弗里德里希·卡尔。在以22亿美元的价格将弗利克集团出售给德意志银行的几年后，他移民到了奥地利，并于2006年在该国去世，享年79岁。

但即便在他去世后，弗里德里希·卡尔也无法摆脱弗利克王朝的恶名。2008年，几名盗墓贼将他的尸骨连同近300公斤重的棺材，从位于奥地利湖边小镇费尔登（Velden）的陵墓中盗走。他们要求卡尔的遗孀英格丽支付600万欧元（750万美元）的赎金。英格丽身材娇小，金发碧眼，身边总是带着保镖。后来，人们在匈牙利找回了弗里德里希·卡尔的遗骸，并重新将其埋葬在费尔登。"我的丈夫总算回家了，"英格丽对一家德国小报说："希望和恐惧都已结束，祈祷得到了回应。"

跟他的父亲一样，弗里德里希·卡尔拒绝为幸存的强迫劳工和奴隶劳工做出赔偿，从未向EVZ捐过款。2006年，弗里德里希·卡尔的四个孩子分别继承了他60亿美元财产的1/4。他最小的孩子是一对龙凤双胞胎，在他去世时只有七岁，他们一瞬间便成了世界上最年轻的亿万富翁。他们的钱交由弗利克家族办公室进行投资，该办公室位于维也纳市中心，靠近国家歌剧院。他们的母亲英格丽是个木匠的女儿，从前是酒店接待员，现在负责管理他们的财富和基金会。

英格丽为自己的慈善捐赠感到自豪。"凡是我认为有用和必要的地方，我都会提供帮助。"2019年，她对一家奥地利地方报纸说。例如，五年前，英格丽向特拉维夫艺术博物馆捐赠了"一大笔钱"，部分用于"犹太、穆斯林和基督教儿童的一项跨文化交流活动，名为'通往和平的艺术之路'"。然而，弗里德里希·卡尔死后，帮助弗利克帝国的受害者显然不是弗利克家族的亿万富翁们愿意承担的事业。尽管英格丽和弗里德里希·卡尔的大女儿们出手慷慨，但从未向EVZ捐过一分钱。

与此同时，英格丽在杜塞尔多夫担任弗里德里希·弗利克基金会的主席。她通过家族基金会，将资金主要用于德国和奥地利的教育、医疗和文化事业。这家基金会至今仍以一名被定罪的纳粹战犯为名，在他的工厂和矿山中，成千上万的人因强迫劳动或奴役劳动死亡，其中包括数千名犹太人。但只看基金会的网站，你永远不会知道弗利克家族财富不光彩的过去，也不会知道其创始人的过去。事实上，作为主席，英格丽的"主要关注点"是"秉承创始人弗里德里希·弗利克博士和她已故丈夫的精神，继续基金会的慈善活动"——这两人曾因许多事情声名狼藉，绝非以从事慈善事业著称。

1963年，出于明显的洗白目的，弗利克成立了以自己的名字命名的基金会。通过慈善事业，这位被纽伦堡军事法庭定罪的罪犯希望恢复自己的名声，为之增光添彩，以便自己在80岁生日时获颁德国最高的联邦荣誉之一——功绩勋章。此举发挥了作用。到2006年，英格丽·弗利克接任基金会主席，并保留了基金会的名称——但另一家机构走了一条不同的道路。2008年，弗里德里希·弗利克的出生地——克罗伊茨塔尔镇（Kreuztal）的一所高中从校名中删掉了他的名字。当地曾就此事进行过多年的激烈辩论，引起了全国性的广泛关注。支持换掉弗利克名字的一方认为，学校不应该以一个被定罪的纳粹战犯的名字为名。但另一家更知名的教育机构似乎把对资金的渴望放在了历史事实之上。

自2015年以来，弗利克基金会一直为法兰克福著名的歌德大学共同资助几项重要的学术项目，其中包括一项声誉卓著的德国学生奖学金。2018年，弗利克基金会从埃德蒙·罗斯柴尔德集团（Edmond de Rothschild Group，该犹太银行王朝的瑞士-法国分行）手中接管了该大学金融史客座教授职位的共同资助事宜。从那以后，弗利克基金会提供资金，帮助歌德大学从普林斯顿、伯克利和牛津这几所大学挖来教授。这些支出绝非没有回报，弗里德里希·弗利克基金会获得了歌德大学基金会董事会的一个席位。

这不是歌德大学第一次从以纳粹富商为名、借以纪念的基金会那里接受捐款。2015年，在接受了阿道夫·梅塞尔（Adolf Messer）基金会长达十年的一系列捐赠后，该大学用梅塞尔的名字命名了一处校园休息室。梅塞尔是纳粹党的早期党员，他的机械公司从事武器生产并使用强迫劳工，这并不是什么秘密。学生们抗议这种荒唐行为。"阿道夫·梅塞尔绝不是歌德大学师生的榜样。"他们这样主张。最终，抗议产生了效果。经过四年的抗议和辩论，休息室于2019年得以重新命名，梅塞尔家族也将基金会改了名。

但弗里德里希·弗利克基金会的捐款一直源源不断地流入学校，直到现在才为公众所知。

在德国，以支持纳粹并从中渔利、战后亦为此获罪的商人为名的基金会还有很多。比如阿尔弗里德·克虏伯和弗里茨·蒂森的同名基金会，但至少无法指责它们彻底隐瞒历史。相较于弗里德里希·弗利克基金会继续隐瞒其第三帝国的遗产，与克虏伯和蒂森有关的慈善机构更加透明，它们各自在网站上提供了同名大亨因纳粹被定罪或所犯罪行的信息。任何从这些基金会获得捐赠的人，至少可以了解到基金会名称所纪念之人的情况。

英格丽·弗利克曾这样谈到自己的双胞胎："孩子们必须知道，他们没什么特别的，只不过，弗利克这个姓氏有着必须承担的义务。"但对英格丽来说，这个姓氏到底必须承担些什么义务呢？如果说，可以把弗利克家族的女家主对该家族肮脏财富和邪恶过去的忏悔视为某种指标，那么，他们并没有承担太多义务。

掩盖继承来的财富里暗含的罪恶，英格丽·弗利克固然可能是一个同谋，但她绝非孤例。

四

2007年9月30日晚，接近午夜时分，一家德国主流公共广播频道放映了一部纪录片，没有事先通知。片名叫《匡特家族的沉默》（*The Silence of the Quandts*）。一个不祥的声音让影片的气氛紧张起来，因为影片开头提出了一个问题：德国最富有的商业王朝——匡特家族，是否在刻意隐瞒家族的过去？在赫伯特去世后的25年里，他最富有、可见度最高的继承人（控制宝马的那一支系）在媒体上保持了近乎彻底的沉默。虽然在2002年出版的一本畅销家族传记中，记载了许多关于其父辈在第三帝国时期活动的残酷事实，但赫伯特的宝马继承人并没有在书中评论匡特家族史中暴露出来的黑暗部分。但这部纪录片最终迫使匡特家族的所有人道出心声。

这部纪录片最发人深省的力量来自两名幸存奴隶劳工的证词，他们曾在AFA的汉诺威工厂辛苦劳作，并被囚禁于工厂的附属集中营之中。其中一位80多岁的丹麦人在匡特家族的工厂和党卫队管理的附属集中营旧址接受了采访。在那里，他谈到了这个地方如同地狱般的恐怖。"我一做梦，就会回到这座集中营，"卡尔–阿道夫·索伦森（Carl-Adolf Soerensen）一边说，一边惊恐地环顾四周，"这种情况大概会一直持续到我死吧。"

1972年，已经更名为瓦尔塔的电池公司拒绝了一群幸存的丹麦奴隶劳工的赔偿请求。"我们公司的行为应该受到谴责，但它既不构成法律责任，也不构成道德责任。请诸位理解，我们无法考虑你们的请求。"这家由匡特家族所有的公司这样回复。在纪录片中，索伦森对这一说法做出了回应："他们的反应粗暴而傲慢。他们羞辱了我们。"

20世纪80年代末，瓦尔塔最终为一个不同但相关的项目提供了资金：将诺因加默集中营旧址改造为纪念场所。即便如此，提出这一要求的慈善机构主席也为此煞费苦心地劝说了一番。瓦尔塔最终寄来了资助纪念馆的支票——只有区区5000德国马克——这个数目太少了，主席收到支票的时候还以为是弄错了。然而，这家电池巨头随后请求慈善机构寄回这笔费用的收据，以便为这笔捐款办理免税手续。

尽管匡特家族最富有的几个人拒绝接受纪录片的采访，但赫伯特的另一些孩子说了话。斯文·匡特（Sven Quandt）继承了瓦尔塔的部分股份，并在其监事会任职。在银幕上，斯文微笑着拒绝为自己继承的财富承担任何道德责任，还轻描淡写地描述他父亲和祖父在第三帝国所参与的罪行。匡特家族的继承人还敦促德国从纳粹历史中走出来："我们必须努力忘掉这一切。类似的事情……在全世界都发生过。没有人再谈论这些了。"

这部纪录片吸引了数百万观众。对匡特一家来说，这是一场公关灾难。幸存的奴隶劳工令人信服的证词和斯文·匡特不屑一顾、冷漠无情的评论，形成了令人无法忽视的不和谐。遗憾的是，这部纪录片也存在缺陷。它提出了一个错误的前提，即匡特家族的财富是从纳粹时代开始积累的，也就是认为，匡特家的财富建立在强迫劳工和奴隶劳工身上，这就是他们完全沉默的原因。但这个结论具有误导性。希特勒上台时，君特·匡特已经是德国最富有的人之一了。

2007年10月5日，纪录片播出五天后，赫伯特和哈拉尔德的继承人发表了一份简短的联合声明。纪录片的指控"震动"了这家人。匡特家族承认，他们没有正视家族在第三帝国时期的历史。他们现在计划委托一位历史学家独立研究本家族的纳粹史，开放家族档案以促进调查，并公布研究结果。最后，他们请求媒体"像对待德国其他商业家族一样，谨慎而公平地对待我们的历史"。这真是个滑稽的要求，因为它出自一个仍然对受到他们家族企业剥削的强迫劳工和奴隶劳工幸存者缺乏基本尊重的家族，家族声明里连对这些幸存者的歉意都没有。

尽管这个德国最富有的家族很少接受采访，但赫伯特的宝马继承人自1986年以来一直在颁发一项新闻奖——赫伯特·匡特新闻奖（哪怕赫伯特·匡特本人曾被描述为"有着近乎病态的保密倾向"），每年奖金为五万欧元（六万美元）。纪录片播出的几个月后，颁发该奖项的匡特基金会之中，有三名主编辞去了董事会的职务。在对匡特家族纳粹历史的调查期间，他们不想再参与以赫伯特的名义颁发的奖项。但控制宝马的匡特支系在当年仍继续颁发新闻奖，此后历年亦不曾中断。

　　在2008年6月的颁奖典礼上，德国最富有的继承人斯特凡·匡特率先公开表态，对于匡特家族的公司在第三帝国时期使用强迫劳工和奴隶劳工一事，他表示深感遗憾。虽然没有道歉，但斯特凡对战争期间有大量工人被迫在匡特家族的工厂受苦并死亡表示悲痛。尽管由该家族委托进行的调查研究还有三年时间才能完成，但赫伯特的小儿子已经在为他的祖辈们辩护，转移对他们的任何批评了。斯特凡认为，在第三帝国时期，君特和赫伯特被迫在"恐惧和不安全的气氛中"工作。这个说法令人费解，因为连君特自己都不这么看。这位匡特家族的元老在回忆录中写道，他本可以随时离开纳粹德国，但还是留下来运营自己的公司和工厂。

　　斯特凡发表声明的五个月后，2008年11月，他的姐姐、德国最富有的女士苏珊·克拉滕首次向记者公开了她的个人生活。她突然向《德国金融时报》（*Financial Times Deutschland*）吐露隐私。她这么做的原因有很多，首先，苏珊正从一件肮脏的事情中走出来。前一年秋天，当这部讲述匡特家族纳粹历史的纪录片震撼德国时，这位已婚的女继承人正遭到前情人赫尔格·斯加比（Helg Sgarbi）的勒索。这个来自瑞士的骗子有一名同伙，趁着苏姗两人在酒店房间做爱，偷偷录下了视频。如果苏姗拒绝付钱，斯加比就会把性爱视频寄给她的家人、媒体和宝马的管理层——她是公司监事会的成员。最终，苏珊报了警，斯加比被捕。此刻，这起勒索案成了全世界的头条新闻。

因此，这次采访只简单地谈到了匡特家族的纳粹史。苏珊没有像她弟弟那样回避问题或急于下结论。"一束光照亮了黑暗的东西，"这位匡特家族的女继承人说，"这总比它在黑暗中变得强大要好……知道那儿有什么，比忽视它要好。" 46岁的苏珊最后说："我永远不会失去对我父亲的尊重和爱。没人能判断那时候的生活是什么样的。"

又过了三年，匡特家族委托的历史学教授乔希姆·斯科蒂塞克（Joachim Scholtyseck）和他的研究人员终于完成了调查。这本厚达1183页的书于2011年9月出版，提供了大量证据，证明君特和赫伯特、他们的高管以及匡特拥有的公司参与了第三帝国的罪行。斯科蒂塞克说，君特是一个无情的机会主义者，但不是坚定的纳粹分子。这位历史学家写道，无论如何，君特的企业家精神与纳粹罪行有着"不可分割"的联系。君特有着强烈的增加财富的欲望，"没有一点空间用于思考基本的法律和道德"。斯科蒂塞克总结道：
"这个家族的大家长是纳粹政权的一部分。"

君特"轻率而可耻地"解除了犹太董事会成员的职务，教授写道。他还发现了君特父子执行的更多"雅利安化"项目，"匡特父子不是那种履行义务的'友好'买家……相反，他属于一个庞大的'雅利安化分子'群体，这些人有意识而冷静地利用犹太业主的困境，接管后者手里的公司，"斯科蒂塞克解释说，"从君特·匡特、他儿子赫伯特，还有他们的经理身上，找不到对'雅利安化'巧取豪夺的怀疑或道德上的抵制。"

这位历史学家严厉地评价了赫伯特在纳粹时代扮演的角色："毫无疑问，赫伯特……很清楚，在纳粹政权不公正地使用强迫劳动和集中营囚犯、推进'雅利安化'等方面，匡特集团参与到了何种程度。据目前所知，他对父亲的管理没有任何意见，当时没有，事后也没有。更重要的是，在他进入公司高层的晋升过程中，他对自己所犯下的不公正行为负有直接责任。"

五

2011年9月，斯特凡·匡特和他的堂姐加布里埃尔（哈拉尔德的女儿）接受了德国《时代周报》两名记者的采访，这是他们一家迄今为止首次也是唯一一次就调查结果接受采访。卢蒂格·容布卢特（Rüdiger Jungbluth）是采访者之一，他是2002年畅销的匡特家族传记的作者，也是第一个将这个商业王朝的纳粹历史介绍给更多读者的人。

加布里埃尔表达了她对匡特家族拥有的企业在第三帝国时期给予强迫劳工和奴隶劳工的待遇感到恐惧和羞耻。她总结说："令人痛心。君特·匡特是我们的祖父，但我们很想换一个人，更确切地说，我们希望有一个不一样的他。"加布里埃尔说，尽管纪录片存在缺陷，但它推动了后续的发展，她"痛苦而愤慨地发现，我们面对公众的羞怯，暗示着我们有不可告人的秘密，我们的钱来得甚为可疑。但这部纪录片唤醒了我们"。

显然，不是所有人都醒了过来。斯特凡再次进行了辩解。采访一开始，这位德国最富有的继承人就列举了一些研究，以证明自己的祖父君特"不是反犹太主义者，不是坚定的纳粹党徒，更不是战争贩子"。君特的多次"雅利安化"巧取豪夺，对现年45岁的匡特家族继承人来说是个新闻。他说，发现这一点"令人痛苦"。即便如此，斯特凡并不认同斯科蒂塞克关于他祖父是纳粹政权一部分的结论："我更喜欢'纳粹体制的一部分'这种说法，我认为'政权'指的是政治领导层，他不属于那些人。他利用了体制为实业家提供的机会，但他并不追求那个体制的意识形态目标。"

斯特凡承认，在家族工厂里，强迫劳工忍受着可怕的环境，他还发现了"一个可悲的事实：人们无法在匡特公司的强迫劳动中活下来"。但这位宝马继承人辩称，君特的"目标并不是杀人。这几乎是我这个孙子心里最关心的事情了。他没有逾越这条界线。在当时的制度之下，为了维持生产，使用强迫劳动是必要的。德国人都上前线了"。但斯特凡忽视了一点：君特是纳粹德国最大的武器和弹药生产商之一，他能直接从前线的杀戮中获益。

斯特凡承认，自己的父亲赫伯特也是纳粹体系的一部分，参与了强迫劳工和奴隶劳工的使用，但他认为，第三帝国时代持续的时间太短，无法以此作为理解赫伯特的基础，或是"从他的行为中推断他的整个性格。他一直被父亲的阴影所笼罩"。斯特凡在采访中宣布，他将联合母亲乔安娜和妹妹苏珊（都是拥有宝马的继承人）向柏林的强迫劳工文献中心捐款。这个文献中心位于一座保存完整的集中营之中，战争期间，赫伯特曾把佩特瑞斯工厂的200名女性奴隶劳工关押在这里。赫伯特的继承人将拿出500多万欧元（约600万美元）用于文献中心的翻修及教育项目和展览，其中包括一个关于佩特瑞斯工厂使用强迫劳工和奴隶劳工的展览。斯特凡参观过这个中心，那里正在进行的纪念工作给他留下了深刻的印象。

采访者向斯特凡问起，他如何看待同父异母的哥哥所说的德国应该忘记纳粹历史的说法，斯特凡最终承认斯文的回答并不恰当："我认为，在德国，不管在什么时候，我们都不能说'我们不应该再思考纳粹时代，不再反思它'。但也不能仅仅通过纳粹的12年来定义这个国家。"不过，斯特凡一开始是维护斯文的，说他"没有准备好回答这些问题"。斯特凡似乎觉得，记者问他或他的亲戚一个问题，不事先警告，或是没给机会事先审查，这是很不公平的。这话出自一个年度新闻奖的理事之口。

斯特凡说，整个家族必将与父亲和祖父保持距离，这是必要的，但这是一场"巨大且痛苦的"内部冲突。尽管承认了上述一切，但匡特家族秉持忏悔态度的年轻一代似乎并没有什么改变。继承宝马的匡特家族分支不愿把君特的名字从巴特洪堡的总部名称中去掉。"我们不能也不愿意把君特·匡特从家族的历史中抹去，但我们会记住他的光明和黑暗面。其他一切都太容易了。"斯特凡在采访中说。

这个德国最富有的家族还决定在新闻奖和基金会的名称中保留赫伯特的名字。斯特凡相信他父亲"毕生的工作"配得上这一切。匡特家族的继承人并不觉得以一个很少接受媒体采访的人（更别提此人还对第三帝国的罪行负有"直接责任"）的名义颁发新闻奖有什么奇怪之处。一如之前的赫伯特，斯特凡显然也无法或不愿意摆脱父亲的阴影。

斯特凡在采访中说，委托研究家族史最重要的目标是"公开和透明"。但在采访结束后的整整十年里，如果你访问赫伯特·匡特新闻奖的网站，阅读"赫伯特·匡特"这个名字下的人物小传，你会发现，除了提到赫伯特曾于1940年加入AFA执行董事会，小传再没有提及他在纳粹时代的其他活动。关于他的罪行、他父亲的罪行、他们公司的罪行，只字未提。这个网站对于斯科蒂塞克所做研究的描述非常含糊，令人困惑。它没有提及研究的起因、研究结果的分量，也没有提到第三帝国。由此可以看出匡特家族委托进行这项研究的真正动力是缓解公众压力，而不是诚心想要面对一段棘手的历史。这个网站上最接近研究起因的表达，大概是这句话吧："与20世纪其他重要的公司和商业家族一样，公众强烈要求全面展现家族的商业史。"

直到2021年10月的最后一个星期，在斯科蒂塞克所做的研究成果发表十多年后（距离我发出一连串询问仅仅几天），网站突然换下了那篇为赫伯特文过饰非的传记，换上了一篇扩充版。这一版传记记述了他在第三帝国时期的一些活动、斯科蒂塞克的部分发现和结论，以及进行研究的原因：公众压力。

六

对厄特克尔王朝的成员来说，在反思父亲的罪行时，起初似乎进展得比较顺利。2013年10月中旬，也就是采访匡特家族继承人的两年后，《时代周报》的两名记者再次采访了一位不愿受到媒体关注的企业继承人，讨论了另一项委托研究的结果——考察该家族及企业在第三帝国时期的历史。卢蒂格·容布卢特仍然是采访者之一。他在2002年出版了一本匡特家族的传记之后，又写了一本关于厄特克尔家族的传记，并在2004年出版。虽然厄特克尔家族没有向容布卢特开放档案，他仍然发现了该家族与纳粹相关的许多信息。

现在，家族元老已在几年前去世，相关研究即将发表，厄特克尔家族终于有人准备发言了。

2007年1月，鲁道夫–奥古斯特·厄特克尔在汉堡去世，享年90岁，他是纳粹时代的最后一位亿万富翁。这位曾在达豪接受过部分训练的党卫军军官，在比勒费尔德留下了一个年收入150亿美元的全球企业集团，业务范围涉及航运、食品、饮料、私人银行和豪华酒店。欧特家博士公司的冷冻比萨和布丁粉闻名世界。他有过三段婚姻，生了八个孩子，每个人都继承了同等的家族企业股权，都有着亿万身家。鲁道夫–奥古斯特去世后，也把一些问题留给了他的继承人。

这位父亲很少和孩子们谈论纳粹时代和战争，但孩子们知道他去过达豪。在鲁道夫–奥古斯特去世的前一年，他出版了一本个人回忆录《运气的宠溺》（*Spoiled by Luck*），书中显然没有透露多少他在那段时期的生活。2008年，鲁道夫–奥古斯特去世一年后，他的孩子主动委托三位历史学家研究家族企业、他们的父亲及其继父里夏德·卡塞洛斯基在第三帝国时期的活动。他们的父亲在世时曾否决过这样的研究，但有关匡特家族的纪录片促使厄特克尔家族决定，在媒体代劳之前，先把问题搞清楚。

2013年秋，这些问题有了清晰的结论。历史学家在他们的研究中总结说："卡塞洛斯基及其家族和欧特家博士公司，对他们所处的政治制度负有责任。他们是纳粹社会的支柱，他们寻求接近政

358

权，并从其政策中获利。"2013年10月，厄特克尔的长子奥古斯特对容布卢特和《时代周报》的一名记者提及即将发表的这项研究，以及他父亲的过去。奥古斯特出生于1944年，当时他的父亲正在接受纳粹党卫军的军官训练。后来他接替父亲成为家族企业集团的首席执行官，且毫不犹豫地与父亲保持了距离。"我的父亲是纳粹主义分子。"奥古斯特在采访中说。他还证实，他的父亲在战后很长一段时间内仍然对极右翼怀有同情。但奥古斯特没有提到的是：厄特克尔的继承人仍以自己父亲和祖父母的名义维持着两个基金会，而这些长辈都是坚定的纳粹分子。

采访清晰地暴露出厄特克尔一家的代沟。据奥古斯特说，出生在20世纪40年代和50年代初的五个年长的兄弟姐妹坚持要求开展这项研究，而出生在60年代末和70年代的三个年幼的弟弟妹妹起初对此犹豫不决。他还说，年纪较轻的弟弟妹妹们并没有像他和其余兄弟姐妹那样跟父亲保持距离。

2013年10月下旬，研究报告发表的当天，厄特克尔的遗孀玛娅（Maja）——厄特克尔家族三位年纪最小的继承人的生母——接受了威斯特伐利亚一家地方性报纸的采访，批评了这本624页的书和她的继子奥古斯特。女家主声称，这几位历史学家无非是为了证明她已故的丈夫及其继父卡塞洛斯基曾是纳粹分子。玛娅还反驳了继子的说法，即称他父亲在战后仍然对极右翼抱有同情。"我们一直都认同保守派的观点。左翼人士可能认为保守思想是负面的。对我们来说，保守意味着坚持基督教价值观，保存那些经受住时间考验的优秀传统。"玛娅承认她有意地只阅读了研究报告中有关她丈夫的部分，但她声称发现了一些未经证实的暗讽。她没有具体说明这些暗讽是什么。

这两次采访都预示了即将发生的事情。三个月后，也就是2014年1月下旬，厄特克尔家族两个阵营之间的权力斗争突然在德国媒体上爆发，震动了平静的德国商界。争论的焦点是由谁接任欧特家博士公司的首席执行官。争论再度表现出了代际冲突：厄特克尔家较大的五个兄弟姐妹对阵同父异母的三个弟弟妹妹。随之而来的是多年的纷争。他们提起了诉讼，并启动了调解。欧特家博士公司首次任命了一位非家族成员出身的首席执行官。但这并没有结束两方的争吵。

2021年7月底，鲁道夫-奥古斯特·厄特克尔的噩梦成真了：他的八位继承人宣布，他们要将欧特家博士公司拆分为两个独立的集团。他建立的家族企业逐渐分崩离析，恰与《布登勃洛克一家》一书中的场面类似。尽管欧特家博士的商业帝国已被亿万富翁的继承人们拆分，但它仍然满足了人们各种各样的需求：蛋糕、布丁、比萨、兰德博格啤酒、汉凯起泡酒，以及著名的豪华酒店，如伦敦的莱恩斯伯勒酒店、巴黎的布里斯托尔酒店、昂蒂布（Antibes）的伊甸豪海角酒店。

拆分了家族企业集团之后，厄特克尔家族的长子以他们的纳粹祖父母里夏德和伊达·卡塞洛斯基的名字重新命名了基金会。而鲁道夫-奥古斯特最小的三个孩子仍以父亲的名字命名了他们的基金会和艺术藏品——哪怕他曾是党卫军军官。同样，你不会从他们新企业集团的网站上了解到这些历史。这又是一段被掩盖的黑暗过去。

七

2019年3月，费利·保时捷基金会（Ferry Porsche Foundation）宣布将在斯图加特大学设立德国首个企业史教授职位。保时捷公司在一年前（也就是费利设计出第一款保时捷跑车的70年后）成立了这个基金会，希望"加强对社会责任的承诺"。时任基金会主席在一份声明中说："直面自己的历史是一项全身心的承诺。这正是费利·保时捷基金会想要鼓励的批判性反思，因为：想要知道你将向哪里去，就必须知道你从哪里来。"主席接着说："捐赠这个教授职位是……对家族企业的一种邀请，特别是邀请它们更深入、更坦承地了解自身的历史，以及由此产生的结果和可能带来的后果。"考虑到费利在自己申请加入党卫队一事上的谎言、他在第一部自传中公然提出反犹成见和偏见，以及保时捷家族在面对这一切时的持久沉默，这是一个尤其大胆的声明。

1998年，在奥地利滨湖采尔，费利在睡梦中去世，享年88岁。十年前，这位享誉全球的跑车偶像出版了他的第二本自传。在这版传记中，费利改变了他的论调。反犹的言论消失了，他还把阿道夫·罗森伯格事件压缩成了短短两段话。这位亿万富翁依然否认父亲费迪南德曾和妹夫安东·皮耶希一起将罗森伯格在保时捷公司的股份"雅利安化"。相反，费利打出了怜悯牌："尽管当时这些事情对罗森伯格来说很糟糕，但在这种情况下，我们对他总是表现得公平得体。对我们来说，时局同样艰难。"

在第二本自传里，费利依然声称自己并不想做党卫队军官；军衔是希姆莱强行授予他的，而且还只是个名誉头衔。他仍然明确否认自己曾自愿申请加入党卫队。在新自传中，费利声称，被授予这个"荣誉职位"并不能证明他是党卫队成员："如果你被授予萨尔茨堡荣誉公民，你就是奥地利国民了吗？"但费利的战后谎言在2017年被揭穿。三位德国历史学家在研究保时捷公司的起源时发现，费利确实在1938年自愿申请加入党卫队。他们挖出了费利填写并签名的党卫队表格，从而"揭露出，否认过去曾主动加入党卫队，这是掩盖过去的一个普遍借口"，历史学家们这样写道。费利毕生坚持的谎言被揭穿了。然而，保时捷家族对此保持沉默。

对保时捷起源的研究由保时捷公司出资。2012年，这家位于斯图加特的跑车公司成为现在由保时捷－皮耶希控制的大众集团的全资子公司。总部位于沃尔夫斯堡的大众集团，2020年年销售额约为2500亿美元，拥有超过66.5万名员工，生产和销售奥迪、宾利、兰博基尼等豪华汽车，以及大众和保时捷等"家族"品牌。保时捷王朝的财富已经增长到了210亿美元。

事实上，费利·保时捷基金会资助斯图加特大学教授职位的原因在于，该大学历史系的成员撰写了由保时捷公司资助的研究报告。尽管保时捷-皮耶希家族没有人公开做出回应，但这家汽车公司对调查结果很满意。保时捷公司还在斯图加特的工厂竖起了一块牌匾，纪念战争期间被囚禁并被迫在那里工作的劳工。然而，公众很快提出了一个问题：这项研究真的是以对历史记录的独立、客观分析为基础的吗？

2019年6月，德国一家公共电视台播出了一部纪录片，介绍了保时捷公司被遗忘的联合创始人阿道夫·罗森伯格。影片详细介绍了罗森伯格在保时捷公司创立过程中扮演的重要角色，他的联合创始人费迪南德·保时捷和安东·皮耶希如何在1935年将他的股份"雅利安化"，罗森伯格如何争取认可，以及最终他是如何从保时捷公司的历史中消失的。

这部纪录片还提到了斯图加特大学的现代史教授沃尔夫拉姆·皮塔（Wolfram Pyta），他是接受保时捷公司委托进行这项研究的主要作者；不知何故，有关罗森伯格个人的所有文件都未收录在这项研究之中。皮塔说，罗森伯格在洛杉矶的一个亲戚拒绝他查阅她继承的文件。但在纪录片中，罗森伯格的堂妹对此提出了异议。她说，皮塔团队的一名研究人员确实联系过她，但皮塔并没有继续跟进——来查看她拥有的文件。

同样值得怀疑的是该研究的另一项发现，或者说研究中缺少这一发现。1935年，保时捷将罗森伯格买断出局，收购金额与他在1930年买入保时捷公司10%股份的金额完全相同，尽管在此期间保时捷公司的利润已经有了大幅度增长。简单地说，罗森伯格被坑了，他没有得到自己所持股票的全部价值。皮塔认为，"［保时捷］毫不犹豫地从罗森伯格岌岌可危的处境中获取经济利益""没人能摆脱这样的印象：罗森伯格……被骗走了他的保时捷股份"。但这位教授拒绝将这一交易称为"雅利安化"。

在纪录片中，皮塔表示，费迪南德·保时捷和安东·皮耶希进行这笔交易是为了强化公司的家族特征，并非因为罗森伯格是犹太人。但是，在1935年希特勒统治下的德国，向德国公司的一名犹太股东支付远低于其所持股份实际市值的价格，只可能意味着一件事：这笔交易是"雅利安化"。82年后，保时捷公司资助的一位历史学家有意识地选择不承认这一事实。

八

2018年11月下旬，《明镜周刊》刊登了一篇题为《亿万富翁与德国选择党》的爆炸性封面报道。在2017年联邦议院选举中，德国选择党（AfD）成为国家议会中最大的反对党，也是近65年来首个获得议会席位的极右翼政党。自2013年成立以来，德国选择党迅速崛起。

但报道标题中涉及的年逾八旬的亿万富翁小奥古斯特·冯·芬

克男爵仍然躲在暗处。1990年，这位贵族将家族的私人银行默克·芬克以约3.7亿美元的价格卖给了巴克莱银行后，成为世界上最富有、最隐秘的投资者之一。他的一些投资（至少是已知的投资）包括德国和瑞士的公司，比如建筑企业豪赫蒂夫（Hochtief）、连锁酒店瑞享（Mövenpick）、商品检测公司SGS和瑞士绝缘材料制造商丰罗（von Roll）。小冯·芬克的财富估计超过90亿美元，由位于慕尼黑林荫道广场的家族公司总部管理。尽管据说小冯·芬克的资产包括慕尼黑市中心一半左右的土地，以及周边的大部分土地，但他大部分时间都生活在国外。1999年，小冯·芬克和妻子弗朗辛（Francine）及四个孩子移民到税收宽松的瑞士。他的父亲在那里买下的一座中世纪城堡，变成了他们的一处基地，它俯瞰着靠近德国边境的小镇魏因费尔登（Weinfelden）。

小冯·芬克比他父亲还要神秘。这位绰号"古斯特尔"的继承人从未接受过媒体采访。从为数不多流传在外的照片上可以看出，他身材高大，一头白发，有一对锐利的绿色眼睛，常穿深灰色西装，系着爱马仕领带，严厉和微笑这两种表情在他脸上交替出现。他继承了父亲的一些古怪的节俭习惯。虽然他喜欢乘坐直升机往返于各处豪华住宅之间，但他会将汽车一直开到生锈坏掉为止。他会自己带着肉、奶酪和面包去参加聚会，在家庭庆祝活动上，他会为非富即贵的宾客们准备一块肉饼。小冯·芬克从未委托历史学家研究他父亲对希特勒的奉承、对私人银行的"雅利安化"，还有可疑的去纳粹化历史。"古斯特尔"还继承了父亲偏爱反动政治势力的特点。他的父亲为希特勒的德国艺术之家博物馆筹集了2000万帝国马克，而小冯·芬克则成为德国右翼和极右翼政治组织的知名捐赠人。

根据记载，"古斯特尔"的政治捐赠始于他出售家族的私人银行后不久。1993年，这位贵族投资者的一位银行家朋友对《明镜周刊》的记者调侃道："能比古斯特尔站得更右的，只有成吉思汗了。"出售了默克·芬克银行后，资金充裕的小冯·芬克开始支持反动事业。1992—1998年，他向一个德国边缘右翼政党的创始人提供了850万德国马克（约合500万美元）现金，该政党发起了反对引入欧元的运动。这名政客后来因与捐赠现金有关的逃税行为而被定罪，而这些现金大多是由小冯·芬克的得力助手恩斯特·克努特·施塔尔亲自交付的。

经历过这次失败之后，小冯·芬克转而支持基础更好的政党。为了保持一定的匿名性，他只以自己的名义捐过一次款，其他所有捐款都出自他控制的实体机构。1998—2008年，他通过一些子公司向巴伐利亚保守派政党基督教社会联盟捐赠了约360万欧元（约合500万美元）。2009年，他拥有的一家实体机构将110万欧元（约150万美元）分三次捐给了支持自由市场的自由民主党（FDP）。收到他的捐款后不久，联合执政联盟成功地推动了酒店住宿税率的降低；事有凑巧，小冯·芬克当时拥有瑞享连锁酒店的一部分股份。自由民主党被讥讽为"瑞享党"，媒体认为这一丑闻是"弗利克事件"

（在德国，这次事件是政治收买的同义词）的缩小版。

小冯·芬克捐赠的对象可以归类为自由市场保守派、反欧盟和反欧元组织；用"自由论者"描述他的政治观点最为恰当。2003年，他向一个主张缩小德国政府规模的游说组织捐赠了数百万美元。贝娅特丽克丝·冯·施托希（Beatrix von Storch）曾在这个现已解散的组织中长期担任主席，目前是德国选择党的二把手。德国的路德维希·冯·米塞斯研究所（该研究所得名于同名经济学家，他的著作支持金本位和黄金投资，长期以来被自由主义者奉为圭臬）就位于小冯·芬克家族公司在慕尼黑的总部。因此，2010年欧洲陷入金融危机时，"古斯特尔"进入了黄金交易行业。他的投机行为极度缺乏历史敏感性，令人惊骇却又并非完全出乎意料。

为了给自己的黄金交易公司打响品牌，小冯·芬克控制的一家实体机构支付了200万欧元（300万美元），买下了德固赛（Degussa）的商标权，德固赛是德国金银分离研究所（German Gold and Silver Separation Institute）的缩写。这家化工集团恶名远扬，曾研发并生产基于氰化物的杀虫剂齐克隆B，还曾帮助纳粹冶炼掠夺来的贵金属。2004年，在德固赛公司委托进行的一项研究中，西北大学的历史学教授彼得·海斯（Peter Hayes）详细描述了德固赛的一家子公司如何开发出齐克隆B杀虫剂，党卫队又如何成了值得德固赛信赖的客户之一。1941—1945年，党卫队在灭绝营中使用齐克隆B毒杀了100多万人（几乎全是犹太人）。纳粹在集中营或犹太区杀害了这些犹太人之后，会剥去尸身上的金牙和首饰，这些贵金属（通常为压缩形式，但有时也保持原状）中的很大一部分最终进入了德固赛的冶炼厂。德固赛还提炼并转售价值数百万的金银；一些是纳粹在欧洲各地掠夺而来，还有一些来自被送往集中营和灭绝营的犹太人。

右翼亿万富翁小冯·芬克的父亲，一个痴迷于希特勒的反犹纳粹分子，通过将犹太人在第三帝国的资产"雅利安化"，发展起了自己的私人银行；而在一轮反常的历史变化中，小冯·芬克扛起了德固赛的大旗。今天，德固赛的金银制品在欧洲各地的高端购物场所均有销售。在小冯·芬克位于慕尼黑的家族公司总部旁，就有一家德固赛的商店，任何人都可以在那里买卖贵金属。但小冯·芬克并未就此止步。他还在德固赛安插了一位极右翼的首席执行官，此人曾将欧洲央行的货币政策描述为"自动种族灭绝的引擎室"。

九

小奥古斯特·冯·芬克的政治资助远不如他的商业投资成功。这时，一个能为这两个利益领域都带来好处的机会出现了。2013年初，反欧元的德国选择党成立。德国总理安格拉·默克尔（Angela Merkel）领导的执政党德国基督教民主联盟（简称基民盟，CDU）下属的一家智库在一份备忘录中推测，小冯·芬克将成为德国选择党的主要捐赠人。直到今天，还没有直接的证据证明他们的预测成真，但也有些蛛丝马迹。

德国对政党捐款并无限制。但匿名个人和公司一次最多只能向一个政党捐赠1万欧元（合1.2万美元）。超过这个数额，获得捐款的党派每年必须披露捐赠人的身份。如果一次捐款超过5万欧元（约6万美元），联邦议院的主席团就必须立即公布捐款数额和捐赠人姓名。举例来说，很容易推断，控制宝马的匡特家族继承人捐赠了数百万欧元，至少从2002年开始，大部分资金都捐给了基民盟。对比而言，小冯·芬克使用了更隐秘的方法，为政党提供了相当规模的资金——同时仍试图保持匿名。

早在2013年9月的第一次全国选举失败之前，德国选择党已濒临破产。它很少有付费党员或捐赠人。当时，该党有一名女发言人负责赞助一些活动和费用，同时也负责德固赛的宣传工作。《明镜周刊》追踪了资金流向，后来报道称，其中一部分账单似乎是小冯·芬克通过他信任的得力助手恩斯特·克努特·施塔尔支付的。不过，在德国，通过这种渠道为政党提供资金是违法的。为了筹集更多资金，德国选择党还开设了一家在线金店，煽动人们的担忧情绪，称欧元正在崩溃。《明镜周刊》继续深挖，发现德固赛是该店所售黄金产品的两家生产商之一。

2014年和2015年，德国选择党的在线金店售出了价值200万欧元的黄金产品，提振了德固赛的销售额。与此同时，德国选择党获得了政府补贴——在德国，如果政党能从捐款、党费或其他收入中获得外部资金，就能获得政府资助。但到了2015年12月，德国出台了一项有关政党的法律修正案，按照该法案的规定，德国选择党的在线金店将不再有资格获得补贴。发生变化的不光是有关政党的法律，德国选择党的政治纲领也在改变。2015年欧洲难民危机期间，德国选择党对自身进行了重塑：它不再是一个反欧元的政党，而是一个反难民的政党，其煽动和利用人们的担忧，认为默克尔决定接受主要来自穆斯林国家的100多万难民，将改变德国的文化认同。

2016年2月，德国选择党的国家补贴遭到削减的两个月后，该党似乎凭空得到了另一种竞选帮助。数以千计的广告牌和海报开始出现在德国的巴登-符腾堡州（Baden-Württemburg）和莱茵兰-普法尔茨州（Rhineland-Palatinate），每一次都恰逢选举周期的中期。大约200万户家庭收到了一份免费的报纸。它们传达的信息总是一样的：投票给选择党。但这些竞选材料并非来自德国选择党，而是由一家神秘的组织——"维护法治与公民自由协会"（Association for the Preservation of Law and Citizen Freedoms）资助，这家非营利组织类似于美式的"黑钱"利益集团。只要不直接与它支持的政党或候选人合作，协会可以接受和花费不限金额的资金，法律不要求它披露其捐赠者。如果出现任何合作的证据，该协会的活动将被视为非法捐款，德国选择党将面临巨额的罚款，该协会的捐赠人也将被强制曝光。2016和2017年，该协会在德国各地举行了支持德国选择党的竞选活动。与此同时，德国选择党仍然否认与这家非营利组织存在任何合作。

接下来，故事变得更加扑朔迷离。2016年9月，《明镜周刊》透露，该协会的活动是由瑞士的政治公关公司"目标"（Goal）设计的。该协会在斯图加特的信箱公司有一个转发地址，正好是"目标"公关公司的地址。这家公关公司的所有者是德国主要右翼政党的竞选活动大师亚历山大·塞格特（Alexander Segert）。他曾为瑞士的执政党瑞士人民党（SVP）、奥地利自由党以及德国选择党的一些最知名的候选人设计竞选活动，而且，他的竞选活动以其反移民的信息和形象而臭名昭著。"目标"公关公司的总部设在塞格特的现代别墅里，靠近德国边境的小村安德尔芬根（Andelfingen），戒备森严。从他的家庭办公室驱车只需要20分钟就可以抵达小冯·芬克位于魏因费尔登的瑞士城堡。

这张错综复杂的巧合之网，可能编织得还要更深。自2016年9月以来，该协会由戴维·本德尔斯（David Bendels）负责，他偶尔会与塞格特一起出现在公共场合。2017年7月，本德尔斯成为《德国信使报》（*Deutschland-Kurier*）的主编，这是一份新创办的报纸，最初由该协会发行，目前仍是德国选择党的喉舌。《明镜周刊》还透露，小冯·芬克的副手恩斯特·克努特·施塔尔参与了《德国信使报》的创办，这又给这个阴谋蒙上了一层迷雾。2017年5月，施塔尔在慕尼黑的一次午餐中试图招募一位出版商。"前面有危险，"小冯·芬克的副手在会面时说，"在纽约有一条街，那里有很多投资银行家、律师之类的人物。巧的是，他们都是犹太人，但这与此无关。他们想把德国推向毁灭。他们控制着一切。"

2017年9月，德国选择党成为德国大选的主要赢家，从议会零席位发展成德国第三大党。很快，德国选择党在全国16个州议会中都获得了席位。"维护法治与公民自由协会"在全国范围内开展的宣传活动，提高了这个日益偏向极右翼的政党的知名度；与此同时，它的大额资金捐赠人仍然隐身幕后。本德尔斯声称，该协会依赖草根捐赠者，但从未提供过相关证据。根据德国非政府组织LobbyControl的估计，迄今为止，该协会为德国选择党花费了超过1000万欧元（1200万美元）的竞选支持资金。

本德尔斯和德国选择党仍然否认双方存在任何合作。但在2018年，德国选择党陷入了多起与捐款有关的丑闻。其中有两起涉及塞格特的"目标"公关公司，该公司充当"白手套"，为德国选择党的两名高调政客的竞选活动提供资金。2019年4月，德国选择党因捐款事件被罚款超过40万欧元（50万美元）。几天后，柏林检察官办公室宣布将调查德国选择党的全国财务主管，起因是"维护法治与公民自由协会"为支持该党举行的竞选活动，而这些活动都是由"目标"公关公司设计的。如果检察官办公室能证明该协会和德国选择党存在合作，这将是德国自"弗利克事件"以来最大的政治捐款丑闻。截至2021年12月，本书撰写之时，调查仍在进行中。迄今为止，德国选择党已因各种捐款丑闻被罚款近100万欧元（约合120

万美元）。

与此同时，德国选择党变得愈发激进。该党的政客猛烈抨击德国的纪念文化和对纳粹历史的清算。时任选择党联合领导人的亚历山大·高兰（Alexander Gauland）在2018年的一次演讲中说："德国有几千年的成功历史，希特勒和纳粹只是其中的一粒鸟屎。"而他代表着该党的温和派。

德国选择党的极端主义派别公开支持反犹太主义、伊斯兰恐惧症和历史修正主义，包括淡化纳粹罪行和否认纳粹大屠杀。同时，在德国，针对移民、犹太人及政客的威胁和攻击日益升温。其中最突出的是2020年2月发生在哈瑙（Hanau）的一起枪击事件，一名枪手杀害了九人，受害者全都是移民或来自移民家庭的德国人，外加枪手本人的母亲。此前，2019年10月在哈雷（Halle）的犹太教堂也发生过枪击事件，一名袭击者杀死了两名旁观者。2019年6月，黑森州（Hessen）一名支持移民的当地政客在家中被一名枪手暗杀。这些袭击都是极右翼极端分子所为，其中一些人与新纳粹组织有联系。

同年6月，在慕尼黑的一次节日晚宴上，有人看到小冯·芬克坐在巴伐利亚州州长马库斯·索德尔（Markus Söder）旁边。两人之间有一些来往。索德尔的前助手最近加入了"古斯特尔"的家族办公室。现在，他们正在参加一位著名律师兼知名欧盟怀疑派政治家的70岁生日宴会。这名律师在德国议会任职期间，小冯·芬克向他支付了超过1100万欧元（约合1250万美元）的"法律咨询费"。这名前议员的职业生涯已经趋于结束，但索德尔的职业生涯才刚刚起步。2021年春，在接替安格拉·默克尔的德国总理全国候选人竞选中，索德尔退出了竞争，他一直留在巴伐利亚州。2021年11月底，小奥古斯特·冯·芬克在伦敦去世，享年91岁。

十

2019年6月中旬，《纽约时报》刊登了一篇文章，标题简直可以当作一本垃圾小说的副书名：《纳粹杀害了她的父亲，她却爱上了一个纳粹》。但这篇文章本身的调子要严肃得多。德国最富有的家族莱曼王朝的两名成员，有史以来第一次接受了记者的公开采访。他们讲述的故事既悲惨又离奇。在二战期间或战争结束后不久，莱曼王朝的家族元老、反犹主义者、纳粹党政客阿尔伯塔·莱曼与手下的一名雇员、犹太人的女儿艾米丽·兰德克（Emily Landecker）开始了长达数十年的恋情。1941年，莱曼家族位于路德维希港的公司聘用了艾米丽。1942年，艾米丽的父亲阿尔弗雷德在曼海姆（Mannheim）的家中遭盖世太保逮捕，不久后遇害。最后一个有关他的信息来自一个犹太人居住区，位于被纳粹占领的波兰，那里是通往索比堡和贝乌热茨灭绝营的中转点。

从1951年起，阿尔伯塔·莱曼和艾米丽生了三个孩子；其中两人是家族企业集团JAB的现任股东。现在，莱曼家族的部分成员已经准备好讲述家族的传奇故事了。他们的父亲是一名狂热的纳粹分子，母亲的父亲又是惨遭纳粹杀害的犹太人。他们是施害者和受害者的产物，他们的故事包含了清算和悲伤。但更加复杂的是，在阿尔伯塔与员工艾米丽相爱的过程中，他娶了另外一名女性，但二人一直没有孩子；1965年，阿尔伯塔正式接纳了自己和艾米丽所生的孩子，维系着彼此的关系。阿尔伯塔和艾米丽很少和孩子们谈论战争。阿尔伯塔只告诉过他们，法国战俘"每周六经常有红酒可喝"，"强迫劳工非常热爱公司，到冲突结束、他们不得不离开时，大家都哭了"。

艾米丽和阿尔伯塔的儿子沃尔夫冈·莱曼（Wolfgang Reimann）告诉《纽约时报》，当他们向母亲问起家族的犹太血统时，她含糊地说，自己是在"犹太环境"中长大的，还责备孩子们不要再谈论"那些旧事"。直到2019年1月，受家族委托的历史学家向他们提交了中期报告，他们才发现自己的父亲是一名狂热的纳粹分子。尽管如此，艾米丽一直爱着阿尔伯塔。沃尔夫冈告诉《纽约时报》："我一直不明白为什么。照我看来，他并不那么招人喜爱。"

在这篇文章中，JAB的董事长兼莱曼家族的密友彼得·哈夫也接受了采访，他出生于二战结束后的一年零一天。他透露自己的父亲也是一名纳粹分子。他很担心民族主义在西方的崛起，并说现在是时候表明立场了。这位亿万富翁认为，几乎没有企业发声反对民粹主义的复苏。哈夫告诉《纽约时报》的记者："在历史上，企业助长了民粹主义。我们今天绝不能再犯同样的错误。"

德国企业界对第三帝国的清算取得了一项重大突破：该国最富有的商业家族宣布，他们要为家族基金会重新命名。它不再纪念莱曼的纳粹父亲或祖父，而是改为纪念他们惨遭纳粹杀害的犹太外祖父。此外，阿尔弗雷德·兰德克基金会将侧重于帮助人们了解纳粹大屠杀。莱曼家族捐赠了一笔庞大的家族资金，用以表明家族对这一目标的投入和承诺：永久性地每十年捐出2.5亿欧元（3亿美元）。他们还在基金会董事会里安排了来自学术界、商界和政界的全球知名人士，并宣布为牛津大学的一个新项目和教职提供资金，研究欧洲少数族裔遭受的迫害。莱曼家族并未就此止步，他们的基金会开始追踪曾在家族企业中从事强迫劳动的幸存者，给予他们赔偿。也就是说，德国新晋的、最富有的商业家族以一位被纳粹"灭绝"的人的名义正视了家族的过去，身体力行，说到做到。更重要的是，阿尔弗雷德·兰德克基金会的网站公开了莱曼家族的纳粹家族元老及其罪行。

这与拥有宝马的匡特家族形成了鲜明对比。2019年6月20日，《纽约时报》关于莱曼家族的文章发表六天后，定位相当于《福布斯》的德国杂志《经理人杂志》（*Manager Magazin*）刊登了一篇有关两名匡特家族成员的封面故事。赫伯特最小的孩子苏珊·克拉滕和斯特凡·匡特首次坐在一起接受采访。该杂志估计，他们当年的财富约为265亿欧元（300亿美元），是德国第二富有的家族，仅次于莱曼家族。匡特姐弟控制着宝马大约47%的股份，还有许多其他投资。2019年，尽管股价下跌，宝马仍向两人发放了近8亿欧元（10亿美元）的股息。采访没有提及匡特家族的纳粹历史。显然，《经理人杂志》认为这个话题早就说尽了。

斯特凡反而利用这个机会质疑了遗产税的合理性。苏珊表示，财富再分配不管用，她主张精英主义，认为一个公平的社会应该允许人们根据自己的能力追求机会。"我们的潜力源于我们继承了庞大的家族产业，以及我们对这份遗产的发扬光大，"她告诉《经理人杂志》，"我们每天都为此努力工作。守护财富的任务对个人来说也有不那么友好的一面。"苏珊还说："有些人认为我们每时每刻都躺在地中海的游艇上。"大约八年前，她的哥哥在接受《时代周报》采访时，也曾发表过类似的评论。"我们才不是整天都待在海滩上呢，"当时斯特凡这样讲道，"我没有像史高治·麦克老鸭*那样有一个大金库。"他似乎也把自己继承的财产看成一个巨大的负担。《经理人杂志》为这一轮新采访所拟的标题，直接引用了苏珊提出的问题，呼应了她哥哥早年的另一个想法——绝无半点讽刺之意：《有谁愿意跟我们换个位置吗？》

采访发表两天后，2019年6月22日，一年一度的赫伯特·匡特新闻奖照常在这位大亨的生日之际颁发。当天，斯特凡在德国

---

* 迪士尼的经典角色之一，唐老鸭的舅舅。在迪士尼世界中，它是世界上最富有的鸭子，爱钱如命。它将自己的财富储存在一座私人金库当中。

最大、最有影响力的报纸之一——偏向保守的《法兰克福汇报》（*Frankfurter Allgemeine Zeitung*）以专栏的形式发表颁奖致辞。他的专栏文章题为《保护私有财产》。在这篇文章中，他痛斥了所谓对财产权的威胁、更高遗产税的恫吓，以及当今德国存在的财产征用的"幽灵"。实际上，他的祖父和父亲蔑视纳粹时代受害者的私有产权，并从国家支持的财产征用中获得巨大利益，但这位宝马继承人似乎没有意识到这一点。十天后，斯特凡加入了该报的监事会。

时至今日，匡特兄妹仍在巴德洪堡的君特·匡特大宅（Günther Quandt House）管理着他们的商业帝国。斯特凡每年都会向德国记者颁发赫伯特·匡特新闻奖。2016年，宝马的慈善部门并入赫伯特·匡特基金会。基金会的资产增至1亿欧元（1.2亿美元）；另外3000万欧元（3500万美元）由斯特凡和苏珊自己提供。基金会的使命是促进并激励"负责任的领导"，但基金会的名字却得自这样一个人：他曾协助推进法国公司的"雅利安化"，在柏林管理过一家使用女性奴隶劳工的工厂，还在纳粹占领下的波兰监督过一座附属集中营的规划和修建。但显然，这些对宝马来说无关紧要。如果基金会在使命宣言上是认真的，那么，赫伯特的整本传记只需要留下一件事就够了：他"确保了"宝马的独立性。他一生的成功和悲剧都浓缩在这简短的一句话里了。

2021年5月，《南德意志报》（*Suddeutsche Zeitung*）报道称，在慕尼黑有待更名的街道候选清单上，出现了赫伯特·匡特的名字。

德国选择党的一名地区成员主张，更名的审议过程应考虑赫伯特在战后的商业价值，而提出更名的历史学家则反驳说，任何"从纳粹制度中获利"并因此"违背"人类核心价值观的人，"都不值得对其一生的工作进行相对化的整体评价"。

到目前为止，天平仍然向金钱和权力的一端倾斜。许多德国商业王朝继续回避对玷污了家族财富的黑暗历史进行彻底的清算反思，因此，第三帝国的"幽灵"仍然在他们身边萦绕。

尾声　博物馆

2019年底，我飞往特拉维夫，看望暂居该国的德国女友，为期一周。她要代替一个休假的同事，在以色列和巴勒斯坦地区做一个月的新闻采访。12月初的一天晚上，我们参观了特拉维夫艺术博物馆，这座迷宫般的建筑融合了野兽派和现代主义的建筑风格。在一位纽约朋友的推荐下，我们去看了美国艺术家雷蒙德·佩蒂邦（Raymond Pettibon）的展览。天气仍然很暖和。然而，一到展览现场，我就感到一股寒意爬上脊梁骨。就在我们进去之前，我注意到墙上有一张用德语和希伯来语写的名单。名单上方有一块标识牌：特拉维夫艺术博物馆德国友人画廊。

在标识牌下方列出的姓氏中，比如在戈特斯迪纳（Gottesdiener）和格莱特曼（Gleitman）之间，有几个特别引人注目的姓氏跳到了我的眼前。靠近顶部有一个名字：加布里埃尔·匡特——玛格达·戈培尔的孙女，哈拉尔德·匡特的女儿。哈拉尔德在戈培尔的家庭中长大，但从未加入过纳粹党——他试图展望未来，但永远无法摆脱过去的悲剧。

名单的最下方还有一个名字：英格丽·弗利克——弗里德里希·卡尔·弗利克的第三任妻子。弗里德里希·卡尔·弗利克是德国战后最大腐败丑闻的幕后黑手，也是弗里德里希·弗利克最小的儿子。弗里德里希·弗利克则是德国所有实业家中最强大、最无情的人，他在纽伦堡被定罪，又在三个不同的时代成为德国的首富。弗里德里希·弗利克不愿舍弃自己的财富，导致他的帝国和他的家族分崩离析。和他的父亲一样，弗里德里希·卡尔拒绝向曾在弗利克家族的工厂和矿山中劳作的数万名强迫劳工或奴隶劳工支付任何赔偿；成千上万的人死在那里，其中很多都是从集中营送去的犹太人。弗里德里希·卡尔带着数十亿美元逃到奥地利，把家族的"幽灵"留给了他的侄女和侄子，让他们应对公众。与此同时，英格丽·弗利克继续从事着已故丈夫那沾满鲜血的工作。而且，她还以已故公公的名义维持着一个基金会——哪怕他是一名罪证确凿的纳粹战犯，为了扩张他的帝国，偷走了不少人的生计。

看到匡特和弗利克的名字出现在以色列的博物馆里，还用希伯来语拼写出来，德国人可能会这么说：毛骨悚然。在世的一代继承人在传承家族的商业王朝之前，仍有机会改变方向——致力于完全公开历史、承担道德责任，无条件地努力偿还父辈欠下的巨额债务。接下来，这些继承人的子女将有机会利用他们的权力和财富来帮助创造一个更美好的世界，一个他们祖父那一代无法立足的世界。

在加布里埃尔和英格丽的名字下面是他们孩子的名字：加布里埃尔的儿子们，现在30岁出头；弗利克家族的双胞胎，世界上最年轻的亿万富翁，现在20岁出头。他们是下一代——和我是同一代。"我们会做得更好。"我喃喃自语。女朋友朝我笑了笑。我们略过了展览，走出博物馆，投入12月的温暖夜晚，走向一个全新的十年。

致　谢

　　本书的核心部分，来自我在2012年4月至2018年5月为彭博新闻社撰写的文章。虽然我为了撰写本书离开了彭博社，但如果没有彭博社里许多人的鼓励，我永远也不会深入研究这一主题。Matthew（G.）Miller不光无意中想到了本书的名字（"戴维，我们书架上还有更多纳粹亿万富翁的故事吗？"），他和Peter Newcomb（他提议书名叫《纳粹阔佬》，"Nazillionaires"，也很接近）还给了我一个机会，让我实现了自己的设想。谢谢二位。马特，我觉得我把你布置的任务——"去吧，去把纳粹的黄金挖出来"看得有点太重了。还要感谢RobLa Franco和Pierre Paulden的编辑指导，以及Pamela Roux Castillo和Jack Witzig，彭博社"亿万富翁财富团队"的两位中坚人物。

　　感谢Max Abelson无意中将我引向本书的起点和终点：2011年秋天，是他把我介绍到了彭博社，2019年秋天，又是他告诉我去特拉维夫艺术博物馆看看雷蒙德·佩蒂邦的展览。非常感谢Donal Griffin，我最喜欢的暴脾气爱尔兰人，他抽出时间阅读了本书的初稿。还要感谢Caleb Melby，很久以前，他就告诉我应该写一本关于这个主题的书；自此以后，我的脑海里就牢牢刻下了这个想法。感谢我当时的编辑Simone Meier、Elisa Martinuzzi和Neil Callanan，他们鼓励我大胆动手写。还要感谢Annette Weisbach和Matthew Boyle；我与他们合作完成了最早几篇关于莱曼家族和匡特家族的报道。

我很感谢我的经纪人Howard Yoon，他从一开始就对这个项目充满信心，给了我巨大的帮助和鼓励。我也很感谢他在Ross Yoon经纪公司的同事，尤其是Dara Kaye。非常感谢霍顿·米夫林·哈考特/哈珀柯林斯出版社的编辑Alexander Littlefield，他很有眼光，始终不慌不忙，从不忽视大局。还要感谢Zach Phillips、Marleen Reimer和Lisa Glover的帮助，以及Susanna Brougham无可挑剔的文字编辑工作。感谢David Eber的法律审查，以及Mark Robinson和Chloe Foster的封面及内页设计。还要感谢Glen Pawelski和Mapping Specialists公司的团队。我也非常感谢伦敦威廉·柯林斯的Arabella Pike和Jo Thompson对这本书的帮助。

非常感谢Büro Hermann & Söhne的同行们，特别是Gerben van der Marel、Jan Zappner和 Peter Wollring，感谢他们多年来的战友情谊。Pauline Peek是一位真正的多面手，她帮助我为本书做了调查和事实核查。非常感谢Martin Breitfeld和他在科隆奇维出版社

（Kiepenheuer & Witsch）的同事们的帮助。也要感谢鲁迪格·容布卢特，他曾经在汉堡的一次午餐时告诉我，"如果不是用英语写的，就不算新闻。"这让我意识到，这些关于金钱和权力的黑暗历史在德国之外不为常人所知。感谢所有和我详细讨论这个问题的德国历史学家，最值得一提的是Tim Schanetzky、Kim Christian Priemel和Sven Keller。

出于各种原因，感谢Alex Cuadros、Alice Pearson、Ben and Jenny Homrighausen、Volker Berghahn、Yana Bergmann、Brittany and Sam Noble、Ruby Bilger、Daniel Sedlis、Nina Majoor、Eric Gade、Evan Pheiffer、Sven Becker、Janette Beckman、Daniel Steinmetz-Jenkins、Norman Ohler、Taunton and Nikki Paine、Sam Moyn、Majlie de Puy Kamp、Patrick Radden Keefe、Mary Vromen、Mathew Lawrence、Hayden Miller、Ryan Alexander Musto、Heather Jones、Joe Dolce、Lauren Streib、Henry Seltzer、Line Lillevik，以及Max Raskin。德国的黑暗历史在柏林从未远离人们的视野，有时还会格外引人注意。向柏林的整个"小圈子"表示感谢，特别是Elsa Wallenberg、Alexander Esser、Laura Stadler、Cäcilie von Trotha、Richard Meyer zu Eissen、Finn Weise，以及所有其他的怪人。还要特别感谢我在阿姆斯特丹的所有好朋友。

写这本书让我更加意识到我是多么幸运，能生活在这样美好的家庭中。非常感谢我的父母海伦和菲利普，感谢他们无条件的爱和支持，也感谢我的姑姑杰奎琳、de Zwart一家、Velaise一家和Tann一家。

　　最后，非常感谢Sophie，她是一股真正的自然力量，永远勤奋，她永远是探险家。很高兴卷入你的"旋风"，我迫不及待地想知道接下来它会把我们带去哪儿。

族　谱

　　以下都不是完整的族谱，省略了部分配偶、更老一辈和更下一代的家庭成员。此处只列出了与本书有关的家庭成员。

匡特家族

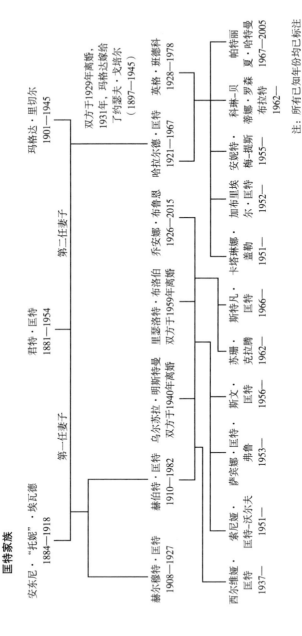

安东尼·"托妮"·埃瓦德
1884—1918

君特·匡特
1881—1954

玛格达·里切尔
1901—1945

第一任妻子

第二任妻子

双方于1929年离婚，1931年，玛格达改嫁给丁约瑟夫·戈培尔（1897—1945）

赫尔穆特·匡特
1908—1927

赫伯特·匡特
1910—1982

乌尔苏拉·明斯特曼
双方于1940年离婚

里泽洛特·布洛伯
双方于1959年离婚

乔安娜·布鲁恩
1926—2015

哈拉尔德·匡特
1921—1967

英格·班德科
1928—1978

索尼娅·匡特-沃尔夫
1951—

萨宾娜·匡特-弗鲁
1953—

斯文·匡特
1956—

苏珊·克拉腾
1962—

斯特凡·匡特
1966—

卡塔琳娜·盖勒
1951—

加布里埃尔·匡特
1952—

安妮特·梅-提斯
1955—

科琳-贝蒂娜·罗森布拉特
1962—

帕特丽夏·哈特曼
1967—2005

西尔维娅·匡特
1937—

注：所有已知年份均已标注

390

弗利克家族

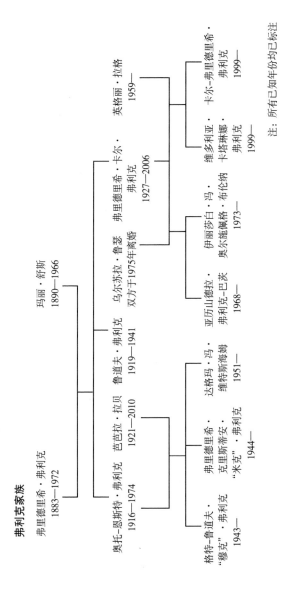

弗里德里希·弗利克
1883—1972

玛丽·舒斯
1890—1966

奥托-恩斯特·弗利克
1916—1974

芭芭拉·拉贝
1921—2010

鲁道夫·弗利克
1919—1941

乌尔苏拉·鲁宓
双方于1975年离婚

弗里德里希·卡尔·弗利克
1927—2006

英格丽·拉格
1959—

格特-鲁道夫
"穆克"·弗利克
1943—

弗里德里希·克里斯蒂安
"米克"·弗利克
1944—

达格玛·冯·维特斯海姆
1951—

亚历山德拉·弗利克-巴茨
1968—

伊丽莎白·冯·奥尔施佩格·布伦纳
1973—

维多利亚·卡塔琳娜·弗利克
1999—

卡尔-弗里德里希·弗利克
1999—

注：所有已知年份均已标注

391

冯·芬克家族

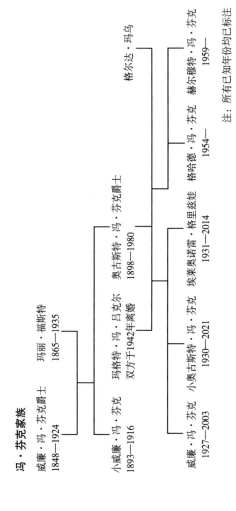

威廉·冯·芬克爵士
1848—1924

玛丽·福斯特
1865—1935

小威廉·冯·芬克
1893—1916

玛格特·冯·吕克尔
双方于1942年离婚

奥古斯特·冯·芬克爵士
1898—1980

格尔达·玛乌

威廉·冯·芬克
1927—2003

小奥古斯特·冯·芬克
1930—2021

埃莱奥诺雷·格里兹娃娃
1931—2014

格哈德·冯·芬克
1954—

赫尔穆特·冯·芬克
1959—

注：所有已知年份均已标注

392

保时捷-皮耶希家族

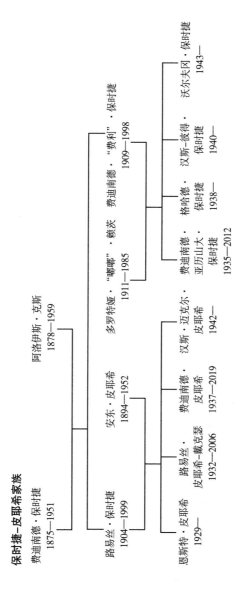

费迪南德·保时捷
1875—1951

阿洛伊斯·克斯
1878—1959

路易丝·保时捷
1904—1999

安东·皮耶希
1894—1952

多罗特娅·"嘟嘟"·赖茨
1911—1985

费迪南德·"费利"·保时捷
1909—1998

恩斯特·皮耶希
1929—

路易丝·皮耶希·戴克瑟
1932—2006

费迪南德·皮耶希
1937—2019

汉斯·迈克尔·皮耶希
1942—

费迪南德·亚历山大·保时捷
1935—2012

格哈德·保时捷
1938—

汉斯-彼得·保时捷
1940—

沃尔夫冈·保时捷
1943—

注：所有已知年份均已标注

393

厄特克尔家族

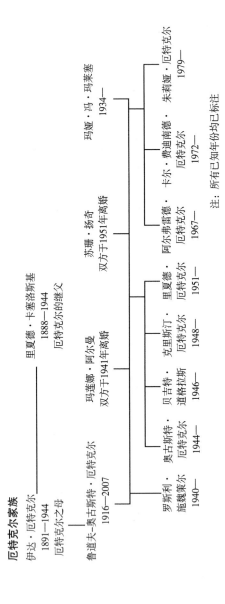

伊达·厄特克尔
1891—1944
厄特克尔之母

里夏德·卡塞洛斯基
1888—1944
厄特克尔的继父

鲁道夫·奥古斯特·厄特克尔
1916—2007

玛连娜·阿尔曼
双方于1941年离婚

苏珊·扬奇
双方于1951年离婚

玛娅·冯·玛莱塞
1934—

罗斯利·施魏策尔
1940—

奥古斯特·厄特克尔
1944—

贝吉特·道格拉斯
1946—

克里斯汀·厄特克尔
1948—

里夏德·厄特克尔
1951—

阿尔弗雷德·厄特克尔
1967—

卡尔·费迪南德·厄特克尔
1972—

朱莉娅·厄特克尔
1979—

注：所有已知年份均已标注

394

关于资料来源的说明

本书中提到的几乎所有德国商业家族的成员都拒绝置评、拒绝接受采访；另一些家族没有回复记者向其发言人或家族办公室代表发出的采访请求或提问。只有一家人例外。

匡特家族控制宝马的两个分支的长期发言人约尔格·阿佩尔汉斯（Jörg Appelhans）拒绝了我对斯特凡·匡特的采访请求，理由是匡特家族已委托开展了一项学术研究，旨在研究他们的祖辈在第三帝国时期的活动，该研究"具有开创性，面面俱到。自从研究结果于2011年公开发表之后，它已经成为常识，我们再没有在该项研究的基础上获得进一步的新见解"。我问他，他认为这些发现在哪里、对什么人来说是"常识"，阿佩尔汉斯回答说："常识是指它们已经发表，人人都可获取。"

也就是说，每个懂德语的人都能获取。匡特家族以及其他商业家族委托进行的许多类似研究，并未翻译成其他语言，尽管在纳粹时代，这些商业王朝开创者的受害者大多不是德国人，而且，这些王朝的商业利益无论在当时还是现在，都是全球性的。尽管如此，阿佩尔汉斯写道："匡特家族相信，公开和透明的目标已经实现……我们不认为重命名街道、地点或机构是一种对待历史人物的负责任的方式，因为这种'记忆抹杀'（damnatio memoriae）……阻碍了人们有意识地揭露这些记忆在历史上的作用，反而助长了对历史的忽视。"但纪念历史人物却不提及其纳粹历史，也有着同样的作用。

宝马基金会的一位代表回答了我向宝马集团提出的问题（包括为什么在赫伯特·匡特于第三帝国时期的活动曝光之后，这家慕尼黑汽车制造商仍在它提倡"负责任的领导"的慈善基金会的名称中保留他的名字），并向我写了一份声明："［该基金会］意在纪念宝马和赫伯特·匡特的创业事迹，这就是为什么它做出了一个有意识的决定：赫伯特·匡特从1959年到1982年去世期间所做的种种长期性和前瞻性举动……应该以基金会的名义表现出来。"

我要求采访哈拉尔德·匡特的女儿加布里埃尔·匡特和科琳－贝蒂娜·罗森布拉特，但她们的家族办公室发言人乌尔里希·冯·罗滕汉（Ulrich von Rotenhan）写信给我说，她们"决定不接受采访"。

详细记录君特·匡特的去纳粹化审判和上诉的文件，包括许多关于君特、赫伯特及其高管于二战期间在纳粹占领的国家进行"雅利安化"的文件，可在慕尼黑的巴伐利亚州立档案馆（Bavarian State Archives）1362和1363号文件夹的微缩胶片副本中找到。乔希姆·斯科蒂塞克在委托研究中引用的匡特家族档案中的文件，以及匡特家族认为可提供给研究人员使用的相关文件，可以在达姆施塔特（Darmstadt）的黑森州商业档案馆（Hessian Business Archives）查阅。

事实证明，德国的旧书商是原始资料的"金矿"。他们卖给我君特1938年的整捆信件、他在战后出版的回忆录、20世纪30年代匡特公司的内部书籍等。买到赫伯特1980年委托编撰的私人传记尤其令人满意，因为赫伯特的档案管理人为了不让这本书落入记者之手，费了很大力气，这一场面在档案通信中有生动的描述。由埃尔克·弗勒利希（Elke Fröhlich）编辑的约瑟夫·戈培尔从1923年到1945年的日记，缴纳年费即可在线从德古意特出版社（De Gruyter publishing company）购买。

卢蒂格·容布卢特在2002年和2015年出版的匡特王朝相关传记，以及乔希姆·斯科蒂塞克2011年出版的研究，都是同样不可或缺的研究资料。

英格丽·弗利克及其后代在维也纳的家族办公室代表拒绝就我提出的一系列问题发表评论，这些问题涉及英格丽的直接慈善捐赠，以及她以自己的公公、被定罪的纳粹战犯弗里德里希·弗利克的名义进行慈善活动等情况。我还联系了法兰克福的歌德大学，询问该大学如何协调弗利克基金会对该学术机构的年度财政捐助以及弗利克的历史地位，该校的一位发言人向我发出了这样的声明："歌德大学已经与弗里德里希·弗利克基金会合作了六年，认为这是一家公平、可靠和慷慨的合作伙伴。由于该基金会模范性的承诺，我们才有可能为本来无法找到资金来源的研究和教学项目以及其他奖学金提供资助。这种合作代表了赞助人对大学多样化承诺的一块重要基石。"弗里德里希·卡尔·弗利克的大女儿亚历山德拉·弗利克-巴茨和伊丽莎白·冯·奥尔施佩格·布伦纳没有回复采访请求，也没有回复寄送给她们各自在慕尼黑的家族办公室的问题。

在本书中详细介绍的所有德国商业家族中，唯一对我所提的问题做出坦率回应的家族成员是格特-鲁道夫·弗利克（Gert-Rudolf Flick），也叫"穆克"。穆克是弗里德里希·弗利克的长孙，奥托-恩斯特的长子，现已年近80岁，几十年来一直生活在伦敦，撰写关于古典名画的文章并授课。穆克1943年出生于法国，当时他的父亲正在纳粹占领的洛林地区接管被征用的隆巴赫钢铁厂。他和祖父弗里德里希关系亲密，1972年穆克快30岁时，这位家族元老去世。弗利克曾希望穆克和他的弟弟米克（两人都曾受祖父指导）有一天能执掌家族企业集团的大权。但最终的结果并不是他所计划的那样。

我得到了穆克的允许，在这里引用我们电子邮件通信的一部分内容："在他生前，我们没有讨论过战争。弟弟和我都很崇拜祖父，他在很多方面都是个天才，"穆克写道，"如今有更多丑陋的事情浮出了水面，人们可以采取更严厉的观点。但在我的记忆中，他是一个非常有天赋的人，我无法改变自己对他的感情。我深深感激能认识他，而不仅仅因为他把财富赐给了我们。"穆克的弟弟米克·弗利克和妹妹达格玛·冯·维特斯海姆没有回应记者向米克在波茨坦和苏黎世的基金会，以及达格玛在慕尼黑的家族办公室发出的采访请求。

1947年对弗里德里希·弗利克及其同伙的纽伦堡审判，包括许多相关文件，都可以在网上找到。作为二手资料来源，我主要依赖金·克里斯蒂安·普里梅尔（Kim Christian Priemel）2007年的博士论文，以及达格玛和米克分别委托两组德国历史学家进行的研究：2009年由诺伯特·弗雷（Norbert Frei）、拉尔夫·阿伦斯（Ralf Ahrens）、约尔格·奥斯特洛（Jörg Osterloh）和蒂姆·沙内茨基（Tim Schanetzky）所做的关于20世纪弗利克家族企业集团的研究；以及2008年由约翰内斯·布尔（Johannes Bähr）、亚历克斯·德雷科尔（Alex Drecoll）、伯恩哈德·戈托（Bernhard Gotto）、哈拉尔德·维克斯福斯（Harald Wixforth）和金·克里斯蒂安·普里梅尔进行的关于第三帝国时期弗利克家族企业集团的研究。君特·奥格（Günther Ogger）1971年所著的弗里德里希·弗利克传记也出色地经受住了时间的考验。柏林-勃兰登堡商业档案馆（Berlin-Brandenburg Business Archive）有一个完整的弗利克研究档案，其中包含达格玛委托的学术研究中所使用的原始文件及副本。一个奇怪的巧合是，弗利克研究档案位于柏林的维特瑙社区，那里曾经是君特·匡特庞大的DWM武器工厂建筑群的一部分。不幸的是，由于新冠肺炎疫情，我无法查阅这些档案。

2021年6月，小冯·芬克位于慕尼黑的私人办公室的长期秘书安妮玛丽·索内（Annemarie Thoene）在电话中告诉我，他们的"沟通政策"没有改变——小冯·芬克仍然不接受采访，也没有指定的电子邮件地址可以向他本人提出采访请求。此前，我在向"古斯特尔"寻求评论时，有人给过我一个传真号码。但针对本书，他们告诉我要写信才行。"古斯特尔"没有回应我在2021年夏天和初秋通过快递信件发送到他私人办公室的采访请求和其他问题。他于2021年11月底在伦敦去世。他同父异母的兄弟赫尔穆特和格哈德也没有回应采访请求。"目标"公关公司的亚历山大·塞格特也没有回应。戴维·本德尔斯同样没有回应记者请他讨论该组织与神秘的"维护法治与公民自由协会"之间所谓的联系的采访请求。德国选择党发言人彼得·罗林（Peter Rohling）拒绝让该党的领导成员就此问题接受采访。

奥古斯特·冯·芬克的去纳粹化原始审判文件位于慕尼黑巴伐利亚州立档案馆的409号档案夹中。有关德雷福斯银行和罗斯柴尔德银行的"雅利安化"交易，许多详细文件都可以在马里兰州大学的国家档案和记录管理局（NARA）找到，也可以通过其在线合作伙伴Fold3找到（Fold3已将数百万份档案记录数字化）。英戈·科

400

勒（Ingo Köhler）2005年关于德国犹太私人银行"雅利安化"问题的博士研究，以及杰拉德·费尔德曼（Gerald Feldman）2001年关于第三帝国时期安联保险的研究是重要的资料来源。在关于德国选择党、"维护法治与公民自由协会"、"目标"公关公司和小奥古斯特·冯·芬克之间联系的章节中，我引用了《明镜周刊》记者梅兰妮·阿曼（Melanie Amann）、斯文·贝克尔（Sven Becker）、安-卡特琳·穆勒（Ann-Katrin Müller）和斯文·罗贝尔（Sven Röbel）的开创性报道；《周报》（Wochenzeitung）的安娜·吉哈雷瓦（Anna Jikhareva）、扬·吉拉特（Jan Jirat）、卡斯帕·苏伯（Kaspar Surber）的报道，《法兰克福汇报》的弗里德里克·豪普特（Friederike Haupt），《时代周刊》的克里斯蒂安·富克斯（Christian Fuchs）和保罗·米德尔霍夫（Paul Middelhoff）；以及《南德意志报》的罗曼·戴宁格（Roman Deininger）、安德烈亚斯·格拉斯（Andreas Glas）和克劳斯·奥特（Klaus Ott）等人的开创性报道。

位于斯图加特的保时捷公司拒绝让费利·保时捷的儿子、保时捷-皮耶希家族保时捷一方的发言人沃尔夫冈·保时捷接受采访。保时捷公司的公关主管塞巴斯蒂安·鲁道夫（Sebastian Rudolph）对我的提问做了书面回复，将费利在1976年的自传《我们在保时捷》中表现出来的反犹主义观点和歧视性言论称为"费利·保时捷对阿道夫·罗森伯格和其他不得不离开德国的犹太家庭的命运缺乏同情心……费利·保时捷认为阿道夫·罗森伯格至少得到了公司的公正对待和补偿。这是他对第二次世界大战后重新出现的争端感到恼怒的唯一解释"。

汉斯·莫姆森（Hans Mommsen）和曼弗雷德·格里格（Manfred Grieger）1996年关于第三帝国时期大众汽车工厂的研究，以及伯恩哈德·里格尔（Bernhard Rieger）2013年关于大众甲壳虫汽车历史的研究，均为宝贵的资料来源。我还参考了斯特凡·奥斯特（Stefan Aust）、托马斯·安曼（Thomas Ammann）、乔治·梅克（Georg Meck）、沃尔夫冈·弗尔维格（Wolfgang Fürweger）撰写的关于保时捷-皮耶希家族的各种传记，以及埃伯哈德·罗伊斯（Eberhard Reuß）拍摄的关于保时捷犹太联合创始人阿道夫·罗森伯格的纪录片。

尽管存在重大缺陷，但沃尔夫拉姆·皮塔和他的两位同事2017年出版的关于保时捷公司起源研究的德文原版仍可被视为可信的资料。它的研究很透彻，这让皮塔未能查阅阿道夫·罗森伯格的私人文件一事显得更加令人困惑和不安。皮塔虽然未能恰当地将1935年费迪南德·保时捷和安东·皮耶希买断阿道夫·罗森伯格在保时捷公司的股份这一行为定性为'雅利安化'，但这位历史学家在视频采访中向我承认，这笔交易构成了"雅利安化得利"。

就在为这本书进行事实核查的最后几天，保时捷公司的发言人突然给我发来了一份皮塔所做研究的英译本电子版。尽管已经做了四年的研究，我仍非常惊讶地得知这个版本的存在。我一直不知道这份资料，网上也几乎没有提到。事实证明，只有当有人向保时捷公司发出请求或者保时捷公司主动提供这份资料的时候，才能得到皮塔研究的英译本。这也就是为什么这个版本不能被视为一个可信的资料来源。第二个也是更重要的原因是，在这个英文版中，至少有一个关键段落被刻意添加了一些文字，给读者留下的印象是：费利·保时捷只是在二战后不久才在他申请加入党卫队一事上撒了谎。但事实上，费利一直到自己去世时都坚持这个谎言，声称是希姆莱强迫他接受了这个"名誉头衔"。这些捏造的说法可以在费利的自传和1952年他提交给美国驻斯图加特领事馆的宣誓书（这是保时捷公司提供给我的）中找到。

欧特家博士集团的长期发言人约尔格·施林格（Jörg Schillinger）拒绝让厄特克尔家族的任何成员接受我的采访。鲁道夫-奥古斯特·厄特克尔三个年纪最轻的孩子的发言人克里斯托夫·瓦尔特（Christoph Walther）写信告诉我："除了已经发表的内容，他们不打算就此话题公开发表意见。"

尤尔根·芬格（Jürgen Finger）、斯文·凯勒（Sven Keller）和安德烈亚斯·维尔辛（Andreas Wirsching）2013年对第三帝国时期欧特家博士食品公司和厄特克尔/卡塞洛斯基家族的研究，以及卢蒂格·容布卢特2004年对厄特克尔家族及其企业集团的历史研究，都是不可或缺的资料来源。位于比勒费尔德的欧特家博士档案馆通常对研究人员开放，但自新冠疫情以来就一直关闭，因此，我未能前往查阅。

莱曼家族的长期发言人拒绝让一位常驻维也纳的家族成员接受采访。她为我在柏林安排了一次访谈，访谈者是彼得·哈夫和阿尔弗雷德·兰德克基金会的另外两名高管。不出所料，哈夫没有露面。他同意以书面形式回答我提出的大部分问题，但我仍希望有一天能亲自采访这位难以捉摸的亿万富翁。莱曼家族委托进行的关于第三帝国时期该家族及其公司的研究，预计将于2023年出版。与此同时，阿尔弗雷德·兰德克的传记也将出版。百乐顺公司的发言人表示，百乐顺委托的研究预计将在2023年夏天完成，但还不知道将在何时发表。在2021年9月接受《南德意志报》采访时，维蕾娜·巴尔森似乎改变了看法。她告诉该报："几十年来，我们一直未能公开我们的纳粹历史。我相信，如果现在不利用这个机会，这种情况还会持续下去。我必须督促家人探讨此事。"

本书为叙事性非虚构作品，在尾注中包含了完整的资料来源，并经过独立的事实核查。如果不同资料来源对同一事件给出了不同的描述，我会选择最可信的版本。如果本书存在任何失误，责任均由作者自行承担。

注 释

名词缩写

ARD：德国公共广播联盟

HWA：黑森州商业档案馆

NARA：美国档案和记录管理局，华盛顿

NDR：北德广播电视台

NMT：纽伦堡军事法庭审判档案

NND：Designation for declassified documents，指定解密文件

OMGUS：美国驻德国占领区军事政府办公室

OSS：美国战略情报局

STAM：慕尼黑州立档案馆

SWR：德国西南广播电视台

TG：约瑟夫·戈培尔日记

USACA：United States Allied Commission for Austria，美国驻奥地利同盟国委员会

USHMM：美国大屠杀纪念博物馆，华盛顿

开场

他们在那儿站着：Éric Vuillard, *The Order of the Day*（London: Picador, 2018, trans.），17.

20多名：有两份（不完整的）出席者名单，见Dirk Stegmann, "Zum

Verhältnis von Großindustrie und Nationalsozialismus, 1930–1933," *Archiv für Sozialgeschichte* 13（1973）, 478, 481; Henry Ashby Turner Jr., *German Big Business and the Rise of Hitler*（New York: Oxford University Press, 1985）, 468 n81。

"解释他的政策"：NMT, Vol. VII, "The IG Farben Case"（Washington, DC: US Government Printing Office, 1953）, 557, https://www.loc.gov/rr/frd/Military_Law/pdf/NT_war–criminals_Vol–VII.pdf.

陪同他现身的还有瓦尔特·冯克：Stegmann, "Verhältnis," 478.

解决左右两派之间的斗争了：NMT, Vol. VII, 557–60.

"私营企业"：NMT, Vol. VII, 558.

"我们就必须首先获得"：NMT, Vol. VII, 560.

"最后一次选举"：NMT, Vol. VII, 561.

感谢他"为我们……"：NMT, Vol. VII, 562.

"伴随着政治上的平定"：NMT, Vol. VII, 561–62.

戈林的结论：NMT, Vol. VII, 562.

竞选资金：Stegmann, "Verhältnis," 480.

"好了，先生们"：引自Louis Lochner, *Tycoons and Tyrant*（Chicago: Henry Regnery, 1954）, 146–47。

1200万帝国马克：Günter Ogger, *Friedrich Flick der Grosse*（Bern: Scherz, 1971）, 132.

给纳粹最大的两笔捐款：NMT, Vol. VII, 567–68.

"戈林带来了一个令人高兴的消息"：Elke Fröhlich（ed.）, *TG*（Munich: De Gruyter Saur, 1993–2008）, Feb. 21, 1933.

前言

"我是个资本家"：Verena Bahlsen, "About the Future of Cookies," *Online Marketing Rockstars*, May 15, 2019, Youtube video, 18: 53, https://www.youtube.com/watchfv: TauCu0aJ5Vs.

"那都是我这一代人之前的事情了"："Zwangsarbeiter–Zoff um Keks–Erbin," *Bild*, May 12, 2019.

700名强迫劳工："Bahlsen During National Socialism, 1933 to 1945," July 1, 2020, https://www.thebahlsenfamily.com/int/company/about–us/history/bahlsen–during–national–socialism–1933–to–1945/.

《明镜周刊》的记者们仍坚持不懈地深挖真相：Felix Bohr, Jurgen Dahlkamp, and Jorg Schmitt, "Die Bahlsens und die SS," *Der Spiegel*, May 17, 2019; Nils Klawitter, "So wurden die NS- Zwangsarbeiter bei Bahlsen wirklich behandelt," *Der Spiegel*, July 5, 2019.

试图和他最好的朋友乘船从荷兰逃往英国：Rob van den Dobbelsteen, "De Engelandvaarders die het niet haalden," *Provinciate Zeeuwse Courant*, Oct. 9, 1993.

在二战中天各一方：Peter de Waard, *Schoonheid achter de Schermen* （Amster¬dam: Querido, 2014）, 105-19, 192-95.

是玛格达·戈培尔的后裔：David de Jong, "Nazi Goebbels's Step-Grandchildren Are Hidden Billionaires," *Bloomberg News*, Jan. 28, 2013.

以"公开"为目标：Rüdiger Jungbluth and Giovanni di Lorenzo, "NS-Vergangenheit der Quandts: Man fuhlt sich grauenvoll und schamt sich," *Die Zeit*, Sept. 22, 2011.

还很快提拔了她："Bahlsen Announces 'Next Generation's Leadership," March 11, 2020, https://www.thebahlsenfamily.com/int/press/2020/.

第一部分 "完完全全的普通人"

从战争中获利数百万帝国马克：Joachim Scholtyseck, *Der Aufstieg der Quandts* （Munich: C. H. Beck, 2011）, 57.

"快乐的岁月"：Herbert Quandt and Harald Quandt（eds.）, *Günther Quandt Erzähltsein Leben*（Munich: Mensch & Arbeit, 1961）, 27.

一直不肯应允这门婚事：Scholtyseck, *Aufstieg*, 36; Quandt and Quandt, *Günther*, 41-42.

"我在这里一定会完全康复的"：Quandt and Quandt, *Günther*, 70-72.

"一些无法挽回的东西"：Quandt and Quandt, *Günther*, 111.

"玛格达，你就待在这里吧"：Quandt and Quandt, *Günther*, 112.

"我邀请了"：Quandt and Quandt, *Günther*, 114.

第三次约会的时候：Hans-Otto Meissner, *Magda Goebbels: The First Lady of the Third Reich*（New York: Dial Press, 1980, trans.）, 28-30.

她认识的犹太人：Anja Klabunde, *Magda Goebbels*（London: Sphere, 2001, trans.）, 37-38.

"宗教对我不重要"：引自Klabunde, *Magda*, 46。

407

"不可错过的会议"：引自Scholtyseck, *Aufstieg*, 197–98。

"从根本上说"：Meissner, *First Lady*, 34.

"疲惫不堪"：引自Scholtyseck, *Aufstieg*, 198。

4500万帝国马克：Quandt and Quandt, *Günther*, 86.

"我在任何地方都说不上话"：引自Quandt and Quandt, *Günther*, 88。

"白手套"：Scholtyseck, *Aufstieg*, 118–19.

一则匿名公告：Quandt and Quandt, *Günther*, 97–99.

收购者取得了胜利：Scholtyseck, *Aufstieg*, 120–22.

"小克虏伯"：Trial minutes, May 13–14, 1948, denazifcation court Starnberg, STAM, denazifcation court documents, Günther Quandt, carton 1362/4.

已经身处困境：Scholtyseck, *Aufstieg*, 142–46.

他声称：Quandt and Quandt, *Günther*, 185–88.

此刻，弗利克……来回踱步：Thomas Ramge, *Die Flicks*（Frankfurt: Campus, 2004）, 56.

富丽堂皇的办公楼：Norbert Frei, Ralf Ahrens, Jörg Osterloh, and Tim Schanetzky, *Flick: Der Konzern, die Familie, die Macht*（Munich: Pantheon, 2009）, 51–52.

弗利克……与玛丽·舒斯结婚：Frei et al., *Flick*, 18–19; Kim Christian Priemel, *Flick: Eine Konzerngeschichte vom Kaiserreich bis zur Bundesrepublik*（Göttingen: Wallstein, 2007）, 49–52.

为这次秘密收购提供资金：Frei et al., *Flick*, 27–33.

变成了自己的个人控股公司：Priemel, *Konzerngeschichte*, 87 ff.; Frei et al., *Flick*, 36–85.

"受时代精神的感染"：Felix Pinner, *Deutsche Wirtschafsführer*（Berlin: Weltbühne, 1924）, 99.

开始贿赂记者：见Ogger, *Grosse*, 25–27; Frei et al., *Flick*, 15。

他想控制整个联合钢铁集团：详细叙述见Priemel, *Konzerngeschichte*, 121–48。

"他就属于"：引自Cited in Scholtyseck, *Aufstieg*, 159。

君特一直想……寻找：Quandt and Quandt, *Günther*, 152–63.

"看，亲爱的……错得多厉害"：引自Meissner, *First Lady*, 47。

"我要是能"：Quandt and Quandt, *Günther*, 176.

"我失去了我最亲爱的孩子": Quandt and Quandt, *Günther*, 176.

有人怀疑：见Meissner, *First Lady*, 59−60; Klabunde, *Magda*, 73, 85−86.

"他生命中原要": Quandt and Quandt, *Günther*, 178.

视力障碍：Quandt and Quandt, *Günther*, 73−74; Wilhelm Treue, *Herbert Quandt* (Bad Homburg: Varta/Altana, 1980), 29−31.

富丽堂皇的塞弗林庄园：Quandt and Quandt, *Günther*, 92−94.

"永远善待彼此": Quandt and Quandt, *Günther*, 175.

给她的零用钱：Scholtyseck, *Aufstieg*, 197.

"已阅，核准": 引自Klabunde, *Magda*, 48−49。

纳粹党的示好：Kurt G. W. Ludecke, *I Knew Hitler* (New York: Charles Scribner, 1937), 316−17.

"我与他……共进午餐": Ludecke, *I Knew Hitler*, 317.

更多的自由和金钱：Meissner, *First Lady*, 61−66.

解除了婚约：经证明的法院判决书副本，July 13/17, 1929, HWA, dept.2017, folder 47; Meissner, *First Lady*, 67, 95.

"1929年夏天": Quandt and Quandt, *Günther*, 230.

"压力太大了": Quandt and Quandt, *Günther*, 180.

"哪怕我们": Quandt and Quandt, *Günther*, 111.

"非常和谐": Statement Herbert Quandt, Nov. 10, 1947, HWA, dept. 2017, folder 42; Meissner, *First Lady*, 67, 75−78.

"无事可做": Ludecke, *I Knew Hitler*, 317.

"在喝了相当多的酒": 引自Klabunde, *Magda*, 113。

约瑟夫·戈培尔：Peter Longerich, *Goebbels* (London: Vintage, 2015, trans.), 3−151.

"玛格达燃起了生命之火": Rüdiger Jungbluth, *Die Quandts: Ihr leiser Aufstieg zurmächtigsten Wirtschafsdynastie Deutschlands* (Frankfurt: Campus, 2002), 108.

加入了纳粹党：Meissner, *First Lady*, 79−81.

"那个不同寻常的女人是谁": 引自Klabunde, *Magda*, 118。

"一个姓匡特的美丽女人": Fröhlich, *TG*, November 7, 1930.

"据说": Quandt and Quandt, *Günther*, 230−31.

"她成了": Trial minutes, May 13/14, 1948, denazifcation court Starnberg,

STAM, denazifcation court documents Günther Quandt, carton 1362/4.

"钦佩和感激之情"：Statement, Herbert Quandt, Nov. 10, 1947, HWA, dept.2017, folder 42.

"我只记得一幅关于厄运的画面"：Quandt and Quandt, *Günther*, 68−69.

法西斯主义研究协会：见Jungbluth, *Quandts*（2002）, 122; Scholtyseck, *Aufstieg*, 263−64。

在这个俱乐部：Scholtyseck, *Aufstieg*, 264.

星期日上午：Henry Ashby Turner Jr.（ed.）, *Hitler — Memoirs of a Confidant*（New Haven: Yale University Press, 1985, trans.）, 232−37.

威廉是一名金融家：Bernhard Hoffmann, *Wilhelm von Finck*（Munich: C. H. Beck, 1953）; "Neun Nullen," *Der Spiegel*, May 18, 1970, https://www.spiegel.de/politik/neun−nullen−a−608eb41d−0002−0001−0000−000045152285?.

"召唤出了……幽灵"："conjured up the specter"：Turner, *Big Business*, 150.

"完全相信"：Turner, *Confidant*, 237.

"那种力量"：Turner, *Confidant*, 237.

2500万帝国马克：Turner, *Confidant*, 238, 243.

"我说不清希特勒"：Quandt and Quandt, *Günther*, 233.

"德国希特勒青年团最年轻的队员"：Turner, *Confidant*, 239−40.

"一位君特夫人"：Turner, *Confidant*, 240.

"哪怕只看了第一眼"：Turner, *Confidant*, 241.

"玛格达·匡特晚上来了"：Fröhlich, *TG*, Feb. 15, 1931.

"玛格达……回家晚了"：Fröhlich, *TG*, March 10, 1931.

"玛格达，可爱的"：Fröhlich, *TG*, March 15, 1931.

"玛格达……赶走"：Fröhlich, *TG*, March 22, 1931.

"工作很多"：Fröhlich, *TG*, March 26, 1931.

"下午"：Fröhlich, *TG*, March 12, 1931.

"一个有用的孩子"：Fröhlich, *TG*, June 14, 1931.

希特勒也"盲目地"：Fröhlich, *TG*, Aug. 12, 1932.

"哈拉尔德……看起来很可爱"：Fröhlich, *TG*, Oct. 19, 1931.

玛格达宠坏了：Jungbluth, *Quandts*（2002）, 115.

"她一直支持着我"：Fröhlich, *TG*, April 9, 1931.

"和玛格达小吵一架"：Fröhlich, *TG*, June 26, 1931.

这对情侣最喜欢的度假地：Meissner, *First Lady*, 95; Quandt and Quandt, *Günther*, 233.

"现在一切都清楚了"：Fröhlich, *TG*, May 31, 1931.

"玛格达……谈了一下"：Fröhlich, *TG*, Sept. 14, 1931.

不停调情：Longerich, *Goebbels*, 157-58.

"她可以代表"：Turner, *Confidant*, 255-59; quote on 255.

"安排"：Longerich, *Goebbels*, 157-60.

"恶心：君特·匡特先生去找了老板"：Fröhlich, *TG*, Sept. 12, 1931.

根据君特：Quandt and Quandt, *Günther*, 233-35; quote on 235.

"我们的观点"：Trial minutes, May 13/14, 1948, denazifcation court Starnberg, STAM, denazifcation court documents Günther Quandt, carton 1362/4.

"本能地感到"：Quandt and Quandt, *Günther*, 232.

"没脑子的笨蛋"：Fröhlich, *TG*, Nov. 30, 1931.

"君特·匡特晚上来了"：Fröhlich, *TG*, Dec. 11, 1931.

"从头到尾都无比缺乏品位"：Meissner, *First Lady*, 95.

于是，婚礼早餐：Meissner, *First Lady*, 95-96.

君特后来写道：Quandt and Quandt, *Günther*, 232-33, 236.

"如同一只想要保护幼崽的愤怒母狮"：Fröhlich, *TG*, Dec. 29, 1931.

"欣喜若狂"：Fröhlich, *TG*, Feb. 19, 1932.

"了解公众演讲"：Quandt and Quandt, *Günther*, 235.

"有点智障"：Fröhlich, *TG*, April 24, 1932.

"真正的穷人"：Fröhlich, *TG*, Oct. 13, 1932.

"资本家"瓦尔纳：Fröhlich, *TG*, Aug. 6, 1934.

即将一败涂地：关于格森堡事件更详细的记叙，请见Priemel, *Konzerngeschichte*, 220 ff。

准备好资金：有关这次会晤的记叙，见Turner, *Big Business*, 235-36; NMT, Vol. VI, "The Flick Case"（Washington, DC: US Government Printing Office, 1952）, 349, https://www.loc.gov/rr/frd/Military_Law/pdf/NT_war-criminals_Vol-VI.pdf。

功勋卓著的海军老兵：见Frei et al., *Flick*, 39, 58, 150。

他第一次见到希特勒时：Frei et al., *Flick*, 717.

成功地……卖给了政府：Priemel, *Konzerngeschichte*, 236–46.

"给纳粹捐钱"：Turner, *Big Business*, 254–57; quote on 257.

"他们就会听从"：NMT, Vol. VI, 285.

"风向"：NMT, Vol. VI, 349.

"戈培尔的脑袋里有一种想法"：引自Scholtyseck, *Aufstieg*, 245。

"与G.匡特谈了谈"：Fröhlich, *TG*, Nov. 4, 1932.

共度圣诞假期：Fröhlich, *TG*, Dec. 24, 25, 27, 30, 31, 1932.

"匡特先生来访"：Fröhlich, *TG*, Feb. 5, 1933.

40 000帝国马克：Stefan Aust and Thomas Ammann, *Die Porsche Saga*（Cologne：Bastei Lübbe, 2016），73–74, 85–86.

他曾两次被解除……职务：见Hans Mommsen and Manfred Grieger, *Das Volkswagenwerk und seine Arbeiter im Dritten Reich*（Düsseldorf: Econ, 1996），72–74; Wolfram Pyta, Nils Havemann, and Jutta Braun, *Porsche: Vom Konstruktionsbüro zur Weltmarke*（Munich: Siedler, 2017），20–22, 28。

"找不到工作的完美主义者"：Bernhard Rieger, *The People's Car*（Cambridge, MA: Harvard University Press, 2013），61.

保时捷刚刚拒绝了……工作：Ferry Porsche and John Bentley, *We at Porsche*（New York: Doubleday, 1976），49–53.

"他们的天赋创造了"：引自Aust and Ammann, *Saga*, 84。

"我曾为……开发过许多著名的型号"：引自Aust and Ammann, *Saga*, 85。

"我们希望"：引自Pyta et al., *Porsche*, 59。

保时捷……第一次接触：Pyta et al., *Porsche*, 65.

1933年5月10日：有关这次会面的记叙，可见Aust and Ammann, *Saga*, 116–17; Pyta et al., *Porsche*, 69–73。

"在第一个可能的时刻"：August von Finck interrogation, Sept. 22, 1947, NARA, OMGUS, RG 260, M1923, roll 7.

弗利克则慷慨解囊：NMT, Vol. VI, 389.

捐款最少的：NMT, Vol. VII, 567–68.

君特·匡特加入了纳粹党：Jungbluth, *Quandts*（2002），125–26.

160万德国人：Ian Kershaw, *Hitler*（London: Allen Lane, 2008），291.

"持否定态度"：Quandt and Quandt, *Günther*, 232.

"从未加入过"：君特·匡特回应公诉人的起诉书,Feb.8, 1948, HWA, dept.

2017, folder 38。

"处于严重的不利地位"：Trial minutes, May 13/14, 1948, denazifcation court Starnberg, STAM, denazifcation court documents Günther Quandt, carton 1362/4.

"接待了君特博士"：Fröhlich, *TG*, April 29, 1933.

给君特戴上手铐：除非另有说明，这些叙述以君特·匡特对公诉人起诉书的回应为基础。Feb. 8, 1948, HWA, dept. 2017, folder 38；Trial minutes, May 13/14, 1948, denazifcation court Starnberg, STAM, denazifcation court documents Günther Quandt, carton 1362/4; Scholtyseck, *Aufstieg*, 253–60.

据称，他的被捕"阻止"：Scholtyseck, *Aufstieg*, 254.

"态度礼貌地"：君特·匡特回应公诉人的起诉书, Feb. 8, 1948, HWA, dept. 2017, folder 38。

"购买免于起诉的权利"：引自Scholtyseck, *Aufstieg*, 259。

"1933年形成了"：君特·匡特回应公诉人的起诉书, Feb. 8, 1948, HWA, dept. 2017, folder 38。

"轻率而可耻地"：Scholtyseck, *Aufstieg*, 314.

"我清楚地意识到"：Quandt and Quandt, *Günther*, 237.

"君特·匡特被捕了"：Fröhlich, *TG*, May 5, 1933.

"G.匡特案"：Fröhlich, *TG*, May 7, 1933.

"拘留令"：Fröhlich, *TG*, June 14, 1933.

"戈培尔说他对这件事一无所知"：Trial minutes, May 13/14, 1948, denazifcation court Starnberg, STAM, denazifcation court documents Günther Quandt, carton 1362/4.

就没这么走运了：Klabunde, *Magda*, 193–99.

"极其折磨人的"：引自Treue, *Herbert*, 37。

"这种危险并不小"：引自Treue, *Herbert*, 63。

"一张白纸"：引自Treue, *Herbert*, 64。

赫伯特随后……结婚：Treue, *Herbert*, 70–72.

赫伯特才登记：Scholtyseck, *Aufstieg*, 766–67.

"急于让"：Gerald D. Feldman, *Allianz and the German Insurance Business, 1933–1945*（New York: Cambridge University Press, 2001）, 73.

很快就会辞去了职位：Feldman, *Allianz*, 102.

"世界观"：Kurt Schmitt interrogation, July 15, 1947, NARA, OMGUS, RG

260, M1923, roll 7.

"对他展现了"：Hans Schmidt-Polex interrogation, Sept. 22, 1947, NARA, OMGUS, RG 260, M1923, roll 7.

"他相信希特勒"：Hans Hess interrogation, Sept. 17, 1947, NARA, OMGUS, RG 260, M1923, roll 7.

"觉得他对党的贡献"：Edgar Uexküll interrogation, June 9, 1947, NARA, OMGUS, RG 260, M1923, roll 7.

"你是我的人"：引自 "Neun Nullen," *Der Spiegel*, May 18, 1970.

1933年10月15日：Ines Schlenker, *Hitler's Salon*（Bern: Peter Lang, 2007）, 50.

"数百万正派"：引自Rieger, *People's Car*, 57。

12页的备忘录：Pyta et al., *Porsche*, 161–64.

获得了灵感：Paul Schilperoord, *The Extraordinary Life of Josef Ganz*（New York: RVP, 2012）, 112–24.

希特勒把保时捷叫到了：Pyta et al., *Porsche*, 168–70.

希特勒曾在某处读到过：Aust and Ammann, *Saga*, 91.

保时捷的公民身份出现了问题：Mommsen and Grieger, *Volkswagenwerk*, 91.

"我真不知道"：Porsche and Bentley, *We at Porsche*, 76.

戈培尔在日记中抱怨：Fröhlich, *TG*, April 13, 1934.

"我们现在要把"：Fröhlich, *TG*, April 13, 1934.

"为哈拉尔德而战"：Fröhlich, *TG*, April 18, 1934.

"他们都非常支持我"：Fröhlich, *TG*, April 20, 1934.

"我再也不能容忍"：Fröhlich, *TG*, May 5, 1934.

"现在君特·匡特"：Fröhlich, *TG*, May 9, 1934.

"这个老糊涂！"：Fröhlich, *TG*, June 5, 1938.

第二部分："纳粹的梦魇很快就会过去"

60岁生日：这场生日宴会的座次安排，来自Dr.-Ing. E. h. Günther Quandt, Hotel Esplanade, Berlin, July 28, 1941, Federal Archive Berlin, 8119 F/P 1112; 60. Geburtstag Dr. Günther Quandt, July 28, 1941, Material Nr. 2240, Film archive Karl Höffkes Agency, 13: 17, https://archiv-akh.de/filme/2240#1.a.brilliantspeech". Cited in Scholtyseck, *Aufstieg*, 279。

"完成了一桩"：引自AFA-Ring, Accumulatoren-Fabrik AG Berlin's workers

414

community magazine, Year 8, Issue 5, September 1941, 9, STAM, denazification court documents Günther Quandt, carton 1363/6。

飙升了300%：Jungbluth, *Quandts*（2002）, 178.

横跨德国国土的一大半：Scholtyseck, *Aufstieg*, 77.

秘密购买：Jungbluth, *Quandts*（2002）, 179; Scholtyseck, *Aufstieg*, 591-95.

60%股权：Scholtyseck, *Aufstieg*, 411.

"军服、蓄电池"：引自Jungbluth, *Quandts*（2002）, 164-65。

"他肯定不会来"：引自Jungbluth, *Quandts*（2002）, 183。

19岁的哈拉尔德：Scholtyseck, *Aufstieg*, 279-80.

举行了一场招待会：Scholtyseck, *Aufstieg*, 191-93.

大约十幅画作：Jonathan Petropoulous, *Görings Man in Paris*（New Haven: Yale University Press, 2021）, 139.

当作生日礼物：Scholtyseck, *Aufstieg*, 297.

"掠夺整个欧洲大陆的关键"：引自Petropoulous, *Görings Man*, 138。

"能够从1933年顺利"：引自AFA-Ring, factory magazine of AFA Berlin's workers community, Year 8, Issue 5, September 1941, 5, STAM, denazification court documents Günther Quandt, carton 1363/6。

金融刺激计划：Adam Tooze, *The Wages of Destruction*（London: Penguin, 2006）, 53-56.

双重战略：Scholtyseck, *Aufstieg*, 365.

"付出不小的努力"：Vereines deutscher Ingenieure（ed.）, *50 Jahre Deutsche Waffenund Munitionsfabriken*（Berlin: VDI, 1939）, I.

DWM……兵工厂：Jungbluth, *Quandts*（2002）, 133-35; Scholtyseck, *Aufstieg*, 366-68, 439, 447.

"凡尔赛的枷锁"：引自Scholtyseck, *Aufstieg*, 374。

"梦寐以求"：引自Wolfgang Seel, *Mauser*（Zurich: Stocker-Schmid, 1986）, 112。

杜莱内……而闻名：Scholtyseck, *Aufstieg*, 143, 440.

新工业帝国：Johannes Bähr, Alex Drecoll, Bernhard Gotto, Kim Christian Priemel, and Harald Wixforth, *Der Flick-Konzern im Dritten Reich*（Munich: Oldenbourg, 2008）, 77-84.

武器目录：Frei et al., *Flick*, 190.

邀请冯·勃洛姆堡：Bähr et al., *Flick-Konzern*, 137.

"非常友好"：NMT, Vol. VI, 236.

"极为不安"：引自Frei et al., *Flick*, 191。

"应该毫不犹豫"：NMT, Vol. VI, 237.

多瑙沃特的征用：见See Priemel, *Konzerngeschichte*, 344–45; Bähr et al., *Flick-Konzern*, 142–43; Frei et al., *Flick*, 194–95。

并称其为"国家害虫"：引自Frei et al., *Flick*, 194。

所谓的"蒙坦方案"：见Priemel, *Konzerngeschichte*, 345–48; Bähr et al., *Flick-Konzern*, 143–47; Frei et al., Flick, 195; Scholtyseck, *Aufstieg*, 368。

有没有兴趣……制造厂：见Priemel, *Konzerngeschichte*, 349–52; Bähr et al., *Flick-Konzern*, 302–3；Frei et al., *Flick*, 196–97。

"顺利配合"：引自 Priemel, *Konzerngeschichte*, 350。

"如果出于整体国家政治原因"：引自Bähr et al., *Flick-Konzern*, 302。

"超额利润"：Priemel, *Konzerngeschichte*, 350.

"我们是一家私人集团"：引自Priemel, *Konzerngeschichte*, 351。

"为党卫队全国领袖的贵宾保留"：NMT, Vol. VI, 302.

没能……产生影响：Turner, *Big Business*, 244–45.

许多熟悉的面孔：宾客名单见Reinhard Vogelsang, *Der Freundeskreis Himmler*（Göttingen: Muster-Schmidt, 1972）, 149–50。

绰号"党卫队银行"：引自Tobias Butow and Franka Bindernagel, *Ein KZ in der Nachbarschaft*（Cologne: Bohlau, 2004）, 53。

"身材亮眼"：引自Feldman, *Allianz*, 77。

"镜像"：引自Vogelsang, *Freundeskreis*, 24。

对希特勒的热情：Jürgen Finger, Sven Keller, and Andreas Wirsching, *Dr. Oetker und der Nationalsozialismus*（Munich: C. H. Beck, 2013）, 123.

从事农业工作：Heather Pringle, *The Master Plan*（London: HarperCollins, 2006）, 40.

数十万帝国马克：Finger et al., *Dr. Oetker*, 141–49.

很赚钱的地区性报纸：Rüdiger Jungbluth, *Die Oetkers*（Frankfurt: Campus, 2004）, 139–42; Finger et al., *Dr. Oetker*, 178–90.

大区长官邀请他：Jungbluth, *Oetkers*, 142–43; Finger et al., *Dr. Oetker*, 191, 195.

每个月的第二个星期三：Vogelsang, *Freundeskreis*, 78-81.

达豪集中营：对这次参观的记叙，见NMT, Vol. VI, 303-5。

"精心准备"：NMT, Vol. VI, 305.

"对于党卫队和其他任务"：引自NMT, Vol. VI, 326。

"特别账户S"：NMT, Vol. VI, 238.

数百万帝国马克很快就涌入了该账户：Vogelsang, *Freundeskreis*, 158.

卡塞洛斯基参加了：Finger et al., *Dr. Oetker*, 197.

"如果……你不能……生产出"：引自Porsche and Bentley, *We at Porsche*, 76。

175万帝国马克：Mommsen and Grieger, *Volkswagenwerk*, 83-84.

"种族玷污"：Aust and Ammann, *Saga*, 87.

17万帝国马克：Pyta et al., *Porsche*, 90.

"他们向我提出"：Adolf Rosenberger to Hermann Bienstock, Feb. 18, 1950. Cited in Eberhard ReuE, "Der Mann hinter Porsche—Adolf Rosenberger" ARD/SWR, June 24, 2019, Youtube video, 43: 57. https: //www.youtube.com/watch?v=VSQzYWHtl-0.

"保护性监禁"：Aust and Ammann, *Saga*, 87.

没有采取任何行动：Reuß, "Rosenberger" ARD/SWR; Pyta et al., *Porsche*, 135; Aust and Ammann, *Saga*, 87.

仍然是公司的境外代表：Pyta et al., *Porsche*, 124-25.

展示了两辆测试用车：Porsche and Bentley, *We at Porsche*, 91-92.

"这些大众汽车"：Henry Picker, *Hitlers Tischgespräche im Führerhauptquartier* (Stuttgart: Seewald, 1977), 374.

"布丁王子"："Der Puddingprinz," *Der Spiegel*, Dec. 17, 1957.

"最有价值的东西"：引自Finger et al., *Dr. Oetker*, 345。

"她溺爱这个宝贝孙子"：Finger et al., *Dr. Oetker*, 343-44.

纳粹家庭：见Finger et al., *Dr. Oetker*, 120, 352, 354。

"有趣的聚会"：引自Finger et al., *Dr. Oetker*, 346。

"别考虑这地方"：引自Finger et al., *Dr. Oetker*, 224。

远低于市价：Finger et al., *Dr. Oetker*, 225-26.

犹太人利普曼夫妇：Jungbluth, *Oetkers*, 169-71; Finger et al., *Dr. Oetker*, 226-29.

"孤注一掷的移民努力"：Finger et al., *Dr. Oetker*, 227.

"经过漫长的谈判"：引自Jungbluth, *Oetkers*, 170。

"友好地"聊了几句：引自Finger et al., *Dr. Oetker*, 349。

"一定遭受了报复"：引自Finger et al., *Dr. Oetker*, 353。

"我们没有多想"：引自Finger et al., *Dr. Oetker*, 353。

一名犹太军火高管：萨克斯的完整故事，见Scholtyseck, *Aufstieg*, 315−18。

"谁是犹太人，我说了算！"：引自Bryan Mark Rigg, *Hitler's Jewish Soldiers* (Lawrence: University Press of Kansas, 2002), 21。

至少40%：Tooze, *Wages of Destruction*, 339.

尽管萨克斯有"污点"：引自Scholtyseck, *Aufstieg*, 317。

"为了双方的利益"：引自Scholtyseck, *Aufstieg*, 317。

"老君特"：引自Scholtyseck, *Aufstieg*, 318。

"外国或犹太的资本"：Leistungsbericht Kriegsjahr 1941/42, Dürener Metallwerke AG, HWA, dept. 2017, folder 54.

授予君特……头衔：见Frei et al., *Flick*, 202; Wolfgang Fürweger, *Die PS-Dynastie* (Vienna: Ueberreuter, 2007), 73。

君特后来表示：Scholtyseck, *Aufstieg*, 270−71.

决定不参加这次晚宴：Scholtyseck, *Aufstieg*, 290.

"一件不愉快的事情"：Fröhlich, *TG*, August 1, 1936.

"我对此非常沮丧"：Fröhlich, *TG*, August 2, 1936.

散步：Fröhlich, *TG*, June 3, 1936; Longerich, *Goebbels*, 317−18.

"纳粹主义模范企业"：Jungbluth, *Oetkers*, 156−57.

对资产进行"雅利安化"：厄特克尔"雅利安化"的内容，见Finger et al., *Dr. Oetker*, 213−14,231−35。

"极其优惠"：引自Finger et al., *Dr. Oetker*, 213。

三家……公司的股份：Finger et al., *Dr. Oetker*, 235−46.

纳切尔在巴伐利亚的庄园：Frei et al., *Flick*, 211, 711−12.

"白香肠神庙"："Neun Nullen," *Der Spiegel*, May 18, 1970.

拿出了支票簿：Schlenker, *Salon*, 41−42.

"他们在这里展示的作品"：Fröhlich, *TG*, June 6, 1937.

"展示这样的垃圾"：Fröhlich, *TG*, June 7, 1937.

总理高兴多了：Longerich, *Goebbels*, 349.

"这辆车有极好的动力"：Fröhlich, *TG*, Sept. 7, 1937.

"保时捷博士在此交出"：Fröhlich, *TG*, Dec. 9, 1937.

君特·匡特抢劫了：对亨利·佩尔斯公司的"雅利安化"过程，详见 Scholtyseck, *Aufstieg*, 393–401, 951 n224; Hans–Dieter Nahme, *Ein Deutscher im zwanzigsten Jahrhundert*（Rostock: Hinstorff, 2007），219–23。

"英勇牺牲"：引自Scholtyseck, *Aufstieg*, 396。

"纳粹的梦魇很快就会过去"：Nahme, *Deutscher*, 220.

君特找到了：Treue, *Herbert*, 74–76.

"为生活而斗争"：Quandt and Quandt, *Günther*, 73.

"原则是不可行的"：Letter from Sept. 6, 1938, in Günther Quandt, Gedanken uber Sudamerika. Briefe in zwangloser Folge, Vol. I, Sept.–Dec. 1938.

"一段时间以来"：引自Frei et al., *Flick*, 211。

买了三处房产：Frei et al., *Flick*, 211, 711–13.

巴伐利亚的庄园：Benjamin Engel, "Der Beraubte Bierbaron," *Süddeutsche Zeitung*, Oct. 11, 2020.

奥地利的狩猎场："Habe Rottenmann lieben gelernt," *Kleine Zeitung*, Aug. 24, 2015.

吕贝克高炉厂：吕贝克高炉厂的"雅利安化"过程，详见Ogger, *Grosse*, 161–73; Priemel, *Konzerngeschichte*, 371–83; Bähr et al., *Flick–Konzern*, 307–21; Frei et al., *Flick*, 213–23。

"跟这个委员会讨论"：引自Ogger, *Grosse*, 168。

"似乎在人性方面太过软弱"：引自Bähr et al., *Flick–Konzern*, 320。

"接受一张"：引自Ogger, *Grosse*, 171。

"算你们走运"：引自Ogger, *Grosse*, 172。

控制了大约65%：Bähr et al., *Flick–Konzern*, 322.

"性命攸关"：引自Bähr et al., *Flick–Konzern*, 326。

"在给犹太分子制造麻烦这方面"：引自Priemel, *Konzerngeschichte*, 394。

"创造了一种彻头彻尾的寄生关系"：引自Frei et al., *Flick*, 229。

"四年计划"：见Tooze, *Wages of Destruction*, 219 ff。

后续会面：Bähr et al., *Flick–Konzern*, 327.

"愤怒的沉默"：Bähr et al., *Flick–Konzern*, 328.

复杂的所有权结构：见Priemel, *Konzerngeschichte*, 392。

"佩特切克问题"：见NMT, Vol. VI, 442−60; Priemel, *Konzerngeschichte*, 396−98; Bähr et al., *Flick−Konzern*, 331−33; Frei et al., *Flick*, 230−31。

"平和的气氛"：引自Frei et al., *Flick*, 231。

"高层命令"：引自Priemel, *Konzerngeschichte*, 400。

"德国问题"：引自Bähr et al., *Flick−Konzern*, 334。

一直受到弗利克监视：Frei et al., *Flick*, 232.

"一样的……威胁"：引自Priemel, *Konzerngeschichte*, 401。

更多的政治压力：见NMT, Vol. VI, 469−71; Priemel, *Konzerngeschichte*, 404; Bähr et al., *Flick−Konzern*, 338; Frei et al., *Flick*, 233。

"我们所有谈话的精神"：引自Bähr et al., *Flick−Konzern*, 339−40。

"客户的利益"：引自Priemel, *Konzerngeschichte*, 405 n64。

设法……卖给了：见Bähr et al., *Flick−Konzern*, 384−85。

近60万美元：Priemel, *Konzerngeschichte*, 408.

"相当不错的交易"：引自Frei et al., *Flick*, 229。

纳粹党及个人的账户：Ingo Köhler, *Die "Arisierung" der Privatbanken im Dritten Reich*（Munich: C. H. Beck, 2005）, 307.

他首先向：Köhler, *Arisierung*, 366.

"如今，德国的"：引自Köhler, *Arisierung*, 367。

在"水晶之夜"……期间遭到查封：Köhler, *Arisierung*, 371−73.

负责清算：Harold James, *Verbandspolitik im Nationalsozialismus*（Munich: Piper, 2001）, 181.

冯·芬克的第一个"雅利安化"项目：更多有关德雷福斯银行"雅利安化"的情况，见Köhler, *Arisierung*, 305−11; Christopher Kopper, *Zwischen Marktwirtschaft* und *Dirigismus*（Bonn: Bouvier, 1995）, 257−59。

据朱利叶斯·考夫曼估计：Köhler, *Arisierung*, 503.

"友好谈判"：Georg Siebert, *Hundert Jahre Merck Finck & Co.*（Munich: 1970）, 45.

"纯德国血统"：引自 Köhler, *Arisierung*, 310。

"元首的银行"：Gerhard Lück interrogation, Oct. 17, 1947, NARA, OMGUS, RG 260, M1923, roll 7.

进一步"去犹太化"：Köhler, *Arisierung*, 311.

私人银行"雅利安化"项目：Peter Melichar, *Neuordnung im Bankwesen*

（Vienna: Oldenbourg, 2004）, 397–98.

路易斯遭到逮捕：Giles MacDonogh, *1938: Hitler's Gamble*（New York: Basic Books, 2009）, 61, 69–71.

"无疑可以追溯到"：Emil Puhl interrogation, Oct. 23, 1947, OMGUS, NARA, RG 260, M1923, roll 7.

"可能的解决方案"：August von Finck interrogation, Sept. 23, 1947, OMGUS, NARA, RG 260, M1923, roll 7.

"有能力应付"：引自Harold James, *The Deutsche Bank and the Nazi Economic War Against the Jews*（Cambridge, UK: Cambridge University Press, 2001）, 137。

私人银行安东·科恩：Köhler, *Arisierung*, 414–15.

"犹太客户"：引自Köhler, *Arisierung*, 415。

私人银行西蒙·赫施兰德银行的"雅利安化"：见James, *Nazi Economic Wars*, 77–81; Köhler, *Arisierung*, 374–89。

买下了罗斯柴尔德银行的托管权：Melichar, *Neuordnung*, 399–402.

银行的估值：见报告German External Assets in Austria: Private Bank E.V. Nicolai & Company S.M. V. Rothschild in Liquidation, March 19, 1947 ff., NARA, USACA, RG 260, M1928, roll 13。

交易结束后：Erich Gritzbach interrogation, Oct. 24, 1947, NARA, OMGUS, RG 260, M1923, roll 7.

跟戈林走得更近了：见August von Finck interrogation, Sept. 23, 1947; Erich Gritzbach interrogation, Oct. 24, 1947, both in NARA, OMGUS, RG 260, M1923, roll 7; Ogger, *Grosse*, 131–32。

冯·芬克后来声称：James, *Verbandspolitik*, 183.

支付了约2100万美元："Baron Louis de Rothschild Dies; Freed by Nazis for $21 Million," *New York Times*, Jan. 16, 1955.

大部分资金：Melichar, *Neuordnung*, 401–2.

推荐给：Egon von Ritter interrogation, Oct. 10, 1947, NARA, OMGUS, RG 260, M1923, roll 7.

"他咄咄逼人、推推搡搡的手法"：Hans Schmidt–Polex interrogation, Sept. 22, 1947, NARA, OMGUS, RG 260, M1923, roll 7.

资产迅速翻了两番还多：见检察官起诉书，J. Herf, Nov. 3, 1948, STAM, denazification court documents August von Finck, carton 409。

"将自己打造成了"：James, *Verbandspolitik*, 183-84.

"我讨厌……这个词"：引自Rieger, *People's Car*, 72。

2亿帝国马克：见Mommsen and Grieger, *Volkswagenwerk*, 155-65。

举行奠基仪式的当天上午：见Mommsen and Grieger, *Volkswagenwerk*, 182-86; Rieger, *People's Car*, 71-72。

"警戒线区域"：Rieger, *People's Car*, 71.

"成千上万只"：引自Rieger, *People's Car*, 72。

淹没在情书……的汪洋大海里：Porsche and Bentley, *We at Porsche*, 113.

正在扩张它的产业：Pyta et al., *Porsche*, 91, 215-17.

犹太家族：保时捷公司后来向沃尔夫的后人支付了赔偿金。见Pyta et al., *Porsche*, 131-34。

"出于更高的权威"：Hans von Veyder Malberg to Adolf Rosenberger, June 2, 1938. Cited in Reuß, "Rosenberger," ARD/SWR, June 24, 2019.

提出了两种友好分手的方式：Pyta et al., *Porsche*, 126.

认同他们的意识形态：见Mommsen and Grieger, *Volkswagenwerk*, 915 n19; Pyta et al., *Porsche*, 308-9。

"保时捷博士"：引自Pyta et al., *Porsche*, 126-27。

"我的公司在任何情况下"：引自Pyta et al., *Porsche*, 126。

三人关系：见Longerich, *Goebbels*, 391-92; Meissner, *First Lady*, 177-79。

"我做出了一些非常艰难的决定"：Fröhlich, *TG*, Aug. 16, 1938.

"一切都取决于他的决定"：Fröhlich, *TG*, Oct. 11, 1938.

"离婚狂潮"：Fröhlich, *TG*, Feb. 3, 1937.

"心如刀绞"：Fröhlich, *TG*, Oct. 18, 1938.

"执行我这桩棘手的任务"：Fröhlich, *TG*, Oct. 25, 1938.

她不得继续：Longerich, *Goebbels*, 395.

"我不再和汉克说话"：Fröhlich, *TG*, Oct. 22, 1938.

"汉克似乎"：Longerich, *Goebbels*, 394.

"汉克真是个"：Fröhlich, *TG*, July 23, 1939.

玛格达带着自己的婚外情：Longerich, *Goebbels*, 420-21.

2.5亿帝国马克：见Priemel, *Konzerngeschichte*, 410。

"这些人想要"：引自NMT, Vol. VI, 458。

控股公司：见Priemel, *Konzerngeschichte*, 392。

"态度甚为冷漠"：NMT, Vol. VI, 485-86.

迪特里希还起草了：见NMT, Vol. VI, 480-84; Priemel, *Konzerngeschichte*, 411; Bähr et al., *Flick-Konzern*, 343-45; Frei et al., *Flick*, 236-37。

6.7亿帝国马克：见Priemel, *Konzerngeschichte*, 412-14。

"大为不满"：引自Priemel, *Konzerngeschichte*, 410。

褐煤换取硬煤：煤炭互换故事的更多细节，见Priemel, *Konzerngeschichte*, 414-26; Bähr et al., *Flick-Konzern*, 345-70; Frei et al., *Flick*, 239-47。

《关于出售犹太人财产的法令》：NMT, Vol. VI, 498-503.

超过1/3：Bähr et al., *Flick-Konzern*, 366-67.

大约2.8亿帝国马克：Mommsen and Grieger, *Volkswagenwerk*, 198-200, 1032.

保时捷只敢：Volkswagen, *Place of Remembrance of Forced Labor in the Volkswagen Factory*（Wolfsburg: Volkswagen, 1999）, 18.

巨大的红砖外墙：Rieger, *People's Car*, 81-82.

尘土飞扬的军营：见Mommsen and Grieger, *Volkswagenwerk*, 283-311。

他和弗利克的关系：Priemel, *Konzerngeschichte*, 429-30.

"勉强合作"：NMT, Vol. VI, 569-70.

愤怒的回信：Frei et al., *Flick*, 176.

弗利克的应税收入：见Bähr et al., *Flick-Konzern*, 162-63。

"最令人不安的消息"：引自Scholtyseck, *Aufstieg*, 366。

"我不相信"：Quandt and Quandt, *Günther*, 11-12.

"德国人民"：引自Scholtyseck, *Aufstieg*, 274。

君特预计：Scholtyseck, *Aufstieg*, 419 for AFA, 421-22 for DWM.

"如果战争打起来了，那就是真的打起来了"：引自Treue, *Herbert*, 80。

"清醒的企业战略"：引自Scholtyseck, *Aufstieg*, 417。

第三部分　"孩子们现在已经成为男子汉了"

一起坐在第一排：Scholtyseck, *Aufstieg*, 248.

一幢富丽堂皇的住宅：Longerich, *Goebbels*, 404-5.

"在波兰经历了"：Fröhlich, *TG*, Oct. 28, Oct. 29, 1939.

"晚上和玛格达谈起了"：Fröhlich, *TG*, Nov. 2, 1939.

"穿越战场"：Fröhlich, *TG*, Nov. 2, 1939.

"特别是我……的陈述"：Fröhlich, *TG*, Nov. 3, 1939.

托管权：见 Scholtyseck, *Aufstieg*, 573−76。

实习：Quandt and Quandt, *Günther*, 243.

"表现棒极了"：Fröhlich, *TG*, Jan. 14, 1940.

姑娘、摩托和汽车：Jungbluth, *Quandts*（2002）, 147.

哈拉尔德在纳粹青年组织中的记录：见Jungbluth, *Quandts*（2002）, 143−46; Scholtyseck, *Aufstieg*, 248。

"因学业困难"：引自Jungbluth, *Quandts*（2002）, 145。

"尽量远离"：Trial minutes, May 13/14, 1948, denazification court Starnberg, STAM, denazification court documents Günther Quandt, carton 1362/4.

"再也没有什么"：引自Jungbluth, *Quandts*（2002）, 151。

接受"适当的磨练"：Fröhlich, *TG*, July 21, 1940.

结交了一个女朋友：见Günther Reinhardt Nebuschka to Telford Taylor, Nov. 3, 1947, STAM, denazification court documents Günther Quandt, carton 1362/1。

伞兵训练：Jungbluth, *Quandts*（2002）, 151.

"军队使他变得正直了"：Fröhlich, *TG*, Oct. 13, 1940.

哈拉尔德回到柏林：Fröhlich, *TG*, Nov. 5, 1940.

圣诞节：Fröhlich, *TG*, Dec. 26, 1940.

巨大乡村豪宅：Longerich, *Goebbels*, 405−6.

"她那可怕的丈夫"：Fröhlich, *TG*, Nov. 5, 1940.

"特别黑暗的一章"：Scholtyseck, *Aufstieg*, 518.

起草了一份"愿望清单"：Scholtyseck, *Aufstieg*, 565.

纳粹党员：Scholtyseck, *Aufstieg*, 766.

"战争到来之时"：引自Treue, *Herbert*, 79。

"工业公司或工厂"：引自Scholtyseck, *Aufstieg*, 529。

"哈金格局"：见Scholtyseck, *Aufstieg*, 493−96, 992 n394。

但他们错了：见Scholtyseck, *Aufstieg*, 519−21。

五次均告失败：Scholtyseck, *Aufstieg*, 521−28.

"雅利安化"的赫斯菲尔德钣金工厂：见Scholtyseck, *Aufstieg*, 528−30。

德雷福斯公司的多数股权：见Scholtyseck, *Aufstieg*, 530−31。

"最佳对象"：引自Scholtyseck, *Aufstieg*, 530。

"从那时起"：Quandt and Quandt, *Günther*, 242.

竭力让它扩张：见Scholtyseck, *Aufstieg*, 537 ff。

"绿色的是我们的降落伞"：引自Jungbluth, *Quandts*（2002），153。

"把他的军事生涯搞砸了"：Fröhlich, *TG*, Feb. 12, 1941.

做了什么惊人之举：Jungbluth, *Quandts*（2002），153.

"真的越轨了"：Fröhlich, *TG*, Feb. 13, 1941.

"问题解决了"：Fröhlich, *TG*, Feb. 20, 1941.

"从未如此"：Winston Churchill, *The Second World War*（London: Bloomsbury, 2013），429.

"火热的心"：对哈拉尔德在克里特入侵行动中的报道，见AFA−Ring, factory magazine of AFA Berlin's workers community, Year 8, Issue 5, Sept. 1941, STAM, denazification court documents Günther Quandt, carton 1363/6。

大规模的抵抗行动：见Jungbluth, *Quandts*（2002），156。

"德国空军"：Churchill, *Second World War*, 429.

还被授予一级铁十字勋章：Fröhlich, *TG*, June 14, 1941.

听说……遭到虐杀：Fröhlich, *TG*, May 31, 1941.

"哈拉尔德的勇敢"：Fröhlich, *TG*, June 16, 1941.

提拔为下级军官：Fröhlich, *TG*, Sept. 14, 1941.

"克里特岛行动再次向我们表明"：AFA−Ring, factory magazine of AFA Berlin's workers community, Year 8, Issue 5, Sept. 1941, STAM, denazification court documents Günther Quandt, carton 1363/6.

"进行了决定性的致命打击"：引自Scholtyseck, *Aufstieg*, 274。

写了一封重要的信：Frei et al., *Flick*, 280−81.

四年前：NMT, Vol. VI, 192−94.

"王储"：引自Priemel, *Konzerngeschichte*, 735。

"一个来自普通"：引自Ramge, *Flicks*, 56。

强迫他退学：Ogger, *Grosse*, 218.

激烈的争执：Frei et al., *Flick*, 282.

弗利克家族的"敢死队员"：引自Ramge, *Flicks*, 114 。

鲁道夫与所在部队：Frei et al., *Flick*, 281.

鲁道夫的死让弗利克大受打击：见Frei et al., *Flick*, 752; Bähr et al., *Flick-Konzern*, 257 n428。

"小家伙"：引自Ramge, *Flicks*, 174。

派奥托−恩斯特去法国洛林：Bähr et al., *Flick-Konzern*, 452.

费利·保时捷来到：Porsche and Bentley, *We at Porsche*, 141; Ferry Porsche and Günther Molter, *Ferry Porsche*（Stuttgart: Motorbuch, 1989）, 123.

"桶车"：见Mommsen and Grieger, *Volkswagenwerk*, 383–405。

武器和军用车辆：见Mommsen and Grieger, *Volkswagenwerk*, 453 ff。

越来越多的强迫劳工：Volkswagen, *Remembrance*, 23.

"会更容易跟他相处"：Porsche and Bentley, *We at Porsche*, 141.

费利后来声称：Porsche and Bentley, *We at Porsche*, 162; Porsche and Molter, *Ferry*, 124–25.

主动申请加入党卫队：Pyta et al., *Porsche*, 307–8, 458 n16; Jens Westemeier, *Himmlers Krieger*（Paderborn: Ferdinand Schöningh, 2014）, 540–541.

苏联战俘：Volkswagen, *Remembrance*, 35.

"一些有趣的报告"：NMT, Vol. VI, 694.

"经济独裁者"：引自Bähr et al., *Flick-Konzern*, 419。

组建合资企业：见 Priemel, *Konzerngeschichte*, 459–68; Bähr et al., *Flick-Kon zern*, 420–30; Frei et al., *Flick*, 317–23。

不是一份普通的：NMT, Vol. VI, 695–98; quotes on 696, 698.

国防军在柏林的伙食服务部门：见Finger et al., *Dr. Oetker*, 355–58。

"居然还活着"：引自Finger et al., *Dr. Oetker*, 357。

接纳为志愿者：Finger et al., *Dr. Oetker*, 358.

"钱是娶来的"：引自Michael Bloch, *Ribbentrop*（London: Abacus, 2003）, 19。

两人成了好朋友：Finger et al., *Dr. Oetker*, 351.

开始申请：Finger et al., *Dr. Oetker*, 358.

部署为地面步兵：Scholtyseck, *Aufstieg*, 250.

"那都是胡说八道"：引自Veit Harlan, *Im Schatten meiner Filme*（Gütersloh: Mohn, 1966）, 140。

"有趣的事情"：Fröhlich, *TG*, July 23, 1942.

"坚决"拒绝：Fröhlich, *TG*, Oct. 18, 1942.

"安然度过"：Fröhlich, *TG*, Oct. 13, 1942.

"生活得比任何人都危险"：引自Jungbluth, *Quandts*（2002）, 200。

"苏联游击队的麻烦"：Fröhlich, *TG*, March 9, 1943.

戈培尔收到了哈拉尔德寄来的一封信：Fröhlich, *TG*, Feb. 24, 1943.

宣布"全面开战"：见Jungbluth, *Quandts*（2002），200-201; Longerich, *Goebbels*, 559-60。

"相当野蛮的程序"：Fröhlich, *TG*, March 27, 1942.

他想……融资：Scholtyseck, *Aufstieg*, 421 ff.

"无法证明合理性"：引自Scholtyseck, *Aufstieg*, 423。

"使用非熟练工人"：引自Scholtyseck, *Aufstieg*, 427。

发行了……新债券：Scholtyseck, *Aufstieg*, 426.

劳动力短缺：见Tooze, *Wages of Destruction*, 513-17。

"规模最大"：Tooze, *Wages of Destruction*, 517.

集中营中的囚犯：Marc Buggeln, *Slave Labor in Nazi Concentration Camps* （Oxford, UK: Oxford University Press, 2014, trans.），20-21。

至少有1200万：Mark Spoerer and Jochen Fleischhacker, "Forced Laborers in Nazi Germany: Categories, Numbers, and Survivors," *Journal of Interdisciplinary History*, vol. 33, no. 2（Autumn 2002）: 197, 201.

合作使用奴隶劳工：Tooze, *Wages of Destruction*, 531-32.

"长时间且密集地着手规划"：Quandt and Quandt, *Günther*, 239.

"最大的单种电池"：引自Scholtyseck, *Aufstieg*, 790。

开始为：Scholtyseck, *Aufstieg*, 435-36.

还没有引入集中营的囚犯：有关AFA的汉诺威附属集中营,见Hans Hermann Schröder et al.（eds.）, *Konzentrationslager in Hannover*（Hildesheim: August Lax, 1985）, 50 ff.; Jungbluth, *Quandts*（2002）, 190-99; Marc Buggeln, *Arbeit & Gewalt* （Göttingen: Wallstein, 2009）, 71-74, 188-92, 307-12; Scholtyseck, *Aufstieg*, 638-43, 664-70, 682-87。

"连奴隶都不如"：见Benjamin Ferencz, *Less Than Slaves*（Bloomington: Indiana University Press, 2002）。

"为受拘禁者提供奖励"：引自Buggeln, *Slave Labor*, 71。

不是钱：Schröder, *Konzentrationslager*, 74-76, 80-104.

"在完全清醒的情况下"：引自Schröder, *Konzentrationslager*, 83。

"殴打"：引自Schröder, *Konzentrationslager*, 60-61。

讨论政治形势的发展：如无特别指出,这里的叙述是基于trial minutes, May 13/14, 1948, denazification court Starnberg, STAM, denazification court documents Günther Quandt, carton 1362/4; Günther Quandt response to the indictment by public prosecutor, Feb. 8, 1948, HWA, dept. 2017, folder 38；Jungbluth, *Quandts*（2002）, 202-4。

"表现出色"：Fröhlich, *TG*, June 20, 1943.

"唯一明智的事情"： Trial minutes, May 13/14, 1948, denazification court Starnberg, STAM, denazification court documents Günther Quandt, carton 1362/4.

would be "finished"：Trial minutes, May 13/14, 1948, denazification court Starnberg, STAM, denazification court documents Günther Quandt, carton 1362/4.

"发自衷心的私人电报"：引自Priemel, *Konzerngeschichte*, 578。

"正确的方式"：Bähr et al., *Flick-Konzern*, 283.

"农民祖先"：引自Quotes in NMT, Vol. VI, 183-84。

总资产价值：见Bähr et al., *Flick-Konzern*, 495-96。

当年的税务评估：Frei et al., *Flick*, 396.

强迫劳工或奴隶劳工：见Bähr et al., *Flick-Konzern*, 511; Frei et al., *Flick*, 328。

"外国犹太人"修建附属集中营：引自Frei et al., *Flick*, 359。

立即杀害犹太人：Priemel, *Konzerngeschichte*, 492.

在隆巴赫钢铁厂：有关隆巴赫的情况,见Priemel, *Konzerngeschichte*, 447-52; Bähr et al., *Flick-Konzern*, 451-61; Frei et al., *Flick*, 299-306。

"质量计划"：引自Bähr et al., *Flick-Konzern*, 459。

"生意不可能顺利进行"：引自Priemel, *Konzerngeschichte*, 449。

隆巴赫钢铁厂的工作条件：见Priemel, *Konzerngeschichte*, 495-97; Bähr et al., *Flick-Konzern*, 527-28, 546-48; Frei et al., *Flick*, 307-9。

"最恶劣的"：Priemel, *Konzerngeschichte*, 497.

"一种通常给"：引自Frei et al., *Flick*, 308。

被殴打致死：Frei et al., *Flick*, 308-9.

"犯下了罪行"：Bähr et al., *Flick-Konzern*, 548.

"奥地利国民经济和工业"：引自Pyta et al., *Porsche*, 315。

新职位：Mommsen and Grieger, *Volkswagenwerk*, 453-76.

称为"劳动村"：Mommsen and Grieger, *Volkswagenwerk*, 496-515; Volkswagen, *Remembrance*, 81, 84; Buggeln, *Slave Labor*, 66-67.

"自发的音乐游行"：此处和后面的引文见Volkswagen, *Remembrance*, 58。

皮耶希"直截了当地宣布"：Mommsen and Grieger, *Volkswagenwerk*, 756.

"在剩饭、剩菜中掺入玻璃渣"：Rieger, *People's Car*, 83.

"外国儿童保育所"：见Mommsen and Grieger, *Volkswagenwerk*, 762−65; Volkswagen, *Remembrance*, 52。

"令人难以置信"：引自Rieger, *People's Car*, 83−84。

希姆莱邀请：关于行程和宾客名单，见NMT, Vol. VI, 273−75。

"令人大失所望"：NMT, Vol. VI, 366.

"无聊……尽管"：引自"Treue im Chor," *Der Spiegel*, Oct. 12, 1965。

弗利克说不准：NMT, Vol. VI, 336.

"根据"：引自Finger et al., *Dr. Oetker*, 201。

超过五亿包：Finger et al., *Dr. Oetker*, 286, 288 ff.

卡塞洛夫斯基是：Finger et al., *Dr. Oetker*, 199−200.

成立合资企业：见Jungbluth, *Oetkers*, 186−88; Finger et al., *Dr. Oetker*, 311−24; Buggeln, *Slave Labor*, 67−68。

"令人大感欣慰"：引自Finger et al., *Dr. Oetker*, 318。

"隔绝"的：引自Finger et al., *Dr. Oetker*, 365。

思想教育：Finger et al., *Dr. Oetker*, 358−64.

"只剩下蔑视的话可说"：Fröhlich, *TG*, Jan. 13, 1944.

"前线的经历"：Fröhlich, *TG*, Jan. 17, 1944.

"受够了战争"：Jungbluth, *Quandts*（2(8)2）, 205.

"哈拉尔德让我们"：Fröhlich, *TG*, Feb. 13, 1944.

"表现得很不体面"：Fröhlich, *TG*, March 15, 1944.

"非常不满意"：Fröhlich, *TG*, March 16, 1944.

"非常严厉的回信"：Fröhlich, *TG*, April 19, 1944.

"保持乐观"：引自Jungbluth, *Quandts*（2002）, 206。

契杰尔斯基武器厂：Scholtyseck, *Aufstieg*, 576−84.

2.4万名：Scholtyseck, *Aufstieg*, 680−81, 695−99, 709.

"瓦尔特兰……感到骄傲"：Reinhardt Nebuschka to Telford Taylor, Nov. 3, 1947, STAM, denazification court documents Günther Quandt, carton 1362/1; Scholtyseck, *Aufstieg*, 578.

"要干掉我"：Reinhardt Nebuschka to Telford Taylor, Nov. 1, 1947, STAM, denazification court documents Günther Quandt, carton 1362/1.

"一片红色的火光"：Porsche and Molter, *Ferry*, 145.

数百名强迫劳工：见Pyta et al., *Porsche*, 319–25。

"可爱的"16岁乌克兰女孩：引自Pyta et al., *Porsche*, 321。

实施恐怖统治：见Mommsen and Grieger, *Volkswagenwerk*, 766 ff.; Volkswagen, *Remembrance*, 88 ff。

只关押女囚：关于佩特瑞斯附属集中营,见Gabriele Layer–Jung and Cord Pagenstecher, "Vom vergessenen Lager zum Dokumentationszentrum? Das ehemalige NS–Zwangsarbeiterlager in Berlin–Schöneweide," *Gedenkstatten–Rundbrief* 111 （March 2003）, 3; Gabriele Layer–Jung and Cord Pagenstecher, "Das Pertrix–Außenlager in Berlin–Niederschöneweide"（May 2004）, 1–2；Scholtyseck, *Aufstieg*, 647–48, 673–74, 690。

尼维勒勒庄园：Treue, *Herbert*, 93.

"除了极少数日子"：引自Scholtyseck, *Aufstieg*, 705。

一座附属集中营：Scholtyseck, *Aufstieg*, 648–49.

"一场恐怖袭击夺走了……"：Jungbluth, *Oetkers*, 196–98, citation on 198.

鲁道夫-奥古斯特·厄特克尔：Finger et al., *Dr. Oetker*, 360.

"我想不出"："Einen besseren Vater könnte ich mir nicht vorstellen," *Welt am Sonntag*, Nov. 22, 1998.

"真正的继承人"：引自 Jungbluth, *Oetkers*, 199。

证明了自己：引自Jungbluth, *Oetkers*, 198。

"那个美丽夜晚"：引自Finger et al., *Dr. Oetker*, 201。

"先不告诉玛格达"：Fröhlich, *TG*, Sept. 10, 1944.

哈拉尔德所在营的一名上尉：Fröhlich, *TG*, Nov. 10, 1944.

戈培尔收到了：Fröhlich, *TG*, Nov. 17, 1944.

"非常担心"：Fröhlich, *TG*, Dec. 2, 1944.

"人们总是会深深触动于"：Fröhlich, *TG*, Jan. 23, 1945.

第四部　"你会活下去"

哈拉尔德·匡特正在：Wolf Jobst Siedler, *Ein Leben wird besichtigt*（Berlin: Siedler, 2000）, 317.

"严格自律"：引自Treue, *Herbert*, 103。

"我亲爱的儿子"：Magda Goebbels to Harald Quandt, April 28, 1945, Robert E. Work collection, USHMM; letter reproduced in Rolf Hochhuth（ed.）, *Joseph*

Goebbels: Tage-bücher 1945（Hamburg: Hoffmann und Campe, 1977），549–50.

"亲爱的哈拉尔德"：Joseph Goebbels to Harald Quandt, April 28, 1945, USHMM; letter reproduced in Hochhuth, *Tagebücher 1945*, 547–48; Robert E. Work, last letters from Hitler's Air Raid Shelter, Nov. 1, 1945, USHMM. 2019年,美国空军上尉的儿子们将信件原件捐赠给了博物馆。

4月28日晚：元首地堡里发生的事情，见Hanna Reitsch, *Fliegen Mein Leben*（Munich: Ullstein, 1979），324–29; Ian Kershaw, *Hitler*（London: Penguin, 2008），938 ff.; Rochus Misch, *Hitler's Last Witness*（London: Frontline, 2017, trans.），176–81; Longerich, *Goebbels*, x–xi, 686–87; Hochhuth, *Tagebücher*, 550–56。

保留了信的原件：Steve Johnson, "How Goebbels' Final Letter Made Its Way from Hitler's Bunker to a Chicago Family—and at Last to the Holocaust Museum," *Chicago Tribune*, April 24, 2019, https://www.chicagotribune.com/entertainment/museums/ct–ent–goebbels–final–letters–chicago–family–0425–story.html.

表情像"凝固"了一样：Misch, *Witness*, 177.

"她脸色苍白"：Albert Speer, *Inside the Third Reich*（London: Phoenix, 1995, trans.），643. Originally published in 1970.

拜访了自己最好的朋友：Meissner, *First Lady*, 239–43.

"我们对"：Meissner, *First Lady*, 239–42.

"商务会议"：Karl Bernd Esser, *Hitler's Gold*（Munich: 2004），403.

"商业友好"政策：引自Scholtyseck, *Aufstieg*, 730。

"唯一正确的做法"：引自Scholtyseck, *Aufstieg*, 731。

强迫或奴役劳动：Scholtyseck, *Aufstieg*, 709.

"德国主要的实业家之一"：Quandt, *Günther*, April 18, 1945, Cornell Law Library, Donovan Nuremberg Trials Collection, vol. 17, sec. 53.051, https://lawcollections .library.cornell.edu/nuremberg/catalog/nur: 01775.

"不曾掀起巨大的战斗噪音"：引自Scholtyseck, *Aufstieg*, 731。

美国财政部：见Bernd Greiner, *Die Morgenthau–Legende*（Hamburg: Hamburger Edition, 1995），238; Scholtyseck, *Aufstieg*, 732。

君特曾打算从：Treue, *Herbert*, 90; Scholtyseck, *Aufstieg*, 714, 730.

更多的恐怖事件即将在此地上演：有关AFA汉诺威附属集中营的疏散和加尔德莱根大屠杀,见Herbert Obenaus et al.（eds.），*Konzentrationslager in Hannover*

（Hildesheim: August Lax, 1985），493 ff.；Jungbluth, *Quandts*（2002），197–99; Buggeln, *Arbeit & Gewalt*, 638–40, 650–51; Scholtyseck, *Aufstieg*, 668–70。

"有些人会说"：引自Gardelegen, USHMM, https://encyclopedia.ushmm.org/content/en/article/gardelegen。

生活设施：Treue, *Herbert*, 90 ff.; Scholtyseck, *Aufstieg*, 714, 790–92, 822–23.

"他父亲的工具"：引自Scholtyseck, *Aufstieg*, 822。

无法忍受……的事实：Scholtyseck, *Aufstieg*, 823–24.

"伟大父亲的阴影"：引自Scholtyseck, *Aufstieg*, 765–66。

"我相信"：引自Treue, *Herbert*, 85。

弗里德里希·弗利克从柏林逃到巴伐利亚：Frei et al., *Flick*, 464, 712–13.

庄园至今仍归：Engel, "Beraubte Bierbaron."

就在盟军解放：Priemel, *Konzerngeschichte*, 452; Bähr et al., *Flick–Konzern*, 460.

格罗迪兹武器厂：有关该厂的奴隶劳工情况，见NMT, Vol. VI, 770–88, 815–16, 828–29, 835–37; Priemel, *Konzerngeschichte*, 493–94; Bähr et al., *Flick–Konzern*, 530, 553–56; Frei et al., *Flick*, 359–60。

带来了适得其反的后果：Frei et al., *Flick*, 386.

另一个重要的职位：Bähr et al., *Flick–Konzern*, 509–10.

"苏联人吃得很多"：引自Frei et al., *Flick*, 358。

"这是件糟糕的事情"：引自Priemel, *Konzerngeschichte*, 488。

大约185名：格罗迪兹大屠杀的情况，见NMT, Vol. VI, 778–81; Priemel, *Konzerngeschichte*, 494; Bähr et al., *Flick–Konzern*, 530–31, 554–55; Frei et al., *Flick*, 360。

所谓的"特尔茨计划"：有关弗利克资产转移和扣押的情况,见Priemel, *Konzerngeschichte*, 554–55, 591–615; Bähr et al., *Flick–Konzern*, 579–609; Frei et al., *Flick*, 388–89, 448–71。

"最具影响力的"：Bähr et al., *Flick–Konzern*, 878–79, 883.

转移到……科伦贝格城堡：Priemel, *Konzerngeschichte*, 603.

"德国最有权势的实业家"：Bähr et al., *Flick–Konzern*, 883.

"民主化、非军事化、非纳粹化和非工业化"：Kim Christian Priemel and Alexa Stiller（eds.），*Reassessing the Nuremberg Military Tribunals*（New York: Berghahn, 2014），5.

可能由同盟国进行的第二轮审判：如需了解更多情况,请见Telford Taylor,

The Anatomy of the Nuremberg Trials (New York: Knopf, 1992), 151–61; Donald Bloxham, *Genocide on Trial* (Oxford, UK: Oxford University Press, 2001), 24–25; Kim Christian Priemel, *The Betrayal* (Oxford, UK: Oxford University Press, 2016), 152–55; Priemel and Stiller, *Reassessing*, 166。

奥托－恩斯特抓住机会：Priemel, *Konzerngeschichte*, 603–5; Frei et al., *Flick*, 467–68.

"表示希望"：August von Finck interrogation, Sept. 25, 1947, NARA, OMGUS, RG 260, M1923, roll 7.

抢劫技巧：见 preliminary report on Deutsche Heraklith AG; original exhibits Alpenländische Bergbau Gmbh, USACA Section 1945–1950, NARA, RG 260, M1928, rolls 22, 46, 47; Siebert, *Hundert Jahre*, 47–48。

君特非常钦佩：Quandt and Quandt, *Günther*, 135–36.

等待美军的到来："Neun Nullen," *Der Spiegel*, May 18, 1970.

"尤其要仔细审查"：关于撤换银行官员的建议，见Major Peery to Lt. Ladenburg, Denazification: Policy and Directives, NARA, OMGUS, RG 260, M1925, roll 3。

更显可疑：见Scholtyseck, *Aufstieg*, 1044 n46; Frei et al., *Flick*, 403.

"到了战争最后几年"：Kurt Schmitt interrogation, July 15, 1947, NARA, OMGUS, RG 260, M1923, roll 7.

"他仍然是坚定的纳粹信徒"：Hans Schmidt–Polex interrogation, Sept. 22, 1947, NARA, OMGUS, RG 260, M1923, roll 7.

"持有者和受托人"：Guide for Investigation of Vereinigte Stahlwerke AG, Düsseldorf, Germany, May 31, 1945, Appendix B, 78, NARA, OSS, RG 226, M1934, roll 5.

苏联的宣传机构声称：Siebert, *Hundert Jahre*, 49.

"方方面面都亲纳粹"：引自James, *Verbandspolitik*, 300 n72。

"一个有点狡猾的家伙"：引自James, *Verbandspolitik*, 301 n88。

已被清算：见German External Assets in Austria: Private Bank E. V. Nicolai & Company S. M. V. Rothschild in Liquidation, USACA, RG 260, M1928, roll 13; Melichar, *Neuordnung*, 404–8。

"出于可以理解的原因……的土地"：引自Kohler, *Arisierung*, 502。

"如果角色互换"：引自Kohler, *Arisierung*, 502。

"非常冷淡"的气氛：Kohler, *Arisierung*, 503-6, citation on 505.

然而，德雷福斯和冯·芬克之间的协议：见affidavit Willy Dreyfus, Dec. 22, 1948, STAM, denazification court documents August von Finck, carton 409; Frank J. Miller to Albert F. Bender Jr., March 6, 1947, Deutscher Reichsanzeiger Re: J. Dreyfuss ［sic］& Co. and Merck, Finck & Co., NARA, OMGUS, RG 260, M1923, roll 3。

纳粹开始：Mommsen and Grieger, *Volkswagenwerk*, 798-99, 901-2; Volkswagen, *Remembrance*, 95, 100, 133.

偷走了：Mommsen and Grieger, *Volkswagenwerk*, 926-27.

"这笔钱很可能"：Mommsen and Grieger, *Volkswagenwerk*, 643.

盟军在奥地利的一个调查小组：Porsche and Bentley, *We at Porsche*, 180-82; Pyta et al., *Porsche*, 341.

"保时捷受托"：Porsche, Ferdinand, May 17, 1945, Cornell Law Library, Donovan Nuremberg Trials Collection, vol. 17, sec. 53.048, https://lawcollections.library.cornell.edu/nuremberg/catalog/nur: 01772.

"希特勒的支持"：引自Georg Meck, *Auto Macht Geld*（Berlin: Rowohlt, 2016）, 79。

寄送付款通知书：Mommsen and Grieger, *Volkswagenwerk*, 927-28, 940-41.

鲁道夫-奥古斯特拿出几瓶：Finger et al., *Dr. Oetker*, 374-77.

"突然出现了几个人"：引自Finger et al., *Dr. Oetker*, 376。

"十分沮丧"：引自Finger et al., *Dr. Oetker*, 377。

工作禁令让他"深感沮丧"：Finger et al., *Dr. Oetker*, 385-87, citation on 385.

考虑搬到汉诺威：Scholtyseck, *Aufstieg*, 736-37.

"共和党人不会认同"：引自Scholtyseck, *Aufstieg*, 731。

"美国翻版"：引自Scholtyseck, *Aufstieg*, 732。

"政治迫害"：Supplementary Sheet to Questionnaire Military Government of Germany, March 1, 1946, STAM, denazification files Günther Quandt, carton 1363/7.

"颇有不少绅士"：引自Scholtyseck, *Aufstieg*, 733。

"通缉犯"：引自Scholtyseck, *Aufstieg*, 733。

"反动资本家"：Opinion Sheet, Denazification Panel District Hannover, Aug. 6, 1946, STAM, denazification court documents Günther Quandt, carton 1363/7.

开始着手为自己辩护：Scholtyseck, *Aufstieg*, 737.

"戈培尔抓住一切机会"：Affidavit Eleonore Quandt, Aug. 27, 1946, STAM, denazification court documents Günther Quandt, carton 1362/1.

显然……起草了宣誓书：Jungbluth, *Quandts*（2002）, 218.

"不可做出任何承诺"：Günther Quandt to Werner Quandt, Jan. 5, 1947, HWA, dept. 2017, folders 36/37.

"我从来都不是"：Certified statement Harald Quandt, Aug. 27, 1946, STAM, denazification court documents Günther Quandt, carton 1362/1.

他考虑过：Günther Quandt to Lieselotte Dietermann, Oct. 11, 1946, HWA, dept. 2017, folders 36/37; Scholtyseck, *Aufstieg*, 253.

"已经不再有趣了"：引自Liselotte Dietermann to Günther Quandt, Feb. 5, 1947, HWA, dept. 2017, folders 36/37。

"我为君特感到难过"：引自Scholtyseck, *Aufstieg*, 320。

"慷慨的财务安排"：Affidavit Georg Sachs, Feb. 10, 1947, STAM, denazification court documents Günther Quandt, carton 1362/2.

"这带来了满足"：Quandt and Quandt, *Günther*, 111−26, 167−80, 191−92, 230−32, 240−44; quote on 241.

"美国啊！我常常想"：引自Quandt and Quandt, *Günther*, 139, 184, 238−39, 245−46。

"我承认"：Quandt and Quandt, *Günther*, 247−49.

"很糟糕"，但又提出质疑：Cited in Scholtyseck, *Aufstieg*, 731.

这里的生活：Quandt and Quandt, *Günther*, 252−53.

"琢磨自己的命运"：引自Scholtyseck, *Aufstieg*, 733。

"西藏3次，东非2次"：Quandt and Quandt, *Günther*, 252−53.

"有中央供暖，大盥洗室"：引自Cited in Scholtyseck, *Aufstieg*, 734。

"美国政府的客人"：Günther Quandt, Circular Christmas letter, Dec. 5, 1947, HWA, dept. 2017, folders 36/37.

"不太令人满意"：引自Priemel, *Konzerngeschichte*, 605。

老弗利克把自己描绘成：见Priemel, *Konzerngeschichte*, 627−31; Bähr et al., *Flick-Konzern*, 582−85, 608−15; Frei et al., *Flick*, 410−11。

"几乎好得过了头"：引自Bähr et al., *Flick-Konzern*, 611−12。

威胁说：Bähr et al., *Flick-Konzern*, 582, 610; NMT, Vol. VI, 261−62.

任命特尔福德·泰勒：Taylor, *Anatomy*, 274−92.

"最强大的力量"：引自Frei et al., *Flick*, 409。

"白手起家的当代德国强盗贵族"：Bähr et al., *Flick–Konzern*, 897.

最终判决公布的一个月后：Taylor, *Anatomy*, 587−624.

不会进行了：见Bloxham, *Genocide*, 28−32; Priemel, *Betrayal*, 156−57; Telford Taylor, *Final Report to the Secretary of the Army on the Nuernberg War Crimes Trials Under Control Council Law No.10*（Washington, DC: US Government Printing Office, 1949）, 22−27, 73−85, 271−81, https://www.loc.gov/rr/frd/Military_Law/NT _ final−report.html。

"由苏联主导的"：Priemel and Stiller, *Reassessing*, 167.

"削弱……真正成就"：Bloxham, *Genocide*, 30.

想再次与政府合作：这段法国故事，见Porsche and Bentley, *We at Porsche*, 189 ff.; Mommsen and Grieger, *Volkswagenwerk*, 942; Pyta et al., *Porsche*, 342 ff.。

拯救家族企业：Pyta et al., *Porsche*, 335−38, 362−63.

拆分家族企业：Mommsen and Grieger, *Volkswagenwerk*, 937−38；Pyta et al., *Porsche*, 328−30, 364−67.

1000美元：Reuβ, "Rosenberger," ARD/SWR, June 24, 2019.

君特·匡特接到通知：Scholtyseck, *Aufstieg*, 734.

"前30人"："U.S. War Crimes Unit Seeks to End Task Early in, 48," Associated Press, Oct. 27, 1947.

起诉了君特：Indictment by the public prosecutor, denazification court Starnberg, Sept. 25, 1946, STAM, denazification court documents Günther Quandt, carton 1362/1.

杜鲁门政府的首要任务：如需了解更多情况，可见James F. Tent, *Mission on the Rhine*（Chicago: University of Chicago Press, 1982）, 254−318；S. Jonathan Wiesen, *West German Industry and the Challenge of the Nazi Past*（Chapel Hill: University of North Carolina Press, 2001）, 43−44; Frank M. Buscher, *The US War Crimes Trial Program in Germany*（New York: Greenwood Press, 1989）, 49−50; Jean Edward Smith, *Lucius D. Clay*（New York: Henry Holt, 1990）, 378−87, 425−44; Frederick Taylor, *Exorcising Hitler*（New York: Bloomsbury Press, 2011）, 277−331。

德国去纳粹化法庭：如需了解更多情况，可见Taylor, *Final Report*, 14−21, 54−56; Buscher, *War Crimes*, 30−31; Taylor, *Anatomy*, 278−87, Priemel and Stiller, *Reassessing*, 249−71; Office of Military Government for Germany, *Denazification*

（*Cumulative Review*）: *Report of the Military Governor*（1 April 1947–30 April 1948），no. 34; John H. Herz, "The Fiasco of Denazification in Germany," *Political Science Quarterly*, vol. 63, no. 4（Dec. 1948），569–94。

无法离开达豪：Arrest warrant Günther Quandt, denazification court Dachau, Oct. 24, 1947, STAM, denazification court documents Günther Quandt, carton 1362/1.

给律师写了一封信：Günther Quandt to Herman Alletag, Oct. 11, 1947, STAM, denazification court documents Günther Quandt, carton 1362/1.

减轻为：Memo Dr. Carl Reiter, denazification court Starnberg, Dec. 13, 1947, STAM, denazification court documents Günther Quandt, carton 1362/1.

"被监禁了一年半以上"：Günther Quandt to denazification court chairman Starnberg, Jan. 10, 1948, STAM, denazification court documents Günther Quandt, carton 1362/1.

君特获释：Scholtyseck, *Aufstieg*, 739.

"冰冷如石的逻辑学家"："Wie's den Ehemännern geht," *Der Spiegel*, June 21, 1950.

"机敏的才智、犀利的措辞"："Wie's den Ehemannern geht," *Der Spiegel*, June 21, 1950.

喷了香水的手帕：Henriette von Schirach, *Der Preis der Herrlichkeit*（Munich: Herbig, 2016），216.

起诉书的内容经过了修改：Indictment by the public prosecutor, Feb. 8, 1948, STAM, denazification court documents Günther Quandt, carton 1362/3.

向拉瓦尔施加压力：帝陀和拉瓦尔一案，见Scholtyseck, *Aufstieg*, 537–62; Jungbluth, *Quandts*（2002），180–81。

又找了一个：Scholtyseck, *Aufstieg*, 741.

"伪论据"：Günther Quandt response to the indictment by public prosecutor, Feb. 8, 1948, HWA, dept. 2017, folder 38.

小型预装房：Scholtyseck, *Aufstieg*, 742–43.

现在，他从事：Treue, *Herbert*, 103.

"从未积极支持"：Scholtyseck, *Aufstieg*, 767–68, citation on 767.

第一批登上证人席：Trial minutes, denazification court Starnberg, May 13/14, STAM, denazification court documents Günther Quandt, carton 1362/4.

绝非完美证人：Trial minutes, denazification court Starnberg, June 3, 4, 26,

1948; July 15, 1948, STAM, denazification court documents Günther Quandt, carton 1362/4.

拉瓦尔讨厌君特：见Jungbluth, *Quandts*（2002）, 225; Scholtyseck, *Aufstieg*, 743-44。

"彻底恢复名誉"：Günther Quandt to Heidi von Doetinchem, June 29, 1948, HWA, dept. 2017, folder 35.

结案陈词中：Public prosecutor plea, July 16, 1948, STAM, denazification court documents Günther Quandt, carton 1362/2.

法院做出判决：Ruling denazification court Starnberg, July 28, 1948, STAM, denazification court documents Günther Quandt, carton 1362/1.

"它陶醉于"：Prosecutor statement, annex to the appeal minutes, Munich, April 29, 1949, STAM, denazification court documents Günther Quandt, carton 1362/5.

维持了下级法院：Ruling appeals chamber Upper Bavaria, April 29, 1949, STAM, denazification court documents Günther Quandt, carton 1362/4.

维持上诉法院：Bavaria's cassation court ruling, Dec. 2, 1949, STAM, denazification court documents Günther Quandt, carton 1362/5.

"最明智的判决"：Günther Quandt to Heidi von Doetinchem, April 18, 1950, HWA, dept. 2017, folder 35.

接受调查：Scholtyseck, *Aufstieg*, 748-49.

"所谓的犹太集中营"：Günther Quandt to Eckhard König, January 5, 1950, HWA, dept. 2017, folder 27.

"确切地了解"：Scholtyseck, *Aufstieg*, 705, 765.

判决恢复：Scholtyseck, *Aufstieg*, 749.

资产负债表翻了两番还多：Indictment by public prosecutor, Nov. 3, 1948, STAM, denazification court documents August von Finck, carton 409.

"遭受……侮辱"：引自Köhler, *Arisierung*, 310-11 n375。

和解协议被取消了：affidavit Willy Dreyfus, Dec. 22, 1948, and trial minutes, denazification court X Munich, Dec. 22, STAM, denazification court documents August von Finck, carton 409.

冯·芬克的起诉：Trial minutes, denazification court X Munich, Dec. 22, 1948, STAM, denazification court documents August von Finck, carton 409; "Neun Nullen," *Der Spiegel*, May 18, 1970.

一连串奇怪的波折：Trial minutes, denazification court X Munich, Dec. 22, 23, 24, 27, 1948, denazification court documents August von Finck, carton 409; "Neun Nullen," *Der Spiegel*, May 18, 1970.

"出于国家安全的考虑"：Otto von Dewitz to Julius Herf, Jan. 14, 1949, STAM, denazification court documents August von Finck, carton 409.

"知道很多内情"："Neun Nullen," *Der Spiegel*, May 18, 1970.

"同志朱利"："Wie's den Ehemännern geht," *Der Spiegel*, June 21, 1950.

"泄露了一些非常微妙的细节"："Neun Nullen," *Der Spiegel*, May 18, 1970.

谣言素有流传："Wie's den Ehemännern geht," *Der Spiegel*, June 21, 1950.

声称他相信：Trial minutes, denazification court X Munich, Dec. 22, 27, 1948, STAM, denazification court documents August von Finck, carton 409.

去纳粹化法院裁定：Ruling denazification court X Munich, Jan. 14, 1949, STAM, denazification court documents August von Finck, carton 409.

同样的隐晦威胁："Neun NuUen," *Der Spiegel*, May 18, 1970.

一句话的简短声明：Withdraw of appeal, Feb. 24, 1949, STAM, denazification court documents August von Finck, carton 409.

申请特赦：Fritz Berthold to Ludwig Hagenauer, April 19, 1949; Kurz to Ludwig Hagenauer, June 28, 1949, STAM, denazification documents August von Finck, carton 409.

调情信被泄露：Julius Herf to Lorenz Willberger, April 29, 1950; Julius Herf to Günther Griminski, May 25, 1950, NARA, RG 260, NND 775035.

赫夫……被暂停："Wie's den Ehemännern geht," *Der Spiegel*, June 21, 1950; R. R. Bowie to Hans Weigert, Aug. 31, 1950; Sept. 27, 1950, NARA, RG 260, NND 775035.

最高法院拒绝：Eric Schnapper and William Schurtman, *Willy Dreyfus, Petitioner, v. August Von Finck et al.* (Washington, DC: Gale, 2011).

虚假的辩护：Finger et al., *Dr. Oetker*, 360-61, 378-80.

"没有人注意到"：引自Finger et al., *Dr. Oetker*, 379。

重新掌控了：Finger et al., *Dr. Oetker*, 379-80, 386-87, 394.

等待法国当局对战争罪指控：有关法国的诉讼，见Mommsen and Grieger, *Volkswagenwerk*, 942-44; Pyta et al., *Porsche*, 357-58。

439

意向性的报酬合同：Mommsen and Grieger, *Volkswagenwerk*, 939.

诺德霍夫在欧宝担任汽车高管：Mommsen and Grieger, *Volkswagenwerk*, 973; Rieger, *People's Car*, 109–10.

如何……支付报酬：有关巴特赖兴哈尔的报酬谈判，见Porsche and Bentley, *We at Porsche*, 215–16; Mommsen and Grieger, *Volkswagenwerk*, 938; Meck, *Auto*, 110–13, 116。

"我为斯图加特的工厂哀悼"：引自Pyta et al., *Porsche*, 376。

激烈的法律斗争：Pyta et al., *Porsche*, 377–78; Reuß, "Rosenberger," ARD/ SWR, June 24, 2019.

提出和解方案：Aust and Ammann, *Saga*, 234–35; Reuß, "Rosenberger," ARD/ SWR, June 24, 2019; property control report of property transactions, Stuttgart, Oct. 26, 1950.

"保时捷教授"：引自Pyta et al., *Porsche*, 311。

"我免费'褪褐'了"：引自Pyta et al., *Porsche*, 389。

与阿尔伯特·普林辛合作：Porsche and Bentley, *We at Porsche*, 222–23; Pyta et al., *Porsche*, 379–82。

"你为我们工作得多么努力"：引自Pyta et al., *Porsche*, 381。

而被指控犯有战争罪：NMT, Vol. VI, 9–25.

多达十万名劳工：Bähr et al., *Flick-Konzern*, 531.

没有哪个大亨：Harold James, *Krupp*（Princeton: Princeton University Press, 2012）, 172–225; Taylor, *Final Report*, 22–27, 78–79, 184–201 ff.

"一个独裁政权的成功"：NMT, Vol. VI, 32–33.

"本案的故事是"：NMT, Vol. VI, 114–15.

很难明确证实：Priemel, *Konzerngeschichte*, 640–41; Bähr et al., *Flick-Konzern*, 627–30; Frei et al., *Flick*, 426.

迪克斯谈到：NMT, Vol. VI, 115–34.

实业家为自己辩护：NMT, Vol. VI, 217–25, 382–83, 405 ff., 1015–16; Frei et al., Flick, 420.

"我会很高兴"：NMT, Vol. VI, 222–23,

"代言人"：NMT, Vol. VI, 133.

"与狼共嚎"：引自NMT, Vol. VI, 997。

一连串的策略：见Priemel, *Konzerngeschichte*, 635–41; Bähr et al., *Flick-*

Konzern, 635-39; Frei et al., *Flick*, 421-23; NMT, Vol. VI, 4, 202 ff., 285 ff.。

"世界上最好的厨师呀"：引自Bähr et al., *Flick-Konzern*, 638。

主审法官：Priemel, *Konzerngeschichte*, 640.

作证说：引言来自Frei et al., *Flick*, 422。

"仅仅是一个时代的错误"：NMT, Vol. VI, 974.

"对利润制度的忠诚"：NMT, Vol. VI, 1034-35.

"被告生活在"：NMT, Vol. VI, 115, 1172.

"大范围"：NMT, Vol. VI, 1117-18.

"我是作为"：NMT, Vol. VI, 1186-87.

一场冗长的审判：NMT, Vol. VI, 3-4.

最后的判决：裁决见NMT, Vol. VI, 1187-228。

"非常（甚至过分）"：Taylor, *Final Report*, 187.

"出于压力或胁迫而进行的买卖"：NMT, Vol. VI, 1214.

"空白支票"：NMT, Vol. VI, 1221.

他的定罪：NMT, Vol. VI, 1225-33.

复杂的谈判：见Priemel, *Konzerngeschichte*, 661-71; Frei et al., *Flick*, 476-86。

麦克洛伊出于政治目的做出了这些决定：Kai Bird, *The Chairman*（New York: Simon & Schuster, 1992）, 359-75; Priemel, *Betrayal*, 352-68.

"政治权宜之计的体现"：Telford Taylor, "The Nazis Go Free," *The Nation*, Feb. 24, 1951, 171.

弗利克获释：Ogger, *Grosse*, 254; Frei et al., *Flick*, 445-46.

"审判我的法院显然"："Der Eisenmann," *Der Spiegel*, Sept. 16, 1958.

经历了去纳粹化程序：Frei et al., *Flick*, 436-37.

做得非常成功：Priemel, *Konzerngeschichte*, 671-702; Frei et al., *Flick*, 486-522.

第五部分　"九个零"

比以往任何时候都更加努力：Quandt and Quandt, *Günther*, 256-57; Treue, *Herbert*, 125.

"小死"：Jungbluth, *Quandts*（2002）, 238.

"德意志,德意志高于一切"：引自Liz Crolley and David Hand, *Football and European Identity*（London: Routledge, 2006）, 70。

经济已翻了两番：Werner Abelshauser, *Deutsche Wirtschaftsgeschichte*（Munich: C. H. Beck, 2011），152-81.

"他从未跪倒"：引自Jungbluth, *Quandts*（2002），238-39; 亦可见 Abs's and Pavel 在 "In Memoriam Günther Quandt geb. 28.7.1881, + 30. Dec. 1954" 中的完整演讲。

"他……谨慎地为行动做好准备"："In Memoriam Günther Quandt geb. 28.7.1881, + 30. Dec. 1954."

资产得以保留：Quandt and Quandt, *Günther*, 253-56; Treue, *Herbert*, 92-94, 106-9, 131-33, 141; Scholtyseck, *Aufstieg*, 785-821.

归还程序：Scholtyseck, *Aufstieg*, 801.

"没有哪一家"：与Gerhard Wilcke的访谈，April 21, 1978, HWA, dept. 2017, folder 82。

提出归还要求：更多有关艾斯纳的情况，见Scholtyseck, *Aufstieg*, 401-3, 953 n245。

"庞然未知的力量"：Kurt Pritzkoleit, *Männer-Mächte-Monopole*（Frankfurt: Karl Rauch, 1953），70, 88.

商业王朝和企业：Treue, *Herbert*, 103, 114, 120, 123, 130-33.

君特留下的遗产：Estate of Dr. Günther Quandt, HWA, dept. 2017, folder 44; Scholtyseck, Aufstieg, 159-70, 834-38.

5550万德国马克：Rüdiger Jungbluth, *Die Quandts: Deutschlands erfolgreichste Unternehmerfamilie*（Frankfurt: Campus, 2015），199.

"这些证券有多少"：引自Scholtyseck, *Aufstieg*, 160。

"怀着对"：引自Scholtyseck, *Aufstieg*, 838。

"戴姆勒之战"：Ogger, *Grosse*, 281.

争相增持股份：有关戴姆勒之战和交易，见Ogger, *Grosse*, 281-96, 300-303; Treue, *Herbert*, 141-46; Jungbluth, *Quandts*（2002），243-46; Frei et al., *Flick*, 524-26, 535-38。

双方成了竞争对手：宝马之战，见Ogger, Grosse, 296-300; Treue, *Herbert*, 146-56; Jungbluth, *Quandts*（2002），246-56; Frei et al., *Flick*, 538-42。

长达十年的重组：Treue, *Herbert*, 156-76; Jungbluth, *Quandts*（2015），219-24.

总是邀请它：Jungbluth, *Quandts*（2002），275-76; Scholtyseck, *Aufstieg*,

769−70.

"给他母亲开车的那个人"：Jungbluth, *Quandts*（2002）, 275.

"一个聪明的家伙"：Jungbluth, *Quandts*（2002）, 276.

费利身边还围绕着：Jens Westemeier, *Joachim Peiper: A Biography of Himmler's SS Commander*（Surrey, UK: Schiffler Military History, 2007, trans.）, 175−81.

代表"Super−Sport"：引自Westemeier, *Peiper*, 181。

"你看……我默默"：引自Westemeier, *Peiper*, 180。

创下了全新的销售纪录：Finger et al., *Dr. Oetker*, 404, 423.

全球性的企业集团：Jungbluth, *Oetkers*, 212 ff.

雨果·拉茨曼：Finger et al., *Dr. Oetker*, 410; Jorg Osterloh and Harald Wixforth（eds.）, *Unternehmer und NS−Verbrechen*（Frankfurt: Campus, 2014）, 269−97.

"说服我远离"：Rudolf von Ribbentrop, *My Father Joachim von Ribbentrop*（Barnsley: Pen & Sword, 2019, trans.）, 428−30; quote on 430.

鲁道夫−奥古斯特首先：Finger et al., *Dr. Oetker*, 410.

鲁道夫−奥古斯特……收购：Jungbluth, *Oetkers*, 306.

做出了非常激烈的反应：安联之战，见"Kampf um Die Allianz," *Der Spiegel*, Dec. 14, 1954; Feldman, *Allianz*, 490, 496; Johannes Bähr and Christopher Köpper, *Munich Re*（Munich: C. H. Beck, 2016, trans.）, 295−98。

"1945年"："Kampf," *Der Spiegel*, Dec. 14, 1954.

弗利克四处出击：Priemel, *Konzerngeschichte*, 724−29; Frei et al., *Flick*, 572−75.

重整军备的决定：Wolf Perdelwitz and Hasko Fischer, *Waffenschmiede Deutschland*（Hamburg: Gruner + Jahr, 1984）, 143−64; Jungbluth, Quandts（2002）, 263−66, 272; Scholtyseck, *Aufstieg*, 805−17.

"深感厌恶"：引自Ogger, *Grosse*, 333。

弗利克武器生产计划：Frei et al., *Flick*, 565−71, 647−48.

两位联合创始人：Porsche and Bentley, *We at Porsche*, 230−31, 245−46.

费利又一次：Porsche and Molter, *Ferry*, 203−4.

大获成功：Frei et al., *Flick*, 648, 664−65; Porsche and Molter, *Ferry*, 207.

"我们永远不知道"：Porsche and Molter, *Ferry*, 208.

带领另一个财团：Jungbluth, *Quandts*（2002）, 266.

水陆两栖车：Jungbluth, *Quandts*（2002）, 272; Porsche and Molter, *Ferry*,

204−6.

制造地雷这方面更为成功：Jungbluth, *Quandts*（2002），267−70.

哈拉尔德·匡特乘坐自己的"比奇空中国王"：哈拉尔德之死及追悼会，见"In Memoriam Harald Quandt, Geb. 1. Nov. 1921—Gest. 22. Sept. 1967," HWA, dept. 2017, folder 85; "Die Stille Gruppe," *Der Spiegel*, Oct. 1, 1967; Jungbluth, *Quandts*（2002），284−85; Jungbluth, *Quandts*（2015），241。

"极度沮丧"："In Memoriam Harald Quandt, Geb. 1. Nov. 1921—Gest. 22. Sept. 1967," HWA, dept. 2017, folder 85.

哈拉尔德始终热爱：哈拉尔德的战后生活，见Jungbluth, *Quandts*（2002），271−86。

"在一群兴奋、快活的面孔中"：Helene Rahms, *Die Clique*（Bern: Scherz, 1999），156.

当代表戈培尔的律师：Willi Winkler, *Der Schattenmann*（Berlin: Rowohlt, 2011），102.

"并不难"："Neun Nullen," *Der Spiegel*, May 18, 1970.

最富有的四位商人：Michael Jungblut, *Die Reichen und die Superreichen in Deutschland*（Hamburg: Rowohlt, 1973），65−97.

"童话故事一样"："Neun Nullen," *Der Spiegel*, May 18, 1970.

西德新纳粹政党——德国国家民主党的知名政客：Jungbluth, *Oetkers*, 215; Finger et al., *Dr. Oetker*.

鲁道夫-奥古斯特私下会见："Trinkgeld für Ober," *Der Spiegel*, Feb. 12, 1967.

德国国家民主党的支持企业名单："Neonazis im Vormarsch," *Die Zeit*, May 3, 1968.

一家公共博物馆：Jungbluth, *Oetkers*, 245−48, 337−45; Osterloh and Wixforth, *Unternehmer*, 331−61.

纳粹支持者：Marc Wortman, "Famed Architect Philip Johnson's Hidden Nazi Past," *Vanity Fair*, April 4, 2016, https://www.vanityfair.com/culture/2016/04/philip−johnson−nazi−architect−marc−wortman.

与费利会面：Reuß, "Rosenberger," ARD/SWR, June 24, 2019.

"战争结束后"：Porsche and Bentley, *We at Porsche*, 227−29.

帮罗森伯格的父母：Pyta et al., *Porsche*, 306−7.

"彼此发誓"：Treue, *Herbert*, 123.

其他资产也很快在两个家族之间进行了分割：Treue, *Herbert*, 227−32, 279−80; Jungbluth, *Quandts*（2002）, 296−305.

英格不适合：Jungbluth, *Quandts*（2002）, 310−11.

卖掉了股份：Treue, *Herbert*, 232−34; Jungbluth, *Quandts*（2002）, 301−2.

"最善良的人"：引自Frei et al., *Flick*, 620−21。

起诉他的父亲："Von Friedrichs Gnaden," *Der Spiegel*, June 4, 1963.

奥托-恩斯特输掉了两次审判：Frei et al., *Flick*, 632−41.

"有才华"：Priemel, *Konzerngeschichte*, 737.

他控制着西德最大：Priemel, *Konzerngeschichte*, 727−28.

犹太追讨委员会：Ferencz, *Less Than Slaves*, 158−69.

赔偿谈判方面：相关诉讼见Priemel, *Konzerngeschichte*, 703−15; Bähr et al., *Flick−Konzern*, 678−719; Frei et al., *Flick*, 588−604。

"更为客观的史学"：引自Frei et al., *Flick*, 669。

立即：Frei et al., *Flick*, 670−77; Ramge, *Flicks*, 188−206.

弗里德里希·卡尔现在独自统治：Frei et al., *Flick*, 672−73; Ramge, *Flicks*, 207−12.

免税：Frei et al., *Flick*, 678−86; Ramge, *Flicks*, 212−16.

近2600万：Frei et al., *Flick*, 687−88; Ramge, *Flicks*, 218−35.

"培育政治环境"："Die gepflegte Landschaft," *Der Spiegel*, Dec. 12, 1999.

"收买国家"："Die gekaufte Republik," *Der Spiegel*, Nov. 29, 1983.

调查中：Frei et al., *Flick*, 689−90, 697; Ramge, *Flicks*, 235−47.

《沉默的代价》：Eberhard von Brauchitsch, *Der Preis des Schweigens*（Berlin: Propylaen, 1999）.

不复存在：Frei et al., *Flick*, 692−93; Ramge, *Flicks*, 249−51.

"巨额财富"：Priemel, *Konzerngeschichte*, 788.

德意志银行立即采取了行动：James M. Markham, "Company Linked to Nazi Slave Labor Pays $2 Million," *New York Times*, Jan. 9, 1986.

保时捷-皮耶希家族：Meck, *Auto*, 147−55, 162−63.

绑架的威胁：Jungbluth, *Oetkers*, 262−75.

"这个吝啬的暴君"：Louis S. Richman, "The Germans Survivors of Tumultuous Times," *Fortune*, Oct. 12, 1987.

"过着不光彩的"：引自Markus Schar, "Vermögen mit Verfalldatum," *Die Weltwoche*, Jan. 8, 2015。

"秉持"：见格哈德·冯·芬克，销售代表：http://gvfinck.com/ about/。

分配遗产：有关冯·芬克的继承之争，见Henryk Hielscher, "Schlammschlacht ums Milliardenerbe" Wirtschaftswoche, July 27, 2010；Sären Jensen, "Millionäre gegen Milliardäre" *Manager Magazin*, Oct. 20, 2011; Leo Müller, "Ein Erbstreit sondergleichen," *Bilanz*, Dec. 8, 2015; "Urteil im Erbschaftsdrama," *Juve*, Sept. 13, 2019。

大部分财产：Treue,Herbert, 286; Jungbluth,Quandts（2002）, 312-17.

"在内心深处"："In Memoriam Herbert Quandt 22. Juni 1910-2. Juni 1982," HWA,dept. 2017, folder 85.

截然不同的观点：见Astrid Becker,Johannes Jansen,Martina Padberg,and Sonja Poppel, *Kunst im Harald Quandt Haus*（Bad Homburg: Harald Quandt Holding, 2008）; Jungbluth, *Quandts*（2015）, 252, 384。

一场令人震惊的历史清算：对科琳-贝蒂娜·匡特皈依犹太教的不同叙述，见Jungbluth, *Quandts*（2002）, 334-36; Bianca Lang, Andreas Moller, and Mariam Schaghaghi, "Heimat sind Rituale," *Der Spiegel*, Sept. 29, 2017; Yvonne Weiss, "Das Schwere Erbe der Colleen B. Rosenblat-Mo," *Hamburger Abendblatt*, Oct. 18, 2018。

"最后，整个犹太社区"：Jungbluth, *Quandts*（2002）, 335.

"匡特，这个姓"：Dagmar von Taube, "Colleen B. Rosenblat; Klare Ansichten," *Welt am Sonntag*, Dec. 20, 1998.

第六部分　忏悔

德国最富有的家庭：Christoph Neßhöver, "Die Reimanns sind die reichsten Deutschen," *Manager Magazin*, Oct. 1,2019.

这家人：见JAB控股公司网站,https://www.jabholco.com/。

"我很震惊"：Adam Luck and Alan Hall, "Nazi Slavery Past of Family Buying Pret A Manger—Which Was Founded by Jewish Businessman—for £1.5 Billion," *Mail on Sunday*, Sept. 15, 2018.

隐匿的莱曼家族股东：David de Jong and Annette Weisbach, "Billionaires Unmasked as Coty Persists in Pursuit of Avon," *Bloomberg News*, April 9, 2012; David de Jong and Matthew Boyle, "The Caffeine Fix," *Bloomberg Markets*, Feb. 11,2015.

《星期日图片报》的一名记者：Maximilian Kiewel, "Die Nazi-Vergangenheit von Deutschlands Zweitreichster Familie: Die SS-Liebe von Else Reimann," *Bild am Sonntag*, March 30, 2019.

"犹太人卡尔·马克思"：引自Maximilian Kiewel, "Sie sind 33 Milliarden Euro Reich: Die Nazi-Vergangenheit der Calgon-Familie," *Bild am Sonntag*, March 24, 2019。

"应该进监狱"：Maximilian Kiewel, "Reimann-Vertrauter Peter Harf zu den Enthullungen: Es gibt nichts zu beschönigen," *Bild am Sonntag*, March 24, 2019.

"卡卡圈坊"：Chris Isidore, "Krispy Kreme Owners Admit to Family History of Nazi Ties," *CNN Business*, March 25, 2019.

《我发现……》：Devra First, "I Found Out Nazi Money Is Behind My Favorite Coffee. Should I Keep Drinking It？" *Boston Globe*, June 4, 2019.

《这很尴尬……》：Rebecca Saltzman, "This Is Embarrassing, but It Turns Out Our Fake Jewish Bagel Chain Was Funded by Nazis," *McSweeney's*, March 27, 2019.

莱曼家族财富：有关哈夫和JAB，见de Jong and Boyle, "Caffeine Fix"；Franziska Scheven, "Buying into Success," *Handelsblatt*, Aug. 4, 2018; "A Peek Inside JAB Holding," *Economist*, June 20, 2020; Sven Clausen, "Clan ohne Klasse," *Manager Magazin*, April 23, 2021。

"承担过去的责任"：Peter Harf to author, June 30, 2021.

迫使德国企业：见Osterloh and Wixforth, *Unternehmer*, 365-79; Susanne-Sophia Spiliotis, *Verantwortung und Rechtsfrieden*（Frankfurt: Fischer, 2003）, 25-67; Mary Fulbrook, *Reckonings*（Oxford, UK: Oxford University Press, 2018）, 343-44。

称皮耶希不是领导大众汽车的合适人选：Dietmar Hawranek, "Porsche and Volkswagen's Nazi Roots," *Der Spiegel*, July 21, 2009.

得到的钱也要少得多：Frei et al., *Flick*, 671, 677, 694.

首次向：Alan Montefiore and David Vines（eds.）, *Integrity in the Public and Private Domains*（London：Routledge, 1999）, 205 ff.；Frei et al., *Flick*, 762-63.

"个人深感耻辱"：引自Montefiore and Vines, *Integrity*, 215-16。

可能会让他"一贫如洗"：Jenni Frazer, "Flick: Payment 'Possible' to Survivors," *Jewish Chronicle*, March 22, 1996.

根据……协议：Osterloh and Wixforth, *Unternehmer*, 379-90; Fulbrook,

Reckonings, 344−45. 更多相关信息，见Spiliotis, *Verantwortung*, 69−179。

"就这样，德国"：Fulbrook, *Reckonings*, 345.

2001—2006年：Facts and figures, EVZ, Dec. 31, 2020, https://www.stiftung−evz.de/eng/the−foundation/facts−and−figures.html; Spiliotis, Verantwortung, 181−91; Osterloh and Wixforth, *Unternehmer*, 384−86; Fulbrook, *Reckonings*, 345.

发表了一封公开信：Dagmar Ottmann, "Die Ausstellung Verschieben! Ein offener Brief" *Die Zeit*, August 5, 2004.

捐赠了数百万美元：Ramge, *Flicks*, 12−13; Frei et al., *Flick*, 768−70.

带着保镖：Michael Swersina, "Ingrid Flick im Gespräch mit den Unterkärtner Nachrichten," *Unterkärtner Nachrichten*, March 6, 2019.

"我的丈夫总算"：Paul Sahner, "Jetzt redet die schöne Witwe," *Bunte*, Jan. 7, 2010.

最年轻的亿万富翁：David de Jong, "The World's Youngest Billionaires Are Shadowed by a WWII Weapons Fortune," *Bloomberg News*, May 3, 2018.

"我都会提供帮助"：Swersina, "Ingrid," *Unterkärtner*, March 6, 2019.

"一大笔钱"：Major Gift for Tel Aviv Museum of Art from Ingrid Flick," *Artnet News*, May 22, 2014.

英格丽的"主要关注点"：Friedrich Flick Förderungsstiftung Gremien, https://www .flickfoerderungsstiftung.de/gremien/.

洗白目的：Tim Schanetzky, *Regierungsunternehmer*（Göttingen: Wallstein, 2015）, 8−9.

英格丽·弗利克接任：Friedrich Flick Förderungsstiftung Geschichte und Förderungszweck, https://www.flickfoerderungsstiftung.de/geschichte−und−foerderungszweck/.

删掉了他的名字：Thilo Schmidt, "Der Mann der Kreuztal nicht zur Ruhe kommen lasst," *Deutschlandfunk*, March 20, 2017; see also https://www.flick−ist−kein −vorbild.de/.

自2015年以来，弗利克：Statement provided by Goethe University spokesman Olaf Kaltenborn, July 19, 2021.

德国学生奖学金：Deutschlandstipendium sponsors, Goethe University, 2016, https://www.uni−frankfurt.de/61624067/Unsere_F%C3%B6rderer_2016.

弗利克基金会提供资金："Barry Eichengreen Appointed Visiting Professor

for Financial History 2019," Goethe University, Oct. 4, 2018, aktuelles.uni−frankfurt. de/englisch/barry−eichengreen−appointed−visiting−professor−for−financial− history−2019/.

获得了……一个席位：Goethe University's foundation board of trustees, March 2, 2021, uni−frankfurt.de/51849455/Mitglieder_des_Stiftungskuratoriums_der_Goethe —Universität.

"阿道夫·梅塞尔绝不是"："Zur Geschichte der Messer−Werke im NS," Feb. 28, 2018, https://forschungsstelle.files.wordpress.com/2018/03/adolf_ messer−kritik_gutachten_akten−maerz2018.pdf.

休息室……重新命名：Daniel Majic, "Umstrittene Lounge in Goethe−Uni wird umbenannt," *Frankfurter Rundschau*, Feb. 15, 2019.

基金会改了名：基金会现以阿道夫·梅塞尔的儿子Hans Messer为名。http:// dr−hans−messer−stiftung.de/。

更加透明：Alfried Krupp Stiftung, https://www.krupp−stiftung.de/alfried− krupp/; Fritz Thyssen Stiftung history, https://www.fritz−thyssen−stiftung.de/en/ about−us/general−information/history/.

"孩子们必须知道"：Sahner, "Jetzt," *Bunte*, Jan. 7, 2010.

匡特家族，是否：Eric Friedler, "Das Schweigen der Quandts," ARD/NDR, Sept. 30, 2007, Youtube video, 59: 26, https://www.youtube.com/watch? v=FpQpgd_ EeWY.

黑暗部分：苏珊和斯特凡·匡特确实在传记中评论了其他事情：Jungbluth, *Quandts*（2002），350 ff, 哈拉尔德的两个女儿在书中也对自己的父亲和奶奶玛格达与纳粹时代的关系发表了评论：Jungbluth, *Quandts*（2002），275, 334−36。

"我一做梦"：Friedler, "Schweigen," ARD/NDR, Sept. 30, 2007.

"我们公司的"：引自Jungbluth, *Quandts*（2002），344.

"他们的反应粗暴"：Friedler, "Schweigen," ARD/NDR, Sept. 30, 2007.

瓦尔塔最终：Jungbluth, *Quandts*（2002），343.

"我们必须努力忘掉"：Friedler, "Schweigen," ARD/NDR, Sept. 30, 2007.

"对待我们的历史"：引自Eric Friedler, "Das Schweigen der Quandts" ARD/ NDR, Nov. 22, 2007, Youtube video, 1: 29: 45, https://www.yo utube.com/watch? v= l9hNjmJxc0U。

"有着近乎病态的"："Nach Kräften Mies," *Der Spiegel*, Dec. 8, 1974.

"气氛中"：Speech, Stefan Quandt, Herbert Quandt Medien-Preis, June 22, 2008, https://www.johanna-quandt-stiftung.de/medien-preis/2008/rede-stefan-quandt.

他本可以随时离开：Quandt and Quandt, *Günther*, 245-46.

从一件肮脏的事情：Jungbluth, *Quandts*（2015）, 331-41.

"一束光照亮了"：Lorenz Wagner, "Susanne Klatten—Die Unbekannte," *Financial Times Deutschland*, Nov. 21, 2008.

"不可分割"的联系：Scholtyseck, *Aufstieg*, 763.

"没有一点空间"：Scholtyseck, *Aufstieg*, 849.

"这个家族的大家长"：Scholtyseck, *Aufstieg*, 843.

"轻率而可耻地"：Scholtyseck, *Aufstieg*, 314.

"道德上的抵制"：Scholtyseck, *Aufstieg*, 406, 537.

"毫无疑问"：Scholtyseck, *Aufstieg*, 766.

"令人痛心。君特·匡特"：Rüdiger Jungbluth and Giovanni di Lorenzo, "NS-Vergangenheit der Quandts: Man fühlt sich grauenvoll und schämt sich," *Die Zeit*, Sept. 22, 2011.

500多万欧元：M. Backhaus and B. Uhlenbroich, "Die Quandt Familien brechen ihr Schweigen," *Bild am Sonntag*, Nov. 6, 2011.

"我认为"：Jungbluth and di Lorenzo, "NS-Vergangenheit," *Die Zeit*.

"与20世纪其他重要"：Biografie Herbert Quandt, https://www.johanna-quandt-stiftung.de/medienpreis.（最后一次访问这个版本的传记是在2021年10月25日星期一，该网站于2021年10月26日至10月29日换下了这篇传记。）

2013年10月中旬：Rüdiger Jungbluth and Anne Kunze, "August Oetker: 'Mein Vater war Nationalsozialist," *Die Zeit*, Oct. 17, 2013.

没有向容布卢特开放档案：Jungbluth, *Oetkers*, 388-91.

都有着亿万身家：David de Jong, "Nazi-Forged Fortune Creates Hidden German Billionaires," *Bloomberg News*, Feb. 3, 2014.

促使厄特克尔家族：Finger et al., Dr. Oetker, 17; "Wie geht Oetker kommunikativ mit seiner NS-Vergangenheit um, Herr Schillinger?" *Pressesprecher*, Dec. 17, 2013. "Kaselowsky, and with him"：Finger et al., *Dr. Oetker*, 415.

"我的父亲是"：Jungbluth and Kunze, "Mein Vater".

"我们一直都认同"："Oetker-Witwe kritisiert Historiker der Nazi-

Studie," *Neue Westfalische*, Oct. 22, 2013.

权力斗争：Simon Hage and Michael Machatschke, "Schiedsgericht soll Machtkampf bei Oetker entschärfen", *Manager Magazin*, Jan. 23, 2014.

争论的焦点是：Maria Marquart, "Pizza, Pudding, Beef", *Der Spiegel*, March 16,2019.

噩梦成真了：Dr. August Oetker KG, "Oetker Group to Be Split" July 22, 2021.

"加强对社会责任的承诺"："Porsche Creates the Ferry Porsche Foundation" Porsche AG, May 16, 2018, https://newsroom.porsche.com/en/company/porsche-ferry-porsche-foundation-social-responsibility-education-social-issues-youth -development-foundation-funding-15487.html.

"直面自己的历史"："Ferry Porsche Foundation Endows First Professorship for Corporate History in Germany" University of Stuttgart, March 8, 2019, https://www.uni-stuttgart.de/en/university/news/all/Ferry-Porsche-Foundation-endows-first-professorship-for-corporate-history-in-Germany/.

"尽管当时"：Porsche and Molter, *Ferry*, 192.

"如果你被授予"：Porsche and Molter, *Ferry*, 124.

自愿申请：Pyta et al., *Porsche*, 307-8, 458 n16; Westemeier, *Krieger*, 540-541.

"揭露出，否认"：Pyta et al., *Porsche*, 308.

公司出资：Pyta et al., *Porsche*, 15.

全资子公司：Gywn Topham, "Volkswagen Swallows Porsche," *The Guardian*, July 5, 2012.

年销售额约为2500亿美元：Volkswagen Group's annual report, 2020, March 16, 2021, https:// annualreport2020.volkswagenag.com/.

210亿美元：Christoph Neßhöver, "Knapp 80 Milliarden mehr für die reichsten Zehn," *Manager Magazin*, Sept. 30, 2021.

事实上："Ferry Porsche Foundation Endows," University of Stuttgart, March 8, 2019.

一部纪录片：Reuß, "Rosenberger," ARD/SWR, June 24, 2019.

"毫不犹豫"：Pyta et al., *Porsche*, 313.

"没人能摆脱这样的印象"：Pyta et al., *Porsche*, 131.

超过90亿美元：Bloomberg Billionaires Index, Nov. 28, 2021.

据说……资产包括：Anna Jikhareva, Jan Jirat, and Kaspar Surber, "Eine schrecklich rechte Familie," *Die Wochenzeitung*, Nov. 29, 2018.

古怪的节俭习惯：Roman Deininger, Andreas Glas, and Klaus Ott, "Der Frontmann des Herrn Baron," *Süddeutsche Zeitung*, March 26, 2021.

"能比古斯特尔站得更右的"："Milliardär in Vaters Schatten," *Der Spiegel*, July 4, 1993.

逃税行为而被定罪：Berthold Neff, "Der Freie Bürger und sein Edelmann," *Süd- deutsche Zeitung*, Oct. 10, 2002.

其他所有捐款：Kassian Stroh, "Spendables Imperium," *Süddeutsche Zeitung*, Jan. 30, 2009.

联合执政联盟成功："Große Geschenke erhalten die Freundschaft," *Der Spiegel*, Jan. 17, 2010.

"瑞享党"："Hohn und Spott für die Mövenpick Partei," *Der Spiegel*, Jan. 19, 2010.

捐赠了数百万美元：Christian Ricken, "Der geheime Finanzier," *Manager Magazin*, Dec. 14, 2005.

位于小冯·芬克家族公司在慕尼黑的总部：Ludwig von Mises Institute Deutschland, https://www .misesde.org/impressum/.

商标权：Simone Boehringer, "Recycling der edlen Sorte," *Süddeutsche Zeitung*, Nov. 11,2011; https://www.degussa−goldhandel.de/en/frequently−asked−questions− faq/.

党卫队又如何成了：*Peter Hayes, From Cooperation to Complicity*（Cambridge, UK: Cambridge University Press, 2004）, 175−94, 272−300.

德固赛的金银制品：List of Degussa shop locations, https://www.degussa −goldhandel.de/en/location/.

"引擎室"：Jakob Blume, "Chef von Goldhändler Degussa wettert gegen EZB," *Handelsblatt*, Nov. 9, 2019.

备忘录中推测：Nico Lange and Theresa Saetzler, "Die neue Partei "Alternative fur Deutschland," Konrad−Adenauer−Stiftung, April 16, 2013.

立即公布：资助政党超过50 000欧元，从2002年7月到最近，https://www. bundestag.de/parlament/praesidium/parteienfinanzierung/fundstellen50000; 德国政党资助法, https://www.gesetze−im−internet .de/partg/_25.html。

追踪了资金流向：Melanie Amann, Sven Becker, and Sven Röbel, "A Billionaire Backer and the Murky Finances of the AfD," *Der Spiegel*, Nov. 30, 2018.

政治公关公司"目标"设计的：Sven Becker and Sven Röbel, "Die Swiss-Connection der AfD," *Der Spiegel*, Sept. 10, 2016.

"目标"公关公司的地址：Friederike Haupt, "Internationale Solidarität für die AfD," *Frankfurter Allgemeine Zeitung*, April 24, 2017.

他的竞选活动……臭名昭著：Guy Chazan, "The Advertising Guru Harnessing Europe's Immigration Fears," *Financial Times*, Dec. 30, 2016.

塞格特的现代别墅：Christian Fuchs and Paul Middelhoff, *Das Netzwerk der Neuen Rechten*（Hamburg: Rowohlt, 2019）, 222-23.

"前面有危险"：引自Amann, Becker, and Röbel, "Billionaire"。

本德尔斯声称：Fuchs and Middelhoff, *Netzwerk*, 217-21.

被罚款超过40万欧元：Sven Röbel, "AfD muss 400.000 Euro Strafe Zahlen," *Der Spiegel*, April 16, 2019.

德国选择党的全国财务主管：Ann-Katrin Muller and Sven Röbel, "Staatsanwaltschaft ermittelt gegen AfD-Schatzmeister," *Der Spiegel*, April 19, 2019.

调查仍在进行中：Markus Becker, Sven Röbel, and Severin Weiland, "Staatsanwaltschaft beantragt Aufhebung der Immunität von AfD-Chef Meuthen," June 23, 2021.

近100万欧元：List of confirmed AfD fines provided by LobbyControl, July 21, 2021.

"希特勒和纳粹"："AfDs Gauland Plays Down Nazi Era as a 'Bird Shit' in German History," *Deutsche Welle*, June 2, 2016.

日益升温：Frank Jordan and David Rising, "German Officials Say Far-Right Crime Rising as Police Arrest Alleged Neo-Nazi," Associated Press, May 4, 2021.

最近加入：Susanne Lettenbauer, "Symbolpolitik im Bayerischen Wald," *Deutschlandfunk*, Jan. 22, 2020.

"法律咨询费"：Deininger, Glas, and Ott, "Frontmann."

"每周六经常有红酒可喝"：此句和下句引言出自Katrin Bennhold, "Nazis Killed Her Father. Then She Fell in Love with One," *New York Times*, June 14, 2019。

公开了：阿尔弗雷德·兰德克基金会的故事，https://www.alfredlandecker.org/en/article/the-story-of-the-alfred-landecker-foundation.

该杂志估计：Neßhöver, "Reichsten Deutschen."

匡特姐弟控制着: BMW Group report 2020, March 17, 2021, 181.

"我们的潜力源于"：Dietmar Student and Martin Noe, "Wer würde denn mit uns tauschen wollen？" *Manager Magazin*, June 20, 2019.

"我们才不是整天"：Jungbluth and di Lorenzo, "NS-Vergangenheit."

《保护私有财产》：Stefan Quandt, "Schutzt das Privateigentum！" *Frankfurter Allgemeine Zeitung*, June 22, 2019; Rede Stefan Quandt, 2019, https://www.johanna-quandt-stiftung.de/medien-preis/2019/rede-stefan-quandt.

加入了该报的监事会："Solide in die Digitale Zukunft," Frankfurter Allgemeine Zeitung, June 29, 2019.

3000万欧元：Financial assets, https://www.bmw-foundation.org/en/funding/.

"负责任的领导"：Our mission, https://www.bmw-foundation.org/en/mission-responsible-leadership/.

"确保了"宝马的独立性：宝马赫伯特匡特基金会致作者的声明，July 20, 2021；Foundation, https://www.bmw-foundation.org/en/foundation/。

"从纳粹制度中获利"：Julian Raff, "Offenes Geheimnis," *Süddeutsche Zeitung*, March 26, 2021.